전설의 여기자 오리아나 팔라치
Oriana Fallaci THE WOMAN AND THE MYTH

Oriana
Fallaci

ORIANA FALLACI: THE WOMAN AND THE MYTH by Santo L. Aricò
Copyright © 1998 by the Board of Trustees, SOUTHERN ILLINOIS UNIVERSITY

Korean Translation Copyright © 2005 by ATHÉNÉE Publishing Co.
published by arrangement with SOUTHERN ILLINOIS UNIVERSITY PRESS, PO Box 3697,
Carbondale Illnios 62902 USA, from Oriana Fallaci: The Woman and the myth
by Santo L. Aricò, and SHIN WON AGENCY CO., SEOUL.

이 책의 한국어판 저작권은 신원에이전시를 통해 저작권자와 독점 계약한
아테네 출판사에 있습니다. 저작권법에 의해 한국 내에서 보호를 받는 저작물이므로
무단전재와 무단복제를 금합니다.

전설의 여기자 오리아나 팔라치
Oriana Fallaci THE WOMAN AND THE MYTH

지은이 산토 L. 아리코 옮긴이 김승욱
발행인 양성숙

발행처 도서출판 아테네

2005년 7월 20일 1판 1쇄 발행
2014년 12월 30일 1판 4쇄 발행

출판 등록 2000년 6월 2일 제1-2692호

주소 410-837 경기도 고양시 일산동구 중앙로 1275번길 86-1 중앙하이츠 405호
전화 031 912 1730,1   팩스 031 912 1732

E-mail: atheneumbook@hanmail.net

ISBN 978-89-952424-8-3 03990
값 30,000원

잘못된 책은 서점에서 교환해 드립니다.

전설의 여기자 오리아나 팔라치
Oriana Fallaci THE WOMAN AND THE MYTH

산토 L.아리코 지음 | 김승욱 옮김

ATHÉNÉE *Publishing Co.*

Oriana Fallaci with China's Vice-Premier Deng Xiaoping
1980년, 팔라치는 베이징으로 가서 또 한 번의 역사적 만남을 가졌다. 덩샤오핑 부총리와의 만남.

서문
Preface

20세기의 가장 유명한 언론인이자 인터뷰어이며, 종군기자이자 소설가인 오리아나 팔라치는 국제적인 명성을 누리고 있다. 그녀가 쓴 책들도 대부분 전세계 수많은 언어로 번역되었다. 낙태 반대 운동가들도, 급진적인 여성주의자들도 모두 ≪태어나지 못한 아이에게 보내는 편지 *Letter to a Child Never Born*≫가 낙태에 대한 자신들의 입장을 뒷받침해준다고 주장한다. 팔라치의 여동생인 파올라는 뉴스 취재를 위해 라플란드에 갔을 때 사슴을 기르며 살아가는 가난한 사람의 집에 ≪한 남자 *A Man*≫가 꽂혀 있는 것을 본 적이 있다. 그의 집 한쪽 벽은 잡지와 신문에서 오려낸 팔라치의 사진으로 온통 뒤덮여 있었다. 평범한 사람들은 그녀의 삶을 흥미롭게 바라보며 거기에 일종의 신비감을 부여한다. 미국의 교수들은 팔라치의 인터뷰 기법을 설명하기 위해 ≪역사와의 인터뷰 *Interview with History*≫를 교재로 사용한다. 성지 콤 Qom에서 그녀를 만난 호메이니는 페르시아어로 번역된 그녀의 책들을 갖고 있었다. 팔라치가 갖고 있는 공식적인 학위와 수상경력으로는 시카고의 컬럼비아 칼리지가 수여한 명예 문학박사 학위, 언론인을 위한 세인트 빈센트상 2회 수상, ≪무無 그리고 아멘Nothing and Amen≫으로 이탈리아의 반카렐라상 수상, 작가로서 경력을 인정받은 슈퍼 반카렐라상 수상, ≪한 남자≫로 비아레지오상 수상, ≪인샬라Inshallah≫로 헤밍웨이상 수상, 역시 ≪인샬라≫로 국제 안티브상 수상, 걸프전을 가장 잘 보도한 공로로 메시나상 수상 등이 있다.

팔라치는 뉴욕시의 고층건물 그늘 아래서 25년이 넘는 세월을 보냈다. 작지만 기분 좋은 분위기를 풍기는 그녀의 집주소를 아는 사람은 거의 없다. 사암으로 지어진 이 집 뒤에는 아주 작은 정원이 있고, 그곳의 나무들은 비둘기와 참새들을 두 팔 벌려 환영한다. 그녀의 집에 있는 수많은 기념품과 낡은 책들에 대해 그녀는 집착에 가까운 애정을 갖고 있다. 그림이 곁들여진 18세기 판 셰익스피어 희곡집도 그녀의 보물들 중 하나이다. 그녀는 지구상에서 가장 단순하면서도 가장 복잡한 사람 중 하나이며, 유쾌하고 개방적인 태도로 대화를 나누면서도 신비롭고 적대적이며 철저하게 공격적인 분위기를 잃어버리는 법이 없다. 어느 모로 보나 그녀는 지금도 충실한 미국인으로서 자신이 선택한 나라에 살게 된 것을 결코 후회하지 않는다. 또한 자신이 사랑하는 피렌체도 자주 찾는다.

감사의 말
Acknowledgments

이 책을 준비하면서 전화로 인터뷰한 내용을 사용해도 좋다고 허락해준 찰스 콘래드Charles Conrad, 로버트 프리시먼Robert Frishman, 제임스 마커스James Marcus, 존 셰플리John Shepley에게 감사한다. 또한 이름을 열거하기 어려울 만큼 수많은 동료들과 미시시피 대학 존 데이비스 윌리엄스 도서관의 직원들이 내게 많은 도움과 호의를 제공해주었다. 미시시피 대학의 문과대학, 대학원, 현대언어학과가 재정적인 지원을 해준 것에 대해서도 깊이 감사하고 있다. 그러나 무엇보다도 내게 사랑과 무한한 지지를 보내준 내 가족들에게 고맙다는 말을 하고 싶다. 가족들의 지원 덕분에 이 책의 집필을 처음 생각했을 때부터 출판이 되기까지의 여정을 견뎌낼 수 있었다.

C O N T E N T S
Oriana Fallaci: The Women and the Myth

서문 7
감사의 말 9
프롤로그 _진실을 찾아서 13

1 피렌체 27
2 키플링, 런던, 헤밍웨이 53
3 조명, 카메라, 액션 75
4 중앙 무대에서 105
5 달을 향해서 135
6 동남아시아를 무대로 181
7 발코니의 슈퍼스타 213
8 일생일대의 연기 231
9 사느냐 죽느냐 289
10 남자 혹은 여자 321
11 톨스토이, 도스토예프스키, 그리고 팔라치 353

에필로그 _낯선 괴물과 마주보기 407
주석 421
찾아보기 455

진실을 찾아서
IN SEARCH OF TRUTH

Oriana Fallaci

내가 오리아나 팔라치를 처음 알게 된 것은 1980년에 친구에게서 받은, ≪무 그리고 아멘 Niente e così sia≫이라는 책을 통해서였다. 그 순간부터 친밀하고 감정적이며 대단히 긴장된 관계가 시작되었고, 마침내 이 책 ≪오리아나 팔라치: 그녀의 신화 Oriana Fallaci: The Woman and the Myth≫의 출간이라는 결실을 맺게 되었다. 팔라치와의 만남은 내 인생을 바꿔 놓았다. 미국의 베트남전 개입에 대한 그녀의 견해가 너무나 인상적이어서 나는 '≪무 그리고 아멘≫에서 오리아나 팔라치가 발견한 진실'[1]이라는 글을 쓰기까지 했다. 또한 헨리 키신저 Henry Kissinger, 인디라 간디 Indira Gandhi, 무아마르 알 카다피 Muammar al-Qaddafi, 하일레 셀라시에 Haile Selassie, 골다 메이어 Golda Meir 등 정계 거물들과의 인터뷰가 실린 ≪역사와의 인터뷰≫를 읽은 다음에는 '오리아나 팔라치의 인터뷰 테크닉 자세히 들여다보기'[2]라는 글을 쓸 정도였다. 그리고 ≪태어나지 못한 아이에게 보내는 편지≫와 ≪한 남자≫를 읽은 후에는 그녀에게 예전보다 훨씬 더 강렬한 매력을 느꼈다. 그녀의 책을 해설하는 데 개인적으로 집착하던 나는 그녀의 책과 신문기사들이 밀접하게 관련되어 있다는 사실을 깨닫게 되었다. 그리고 이것을 계기로 '오리아나 팔라치의 신문기사 같은 소설: ≪무 그리고 아멘≫' 이라는 에세이를 썼고, 나중에 ≪이탈리아의 현대 여성 작가들 Contemporary Women Writers in Italy≫의 편집을 맡았을 때 이 에세이를 책에 포함시켰다.³⁾ 팔라치의 마술 같은 힘은 미국의 남단에 살고 있던 내게 주문을 걸어 삶의 리듬을 바꿔버렸다. 그녀가 1991년 7월 3일 내게 ≪인샬라≫를 한 권 보내주었을 때, 나는 펜을 들어 그녀의 삶을 연구해보고 싶은데 혹시 날 도와줄 수 있겠느냐는 내용의 편지를 썼다. 그때는 이 세상의 어느 누구도 나를 막을 수 없었다.

팔라치가 지금까지 해온 활동에 가장 커다란 영향을 미친 것은 바로 그녀의 심리적 여정이다. 그녀는 기자이자 작가이다. 소설을 쓰면서 저널리즘으로부터 자유로워지고 싶다는 욕망은 그녀의 삶에서 지배적인 위치를 차지하고 있다. 그러나 그녀가 스스로 만들어낸 이미지를 대중에게 드러내고 싶다는 욕망이 이보다 훨씬 더 강렬하다. 그녀는 자신을 신화적 인물로 만들어보려는 의식적인 노력에 지금까지 엄청난 심혈을 기울였다. 팔라치 자신이 밝히고 있듯이, 그녀는 자신의 모든 작품에서 숲 속의 야생버섯처럼 새로 태어나고 있다. 그녀의 이미지는 만들어진 것이 아니라 진실이다. 연달아 발표된 기사와 책에서 그녀라는 버섯(누군가가 세심하게 길러낸 장미가 아니다)은 아주 조금씩 모양을 달리해서 매번 새로 태어난다. 팔라치는 마이클 잭슨이나 마돈나처럼 프로듀서나 매니저들이 만들어낸 인물이 아니다. 그녀는 작가로서 종이에 쓰는 단어 하나하나에 혼신의 힘을 다했고, 그것이 그녀의 이미지로 드러나 있다.

나는 1991년 10월 3일에 팔라치에게서 긍정적인 답장을 받았다. 그리고 전화를 통해 그녀의 인생에 대한 이야기를 들었고, 뉴욕에서 그녀와 직접 만나기도 했다. 그 후 나는 그녀의 글에 대한 단순한 감탄을 넘어 예전보다 훨씬 더 강렬한 매력을 느끼게 되었다. 나는 팔라치가 왜 그토록 놀라운 존재가 될 수 있었는지 그 이유를 알고 싶었다. 그녀의 인생은 그녀가 썼던 글의 부산물이자 그녀가 쓴 작품들의 내용을 결정한 요인이었다. 그녀의 연인 알렉산드로스 '알렉코스' 파나고울리스Alexandros 'Alekos' Panagoulis는 구금되어 있는 동안 문자 그대로 자신의 피로 시를 썼다. 그러나 그녀의 업적은 그를 훨씬 뛰어넘는다. 그녀는 자신의 삶 전체로 글을 쓰는 사람이므로. 팔라치는 지금까지 쓴 모든 글에서 자신의 지적인 탐구과정과 정치적, 철학적 역정을 모두 드러냈다.

"모든 것이 거기에 있다…. 난 아주 성실하게 글을 쓰는 사람이니까…. 따라서 글을 쓸 때 나는, 그 글이 덩샤오핑에 대한 것이든 호메이니에 대한 것이든, 항상 나 자신을 드러낸다."[4]

비평가들은 그녀의 책에 등장하는 주인공이 언제나 그녀 자신을 구체화한 인물이라는 사실을 결코 깨닫지 못했다. 그녀는 항상 객관적인 현실을 변화시키고 어느 정도 왜곡해서 그 세상에 형태와 선명함을 부여한다. 팔라치 특유의 힘이 없었다면 결코 그런 결과를 이끌어낼 수 없었을 것이다.[5] 팔라치는 자신이 글로 쓸 재료들을 자기만의 개성이라는 필터로 걸러서 시간이 흐를수록 더욱 더 기억에 남는 것으로 만든다. 그리고 그 과정에서 대단히 개인적인 감각이 포함된 예술적 손길을 가미한다. 그렇게 해서 매력적이고 역동적인 그녀의 이미지가 만들어진 것이다.

1991년 12월, 나는 맨해튼의 집으로 팔라치를 만나러 갔다. 그녀가 따뜻하고 세련된 매너로 나를 환영해주었기 때문에 나는 모든 불안감을 떨쳐버릴 수 있었다. 편안한 거실에서 우리는 그녀가 인기를 얻고 있는 이유에 대해 이야기했다. 그녀가 자기 인생의 '스위치'와 '화학반응'이라고 부르는 것도 화제에 올랐다. 1992년 7월에는 이탈리아에서 그녀와 두 번의 만남이 이루어졌다. 첫 번째는 그녀가 유방암 수술을 받은 직후 밀라노에 있는 그녀의 동생 파올라의 집에서였고, 두 번째는 피렌체의 포르타 로마나 위쪽 주택가에 있는 그녀의 아파트에서였다. 그리고 1993년 3월 첫째 주 주말에 우리는 뉴욕에서 이틀간 또 다시 만남을 가졌다. 그로부터 한 달 후인 4월 6일에 내가 피렌체에 있는 팔라치에게 전화를 걸었는데, 그녀의 목소리가 의기소침했다. 암 때문에 몸이 불편한데 의사들이 전혀 도움이 되지 않는다고 했다.

나는 뉴욕, 밀라노, 피렌체에서 이루어진 직접적인 대화와 전화를 통한 대화, 그리고 그녀의 글과 비평 등을 통해 그녀가 어떤 사람인지 알 수 있었다. 그녀는 자신의 인생을 세심하게 계획된 일련의 이미지로 전환시키고, 문학적 재능을 이용해 그 이미지를 효과적으로 전달한 사람이었다. 한 영국인 비평가의 말은 팔라치가 이용한 힘의 원천을 간결하게 표현하고 있다.

"신화는 의식儀式과 연결된 이야기이다."[6]

팔라치는 문학적인 저널리즘을 수단으로 삼아 자신이 만들어낸 이야기 속에 자신의 모습을 투사했다. 독자들은 그녀가 수행한 의식 덕분에 그녀의 모습을 발견하고, 그녀를 지켜보고, 그녀가 자신을 드러내며 기뻐하는 데서 기쁨을 경험할 수 있었다. 강렬하고 사실적인 문체와 스포트라이트를 항상 그녀 자신에게로 돌리는 글의 내용이 그녀를 신화적인 존재로 만들어주었다. 그녀의 독자들은 그녀의 모험, 사랑, 철학적 불안을 함께 경험한다. 자신을 스타로 만들었던 팔라치는 어니스트 헤밍웨이Ernest Hemingway의 주인공들처럼 신화가 만들어지는 과정을 보여준다.

나는 팔라치가 전문 직업인으로서 그녀의 이야기를 다룬 전기를 쓰는 데 기꺼이 협조해주겠다던 그녀의 말이 무슨 뜻인지 금방 알아챘다. 그 말은 내가 책을 쓰는 동안 내내 자신의 공식적인 이미지를 그녀가 스스로 손질하고 편집하겠다는 얘기였다. 나는 그녀의 도구였다. 그녀는 자신의 작품을 설명하고, 내가 쓴 문장들을 고치고, 무엇이 진실인지 확인해주고, 이미 기록으로 남아 있는 자료에서 가져온 정보라도 틀린 부분이 있다고 지적하고, 자신이 현실에서 무엇을 얻었는지 구체적으로 설명하고, 자신이 새로 만들어낸 것이 무엇인지 분명히 밝히곤 했다. 간단히 말해서, 그녀는 양날의 칼을 휘두르고 있었다. 그 칼의 한쪽 날로 그녀는 내 원고를 세심하게 수정했다. 내가 마음대로 할 수 있는 일은 그녀의 문체와 사고를 해석하고 분석하는 것뿐이었다. 그녀는 자신이 휘두르는 칼의 다른 쪽 날을 이용해 자신의 어린시절과 관련된 내용에는 절대로 손을 대지 못하게 했다. 자신이 다음 소설에서 바로 이 부분을 다룰 예정이기 때문이라는 것이었다. 그녀는 내 책에 오로지 자신의 정신에 대한 이야기만 담겨야 한다고 주장했다. 결국 그녀가 대중에게 공개하고 싶은 유일한 초상화를 아름답게 꾸미는 것이 바로 나의 역할이라는 생각이 들었다.

팔라치는 일을 시작하자마자 즉시 일의 범위를 정해버렸다. 그녀가 알고 있는 제2차 세계대전 때까지의 수많은 이야기들을 내게 이야기해줄 수는 있어도, 내 책에 쓸 수는 없다고 했다. 그 이야기들은 그녀 자신만의 것이며, 곧 나오게 될 자신의 책에만 실려야 한다는 것이었다. 그녀는 특히 자신이 곧 발표할 예정인 소설 속의 내용이 내 원고에 전혀 포함되지 않도록 하기 위해 내 원고를 읽어봐야겠다고 힘주어 말했다. 비록 내가 그녀의 의견을 존중해주겠다고 약속하기는 했지만, 그녀가 인터뷰를 하면서 내게 해준 이야기들은 내 원고에서 핵심을 차지하고 있었다. 나는 그녀가 이미 발표한 책과 기사에서 필수적인 부분을 구성하고 있는 그녀의 어린시절 이야기를 무시하겠다고 약속한 적이 없었다. 그녀가 잭 런던Jack London의 ≪야생의 외침Call of the Wild≫ 이탈리아어판에 쓴 '소개의 글'과 이탈리아의 한 잡지를 위해 자신의 동생 파올라에게 허락해준 인터뷰 속에는 어머니, 아버지, 자매들, 어린시절에 대한 이야기들이 가득 들어 있었다. 그런데 팔라치는 내 책에서 자기가 신문에 글을 쓰기 시작한 날 이후의 일만을 다뤄야 한다고 고집을 부렸다.

팔라치는 내 책이 전문적인 직업인으로서 자신의 모습을 다룬 전기가 되기를 바랐기 때문에 자신의 소설에 대한 문학적인 분석 외에는 그 어떤 내용도 이 책에 포함될 수 없다고 말했다. 그녀는 이 세상이 자신을 기자가 아니라 위대한 작가로 기억해주기를 원했다. 그녀가 초창기에 쓴 책들(기사 모음집)을 조금이라도 강조하는 것은 그녀의 자존심에 상처를 주는 일이었다. (그녀는 나중에 자신의 말을 뒤집어서 내 책이 자신의 초창기 책들도 다뤄야 한다고 완강하게 고집을 부렸다.) 그녀는 ≪산문작법Tecnica della prosa≫에서 예브게니 자미야틴Yevgeny Zamyatin의 미학이론이 실린 부분을 내게 주었다. 거기에 자신의 소설 작법이 반영되어 있다는 것이었다. 그녀는 미국, 영국, 러시아의 문학전통에 많은 신세를 졌다면서, 그녀 자신의 사고가 형성되는 과정에서 이탈리아 문학은 부수적인 역할을 했을 뿐이라고 말했다. 그녀는 나더러 이탈리아의 비평가인 지안카를로 비고렐리Giancarlo Vigorelli에게 자문을 구하라고 다그쳤는데, 비고렐리는 그녀의 명성이 헤밍웨이나 앙드레 말로André Malraux와 비견될 만하다고 주장했다. 그녀는 또한 베르나르도 발리Bernardo Valli에게서도 자문을 구해야 한다고 주장했다. 발리는 ≪인샬라≫가 현대에 나온 '오리아나의 작은 일리어드'라고 했다. 그녀는 ≪인샬라≫에서 레바논이 철저히 불합리한 세상뿐만 아니라 현대사회를 은유하는 상징이라고 보았던 데이비드 마리아 투롤도David Maria Turoldo를 칭찬했다. 또한 고독 속에서 창조성을 발휘한 팔라치와 혼자 은둔하면서 창의력을 꽃피운 구스타브 플로베르Gustave Flaubert를 비교한 울프강 로사니Wolfgango Rossani[7]에게도 찬사를 보냈다.

팔라치가 요구한 그녀만의 이미지가 내 눈 앞에서 밝게 빛을 내고 있었다. 그녀는 예술가이자 위대한 작가였으며, 세련되고 교양있고 박식한 사람이었다. 그녀는 찰스 디킨스Charles Dickens, 허먼 멜빌 Herman Melville, 잭 런던, 레오 톨스토이Leo Tolstoy, 루드야드 키플링 Rudyard Kipling, 표도르 도스토예프스키Fyodor Dostoevsky 같은 위대한 작가들과 어깨를 나란히 할 만한 자격을 갖춘 사람이었다. 따라서 그녀는 내 원고 중에서 자신의 사고가 형성되던 시절을 다룬 부분에 퇴짜를 놓았다. 그 시절의 이야기는 전문적인 직업인의 이야기가 아니라 개인적인 것이라는 게 이유였다. 나는 문서로 나와 있는 자료에서 그녀의 어린 시절에 관한 정보를 구했었다. 그녀가 여행과 모험을 좋아한다는 사실은 그녀가 어린 시절에 잭 런던의 작품에 감탄했다는 사실과 밀접하게 연결되어 있다. 그 시기에 관한 자료가 전문적인 직업인의 이야기인가 개인적인 것인가? 그런데 이것 말고도 복잡한 문제가 또 생겼다. 팔라치는 나더러 ≪인샬라≫의 유연성과 광대함을 책에 포함시키라고 했다. 그러나 내가 그녀의 출생지인 피렌체의 시각적 의미와 그녀의 집 창문에서 내다보이는 성당의 찬란한 둥근 지붕을 언급하자, 그녀는 벌컥 화를 내면서 그것은 자신이 글에 쓸 재료라고 주장했다.

팔라치는 우리가 만나서 하는 얘기를 모두 녹음해야 한다고 주장했으며, 나중에 모두 14개의 테이프에 담긴 내용을 논리적으로 나누는 게 어떻겠느냐고 제안했다. 그것은 그녀가 유명인사나 정계 거물들과 인터뷰를 한 후 사용하는 방법이었다. 그런데 내 원고가 500쪽 넘게 완성되었을 때, 팔라치는 내 원고를 승인해줄 수 없다면서 내가 우리의 협정을 위반했다고 주장했다. 그리고 내가 쓴 원고 중 처음 두 장章이 오류투성이라고 힘주어 강조했다. 나는 원고에서 그녀가 쓴 글들을 강조했다고 설명했지만 아무 소용이 없었다. 내가 무슨 말을 하든 그녀는 점점 더 화를 내면서 내가 억지로 자기에게 말을 시켰으며 자기가 테이프에 녹음해도 좋다고 허락한 내용은 배경자료로만 쓰여야지 책에 직접 인용돼서는 안 된다고 주장했다. 그런 그녀를 보면서 나는 속으로 6학년 때 담임선생님이었던 셀린 수녀님을 떠올렸다. 수녀님은 학생들이 제출한 숙제가 마음에 들지 않을 때마다 자기 책상 옆의 창문을 열고 숙제를 모두 밖으로 던져버리곤 했다. 맨해튼에 있는 팔라치의 아파트에서 내가 그렇게 의기소침해 있던 날에도 그녀의 거실 창문 하나가 실제로 열려 있었다. 나는 아이들을 때리기를 좋아하는 선생님 밑에서 공부하는 학생이 된 기분으로 이탈리아 출신의 저 유명한 저술가가 자리에서 일어나 페르시아 융단을 가로질러가서 내 원고를 바깥의 길 위로 내던지는 모습을 상상했다.

팔라치는 자신의 어머니 토스카를 다룬 부분에 대해서도 반대의견을 펼쳤다. 그녀의 아버지가 파시스트들에게 끌려가 감옥에 갇힌 후 어머니가 남편의 안전을 확보하기 위해 싸웠으며 그 스트레스로 인해 아이를 유산했다는 내용이었다. 나는 어머니에 대한 이야기는 파시즘에 반대하는 팔라치 자신의 입장을 설명하기 위한 것이며, 녹음테이프가 아니라 그녀가 1965년에 발표한 책 ≪만약 태양이 죽어버린다면 *If the Sun Dies*≫에서 그대로 옮겨온 내용이라고 설명했지만, 그녀는 내가 쓴 내용이 정확하지 않다면서 성난 눈으로 나를 노려보았다. 나는 그녀 앞에서 내 주장이 정당하다는 것을 밝히기 위해 그녀의 책을 뒤져 내가 인용한 부분을 찾아냈다.

"여기에요, 오리아나, 보세요. 테이프가 아니라 당신이 쓴 책을 인용한 거라고요."

　이건 아주 중요한 문제였다. 만약 내가 ≪만약 태양이 죽어버린다면≫에서 가져온 내용을 팔라치가 부정한다면, 지금까지 자신이 발표한 기사와 인터뷰도 쉽사리 부정할 수 있을 것이고, 그럼으로써 정당한 연구를 하려는 사람들을 좌지우지하게 될 터였다. 실제로 그녀는 나더러 잡지 ≪아나벨라 Annabella≫에 파올라가 쓴 인터뷰를 이용하지 말라고 했다. 그 기사가 잡지에 실리기 전에 자기가 원고를 수정하지 못했다는 것이 이유였다. 나는 내가 쓴 글과 자신의 공식적인 이미지를 꽉 틀어쥐고 좌지우지하려는 유명인사와 마주한 것 같은 기분이었다.

　어린시절의 이야기나 가족 이야기를 써서는 안 된다는 오리아나의 조건은 불합리한 것이었으며, 때로는 그녀 자신이 지금까지 해온 일과도 어긋나는 것이었다. 나는 그녀가 자신의 책과 기사에서 자신의 어린시절과 부모님 이야기, 그리고 제2차 세계대전의 기억 등을 잔뜩 언급해놓았음을 오래지 않아 알게 되었다. 그녀의 글에 나타나는 중요한 특징 중의 하나는 바로 그 글이 대단히 개인적이라는 것이다. 그녀의 작품에 드러난 이런 측면을 내가 어떻게 무시할 수 있겠는가?

　팔라치는 자주 예측할 수 없는 변덕을 부리곤 했다. 그녀는 내 책에서 알렉코스 파나고울리스의 가족에 대한 이야기가 짤막한 문단 하나로 언급되어야 한다고 말했다. 원고에 개인적인 얘기가 조금이라도 들어가면 금방 비난을 퍼부어대는 사람이 이런 말을 하다니. 그녀는 또한 그 문단을 나와 함께 쓰고 싶어했다. 자기 연인의 가족 이야기가 매우 민감한 주제라는 것이 그 이유였다. 내가 나중에 이 일을 일깨워주자 그녀는 아주 간단히 대답했다.

　"Niente famiglia Panagoulis(파나고울리스 가족 얘기는 하나

도 쓰지 마세요).”[8]

그녀의 기분이 어떻게 변할지 미리 예측해서 비위를 맞추는 것은 불가능한 일이었다.

나는 그녀를 만족시키려고 원고 전체를 다시 뜯어 고쳤다. 그녀는 자기가 글의 구성을 잘 짠다면서 내 글의 전체적인 구성을 두 번이나 제안한 적이 있었다. 나는 얌전히 그녀의 말에 귀를 기울이면서 녹음도 하고 필기도 한 다음 그녀의 지시를 그대로 따랐다. 그런데 전에는 어린시절 이야기를 건드리지 말라고 했던 그녀가 이번에는 피렌체의 학교에서 중요한 책들을 읽고 글을 쓰고 싶다는 생각을 하면서 자신이 원래 갖고 있던 한계를 본질적으로 바꿔놓았던 어린시절의 이야기부터 시작하는 게 좋겠다고 조언하는 것을 듣고 나는 깜짝 놀라고 말았다. 그녀는 이어 〈일 마티노 델리탈리아 센트랄레 *Il Mattino dell'Italia Centrale*〉에서 첫 직장을 구해 편집국에 첫발을 디뎠던 열여섯 살 때의 이야기를 쓰고, 그 다음에 〈에우로페오 *Europeo*〉에서 전국지 기자로 일을 시작한 얘기를 쓰는 게 좋겠다고 했다. 그러면 자기가 그 이후의 이야기들을 요약해서 다음에 책으로 내겠다는 것이었다.

나는 이 새로운 구성에 따라 새로운 원고를 완성해서 서론과 처음 두 장章을 그녀에게 부쳤다. 이번에는 내가 그토록 원하던 그녀의 승인을 얻을 수 있었으면 좋겠다는 생각이 들었다. 그런데 그녀는 또 다시 내 원고에 퇴짜를 놓고는 정신이 달아날 정도로 전화를 걸어대며 자신의 분노를 거리낌 없이 쏟아놓았다. 각 장의 순서가 말도 안 되게 엉망이고, 너무 개인적인 내용이 들어 있으며, 글 솜씨도 형편없어서 '배신감'이 느껴진다는 것이었다. 그녀는 자신의 첫 직장과 가족들에 관한 일화가 들어간 것에 격렬하게 반발하면서도 자신의 지성과 감성이 형성되는 과정에 대한 정보가 부족하다며 불평을 해댔다. 내가 겁에 질린 음성으로 그녀의 주장에 일관성이 없으며, 나는 그녀가 승인한 구성을 빈틈없이 따랐다고 주장하자 그녀는 한층 더 화가 나서 펄펄 뛰었다. 나는 용기를 쥐어짜서 내 주장이 옳다는 것을 증명하고 내 신뢰성을 회복하기 위해 내 메모를 다시 읽어주겠다고 했다. 팔라치는 자기 기억을 되살려주겠다는 내 말에 또 다시 분노했다.

팔라치는 내 두 번째 원고를 돌려보내면서 자신이 적은 비평도 함께 보냈다. 거기에는 몇 가지 긍정적인 제안들이 포함되어 있었다. 그러나 대부분의 내용은 내 원고 앞부분의 구성을 철저하게 부숴버리기 위해 씌어진 것 같았다. 그녀는 고압적인 태도로 내가 붙인 미주尾註들을 하찮은 것으로 끌어내리고, 내가 자료를 확인하지 않았다고 주장했다. 심지어 내가 보낸 원고를 태워버리라고 명령하기까지 했다. 아무리 나라도 이런 것까지 참을 수는 없었다. 나는 편지를 통해 그녀에게 모질게 내 반감을 밝혔다.

"당신은 저더러 원고를 모두 태워버리라고 하셨습니다. 제2차 세계대전 이전에 나치가 책을 태웠지요. 당신은 그들과 같은 말을 함으로써 스스로를 그들과 동류로 만들고 있습니다. 이른바 자유의 투사이며 독재자의 적이라는 분이 그런 말씀을 하시니 이상하게 들립니다."[9]

그리고서 나는 또 다시 원고를 새로 썼다. 그녀는 나더러 원래 원고로 돌아가라고 했다. 자기가 승인할 수 있는 원고는 그것뿐이라면서. 그것도 자기가 원고의 내용을 읽어본 후 마음에 들었을 때의 이야기지만. 속으로 나는 무슨 짓을 해도 그녀를 만족시킬 수 없을 것이라는 생각이 들었지만, 그래도 다시 작업을 시작했다. 그녀는 1994년 2월에 내게 보낸 마지막 편지에서 원고를 포기했느냐고 물었다. 나는 1994년 2월 16일자 답장에서 그녀의 책에 반해 있기 때문에 전기를 출간하고 싶다고 말했다. 하지만 그때는 이미 내가 정상적인 판단력을 되찾은 다음이었다. 팔라치에게 새로운 원고를 보내고 싶다는 생각이 들 때마다 빨간 경고등에 불이 들어왔다. 그래서 그 편지에 나는 이렇게 썼다.

"내 머릿속에서 작은 목소리가 속삭입니다. 완성된 원고를 당신 손에 쥐어주지 말라고."

사람들이 팔라치를 만나고 싶어할 때마다 그녀는 그들이 단순히 자기가 옷을 어떻게 입고, 머리를 어떻게 빗고, 주름살이 몇 개나 되며, 담배를 얼마나 피우는지 알고 싶어서 자기를 만나려 하는 건 아닌지 궁금해 한다. 그녀는 그런 것들은 자기와 전혀 상관이 없다며 자기가 쓰는 글이 바로 자기 자신이라고 주장한다. 그녀에게 진정한 애정을 갖고 있다는 사람들에게 그녀는 분명하게 경고한다.

"사랑하는 작가와 직접 만나는 사람들에게 화가 있을지어다."[10]

대부분의 경우 그녀의 찬미자들은 낙담하고 만다. 애당초 그들의 기대가 너무 큰 탓이다. 작가를 실제로 만나보면 자기들이 상상했던 이미지와 너무도 다르다. 팔라치는 자기가 어떤 유명 작가의 작품을 열정적으로 좋아했는데 그 작가를 직접 만나고서 어떤 기분이 들었는지 얘기해준다. 그 작가는 예의바른 태도로 그녀가 발표한 글에 대해 호의적인 말을 해주었지만, 그녀가 보기에 그는 인간으로서 형편없는 사람이었다.

"그를 만나고 나서 하도 환멸을 느꼈기 때문에 이제는 그의 작품에 대한 사랑을 잃지 않으려고 억지로 노력해야 한다."[11]

나도 오리아나 팔라치에 대해 같은 기분을 느꼈다고 인정하기가 너무나 싫다. 나는 처음에는 그녀의 사소한 변덕에 휘둘려 기분을 맞춰주려고 중국까지 갔다 오던 열성적인 팬이었지만, 나중에는 미몽에서 깨어나 직업인으로서 그녀의 삶을 그녀가 원하는 대로가 아니라 내가 직접 본 그대로 정직하게 말하고야 말겠다고 결심한 연구자가 되었다. 이 책에는 피렌체 출신의 한 여자가 스스로 자신의 신화를 구축해나가는 과정이 담겨 있다.

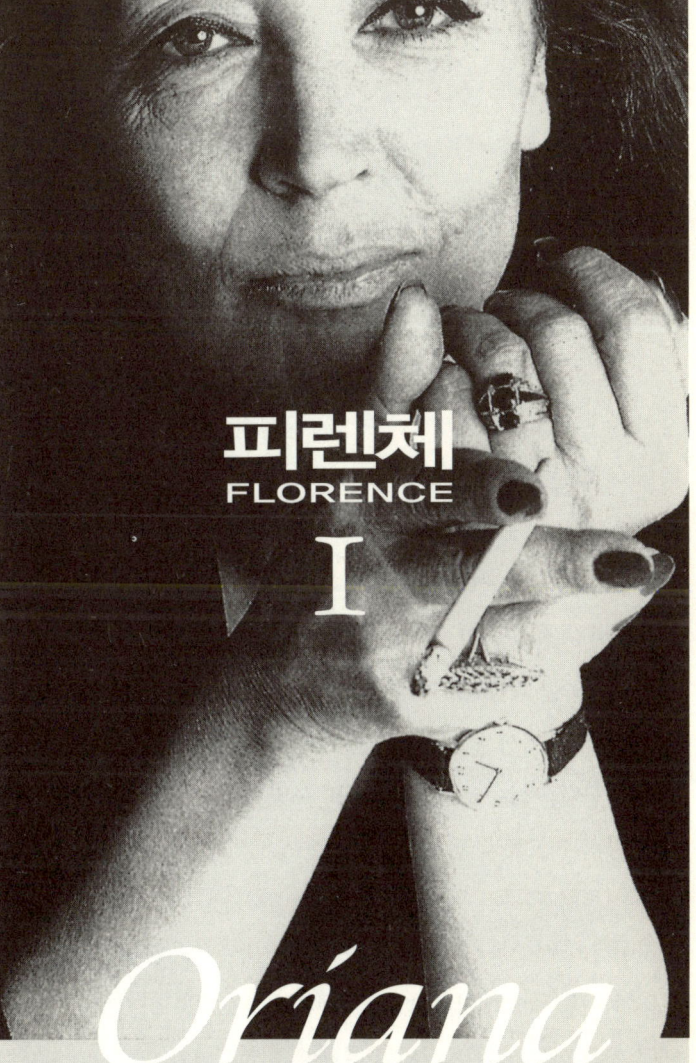

오리아나 팔라치의 세계적인 명성은 우연히 생긴 것이 아니었다. 그녀의 어린 시절 전체가 나중에 그녀가 보여준 놀라운 활동의 토대가 되었던 것이다. 그녀는 1929년에 이탈리아 피렌체에서 에도아르도 팔라치와 토스카 팔라치의 딸로 태어났다. 그녀의 부모님은 그녀의 인생에서 가장 중요한 역할을 했다. 우울한 표정의 아기였던 오리아나는 비아 델 피아지오네의 5층짜리 아파트에서 유년기를 보냈는데, 그 아파트에서 내려다보이던 피렌체의 장엄한 풍경을 지금도 몹시 사랑한다. 거실 창에서 밖을 내다보면 필리포 브루넬레스치의 둥근 지붕과 지오토의 탑 등 이 유구한 도시의 풍경이 마치 우편엽서의 사진처럼 펼쳐져 말수가 적고 항상 뭔가 생각에 잠겨 있던 어린 오리아나의 시야를 가득 채웠다. 집의 반대편으로 조금만 걸어가면 그녀가 나중에 ≪태어나지 못한 아이에게 보내는 편지≫에서 묘사했던 목련 나무가 있는 정원이 나왔다. 이탈리아의 르네상스 시대에 중추적인 역할을 했던 도시에서 어린 시절을 보내면서 그녀는 레오나르도 다빈치, 프라 안젤리코, 미켈란젤로, 치마부에 Cimabue, 보티첼리 등 유명한 예술가들의 걸작을 매일 접할 수 있었다. 그녀는 설교와 미사에는 별로 관심이 없었지만, 산타 마리아 델 피오레, 산타 크로체, 산타 마리아 노벨라 등 여러 교회에 있는 벽화와 그림들을 홀린 듯이 바라보곤 했다. 문예 부흥의 핵심이었던 이 도시에서 그녀는 문명의 구체적인 모습을 온몸으로 느꼈으며, 작가가 된 후 광대한 풍경 묘사와 사실적인 문체를 통해 이때의 느낌들을 표현했다.

오리아나의 비범한 부모님은 대학에 다닌 적이 없는 사람들이었다. 토스카 팔라치는 부모님이 돌아가신 후 친척들의 손에 자라면서 정식 교육을 조금밖에 받지 못했다. 그리고 에도아르도는 생계를 위해 장인匠人으로 일하면서 이탈리아의 파시즘 반대 운동에 적극적으로 참여했다. 두 사람은 학교교육을 제대로 받지 못했는데도 탐욕스럽게 책을 읽어대며 문학의 세계에 중독되었다. 오리아나는 책을 열정적으로 좋아하는 부모님의 영향으로 교실에서 얻을 수 있는 얄팍한 지식보다 개인적인 공부가 훨씬 더 실속 있다고 항상 생각하게 되었다.

"학생들이 써서 보낸 글을 보면 전세계적인 홍수가 일어나 학계의 풍토를 파괴해버려야 한다는 생각이 든다."[1]

그녀의 부모님은 그녀가 항상 거의 완벽한 학식을 갖춰야 한다고 생각했으며, 그녀는 부모님의 영향으로 작가들의 작품 앞에서 신성한 경외감을 느끼게 되었다. 오리아나의 부모님은 마치 옆집에 사는 이웃사람 얘기를 하듯이 알레산드로 만조니Alessandro Manzoni와 도스토예프스키, 톨스토이, 디킨스를 얘기했다. 오리아나는 부모님의 계몽된 시각에 영향을 받아 문학을 탐욕스럽게 끌어안았고, 나중에는 작가가 되겠다는 야망을 품으면서 스스로 자신의 삶을 변화시켰다.

에도아르도 팔라치와 토스카 팔라치는 빠듯한 살림을 하면서도 책에는 돈을 아끼지 않았다. 어느 날 밤 소파에 누워 있던 오리아나는 옆방에서 부모님이 돈 문제를 놓고 격렬하게 이야기를 나누는 소리를 우연히 듣게 되었다.

"에도아르도, 책이 이 정도 있으면 충분해요. 이제 그만 해야 한다고요. 매달 책을 사는 데 이렇게 돈을 쓸 수는 없어요."[2]

두 사람은 마치 냉장고를 살 때처럼 할부로 걸작들을 사들이곤 했다. 이렇게 사들인 보물 같은 책들은 거실에 있는 유리문이 달린 서가에 꽂혔다. 어렸을 때 오리아나는 소파에 누워서 빨간 표지의 책들을 뚫어지게 바라보다가 잠이 들곤 했다. 그때마다 그 책들이 자신의 상상력에 도발적인 영향을 미치고 있음이 느껴졌다. 그렇게 다음 날 아침 눈을 뜨면 곧바로 서가의 책들이 그녀의 시야에 들어오곤 했다. 매일 이 책들을 바라보는 것이 그녀의 일상에서 떼려야 뗄 수 없는 중요한 부분으로 자리를 잡았기 때문에 마치 그 책들의 활기 속에 온 몸이 푹 잠겨 있는 것 같았다. 미소를 짓거나 다른 아이들과 노는 적이 드문 진지한 아이였던 팔라치는 글자를 깨우치자마자 게걸스럽게 책을 읽어대기 시작했다. 그리고 이것이 평생에 걸친 버릇이 되었다.

나중에 어른이 된 후 그녀는 그 동안 모은 소중한 책들을 꽂아두기 위해 맨해튼, 피렌체, 치안티의 그레비 등지에 있는 자신의 집 구석구석에 서가를 만들었다.

"누가 고서를 주면 나는 부르르 떤다. 정말로 몸이 떨린다."[3]

그녀는 맨해튼의 집 근처에 있는 서점이 놀라운 책들을 갖추고 있다는 얘기를 즐겨 하곤 한다. 한 번은 그 서점에서 오래 전에 나온 몰리에르의 희곡집을 겨우 85달러에 산 적도 있었다. 유럽의 말도 안 되는 가격에 비하면 이건 정말 엄청나게 싼 값이다. 외설적인 그림들이 곁들여져 있는 이 몰리에르 희곡집은 오리아나가 특히 아끼는 보물이기도 하다. 그녀는 또한 아주 오래 전에 나온 에밀리 브론테Emily Brontë의 ≪폭풍의 언덕Wuthering Heights≫도 가지고 있는데, 사춘기 때 접했던 이 영국 작가에 대해 특별히 강한 매력을 느끼고 있다. 브루클린의 어떤 서점에서 브론테 자매의 작품 전집에 겨우 450달러의 가격표가 붙어 있는 것을 발견했을 때는 즉시 선금을 걸어두고 이 전집을 완전히 사들일 때를 생각하며 내심 기뻐한 적도 있었다. 그녀의 소장품 중에는 삽화와 장식이 들어간 윌리엄 셰익스피어의 오래 된 희곡들도 있다. 그녀는 그 중 한 작품에 작가의 이름 철자가 다르게 표기되어 있는 것을 지금도 못내 궁금해 하고 있으며, 그 책을 들고는 아주 즐거운 표정으로 가격이 150달러였다고 밝히곤 한다. 그녀는 자신이 보물처럼 귀하게 여기고 있는 또 다른 셰익스피어 희곡 모음집에 그보다 약간 더 비싼 가격을 지불했다고 경건하게 고백하며 황홀한 표정으로 거기에 포함된 작품들을 열거했다. ≪베니스의 상인≫, ≪말괄량이 길들이기≫, ≪12야≫, ≪겨울이야기≫.

그녀는 장 드 라퐁텐Jean de La Fontaine의 ≪우화집Fables≫에 대해서 이야기할 때도 금방이라도 불꽃이 튈 것처럼 잔뜩 흥분하곤 했다. 특히 각각의 시와 관련된 그림들을 보여주며 그 스케치들이 자신의 상상력에 어떤 영향을 미쳤는지 얘기할 때가 그러했다. 그녀는 그림이 곁들여진 책에 매혹된 나머지 그것들을 보석에 비유하곤 했다. ≪만약 태양이 죽어버린다면≫이 출판된 후, 그녀의 동생인 파올라는 이를 축하하기 위해 피렌체의 폰티 베치오에 있는 가게에서 다이아몬드를 사야 한다고 주장했다. 그러나 그녀는 자신의 물건 중 가장 커다란 기쁨을 안겨주는 것은 역시 책이라면서 그 밖의 물건들을 사들일 때는 전혀 만족감을 느끼지 못한다고 말했다.

"파올라는 다이아몬드를 부의 상징이라고 생각하지만 나는 그 애와 다른 어린시절을 보냈다. 당연히 책이 소중하고말고."[4]

그녀는 책을 아무렇게나 취급하는 사람들을 경멸한다. 그래서 일 때문에 책이 필요할 때마다 그녀는 항상 같은 책을 두 권씩 사곤 한다. 그래야 한 권을 새것처럼 고스란히 보관할 수 있으니까. 그녀가 자신이 수집한 책들을 통해 과거를 회상하면서 결국 자신이 엄청난 부를 소유하고 있는 셈이라고 말할 때면, 어린 시절부터 그녀가 느꼈던 글에 대한 경외심이 지금도 그대로 드러난다.

"고서는 과거이다. 그러니까 고서는 과거에 대한 나의 사랑인 셈이다."[5]

어린 시절, 그녀의 평생을 결정지은 경험 중에도 책과 관련된 것이 있다. 토스카 팔라치에게서 19세기의 위대한 화가이자 조각가인 구스타브 도레Gustave Doré의 ≪그림 성경Illustrated Bible≫을 읽어도 좋다는 허락을 받고 그 그림들을 실컷 들여다봤을 때의 느낌. 성경에 곁들여진 그림들은 필연적으로 비극적일 수밖에 없다. 하나님은 항상 벌을 내리고, 카인은 아벨을 살해하고, 천사들은 소돔과 고모라를 불태우고, 롯의 아내는 소금 기둥으로 변하고, 노아는 방주를 지어 지상의 생물들을 받아들이고, 대홍수가 문명을 파괴한다. 어린 팔라치는 도레의 그림 중 특히 한 작품에서 깊은 인상을 받았다. 사방의 땅이 대홍수로 인해 물 속에 잠겨 있는 가운데 벌거벗은 남자, 여자, 아이들이 물 위로 삐쭉 솟아오른 산꼭대기를 가득 메우고 있는 그림이었다. 그 뒤로는 점점 높아지고 있는 물 위에서 안전한 곳을 향해 떠나는 노아의 방주가 그려져 있었다. 온 세상이 황폐화된 이 그림 속의 모습과 당시 오리아나의 가족들의 처지, 그리고 전쟁으로 파괴된 1940년대 이탈리아의 모습 등은 그녀가 나중에 발표한 작품들에 드러나 있는 격동적인 시각에 영향을 미쳤다. 당시 팔라치가 살고 있던 피렌체의 집에는 그림이 곁들여진 도레의 책들이 ≪돈키호테≫만 빼고 모두 갖춰져 있었다. 그녀는 그 책들을 지금도 맨해튼의 집에 보관하고 있다. 에도아르도는 세상을 떠나면서 자식들에게 돈을 한 푼도 남겨주지 못했다. 토스카와 마찬가지로 그 역시 딸이 직업적으로 성공을 거둔 후에야 비로소 경제적으로 숨을 돌린 형편이었기 때문이다. 그러나 그는 팔라치에게 자신의 물건 두 가지를 물려주었다. ≪그림 성경≫과 낡은 사냥용 총이 그것이었다.

어린 오리아나는 글자를 깨우친 후 거실에 있는 보물 같은 문학 작품들을 갈망 어린 시선으로 바라보았다. 한 번은 그 책 중에서 카사노바의 이야기를 꺼내본 적이 있었는데, 그녀는 그 유명한 바람둥이가 어떤 수녀의 옷을 벗기는 장면을 지금까지도 기억하고 있다. 하지만 그녀는 그때 그 책을 읽지 못했다. 그녀의 어머니가 냉큼 책을 빼앗아 ≪죄와 벌≫, ≪전쟁과 평화≫ 등 금지된 책들이 꽂힌 칸에 꽂아버렸기 때문이다.

"이건 아빠 책이야. 어른들이 보는 책이라고. 애들은 안 돼."[6]

어느 날 오리아나가 아파서 소파에 누워 있을 때, 토스카는 서가의 유리문을 열고 빨간 표지의 책 한 권을 빼서 그녀에게 던지며 이렇게 말했다.

"넌 지금 아파서 열이 나니까 책 읽을 시간 있지. 읽어!"[7]

그녀는 오랫동안 기다려왔던 그 선물을 탐욕스럽게 움켜쥐었다. 그 책이 나중에 그녀의 인생에서 매우 중요한 역할을 한 잭 런던의 ≪야생의 외침≫이었다. 그녀는 조심스럽게 책을 펼쳐서 알라스카 유콘의 야생의 땅에서 벌어지는 이 모험담을 마치 최면에 걸린 사람처럼 읽기 시작했다. 거의 날이 밝아올 무렵, 그녀는 마침내 버크가 늑대 무리를 따라 야생의 땅으로 들어가 자연의 외침을 듣는 장면에 이르렀다. 이 책을 마지막까지 다 읽었을 때, 그녀는 이미 에드몬도 드 아미치스Edmondo De Amicis, 에밀리오 살가리Emilio Salgari, 쥘 베른Jules Verne의 경건하고 흥미진진한 이야기에 마음을 빼앗긴 어린 아이가 아니었다. 이제 그녀는 어른들이 살아가는 냉혹한 현실세계와 맞설 준비가 되어 있었다. 버크는 하루하루의 삶이 생존을 위한 투쟁이며 먹을 것과 개인의 자유를 지키기 위해 굳건히 맞서야 하는 싸움이라는 것을 그녀에게 가르쳐주었다.

> 잠시 다른 곳에 정신을 빼앗기거나 성실한 성격 때문에 자유를 잃어버리는 사람들에게 화가 있으리라. 그런 사람들에게 남은 길은 노예가 되어서 부당한 대접과 굴욕을 당하며 황금을 찾아 헤매는 사람의 썰매에 가죽끈으로 묶이는 것뿐이다. 그들은 채찍과 모욕에 갈가리 찢긴 채 병원에서 그 잔인한 짐을 끌게 될 것이다.[8]

런던의 작품에 대한 전통적인 해석에서는, 작품 속에 등장하는 개가 억압된 본능을 되찾고, 위선적이고 인위적인 현대문명에 대한 충성과 원시적인 자발성 사이에서 내적인 투쟁을 다시 벌이는 것을 강조한다. 팔라치도 이러한 해석에 동의한다. 그러나 그녀는 비평가들의 설명도, 작가의 의도도 이 작품의 내적인 의미를 완전히 밝혀주지 못하는 것 같다는 생각을 하고 있다.

"책, 특히 예술적인 작품으로 승화된 책 속에서 독자들은 자신의 자아를 통해 자기만의 의미를 발견한다."[9]

런던의 책을 읽었던 열두 살 때의 그 날, 그녀는 인생의 가장 중요한 딜레마 중 하나라고 생각하는 문제(자유의 문제)에 대한 답을 자신도 모르게 찾아 헤맸고, 거기서 찾아낸 해답으로 어른의 사고를 갖게 되었다. 버크의 강한 울부짖음은 자유를 갈구하는 외침이었다. 팔라치는 나치가 피렌체를 점령했을 때, 이 외침을 받아들여 적에게 적극적으로 저항했다. 열두 살 때 팔라치가 읽었던 런던의 책은 이제 팔라치 집안에 남아 있지 않다. 토스카 팔라치가 그 책을 친절한 유대인 교사였던 루비체크 양에게 빌려주었는데, 그녀가 그만 나치에게 잡혀 독일의 강제수용소에서 세상을 떠났던 것이다. 런던의 책 속에서 "야만적인 늑대들에게 갈가리 찢긴" 컬리처럼. 늑대들은 그러고 나서 "입술을 핥았다."[10]

팔라치는 버크의 이야기를 한시도 잊어본 적이 없었다. 자신이 급진적인 개인주의를 신봉하고 낭만적인 사랑을 불신하게 된 것이 바로 이 작품 때문이라는 얘기도 자주 했다. 그녀는 이 책이 위대한 자유의 찬가라고 높이 평가하면서도 버크가 사냥꾼의 사랑을 받으며 사냥꾼 없이는 살지 못한다는 점을 지적했다. 버크가 주인에게서 한시도 눈을 떼지 않고 조용히 먹이를 먹으며 점점 뚱뚱해지다가 주인이 죽은 후에야 비로소 자유를 얻는다는 것이다.

"내가 이 글에서 하고 싶은 얘기는 자유를 구속하는 그 어떤 굴레도 사랑의 굴레만큼 무겁지 않다는 것이다."[11]

정서적인 유대감을 얻기 위해 치러야 하는 대가에 대해 이처럼 삭막한 생각을 갖고 있음에도 팔라치는 사랑을 두려워해본 적이 한 번도 없으며, 자신 역시 지금까지 살아오면서 엄청난 사랑을 주었다고 주장했다. 그런데도 그녀는 여전히 사랑을 구속이라고 지칭하면서 대개 사랑으로 인한 피해가 "부모로부터 시작되어" 다른 일들에까지 영향을 미친다고 주장했다.

"일단 누군가에게 마음을 바치면, 자신과 자신의 감정을 바치면, … 그 사람은 끝장이다. 끝장! 완전히! 언제나 그렇다!"[12]

1973년부터 1975년까지 지속됐던 알렉코스 파나고울리스와의 관계가 끝난 후에도 그녀는 모든 유대관계가 억압적이라며 감상적인 회상에 젖는 것을 거부했다. 그리고 로맨스의 위험에 대해 전과 다름없는 생각을 고수했다.

"물론, 모든 유대관계는 억압적이다. 하지만 사랑이라는 유대관계만큼 억압적인 건 없다!"[13]

≪야생의 외침≫을 계기로 그녀는 잭 런던의 세계를 알게 되었다. 어린시절부터 사춘기 초기에 이르기까지 팔라치는 그의 책을 닥치는 대로 읽어댔다. ≪하얀 엄니 *White Fang*≫, ≪불타는 햇빛 *Burning Daylight*≫, ≪달의 계곡 *The Valley of the Moon*≫, ≪엘시노어의 반란 *The Mutiny of Elsinore*≫, ≪강철 군화 *The Iron Heel*≫, ≪큰 집의 작은 아씨 *The Little Lady of the Big House*≫. 강렬한 서사시였던 버크의 이야기와 필적할 만한 작품은 전혀 없었지만, 런던의 책은 아무리 읽어도 싫증이 나지 않았다. 그녀는 미국 출신인 이 작가의 상상력과 사냥에서부터 정치학까지, 과학소설에서부터 사회학에 이르기까지 모든 주제의 글을 쓸 수 있는 정신적 풍요로움에 경탄했다. 그녀는 어린이다운 창의력을 발휘해서 런던과 함께 미국의 미지의 땅들을 돌아다니며 빙산 바닥에서 황금을 찾아 헤매기도 하고, 베링 해협에서 낚시를 하기도 하고, 런던의 빈민가에서 살아보기도 하고, 시베리아 해안에서 난파당하기도 하고, 남태평양의 풍경에 푹 빠지기도 하고, 자신이 원하는 삶을 대담하게 탐색해보기도 했다. 팔라치는 자신이 여행을 갈망하게 된 데에는 어렸을 때 잭 런던의 작품에 매혹되었던 것이 커다란 역할을 했다고 솔직하게 인정한다. 마흔 살에 자살로 끝을 맺은 그의 거칠고 비범한 삶과 그가 남긴 소설들은 그녀의 머릿속에 모험심이라는 독을 심어놓았다.

"나는 ≪야생의 외침≫을 읽고 나서 아홉 살 때 작가가 되기로 결심했다."[14]

팔라치의 삼촌이자 유명인사인 브루노 팔라치 Bruno Fallaci는 학식이 높고 문단에서 중요한 위치를 차지하고 있는 문학비평가로서 런던을 아마추어 작가라고 생각하는 사람 중의 하나였다.

"16년 동안 50권이나 책을 쓰다니! 16을 50으로 나누면 3하고도

2가 남는다! 1년에 세 권이 넘는 책을 쓴 것이다. 그런데 과연 훌륭한 책을 쓸 수 있었을까?!"15)

그는 런던에게 시간을 너무 많이 낭비하고 있다며 조카를 꾸짖었다. 그리고 멜빌이나 플로베르를 읽으라고 권고했다. 그러나 안토니오 그람시Antonio Gramsci가 1930년대에 감옥에서 그랬던 것처럼 삼촌도 런던의 작품을 몰래 다 읽지 않았느냐고 그녀가 말하자 그는 더욱 더 화를 내며 펄펄 뛰었다. 팔라치는 대개 삼촌의 충고를 그대로 따랐지만, 런던에 대한 충고만은 고집스럽게 거부했다. 그녀의 인생에서 가장 두드러진 특징 중의 하나는 활동적이고 모험적인 기자 정신인데, 이 점에 있어서 그녀는 런던과 매우 흡사했다.

토스카 팔라치는 딸이 읽을 책들을 신중하게 골라주었으며, 루드야드 키플링의 ≪킴Kim≫을 읽으라고 명령함으로써 딸에게 또 다시 강한 영향력을 행사했다.

"어느 누가 ≪킴≫을 잊을 수 있을까? 나는 ≪야생의 외침≫을 읽은 후 그 책을 읽었는데, 그 덕분에 멀고, 이국적이고, 신비한 나라들에 대한 사랑이 내 안에서 눈을 뜬 것 같다."16)

키플링의 소설은 영국 치하의 인도와 바자의 신비주의자들, 인도의 원주민들, 군대생활, 그리고 모든 죄를 씻어준다는 신성한 애로우 강으로 티벳 승려를 데려가려고 애쓰는 거리의 소년의 모습 등을 생생하게 보여주었다. 작가는 이 책에서 간접화법으로 표현된 부분은 물론 직접적인 대화에도 자신이 직접 번역한 인도식 표현들을 사용했다. 이는 그곳 사람들이 사용하는 언어의 맛을 살리기 위해서였는데, 팔라치는 ≪인샬라≫에서 이 기법을 아주 많이 이용했다. ≪인샬라≫에서는 광대하고 때로는 역설적인 상황이 상세히 묘사되는 가운데 수많은 사건들이 발생한다. 팔라치는 옛날을 되돌아보며 키플링의 소설 때문에 자신이 인도, 중국, 아프가니스탄에 반해버렸음을 인정했다. 그녀는 어머니 토스카처럼 점점 키플링에게 깊이 빠져들어서 그의 작품을 읽고 그를 자신의 모델로 삼았다. 그는 그녀가 맨 처음 영웅으로 숭배했던 잭 런던과 마찬가지로 기자이자 모험가였다. 그러나 키플링은 기자로서 알라스카 대신 극동으로 향했다. 오랜 세월이 흐른 후 팔라치는 기자로서 이들 지역을 찾아가 어린 시절 자신의 우상이 밟았던 땅에 가보겠다는 꿈을 실현했다.

"난 그곳에 가고 싶었다. 아니, 그건 그냥 핑계였다…. 그래서 인도로 갔다. 키플링에게로."[17)]

시간이 흐르면서 팔라치는 이 두 사람의 작품 외에 다른 문학작품들도 접하게 되었다. 열여섯 살 때 그녀는 러시아 소설들을 읽기 시작했다.

"집에 그 책들이 있었다. 우리 부모님이 할부로 산 책들이었다."[18)]

그녀는 톨스토이의 ≪전쟁과 평화≫를 정신없이 읽어치웠다. 그녀는 작품 속에 등장하는 나타샤와 안드레이가 완전하게 잘 구성된 인물들이라고 했다. ≪인샬라≫에서 그녀는 자신이 창조한 많은 등장인물들을 역시 그렇게 묘사했다. 그들의 심리적인 동기와 무의식적인 욕망을 작품 속에 모두 드러낸 것이다. 톨스토이는 자신의 걸작인 ≪전쟁과 평화≫에서 삶에 대한 개인적인 견해는 물론 작가로서의 솜씨도 유감없이 발휘했다. 팔라치는 그가 창조한 등장인물들이 실존적인 사고를 구현하고 있다고 했다. 그들이 톨스토이 자신을 상징하기에 톨스토이가 철학적, 예술적으로 그들에게 온전히 관심을 쏟았던 것이다. 작가로서 팔라치는 톨스토이처럼 자신의 이념(실존적인 회의, 절망, 무신론)을 많은 등장인물들 속에 쏟아 붓고 또 그 다음에 발표한 책들에서 다양한 형태로 같은 메시지를 반복했다. ≪전쟁과 평화≫에 등장하는 다섯 가문과 농민, 귀족, 황제 등 그 밖의 등장인물은 1812년 나폴레옹 보나파르트의 러시아 침공을 배경으로 이야기를 풀어나간다. 톨스토이는 마법 같은 글 솜씨로 통일된 이야기 속에서 이들을 생생하게 그려냈다. 팔라치도 ≪한 남자≫와 ≪인샬라≫에서 톨스토이처럼 엄청나게 많은 인물들을 등장시켜 잔혹한 갈등을 배경으로 그들의 삶을 풀어나가면서도 일관된 플롯과 배경 속에 그들을 성공적으로 통합시켰다.

팔라치는 또한 도스토예프스키의 ≪백치 Idiot≫에 나오는 미쉬킨 공을 잊지 못해 그의 이름만 듣고도 즉석에서 회상에 잠겼다. 미쉬킨 공은 상트페테르부르크에서 열린 한 이브닝파티에서 중국 도자기를 보고 가까이 다가가면서 자기가 그 도자기를 깨뜨리게 되리라는 것을 본능적으로 알아차린다. 자신이 매사에 서투른 사람이라는 생각에 불길한 예감에 사로잡힌 그는 그 도자기에 다가가지 않으려 한다. 그러나 생각과는 달리 그는 자리에서 일어나 도자기 근처로 걸어가고, 그 때문에 도자기가 바닥으로 떨어지고 만다. 팔라치는 이 장면이 우리 삶 속에서 운명이 어떻게 작용하는지를 훌륭하게 보여준다고 주장했다. ≪한 남자≫와 ≪인샬라≫에서도 같은 분위기가 배어 있다. 그녀의 연인이 된 알렉코스 파나고울리스에게로 그녀를 이끈 것은 바로 운명이었다. 인샬라는 아랍어로 '신의 뜻대로, 혹은 운명'을 뜻한다. 이 단어는 삶에서 느끼는 갈등, 전쟁, 사람이 사람에게 저지르는 비인간적인 행위 등을 설명하는 개념 중의 하나이다. 팔라치의 실존적인 자기반성과 자기분석의 근원을 거슬러 올라가다 보면 아마 도스토예프스키의 걸작 ≪백치≫가 금방 눈에 들어올 것이다. 그녀가 만들어낸 등장인물들은 광적으로 자신을 분석하며 내면의 갈등을 드러낸다. 도스토예프스키의 ≪죄와 벌≫에서 아직 학생인 주인공은 자신의 논리가 자신을 강한 사람으로 만들어줄 것이라 믿고 그 논리를 실천하기 위해 살인을 저지른다. ≪인샬라≫의 주인공인 안젤로 역시 과학적인 공식을 끊임없이 생각하면서 살인을 저지르고 그 공식을 바탕으로 자신의 결정을 설명한다.

중고등학교 시절 그녀는 그리스·로마 문화에 대한 기본지식을 철저하게 교육받았으며, 수년 동안 라틴어와 그리스어를 번역하고, 소크라테스와 플라톤의 책을 읽고, 베르길리우스의 《아이네이스 Aeneid》와 오비디우스의 《변신 이야기 Metamorphoses》를 통해 고통을 맛봤다. 그러나 "《일리아드》와 《오디세이》에게 괴롭힘을 당하는 굉장한 행운"[19]을 경험하기도 했다. 이 두 편의 고대 작품은 팔라치에게 지울 수 없는 영향을 미쳤다. 아가멤논, 아킬레스, 율리시즈, 페넬로페, 메넬라오스, 헬레네, 아이아스 등은 그녀에게 매우 친숙한 인물들이었다. 요즘 아이들이 미키마우스나 도널드덕, 혹은 동화를 친숙하게 생각하는 것과 마찬가지였다. 팔라치는 《일리아드》가 아주 쉽게 읽히며 유혹적이라고 했다. 호메로스의 작품을 너무나 즐겁게 읽었기 때문에 그녀는 지금도 트로이의 성벽 아래에서 죽음을 맞은 헥토르의 이야기를 그리스어로 읊을 정도이다. 그녀는 헬레네에 대한 파리스의 정열적인 사랑과 두 사람이 절망에 빠진 메넬라오스를 배신하는 장면을 아주 좋아한다고 말하면서, 황홀한 표정으로 그 이야기가 자신의 혈관 속을 흐른다고 고백했다. 《인샬라》에 등장하는 교수가 자신의 소설에서 《일리아드》의 정신을 되살리고 싶어하는 것은 고전문학이 지금도 작가에게 문학적인 영향을 미치고 있음을 입증해준다.

팔라치는 또한 페트라르카와 지오반니 보카치오의 작품, 그리고 단테 알리기에리의 《신곡》 등을 통해 이탈리아 문학도 배웠다. 고등학생들은 《지옥편》을 힘겹게 읽어낸 후 《연옥편》과 맞서야 했으며, 그 후에야 비로소 《낙원편》을 읽는 특권을 누릴 수 있었다. 대학입시를 치르기 전에 팔라치는 이런 식의 공부가 너무 제한적이라며 현대 세계문학을 커리큘럼에 포함시켜달라고 요구했다.

"우리가 몇 달 후면 졸업시험을 치를 텐데 그 시험에 괴테나, 몰리에르, 셰익스피어에 대한 문제가 하나도 없다는 게 말이 되나요?"[20]

교수도 이 말에 동의하고 그 동안 무시되었던 작가들 중 한 명을 공부할 수 있는 기회를 제공해주었다. 그녀는 이 기회를 놓치지 않고 자신이 가장 좋아하는 셰익스피어의 희곡인 ≪맥베스≫를 골랐다. 그리고 다른 여학생 두 명은 각각 괴테와 몰리에르에 대한 리포트를 준비했다.[21] ≪인샬라≫의 마지막을 장식한 대학살은 셰익스피어의 비극에 등장하는 비극적인 결말과 직접적으로 연결되어 있다.

팔라치는 열정적으로 책을 읽어댄 덕분에 글쓰기를 좋아하게 되었다. 독서는 또한 문학에 대한 그녀의 생각에 영향을 미쳤으며, 그녀의 생활방식에도 두드러진 흔적을 남겼다. 그러나 파시즘에 열렬하게 반대하는 집에서 어린시절을 보낸 것도 그녀의 정체성과 그녀의 일생을 지배한 테마들의 형성에 의미심장한 영향을 미쳤다. 그녀는 어린시절을 회고하면서 아버지가 자신에게 총 쏘는 법, 사냥하는 법, 낚시 등을 가르쳐주었을 때의 기억과 전쟁에 대한 기억을 떠올렸다. 한 번은 미국이 쏘아 보낸 폭탄들이 피렌체에 떨어지는 가운데 허둥지둥 지하 방공호로 피한 적이 있었다. 그녀는 두려움 때문에 울음을 터뜨렸는데(조용히 흐느낀 것이 아니다) 아버지 에도아르도가 눈물을 보고는 화가 나서 뺨을 "힘껏 후려치며" 단호한 목소리로 "여자가 울면 안 돼!" 하고 야단을 쳤다.[22] 그녀는 눈을 가늘게 뜨며 이때 배운 교훈을 간단하게 요약했다.

"힘이예요! 힘!"

심리치료사를 찾아가 어린시절의 위기를 얘기하며 징징거리는 환자들과 달리 그녀는 자신을 엄격하게 교육했던 부모님에 대해 감사의 마음을 갖고 있다.

인생은 힘겨운 모험이다. 그 사실을 빨리 알아차릴수록 좋다. 나는 약한 사람들에게 관대하지 않다. 그런 것은 내 본성과도, 내 성격과도 맞지 않는다. 우리 부모님도 약한 사람들에게 관대하지 않으셨다. 난 그때 아버지가 내 뺨을 때린 것을 결코 잊지 않았다. 그것은 마치 키스 같았다.[23]

팔라치의 집안 분위기는 결코 자유롭고 관대한 편이 아니었다. 그녀의 부모님은 자식들을 엄격하게 단속했으며, 자신을 절제할 수 있는 정신을 그녀의 머릿속에 영원히 심어놓았다. 옛날에는 모든 것이 훨씬 더 좋았다는 상투적인 주장을 진심으로 인정하고 있는 그녀는 현대 젊은이들의 무관심한 태도를 너그럽게 봐줄 수가 없다며 오늘날 세대간의 간격에 겁이 난다고 고백했다. 미국 대학에서 순회강연을 할 때 그녀는 청중들이 자신의 말에 완전히 집중하지 않으면 공격적인 태도를 보이곤 한다. 그녀는 강연을 중단하는 것쯤 개의치 않고 예의를 모르는 학생들을 향해 날카로운 목소리로 이렇게 소리친다.

"거기 뭐하고 있는 거야? 내 말을 열심히 들어야지."[24]

근처에 있던 사람들은 그녀가 학생들의 질문을 멍청하다며 일축해버리고 다른 질문을 할 사람 없느냐고 묻거나, 누군가에게, 특히 자신의 말에 반대하는 학생들에게 성난 목소리로 모욕에 가까운 반박을 하는 모습을 보고 깜짝 놀라서 그녀를 다시 돌아보곤 한다.[25] 그녀는 자신의 이런 태도가 공정하지 못한 경우가 많다는 것을 인정하면서도 자신이 받은 교육을 근거로 자신의 태도를 정당화했다. 부모님 덕분에 교육과 자기절제가 신앙처럼 그녀의 머릿속에 자리잡고 있기 때문에 그녀는 모든 일에 전적으로 자신을 바칠 수밖에 없으며, 아주 뛰어난 결과 외에는 그 어떤 것도 받아들이지 못한다.

그녀는 젊은이들이 희생과 목표설정의 가치를 제대로 모르는 것 같다고 생각한다. 엄격하게 일상을 고수하고, 단 하나의 목적을 향해 매진하며, 작업 스케줄을 엄격히 지키는 생활이 즐거움을 가져다주지는 못한다는 점을 인정하면서도 그녀는 이처럼 고집스러운 인간의 행동들을 고귀한 것으로 보았다.

"나는 희생에서 나오는 힘과 자기절제가 없으면 인생을 살아나갈 수 없다고 절대적으로 확신하고 있다."[26]

어린 학생시절 그녀는 철저하게 공부에 집중했다. 토스카 팔라치는 딸이 얼마나 행운을 누리고 있는지 알아야 한다고 생각했다.

"학교에 다니면서 공부를 할 수 있다는 게 얼마나 행운인지 알아? 난 공부를 하고 싶어도 못했다."[27]

토스카는 감정이 잔뜩 들어간 이 말을 몇 번이나 되풀이하면서 딸을 철저하게 세뇌시켜 딸이 이 말을 신앙처럼 받아들이게 만들었다. '그래, 난 얼마나 운이 좋으냐. 학교에 다닐 수 있으니.'[28] 이 생각은 어린 팔라치의 머릿속에 깊이 박혀서 초등학교 시절부터 피렌체 대학 의대에 다닐 때까지 그녀가 굳건한 의지로 버틸 수 있게 해주었다.

제2차 세계대전 중에 팔라치가 경험했던 레지스탕스 활동은 그녀가 나중에 독재의 반대편에 서는 데 일조했으며, 그녀가 발표한 기사와 책에도 여러 번 등장했다. 전쟁 기간 중에 에도아르도 팔라치는 토스카나의 레지스탕스 조직원으로 활동했다. 오리아나도 집안의 맏이로서 독일 점령군에 대항하는 비밀활동에 참여했다. 용감하고, 교양 있고, 애국적인 영웅들과 지하에서 활동한 그 시기는 그녀의 인생에서 가장 특별한 시기 중 하나였다. 그녀의 나이 열세 살 때부터 열네 살 때까지 이어진 그 시기에 그녀의 어린시절은 끝나고 자유의 투사들이 그녀의 마음 속에서 그녀가 사랑해 마지않던 잭 런던과 똑같은 자리를 차지했다. 어쩌면 그들의 자리가 더 높았던 건지도 모르겠다. 그녀는 그때를 회고하면서 자신이 조국의 해방을 위해 투쟁하는 어린 베트콩 같았다고 말했다. 그녀가 폭탄을 터뜨리거나 적군 병사들에게 총을 쏜 것은 아니었지만, 대신 실제로 총을 쏘는 사람들에게 무기와 폭탄을 날라다주었으며 지하신문과의 연락도 담당했다. 그녀는 또한 '에밀리아'라는 가명으로 활동하면서 영국군과 미군 포로들을 안전한 곳으로 대피시키는 아버지의 일을 돕기도 했다.

1943년 9월 8일에 이탈리아가 항복을 선언한 후 군대가 해산되면서 강제수용소에 구금되어 있던 포로들이 수용소를 탈출할 수 있게 되었다. 연합군과 선이 닿아 있던 행동당(Action Party)은 그들을 안전한 곳까지 대피시키는 책임을 맡았다. 독일군이 주민들에게 누구든 적을 돕다가 발각되면 처형당할 것이라고 이미 선포해놓은 상태였기 때문에 포로들을 대피시키는 것은 대단히 위험한 일이었다. 한 번은 에도아르도가 탈출한 포로 두 명(나이젤 이트웰Nigel Eatwell과 프랭크 뷰캐넌Frank Buchanan)을 철도 노동자로 변장시켜 집으로 데려온 적이 있었다. 팔라치의 회고에 따르면, 당시 스물여섯 살이던 나이젤은 둥근 얼굴에 빨간색 콧수염을 살짝 기르고 있었으며, 스물두 살의 프랭크는 영화배우 프레드 아스테어Fred Astaire처럼 턱이 길었다. 어머니 토스카가 두 사람에게 배가 고픈지 물어봐 달라고 했기 때문에 팔라치는 당시 완전 초보 수준이던 영어실력으로 두 사람에게 말을 걸었다. 그러나 그녀가 그들에게 한 말은 "배가 고프냐(hungry)"가 아니라 "화가 났느냐(angry)"였다. 나이젤과 프랭크는 정중한 태도로 아니라고 대답했다. 그래서 두 사람은 밤늦게까지 굶다가 배고픔을 더 이상 참지 못하고 부엌으로 불쑥 들어와 자신들이 알고 있는 이탈리아어로 최선을 다해 필사적으로 먹을 것을 달라고 부탁했다.

그 후 얼마 되지 않아 두 사람은 자유를 찾아 이탈리아의 아코네까지 40킬로미터를 이동했다. 그들은 여행도중에 독일 검문소들을 통과해야 했는데, 그 중 한 곳에서 자전거를 타고 있던 나이젤이 커다란 소리를 내며 바닥으로 떨어졌다. 오리아나는 그에게 영어로 말을 할 수 없었기 때문에 이탈리아어를 사용했다.

"Zio! Alzati zio!(삼촌! 일어나세요, 삼촌!)"

폰타시에브 근처의 작은 산골 마을인 아코네에 도착하자 마을 신부가 두 사람을 맡았다. 파르티잔들이 연합군 측에 두 사람을 넘겨줄 때까지 신부가 두 사람의 안전을 책임지기로 했던 것이다. 일을 마치고 집으로 돌아오는 길은 아버지에게나 딸에게나 매우 불편했다. 빈 자전거 두 대를 끌면서 피렌체까지 돌아와야 했기 때문이다. 두 사람은 왼손으로 빈 자전거의 핸들을 잡고 발로는 자기가 탄 자전거의 페달을 밟았다. 그러나 이때의 임무는 슬픔으로 끝을 맺었다. 나이젤은 '정의와 자유' 조직원들과 함께 독일군에게 붙잡혀 현장에서 처형당했다. 프랭크는 그보다 조금 전에 먹을 것을 찾으러 마을로 들어간 덕분에 그곳을 탈출할 수 있었다.

그 후 팔라치 부녀는 서너 번 더 아코네에 다녀왔다. 두 번째로 아코네에 갈 때 오리아나는 소음기가 달린 권총을 영국인 관리에게 가져다주었다. 그녀의 상상 속에서 그는 가죽 모자를 쓰고 버킹엄 궁전 앞을 지키는 경비병이었다. 팔라치가 그에게 총을 가져다준 것은 동굴 속에 혼자 숨어 있던 그가 마을 신부에게 자신의 부대에 도착할 때까지 사용할 무기를 구해달라고 부탁했기 때문이었다. 그가 계획대로 자신의 부대를 찾아갔는지 팔라치는 알 수 없었지만, 아마도 그랬을 것이라고 생각했다.

"그 사람이 고맙다면서 나한테서 억지로 빼앗다시피 총을 가져가더니 우리를 밖으로 쫓아냈다. '나가요! 가! 가버려!' 이러면서.

원래 비열한 악당들은 항상 아무 일도 당하지 않는 것 같다."[29]

아버지가 당국에 체포당한 후인 1944년 3월은 팔라치에게 가장 힘든 시기였다. 빌라 트리스테로 끌려간 에도아르도는 마리오 카리타Mario Carita의 부하에게 심한 고문을 당하고 사형을 선고받았다. 무라테 디 피렌체 감옥으로 아버지를 면회하러 갔던 오리아나는 영혼에 상처를 입고 돌아왔다. 크게 부어올라서 일그러진 아버지의 얼굴은 원래 모습을 알아볼 수 없을 정도였다. 에도아르도 팔라치는 가족들에게 작별인사를 하면서 냉정함을 잃지 말라고 당부했다.

"두고봐. 총살은 안 당해. 날 독일의 강제 수용소로 보낼 걸."[30]

다카우나 마트하우젠이나 벨젠의 강제수용소에 대해 아무 것도 모르고 있던 그들은 아버지의 말을 들으며 뛸 듯이 기뻐했다. 아버지는 다행히도 총살대에 서지 않고 그냥 계속 감옥에 갇혀 있기만 했다. 그러나 오리아나는 이때 일을 결코 잊지 못했다. 그때 이후로 그녀는 항상 파시즘과 모든 형태의 전체주의에 대해 확고한 반대 입장을 지켜왔으며, 전쟁 때의 많은 기억들을 자신의 책에 포함시켰다.

전쟁으로 인한 긴장은 피렌체가 해방되는 순간까지 항상 존재했다. 1944년 7월 공화파 파시스트들이 비아 지아노 델라 벨라의 수도원을 공격해 그곳에 피신해있던 많은 레지스탕스 조직원들을 학살했다. 오리아나는 레지스탕스 고위 간부의 명령으로 피렌체 행동대원들의 명단을 호박 속에 숨겨두었다. 명령에 따르면, 명단이 발각될 위기에 처할 경우 그녀가 그 명단을 먹어버려야 했다. 병사들이 사격준비를 하고 수도원으로 쏟아져 들어오자 그녀는 명단을 먹어버리려 했지만 종이가 두꺼워서 삼킬 수가 없었다. 잉크 냄새 때문에 구역질도 났다. 재빨리 머리를 굴린 그녀는 가장 가까운 화장실로 가서 모든 것을 변기에 넣고 물을 내려버렸다. 호박 속에 남은 것이라고는 노란색 글씨로 '정의 자유'라고 쓰여진 빨간색 완장들

뿐이었다. 그 소중한 완장을 가지고 간신히 탈출한 그녀는 한 달 후인 1944년 8월 11일에 피렌체가 해방될 때까지 얌전히 숨어 있었다. 그 후 그녀가 받은 명령은 연합군이 도시로 진군해 들어오기 전에 그 완장들을 재빨리 파르티잔들에게 나눠주라는 것이었다. 그녀는 연합군이 먼저 들어올까봐 서둘러 포르타 로마나로 달려갔는데 도중에 그만 넘어지는 바람에 완장을 모두 떨어뜨리고 말았다. 그러자 해방의 기쁨에 들뜬 사람들이 우르르 몰려와 바닥에 흩어진 완장들을 재빨리 집어가 버렸다. 레지스탕스 조직의 고위 간부들은 나이 어린 그녀의 서투른 실수에 불 같이 화를 냈다. 어떤 간부는 그녀를 때리기까지 했다. 레지스탕스 투쟁에 참가하지 않았던 사람들은 물론 심지어 파시스트들까지도 그 완장을 가져다가 원래 자기 것이라고 주장했기 때문이다.

레지스탕스 활동을 통해 그녀는 집중적인 정치 교육을 받았으며, 개인적인 양심을 따라야 한다는 결의가 강화되었고, 사리사욕을 위해 지위를 이용하는 권력자들에 대한 증오가 그녀의 영혼에 영원히 각인되었다. 그녀는 레지스탕스 활동을 하면서 전체주의적인 정권과 점령군에게 맞선 용감한 사람들과 교양 있는 애국자들(작가, 미술가, 장인, 역사가, 교수, 그리고 온갖 종류의 직업에 종사하는 사람들)을 만났다. 엔조 엔리케즈Enzo Enriquez, 파올로 바릴레Paolo Barile, 트리스타노 코디뇰라Tristano Codignola, 마르게리타 파솔로 Margherita Fasolo, 카를로 푸르노Carlo Furno, 마리아 루이지아 구아이타Maria Jugia Guaita, 우고 라 말파Ugo La Malfa, 에밀리오 루수Emilio Lussu, 로셀리Rosselli 형제, 넬로 트라쿠안디Nello Traquandi, 레오 발리안티Leo Valianti 등 이탈리아 레지스탕스의 유명인사들이 그녀의 역할모델이 되었다. 그녀는 그 후로 자유롭고 민주적인 사회 속의 개인주의에 대한 애정을 단 한 번도 저버리지 않았으며, 부패에 무

률 끓은 권력자들을 고집스럽게 혐오했다. 그녀는 또한 모든 정치가들을 미워하는 사람들을 바보라고 생각했다. 전쟁 기간 동안 어린 나이로 활동하면서 그녀는 정부의 진정한 본질에 대해 가치를 따질 수 없는 교훈을 배웠고, 진정한 도덕적 의지를 마음 깊이 받아들였다.

베니토 무솔리니Benito Mussolini가 몰락하고 전쟁이 끝난 뒤, 팔라치는 파시즘에 맞서 투쟁할 때와 같은 굳은 의지로 학교 공부에 매달렸다. 그녀는 두 학년을 월반해 보통 열여덟 살 때 고등학교를 졸업하는 다른 사람들보다 빠른 열여섯 살 때 훌륭한 학교로 명성이 높은 갈릴레오 갈릴레이 고등학교를 졸업했다. 우등생으로 졸업한 그녀의 졸업시험 성적은 이탈리아어 9점(이것은 전쟁이 없는 평상시에도 보기 드문 점수였다), 역사 8점, 철학 8점, 그리스어 8점, 라틴어 7점, 예술사 9점이었다. 만족스럽지 못한 점수를 받은 과목은 수학뿐이었다. 시험이 끝난 후 채점 과정에서 교수 위원회는 그녀에게 7점을 주기로 결정했다. 그녀가 고전과목에 집중하는 바람에 상급학교에서 수학을 계속 공부할 수 없다는 것을 깨달았던 것이다. 그들은 나중에 《인샬라》에서 수학 공식이 핵심 테마로 자리잡게 될 것이라고는 짐작도 하지 못했다. 그녀는 잔뜩 우쭐거리면서 시험 결과를 집으로 가져와서 자기가 아주 뛰어난 점수를 받았다고 자랑했다. 토스카 팔라치는 금욕적이고 엄격한 사람답게 차가운 눈으로 딸을 빤히 바라보며 말했다.

"네가 할 일을 한 것뿐이야."[31]

그녀는 딸의 흥분을 가라앉히고 거기서 한 발 더 나아가 일과 직업적 의무에 대한 엄격한 태도를 심어주었다.

고등학교를 졸업한 그녀는 작가가 되고 싶다는 소망을 밝혔지만 집에서 전혀 격려를 받지 못했다. 가족들이 문학과 문화를 사랑했는데도 말이다.

"뭐? 작가! 작가가 먹고 살려면 책을 얼마나 많이 팔아야 되는지 알아? 게다가 작가가 인기를 얻어서 책이 팔리게 될 때까지 시간이 얼마나 걸리는지 알기나 해?"[32]

토스카 팔라치는 심지어 잭 런던의 이름까지 이용했다. 작가가 자신을 희생해야 한다는 예로, 런던이 웨이터로 일했던 이야기며 황금을 찾아 알라스카로 갔던 이야기를 들먹인 것이다. 그녀는 감수성이 예민한 오리아나에게 런던의 《마틴 이든 *Martin Eden*》을 읽어보며 문학적 명성을 얻기 위해 얼마나 많은 땀을 흘려야 하는지 한 번 생각해보라고 했다. 오리아나는 즉시 그 책을 찾아서 읽고는 어머니의 뜻을 이해했다.

"《마틴 이든》을 읽어봤는데, 무서워요. 작가가 되는 게 정말로 그렇게 어려운 일이었나요?"[33]

그녀의 삼촌인 브루노 팔라치는 이미 비평가로서 이탈리아 문단에서 확고한 자리를 확보하고 있었는데, 작가가 되기 위해 필요한 자유를 얻으려면 경제적인 독립과 경험이 필수적이라는 점을 더욱 강조해주었다.

"일단 먹고 살게 된 다음에 글을 쓰는 거야! 인생이 뭔지도 모르는 네가 지금 무슨 얘기를 할 수 있겠니?"[34]

이처럼 부정적인 충고들이 집중적으로 쏟아진 결과 그녀는 문학 활동에 전념할 수도 있었던 소중한 시간을 잃어버렸다.

"그런 생각이 계속 내 머릿속에 남아 독기를 발산했다. 그래서 소중한 세월을 잃어버렸다. 수십 년이나."[35]

피렌체 대학에 진학한 그녀는 의학을 전공으로 택했다. 의사는 A. J. 크로닌을 비롯한 많은 작가들의 직업이었다. 의학은 그녀가 자신의 인도주의를 포기하지 않고 인간의 몸이라는 금지된 영역에 들어갈 수 있는 길이 되어주었다. 그녀가 고등학교 때 이탈리아어, 예술사, 철학, 그리스어 등에서 뛰어난 성적을 올렸음에도 과학은 항상 그녀에게 대단히 매력적이었다. 사실 그녀는 정신의학과 인간 두뇌에 대한 연구에 특히 커다란 매력을 느꼈다. 과학에 대한 이러한 애정 덕분에 그녀는 나중에 소설 ≪인샬라≫에서 인간의 뇌에 대해 많은 부분을 할애했다.

공부를 시작하고 몇 달 되지 않아 경제적인 압박이 표면화되기 시작했다. 에도아르도의 월급은 평범한 수준이었기 때문에 그녀의 학비를 대줄 수 없었다.

"잘 들어라. 의대에 다니는 데는 돈이 많이 들어. 기간도 6년이나 되고. 난 6년 동안이나 그 돈을 댈 수가 없다. 의학을 공부하고 싶다면 네가 일을 해서 돈을 벌어야 해."[36]

그녀는 아버지의 뜻을 이해하고 신문사에서 일하면서 동시에 공부를 계속했다.

이탈리아의 비평가이자 언론인인 움베르토 세치Umberto Cecchi는 정신없이 바빴던 의대 1학년 시절 그녀의 동급생이었다. 그는 일과 학교생활 때문에 그녀가 항상 바빠서 정신없이 서두르며 활기차게 돌아다니곤 했다고 회상했다. 당시 그녀는 모든 일을 하루에 마치기 위해 항상 수업시간에 가장 늦게 나타나서 가장 먼저 나가곤 했다고 한다. 할 일이 너무 많아서 다른 학생들과 어울릴 시간은 거의 없었다. 세치의 회고에 따르면 그녀는 "피렌체 거리에서 가장 오래되고 가장 삐걱거리는 자전거를 타고 다녔다."[37] 한 번은 오리아나의 동급생들이 아직 어린 그녀에게 장난을 치려고 포름알데히드 보존액에 담근 뇌를 그녀의 주머니 속에 몰래 넣어둔 적이 있었다. 그런데 주머니에서 뇌를 발견한 그녀는 안색 하나 변하지 않고 손수건을 찾아 뇌를 집어 들고는 조용히 처리해버렸다. 다음 날 그녀는 수줍은 듯한 미소를 띠고 세치에게 그 일을 얘기해주었다. 그녀의 미소는 다른 어느 누구도 그녀만의 생각 속으로 들어올 수 없다는 자부심으로 가득 차 있었다.

그러나 세치는 팔라치가 대학에서 치른 통과의례에 대한 이야기를 해주지 않았다. 그녀가 고등교육에 대해 환멸을 느끼는데 이 사건이 일조를 했는데도 말이다. 그 사건이란, 대학의 상급생들이 1학년 학생들에게 수업에 들어가는 특권을 누리고 싶으면 자기들에게 일정액의 돈을 바치든지 아니면 자발적으로 자기들에게 맞아야 한다고 강요한 일을 말한다.

"매질을 피하기 위해 바쳐야 하는 돈의 액수가 정확히 얼마였는지는 기억이 나지 않지만, 아버지가 그 일을 수치스럽게 생각했다는 것은 분명히 기억하고 있다."

토스카는 상급생들을 달래기 위한 타협책으로서 푼돈을 긁어모아 담배 네 보루를 샀다.

"그런데 그 돼지 같은 녀석들은 담배를 받고서도 여전히 통과의례를 준비했다."

이 통과의례에서 1학년 학생들은 길고 좁은 복도를 지나면서 양쪽에 늘어선 상급생들에게 계속 구타를 당해야 했다. 전쟁 중에 오리아나는 여러 번 늑막염으로 고생한 적이 있기 때문에 허파가 아주 약해져 있었다. 그래서 통과의례 도중 등에 매질을 당하는 바람에 몸이 많이 상했다.

난 미국, 파리, 테헤란에서도 여러 번 경찰들에게 맞은 적이 있다. 테헤란에서는 이란의 데바 왕비가 왕위 후계자를 낳은 병원에 들어가려다가 얼마나 얻어맞았는지! 시간이 흐르면서 허파에 타격이 가해지는 것에 익숙해질 수도 있었을 것이다. 하지만 통과의례 중에 당한 매질은 지금 생각해도 최악이었다. 얼마나 아팠는지 모른다![38]

상급생에게 괴롭힘을 당한 이 일 때문에 팔라치는 이탈리아 대학생들의 성숙도를 심각하게 되돌아보게 되었을 뿐만 아니라, 중요한 교훈들을 한층 더 깊이 새기게 되었다. 사람은 돈을 가져야 한다는 것, 그리고 돈을 벌려면 반드시 직업을 가져야 한다는 것. 이 사건으로 일을 해서 생계를 직접 해결하고 싶다는 욕망이 더욱 강해졌다. 그녀가 지방 신문사에서 일자리를 찾아봐야겠다고 결심한 데는 이런 생각이 한몫을 했을 것이다. 국제적인 명성을 누리는 언론인의 삶에서 이것은 결코 작은 일이 아니었다.

몇 달 후 팔라치는 그토록 소중하게 생각했던 대학 공부를 그만두었다. 해부학을 공부하려면 기억력이 좋아야 했다. 그녀는 기계적인 암기보다 추론과 비판적인 사고가 더 마음에 들었다. 게다가 장시간의 일과 공부를 병행하는 것이 그녀의 건강에 영향을 미치고 있었다. 여기에 그녀가 1학년도 마치지 못하고 가족을 부양하기 위해 반드시 돈을 벌어야 하는 상황이 벌어진 것도 그녀의 자퇴에 영향을 미쳤다. 에도아르도 팔라치가 전쟁 이후 이탈리아에서 처음으로 치러지는 선거에 출마하기로 결심하고 집회장으로 가다가 자동차 사고를 당해 두개골이 골절된 것이 그 원인이었다. 이 끔찍한 사고 때문에 에도아르도는 거의 2년 동안 혼수상태에 빠져 항상 등을 똑바로 세운 채 휠체어에 꼼짝없이 앉아 있기만 했다. 누군가가 나서야 한다는 사실을 깨달은 오리아나는 정식 직장을 찾기로 했다. 고전에 대한 지식, 독서와 모험에 대한 갈증, 성격적인 특징과 자기절제, 작가가 되고 싶다는 소망 등이 한데 합쳐진 그녀의 기질 상 그녀가 가질 수 있는 직업은 단 하나, 기자밖에 없었다.

키플링, 런던, 헤밍웨이
KIPLING, LONDON, HEMINGWAY

2

Oriana Fallaci

오리아나 팔라치에게 있어 저널리즘은 항상 단순한 정보전달 역할에만 국한되지 않는다. 생생한 아이디어, 문화적인 문제에 대한 지적인 논의, 그리고 예술성이 그녀 기사의 특징이다. 그녀는 베트남에 대한 자신의 기사, 아랍과 이스라엘 분쟁에 대한 취재, 헨리 키신저, 하일레 셀라시에, 지오반니 레오네Govanni Leone와의 인터뷰 등이 프랑수아즈 사강Françoise Sagan의 소설만큼이나 중요하다고 생각한다.

> 나는 초등학교 어린이들에 대한 기사나 마스트로얀니Mastroianni라는 인물을 다룬 내 기사가 카르두치Carducci의 시보다 지적인 면에서 열등하다고 생각하지 않는다. 나는 내 기사를 문화의 연장으로 보고, 문화적인 활동을 할 때와 똑같은 에너지를 들인다. 그리고 나는 신문이 지적 능력을 가장 힘차게 자극하는 자극제라고 생각한다. 신문이 문학 살롱의 자리를 차지했다는 것을 알고 있는가?[1]

팔라치는 뉴 저널리즘의 전통을 따르는 문학적인 저널리스트이다. 그녀의 기사에는 그녀 자신의 의견, 사상, 신념 등이 속속들이 배어 있으며, 그녀는 기사를 쓸 때 마치 선교사처럼 열정적인 태도로

임한다.[2] 그녀의 폭로기사들은 단순히 기자의 눈을 통해서 어떤 사건을 보고 경험하는 장이 아니다. 그녀의 글은 픽션이라는 자원을 이용해 쓰여진 정확한 논픽션이 어떤 것인지를 분명히 보여준다. 그녀의 기사들은 시무어 크림Seymour Krim이 '저널리즘문학(journalit)'이라고 명명했던 글쓰기의 전형적인 예로 우뚝 서 있으며, 우리 시대의 명실상부한 문학작품으로 분류된다.[3] 이런 현대적인 문체가 "저널리스트의 글에 운치와 인간성을" 덧붙여 "저널리즘을 예술의 영역으로 밀어 넣는다"[4]는 윌리엄 L. 리버즈William L. Rivers의 말이 굳이 팔라치를 염두에 둔 것은 아니었다. 그러나 그는 자신도 모르는 사이에 그녀가 쓴 기사들의 정수를 포착했다. 팔라치의 미덕은 바로 전통적인 보도 기법 대신 문학적인 글쓰기를 시도하려는 노력에 한층 박차를 가함으로써 놀라울 정도로 다른 저널리즘을 만들어 낼 수 있다는 가능성을 보여준 것이다.

오리아나 팔라치는 열여섯 살 하고 6개월 때인 1946년부터 기자로 활동하기 시작했다. 호리호리한 사춘기 소녀였던 그녀는 사실 피렌체의 유력지인 〈나지오네 디 피렌체Nazione di Firenze〉에서 일자리를 구해볼 생각이었다. 그러나 현실은 그녀의 생각과 다르게 흘러갔다. 그녀가 〈일 마티노 델리탈리아 센트랄레〉를 〈나지오네 디 피렌체〉로 잘못 알고 찾아갔던 것이다. 분주한 편집국에 발을 들여놓았을 때 그녀는 화장기 없는 얼굴에 머리를 땋아 늘이고, 발목까지 올라오는 양말을 신고, 맥고모자를 쓰고, 어머니가 만들어주신 옷을 입은 차림이었다.[5] 가스토네 판테리Gastone Panteri가 〈나지오네〉의 보도부장이라고 생각한 그녀는 그를 만나고 싶다면서 "난 리포터가 되고 싶어요"라고 말했다.[6] 저널리스트라는 말이 너무 주제넘게 보일까 봐 그 말은 일부러 하지 않았다.

"내가 저널리스트라는 말을 입에 담는 게 좀 지나친 것 같았다."[7]

판테리가 나이를 묻자 그녀는 사실을 약간 과장해서 열일곱 살이라고 대답했다. 당시 이탈리아 사람들은 열여섯 살짜리들을 아이로 생각했기 때문에 그렇게 어린 사람이 신문사에서 일하겠다고 하면 눈살을 찌푸렸을 것이다. 판테리는 그녀의 말을 믿지 않았지만, 그녀에게 기회를 한 번 줘보기로 하고 아르노 강가에 새로 생긴 무도장 취재를 맡겼다. 그는 12시간 안에 기사를 완성해서 가져오라고 했다. 그녀는 나이트클럽에 들어가야 한다는 생각에 당황했지만, 꺼림칙한 마음을 접고 아이들을 열성적으로 보호하는 이탈리아의 어머니들이 나이트클럽에까지 딸들을 동행한다는 내용의 기사를 썼다. 그 날의 행사에는 짜릿하고 도전적인 면이 없었기 때문에 짤막한 한 줄짜리 기사로도 충분했을 것이다. 그러나 이 중요한 순간에 그녀의 문학적 본능이 표면으로 튀어나와 그녀를 사로잡았다.

> 그때 나는 아주 어렸지만 아주 똑똑하고 현명한 행동을 했다. 전쟁이 끝난 후 여름을 맞은 이탈리아 사회의 한 단면을 살짝 묘사한 것이다. 나는 딸들에게 약혼자가 생기기를 간절히 바라면서도 딸들의 정조를 보호하기 위해 나이트클럽에서 딸들과 나란히 서 있는 어머니들의 이야기를 썼다. 당시에는 이것이 으레 있는 일이었으므로 아무도 이런 광경을 보고 놀라지 않았다. 하지만 나는 남자가 여자 어머니의 허락을 받아 여자에게 춤을 청하는 것이 우습다고 생각했기 때문에 기사 전체를 아주 재미있게 만들었다.[8]

그녀는 마치 숙제를 제출하듯이 줄이 쳐진 종이에 이 기사를 보통 필체로 써서 자랑스럽게 제출했다. 판테리는 큰 소리로 고함을 지르면서 타자기라는 괴물을 향해 그녀를 떠밀었다. 그녀는 그때까지 타자기를 써본 적이 한 번도 없었지만 오전 10시부터 저녁 7시까지 9시간 동안 타자기와 씨름했다.

"그러고 나서 그 기사를 넘겼더니 판테리가 '흠! 좋아!' 이렇게 말했다. 그리고 그걸 신문에 실었다. 그러고는 나를 경찰과 병원 담당 기자로 채용했다."[9]

팔라치가 처음에 쓴 기사들은 문학적인 저널리스트로서 그녀의 솜씨를 잘 보여준다. 그녀는 일부 기사들을 쓸 때 처음부터 마치 명문집에 실릴 작품을 쓰듯이 했다. 그녀는 결코 평범한 기자가 아니라 죽어서도 빨간 표지의 책을 통해 불멸의 생명을 얻게 될 선택받은 자들의 왕국에서 정체를 숨기고 있는 미래의 작가였다.

> 내 경우를 이해하려면 키플링, 런던, 헤밍웨이 같은 사람들을 생각해봐야 한다. 그 사람들은 저널리스트였지만, 그냥 저널리스트가 아니라 저널리즘에 몸을 의탁한 작가들이었다. 키플링이 인도에서 쓴 편지들을 한 번 보라. 불쌍한 사람 같으니. 그는 기자로서 할당받은 기사를 써야만 했다. 하지만 그 기사들을 소설처럼 썼다. 그는 저널리스트가 보지 못하는 것을 본 것이다.[10]

팔라치는 이런 작가들의 발자취를 따라 마치 단편소설을 쓰듯이 기사를 쓰기 시작했다. 피렌체에 있던 낡은 옛 수녀원 건물에 대한 글을 쓸 때는 수녀원 뜰의 벚나무를 주인공으로 내세워 인부들이 그 나무를 잘라버림으로써 생명이 사라진 것을 슬퍼했다. 그래서 그 기사에는 우울함이 스며들어 있었다. 그녀는 그 나무의 역사를 거슬러 올라가면서 그 수녀원의 모습을 스케치했다. 1800년에 수녀들이 그 나무를 심었으며, 제1차 세계대전이 터질 무렵에는 그 나무가 아주 커다랗게 자라 있었다는 것, 그리고 도망자, 스파이, 시인, 화가, 조각가들이 그 건물에서 살기 시작한 후에도 그 나무는 계속 자랐다는 것. 그런데 그들이 모두 세상을 떠나고 수녀원에 인적이 끊기면서 그곳의 분위기도 가라앉아 버렸다. 벚나무가 잘려나간 것은 이제 한 시대가 끝났다는 상징이었다.

"그곳은 이제 자유로움과 신선한 공기로 가득 차 있던 공화국이 아니다. 이제 길 건너편의 별장들이 모두 분명하게 바라다 보인다."[11]

피렌체의 비둘기들을 다룬 또 다른 기사에서 팔라치는 새들을 마치 인간처럼 대하면서 한때 번영을 누리다가 몰락의 길로 들어선 공동체의 역사를 추적했다. 그녀는 비둘기들이 가장 좋아하는 곳이 피렌체 성당의 둥근 지붕임을 밝혔다. 이 장엄한 건물 중에서도 가장 높고 가장 아름다운 곳에 사는 나이 많은 비둘기 지도자의 모습을 묘사한 부분에는 풍부한 이미지가 넘쳐흐른다.

"그는 수도원의 지루한 생활을 위엄 있게 떠받치는 아주 훌륭한 비둘기였다. 해질 무렵, 저녁기도 종소리가 울리면 피렌체의 모든 비둘기들이 그에게 인사를 하러 모여들었다."

그들에게 먹이를 주던 두 사람, 즉 종치기와 늙은 요리사가 일을 그만두고 물러나 세상을 떠나자 비둘기들의 공동체가 점점 쇠퇴하기 시작했다. 그리고 피렌체의 걸작 건축물들이 더럽혀지는 것을 막기 위한 비둘기 박멸 정책이 시행되자 그들은 최후의 타격을 입었고, 간신히 살아남은 비둘기들은 패배자처럼 주춤거렸다.

"그들은 버려진 아이들처럼 슬픈 표정으로 체념한 듯 가만가만 걸어 다녔다."

그녀는 이 글에서 여러 가지 비교를 통해 의인화 기법에 한층 힘을 실어주었다.

"그들은 베니스나 로마의 살찐 비둘기들처럼 느긋하거나 약삭빠르지 않다. 또한 베니스나 로마의 비둘기들처럼 자기들의 이익만을 구하지도 않는다."

그들은 은퇴한 장군처럼 현실을 인식하고 있었으며, 연금 생활자들처럼 가난했고, 한 가정의 아버지들처럼 걱정이 많았다.

"그들은 슬프고 부당한 운명이 자신들의 어깨를 짓누르고 있음을 아주 잘 알고 있다."[12]

팔라치는 많은 기사들을 줄거리와 뒤틀린 결말이 있는 이야기로 바꿔놓았다. 그 기사들을 책 한 권으로 묶는다면 단편집을 만들 수도 있을 정도였다. 그 기사들은 소설과 닮은꼴이었지만 분명하게 확인된 사실들을 담고 있었다. 팔라치는 문학작품을 집필하는 작가처럼 처음부터 기사거리 안에 내재된 플롯을 찾아 헤맸으며 감상적인 분위기를 본능적으로 잡아냈다. 그녀가 쓴 최고의 기사들 중 일부에는 비천한 사람들, 동물들, 범죄자들, 노동자들이 모델로 등장한다. '그는 왕의 발을 손으로 잡았다'는 제목의 기사에서 그녀는 시칠리아 출신의 중년 발 관리사인 카르멜로 프레니Carmelo Freni에 대한 연민을 표현하고 있다. 프레니는 발을 관리하는 일이 예술이라면서 자신의 직업에 대한 애정을 표현한다. 기사의 첫머리에는 그가 베를린에서 손과 발을 치료하는 교육을 받았으며 피렌체에서 일거리를 얻으려 애쓰면서 오랫동안 가난하게 살았다는 얘기가 소개되어 있다. 그는 자신이 갖고 있던 상아 십자가를 어떤 골동품상에게 600리라에 팔아 그 돈으로 비아 로마에 페디큐어 가게를 열면서 형편이 피기 시작했다. 그가 가게 건물 주인의 발을 치료해준 후 다른 사람들도 그를 찾기 시작했는데, 그 중에는 빅토르 엠마누엘Victor Emmanuel 3세의 의전관 다제타d'Ajeta 후작도 포함되어 있었다. 1942년 7월 후작은 카르멜로 프레니를 왕의 궁전으로 불렀다. 팔라치는 자신의 특징 중 하나인 등장인물들 사이의 대화와 선명한 묘사를 통해 궁전을 찾아간 프레니 이야기의 핵심을 점점 독자들에게 드러낸다. 프레니는 '1백 거울의 방(Room of One Hundred Mirrors)'에서 몇 시간 동안이나 기다린 끝에 마침내 왕을 알현하게 되었다.

"어서 오게."
왕이 한 손으로는 회색빛 콧수염을 쓰다듬고 다른 손으로는 두꺼운 비단으로 만든 실내용 상의를 어루만지면서 내게 인사했다.
"안녕하십니까?"
"내 발가락 하나가 아프다네."
왕이 별로 중요하지 않은 일이라는 듯 말했다.
"예, 전하."
"새끼발가락이지."
"예, 전하."

카르멜로는 말없이 일을 시작해서 왕의 발을 치료하고 커다란 칭찬을 받는다.

"믿을 수가 없군. 왕실의 페디큐어 전문가도 이렇게 빨리, 이렇게 부드럽게 일을 해내지는 못하는데."
"치료가 모두 끝났습니다, 전하. 전하께서 커다란 영광을 베풀어주셔서 정말 감사합니다."

그 후 엘레나 왕비와 마팔다 공주도 그의 치료를 받았지만, 카르멜로의 손에는 그 치료비가 전혀 들어오지 않았다. 1943년 5월 9일 그가 마지막으로 궁전을 방문했을 때, 왕과 왕비는 곧 다가올 적의 침략 때문에 지친 표정이었다.

"자네는 백성들과 그리 가깝게 지내니 백성들의 생각을 좀 알려주게."
"백성들은 틀림없이 우리가 이길 것이라고 생각하고 있습니다, 전하."
왕비는 고개를 저으면서 빈정대듯이 말했다.
"그래, 반드시 이겨야겠지."

팔라치는 이 기사의 결론에서 연합군의 폭격 속에서 환멸을 느 낀 사람들의 분위기를 묘사한 다음, 기사의 문학적 분위기를 한층 더 강화해주는 투표 이야기로 마지막을 장식했다.

"사람들이 군주제 찬성 쪽에 표를 찍었느냐고 물을 때마다, 카르멜로 프레니는 이렇게 대답한다. '내가 어느 쪽에 표를 찍었는지는 비밀이야.'"[13]

팔라치의 많은 기사들은 비록 실제로 일어난 일들을 바탕으로 쓰여졌지만 문학작품으로도 손색이 없다. 그녀의 기사들 중 일부는 찰스 디킨스의 작품과 비슷하다. 디킨스 역시 1830년대 초에 신문기자로서 런던의 〈모닝 크로니클 Morning Chronicle〉에 썼던 기사들을 모아 1836년에 자신의 첫 번째 책인 ≪촌놈의 스케치 Sketches by Boz≫를 출판했다. 팔라치는 전쟁이 끝난 후 비참한 삶을 살고 있는 구두닦이 소년들의 이야기에서 그들이 브루노 페디 Bruno Fedi 신부의 애정 어린 보살핌 속에서 희망을 찾게 된 과정을 묘사했다. 가슴을 따뜻하게 해주는 이 이야기는 디킨스의 작품 ≪올리버 트위스트 Oliver Twist≫에 나오는 가난한 사람들에 대한 묘사를 연상시킬 뿐만 아니라, 첫머리에서 지나간 시대를 떠올리게 한다는 점에서 ≪두 도시 이야기 A Tale of Two Cities≫와도 비슷하다.

> 그때는 전쟁이 끝난 지 얼마 되지 않았기 때문에 연합군의 지프와 미군 병사들(대부분이 흑인이었다), 암시장 상인들, 품행이 바르지 못한 여자들, 대부분 어머니와 누이들과 함께 남부 이탈리아에서 온 구두닦이 소년들이 거리에서 북적이던 시절이었다. 전쟁통에 몰려든 사람들 덕분에 얼마간의 돈을 벌었던 피사의 주민들조차 그 시절이 지옥 같았다며 치를 떨고 부끄러워하는 유치한 짓을 한다.[14]

프란체스카 포글리안티Francesca Foglianti에게 강도살인을 저지른 혐의를 받고 있는 귀족과의 인터뷰 기사(이 기사는 팔라치가 쓴 범죄기사의 전형적인 예이다)는 객관적인 사실의 요약이라기보다 탐정소설처럼 읽힌다. 감옥에 갇힌 죄수의 모습을 묘사한 부분을 보면 팔라치의 특징이 금방 드러난다.

> 세르지오 반지니Sergio Vanzini는 법정 바로 옆의 감방에 있었다. 그는 격자무늬 상의와 회색 바지를 입고 있었는데, 옷차림에 전혀 신경을 쓰지 않은 것 같으면서도 우아한 모습이었다. 그는 신문을 읽고 담배를 피웠다. 그리 멀지 않은 긴 의자에는 차가 가득 들어 있는 보온병이 있었다. 내가 작은 창가에서 '안녕하세요'라고 인사를 하자 그는 군인처럼 기다란 몸을 벌떡 일으키면서 신문과 담배를 던져버리고 창살에 얼굴을 갖다댔다. 묘하게 금욕적으로 보이는 얼굴이었다. 그의 뺨은 홀쭉했고, 눈은 매우 검었으며, 메피스토펠레스를 연상시키는 짧은 검은색 턱수염이 귓불이 있는 곳까지 이어져 있었다. 그것은 그냥 얼굴이 아니라 아주 긴 쉼표 같았다. 그리고 그 중간 부분에 표정이 있었다.[15]

그는 재판결과를 낙관한다면서 그 이유를 대략적으로 밝혔지만, 징역 57년을 선고받았다. 선고가 내려진 후 그는 마치 모파상 소설의 마지막 장면처럼 여자들이 흐느끼는 소리가 들리는 가운데 말없이 법정을 나가는 사람들을 바라본다. 아직 초보 기자였던 팔라치가 디킨스처럼 이런 기사들을 한데 모아 주목을 끄는 제목을 붙여 책으로 만들어도 괜찮았을 것이다.

문학적인 묘사에 적합하지 않은 사건들을 보도할 때도 팔라치는 기사에 생기를 불어넣었다. 피렌체에서 열린 제5회 UNESCO 총회에 참석한 여자들을 묘사하면서 그녀는 미국에서 온 머나 로이 Myrna Loy, 인도에서 온 사라 채코Sarah Chacko, 필리핀에서 온 제로

니마 펙슨Geronima Peckson, 이탈리아인인 마리아 몬테소리Maria Montessori의 개막연설을 진지하게 소개하는 방식을 사용했다. 그러나 그녀는 이야기 중간에 뜻밖의 유머를 섞었다.

> 가장 아름다운 사람들은 화려한 비단 사리로 가느다란 몸을 감싼 인도 여성들이다. 미국인들은 가장 젊고 가장 숫자가 많은데, 금발에 영리하고 행복한 사람들이다…. 가장 우아한 것은 필리핀 여성들이다. 그들은 작고 동그란 몸매를 하고 있으며 잘 익은 담배 이파리처럼 노랗다. 가장 못생긴 사람들은 영국 여자들이다(하나님께서 나를 용서해주시기를). 모두들 영국 여자들이 쉰 살은 넘은 소년원 교사들처럼 보인다고 생각하고 있다.[16]

오리아나가 경범죄, 의료사고, 인간적인 뉴스, 사회면 뉴스 등을 취재한 지 5년째 되던 1951년 4월, 피렌체에서 거행된 한 장례식이 뜻하지 않게 젊은 기자에게 하나의 전기를 마련해주었다. 피렌체 근교의 피에솔레에서 열성적인 공산당원으로 활동하던 웨이터 넬로 카시니Nello Casini가 종부성사를 치르지 않고 세상을 떠났다. 그러나 그가 죽기 전에 보통 장례식을 요구하지 않았기 때문에 그의 장례식은 4월 11일 저녁 8시에 가톨릭 절차에 따라 거행되어야 했다. 그가 살던 마을의 신부는 장례식 집전을 거절하지는 않았지만, 공산당원들에게 붉은 깃발을 들고 와서 장례식을 방해하는 짓을 하지 않겠다고 서약할 것을 요구했다. 그런데 공산당원들이 이 요구를 거절하자 주교가 신부의 장례식 집전을 금지해버렸다.

팔라치는 이 사건을 취재해서 기사로 쓰면서 분명한 문학적 느낌을 가미했다. 그녀는 역사를 기록하는 사람처럼 진지한 태도로 교황 피오 12세가 공산주의자들을 파문한 후 내내 주위를 맴돌고 있던 긴장된 분위기를 글 속에 집어넣었다. 또한 가짜 영웅 서사시 같은 유머도 조금 집어넣었다. 피에솔레 공공사업부의 공산당 소속 행정 위원회 위원이자 자비의 조합(Archconfraternity of Mercy) 경비대장인 공장 노동자 로렌조 브레시Lorenzo Breschi가 자비의 형제단을 상징하는 검은 로브를 입은 동료들과 함께 카시니의 집에 나타났다. 로브의 두건이 머리를 완전히 가렸기 때문에 보이는 것이라고는 그들의 눈뿐이었다. 그들의 허리띠에는 커다란 묵주가 매달려 있었으며, 그들은 각자 십자가와 관 등 장례식에 필요한 모든 종교적 물품들을 들고 있었다. 교회 종이 울리자 장례식 행렬이 움직이기 시작했다.

신부도 없이 종교적인 장례식이 치러지는 그 광경은 진지하면서도 조금 유머러스했다. 장례식에 참석한 사람들 대부분이 라틴어를 읽지 못했기 때문이다. 전에 교회에서 성구 보관을 담당했던 브레시가 장례식의 시작을 알린 다음 십자가를 들고 엄숙한 표정으로 사자死者의 기도문을 외웠다.

"바로 뒤에서는 형제단 멤버들이 어깨에 관을 메고 있었다. 약 60명의 형제단 멤버들은 거리 양편으로 1미터 간격을 두고 두 줄로 늘어서서 손에 횃불을 들고 시편을 낭송하며 앞으로 나아갔다."[17]

수많은 사람들이 그 뒤를 따랐다. 붉은 깃발 여덟 개를 든 공산당원들과 공산당 소속인 시장, 공산당원인 시장 주치의, 고인의 가족, 그리고 마을 주민 거의 모두가 이 행렬에 동참했다.

이 장례식은 종교적인 엄숙함 속에서 치러졌지만, 장례식에 참석한 사람들이 묘하게 대조적인 생각을 갖고 있음을 보여주기도 했다. 그들은 공산당을 신봉하면서도 그리스도와 모든 성자들 또한 받아들이고 있었다. 그들은 공산당 회합뿐만 아니라 미사에도 참석하는 사람들이었다. 바티칸이 공산당원들을 파문해버렸는데도 말이다. 이 지역을 담당한 주교는 이 장례식에서 평신도들이 수도사의 옷을 입은 우스꽝스러운 모습으로 십자가를 들었다고 비난하면서 또 다시 이런 일이 일어난다면 가만히 있지 않겠다고 위협했다. 그러나 공산당 소속의 '죄인들'은 자비의 조합 본부에서 열린 총회에 참석해 교회를 대표하는 주교에 대해 격렬한 토론을 벌였다. 이들의 주장은 공산당원이자 독실한 가톨릭 신자로서 자선을 행하고 있는 그들의 이중적인 사고를 분명하게 보여주었다.

"우리가 그의 영혼을 위해 기도한다고 해서 해로울 게 무엇인가?"[18]

오리아나의 이 기사는 (진지하고, 정확하고, 미묘하고, 유머러스한) 그녀의 초창기 문체를 잘 보여줄 뿐만 아니라, 이탈리아의 기독교인들과 서유럽 최대의 공산당에 소속된 사람들이 어떤 사회문화적 맥락 속에서 나란히 예배를 드리려 했는지를 설명해주었다.

팔라치는 이 기사가 피렌체 주민들 외에 더 많은 사람들이 읽을 만한 가치를 지니고 있다는 사실을 알고 있었다. 그녀는 또한 〈일 마티노 델리탈리아 센트랄레〉가 기독교민주당을 지지하기 때문에 결코 이 기사를 실으려 하지 않으리라는 것도 알고 있었다. 신문사의 방침에 의하면, 장례식을 주관한 죄인들에게 벌을 주어야 한다는 기사를 써야 마땅했다. 그녀는 자신의 기사를 이탈리아의 주요 시사잡지 중 하나로서 밀라노의 일간신문 〈코리에르 델라 세라 *Corriere Della Sera*〉와 비견되는 명성을 지닌 〈에우로페오〉에 보내기로 결정했다.

〈에우로페오〉의 아리고 베네데티 Arrigo Benedetti는 교회에 반대하는 입장에 서 있었기 때문에 그녀의 기사가 아주 마음에 들어서 1주일 후 자신의 잡지에 이 기사를 실었다. 당시 〈에우로페오〉는 일반 신문보다 더 큰 신문 형태로 발행되고 있었다. 그 기사가 실린 잡지가 발행되던 날, 팔라치는 재판을 취재하러 두오모 광장에 있는 피렌체 법정에 갔다가 취재가 끝난 후 비아 카부르 모퉁이의 신문 판매대를 지나가게 되었다. 그리고 거기서 〈에우로페오〉를 보았다. 1면의 잡지 제호 위에 자신의 이름이 커다란 글씨로 쓰여진 것을 본 그녀는 너무나 감격한 나머지 기절할 것 같았다.[19]

불안한 마음으로 〈일 마티노〉로 돌아온 그녀에게 〈에우로페오〉의 아리고 베네데티가 전화를 걸어왔다. 그는 그녀에게 피렌체의 유명한 소아과 의사로서 메이어 병원에서 결핵 치료에 커다란 성과를 거두고 있는 체자레 코치Cesare Cocchi와 인터뷰를 해달라고 했다.[20] 잡지에서 세 페이지나 차지한 그 인터뷰 기사는 피에솔레의 인터뷰 기사와 함께 그녀가 나중에 〈일 마티노 델리탈리아 센트랄레〉의 일 자리를 잃었을 때 커다란 도움이 되었다.

팔라치는 〈에우로페오〉와 연결이 되었음에도 불구하고 여전히 피렌체의 〈일 마티노〉에서 유명인사들에 대한 기사를 썼다. 그녀는 피렌체에 온 클라크 게이블Clark Gable을 인터뷰했고, 에바 가드너Ava Gardner와 프랭크 시내트라Frank Sinatra가 이탈리아 여행 중 기자들을 차가운 태도로 대했다는 기사를 썼으며, 미담도 여러 건 썼다. 특히 런던에서 취재해 시리즈로 연재한 영국 여성들에 대한 기사에서 그녀의 문학적 재능이 빛을 발했다. 키가 크고 튼튼한 스물다섯 살의 여경이 강도를 추적해서 체포하는 광경을 묘사한 그녀의 글은 현대의 런던을 다룬 영국 소설의 한 장면이라고 해도 무방할 정도였다. 이 기사는 영화감독이 일련의 구체적인 이미지를 연달아 보여줄 때처럼 액션에 초점을 맞췄다. 먼저 도둑이 여경을 세게 밀어서 여경이 몇 미터나 뒤로 밀려난다. 그녀가 다시 뛰어 일어나 그를 붙들고 그의 목덜미를 손으로 잡는다. 그녀의 모자가 허공으로 날려가고 그녀의 구불거리는 금발이 흩어진다. 그녀의 하얀 얼굴이 시뻘겋게 변한다. 그녀는 입술을 꼭 다물고 범인을 제압하려고 애쓴다. 두 사람이 한꺼번에 바닥으로 쓰러지고, 마침내 여경이 범인에게 결정적

인 한 방을 날린 다음 수갑을 채운다.[21]

여왕 앞에서 인사하는 법을 몇 시간 동안이나 연습하는 젊은 귀족 아가씨들을 다룬 기사에서는 유머감각과 피렌체 특유의 풍자를 바탕으로 사교계 데뷔 시즌의 바쁜 스케줄과 훌륭한 결혼상대를 만나려는 아가씨들의 노력, 영국 상류사회에 받아들여지기 위해 그들이 지출하는 엄청난 액수의 돈 등을 묘사했다. 그녀는 그 해에 데뷔한 아가씨들 중 최고로 꼽히는 레이디 로즈 블라이Rose Bligh를 만나려 애쓰다가 자신이 헛수고를 하고 있음을 깨달은 순간을 묘사하면서 풍자적인 태도를 겉으로 드러냈다.

"내가 접근한 사람들은 빈정거림과 놀라움이 깃든 표정으로 나를 바라보았다. 마치 내가 예를 들어 캔터베리 대주교를 점심식사에 초대하고 싶다고 말하기라도 한 것 같았다."

여왕 앞에서 아가씨들이 올린 완벽한 인사는 팔라치의 과장되면서도 정확한 묘사를 통해 우스꽝스러운 것으로 변해버렸다.

> 왼쪽 무릎을 굽힌다. 발끝으로 우아하게 바닥을 스치듯이 오른쪽 다리를 뒤로 45도 움직여 오른발 발등이 왼쪽 신발 뒤꿈치에 닿도록 한다. 오른쪽 무릎을 깊이 굽히되, 바닥에 닿을 정도로 굽혀서는 안 된다. 가슴을 똑바로 편 채 고개를 숙인다. 푼돈을 구걸하듯이 고개를 계속 숙인 채 눈으로는 여왕을 올려다보는 동안 팔을 몸 옆으로 아무렇게나 늘어뜨린다.

이 기사의 맨 마지막 문장은 이런 인사법의 천박함을 한층 더 강조해주었다.

"내 친구가 나한테 그걸 가르쳐주려고 했는데, 그 주 내내 내가 절름발이가 된 것 같았다."[22]

팔라치가 기자로 활동하던 초창기에 쓴 이란 관련 기사들은 그녀가 자신을 중요한 인물로서 기사에 포함시키기 시작했음을 보여준다. 그녀는 그 기사들을 문학적인 모자이크로 만들었다. 그러나 이보다 더 중요한 것은, 그녀가 기사에 자신을 포함시킬 수 있을 만큼 충분한 자신감을 얻었음이 이 기사들에 잘 드러나 있다는 점이다. 그녀의 이란 취재팀은 다른 기자 네 명, 카메라맨 세 명, 라디오 아나운서 한 명으로 구성되어 있었다. 그녀는 눈이 휘둥그레진 여행자 같은 분위기로 첫 번째 기사를 시작해서 과장법과 순진하고 열정적인 태도를 통해 그 분위기를 줄곧 유지했다.

"로마의 치암피노 공항에서 만난 우리는 마치 로켓을 타고 달에 가는 사람들처럼 엄청 다정하게 서로 인사를 나눴다."[23]

그녀는 로마와 테헤란 사이에 새로운 항로가 개설된 것을 축하하기 위해 LAI 비행기를 타고 여행하는 동안 낭만적이고 서정적인 태도로 어두운 밤하늘에서 내려다 본 로마를 묘사했다.

"우리의 발 밑에서 개똥벌레들을 한데 묶어놓은 것처럼 로마가 반짝거리면서 빛과 함께 고동쳤다. 그러나 곧 무한한 우주에서 지구로 내던져진 별처럼 멀리서 빛나는 점이 되어버렸다."[24]

비행기는 새벽 네 시에 이스탄불에 착륙해 연료를 공급받은 다음 보스포러스 해협 위로 해가 막 떠오르는 순간 다시 하늘로 떠올랐다. 팔라치는 너무나 감동적인 일출을 보고 넋을 잃은 사람 같은 태도로 자연의 아름다움에 대한 자신의 경외감을 표현했다.

"마치 지평선에 불이 붙은 것 같았다. 빨간색, 자주색, 노란색, 보라색 불꽃들이 푸른 하늘을 뚫고 올라와 빛나는 분홍색 혀를 날름거리며 하늘로 사라졌다."[25]

그녀는 또한 전체적인 그림의 여러 부분들(마흐라바드 공항에서 시내의 호텔까지 가는 동안 보았던 모든 것)을 나란히 배열해서 너무나 놀라 넋을 잃은 순진한 청년 같은 인상을 강조하는 솜씨를 발휘했다. 이 도시에 처음 온 사람에게는 모든 것이 끊임없는 놀라움을 안겨주었다. 특히 통역의 익살, 호텔 매니저, 그녀가 잃어버린 가방을 찾아주려고 갖은 애를 쓴 경비원 등이 그러했다.[26] 테헤란의 가난한 어린이들을 다룬 기사에서 팔라치는 제대로 먹지도 못한 채 런던 거리를 어슬렁거리는 부랑아들을 묘사한 디킨스 같은 면모를 다시 한 번 드러냈다. 박박 깎은 머리에 듬성듬성 혹이 나 있고, 그 위에 빨간 약 가루가 뿌려져 있는 불쌍한 꼬마 녀석 다섯 명이 그녀의 시선을 끌었다. 팔라치는 녀석들이 사는 오두막에 가서 녀석들의 어머니와 인사를 나누고는 차 한 잔을 대접받으며 녀석들에게 초콜릿을 주었다. 그녀는 호텔로 돌아와 푸짐한 저녁식사를 보며 죄책감을 느꼈다.[27]

그녀가 소라야 왕비와 만나려고 애쓰는 과정에서 여러 가지 어려움을 겪은 얘기는 마치 사람들의 실수를 소재로 한 코미디처럼 읽힌다. 실제로 이 글에는 그녀 자신이 왕실의 인물들조차 압도하는 중요 인물로 등장한다. 그녀는 파티에 참석했다가 왕비가 인터뷰를 허락했다는 연락을 받았는데, 그만 깜박 잊고 시간을 물어보지 않았다. 그래서 다음 날 친구들을 불러 도시를 관광하며 자신의 행운을 축하하느라 11시로 돼 있던 왕비와의 약속시간을 놓치고 말았다. 그러나 이보다 더 재미있는 것은 그녀가 이탈리아계 미국인인 친구 조 마잔디Joe Mazandi에게 전화를 했더니 그녀가 수많은 기자들을 데리고 그녀의 호텔로 달려왔다는 점이다. 테헤란에서는 너도나도 그녀와 인터뷰를 하고 싶어서 안달이었다. 기자들은 거의 자포자기 상태에 빠진 팔라치에게 한 시간이 넘도록 질문을 던져대더니 '그녀가 왕비를 바람맞혔다'는 제목의 기사를 썼다. 팔라치는 낭패감과 굴욕감에 빠진 기자 역할을 맡음으로써 자신의 기사에서 자신을 한층 더 핵심적인 위치에 올려놓았다. 그런데 이 일화는 뜻하지 않은 전환점을 맞게 된다. 왕실 시종이 왕비의 두 번째 초대장을 들고 와서 너무 놀라 말문이 막힌 팔라치를 소라야 왕비 앞으로 데려갔던 것이다.[28]

팔라치는 이슬람교도들만이 들어갈 수 있는 세파살라Sepahsalar 사원에 갔을 때도 여전히 기사의 주인공이었다. 그녀가 그곳에 들어간 것이 사원의 규칙을 무시하는 행동으로 여겨질 수 있었는데도 말이다. 그녀는 눈만 겉으로 내놓게 되어 있는 검은 숄로 몸을 감싼 이란인으로 변장하고 비밀스러운 모험을 시작했다. 밝은 색으로 칠해진 수천 개의 작은 타일들이 이 신성한 사원의 벽을 장식하고 있었다.

"노란색, 초록색, 빨간색, 파란색, 보라색의 자수 장식들은 마치 사막에 핀 꽃 같았다."

군중 속으로 섞여든 그녀는 자기도 모르게 금지된 뜰에 들어서게 된다. 그 뜰의 중앙에는 엄청나게 커다란 둥근 대야가 있었다. 신자들은 처마에 앉은 까마귀처럼 대야 가장자리에 서서 얼굴과 손과 발을 씻었다. 그녀는 안내인에게 순진한 척 질문을 던졌고, 안내인은 모하메드의 가르침에 따라 물 속에서 기도하는 이슬람의 방식을 자세히 설명해주었다. 그녀가 그 다음으로 주의를 돌린 것은 뜰의 벽을 따라 만들어져 있는 여러 개의 벽감이었다. 그곳에서는 신자들이 팔다리를 쭉 펴고, 발끝으로 서고, 무릎을 굽히고, 손가락을 굽혔다 펴는 등 이상한 동작들을 하고 있었다. 너무나 놀란 그녀는 저 사람들이 뭘 하는 것이냐고 물었다. 안내인이 또 다시 기도 중이라고 대답하자 그때까지 명민한 관찰자이자 질문자 행세를 하던 팔라치는 태도를 바꿔 경박하게 한 마디 했다.

"난 저 사람들이 스웨덴식 체조를 하는 줄 알았는데요."[29]

이란에서 쓴 기사에서 팔라치는 문학적인 기법을 사용하면서도 결코 정확성을 희생시키지 않았다. 샤의 궁전을 묘사한 글에서 그녀는 과장법을 사용했지만 유서 깊고 호화로운 이 궁전에 대한 객관적인 묘사에서 한 치도 벗어나지 않았다.

"엄청난 규모의 궁전은 마욜리카 도자기와 노란색 파란색의 아라베스크 무늬로 뒤덮여 있으며 공원이 주위를 에워싸고 있다. 그곳은… 세상에서 가장 아름다운 공원이다."[30]

'이란 여행*Voyage to Iran*'이라는 제목이 붙은 이 시리즈의 모든 기사들이 반드시 문학적인 것만은 아니다. '석유가 이란의 중재인*Petroleum Is Iran's Arbitrator*'이라는 제목의 기사는 1901년 이후 이 나라의 검은 황금의 역사를 다큐멘터리처럼 묘사하고 있다.[31] 그럼에도 불구하고 이 연재기사의 전체적인 분위기는 팔라치가 기자생활 초창기부터 문학적인 문체를 분명하게 확립했으며, 자신의 글 속에 스스로를 핵심적인 인물로 등장시켰음을 보여준다. 이란에서 팔라치는 자신의 문화와 너무나 다른 문화 속에 완전히 젖어 들어서 그 문화를 꿰뚫어보려고 노력했다. 기사에서 그녀는 자신의 목소리를 감추지 않고 계속 전면에 등장해 독자들에게 자신이 지금 열심히 일하고 있음을 보여준다. 그녀는 감정, 극적인 순간, 문학적 기법 등이 지닌 구체적인 힘을 동원해 자신의 기사에 생명을 불어넣었다. 그러면서도 그녀는 자신이 기자들의 기본적인 질문 원칙인 누가, 무엇을, 어디서, 어떻게를 존중한다는 점을 독자들에게 납득시켰다.

처음으로 직장을 얻은 지 6년이 지난 1952년에 팔라치의 직장생활이 갑작스레 다른 방향을 향하게 되었다. 그녀의 상사이던 크리스티아노 리도미*Cristiano Ridomi*가 당시 스물두 살이던 그녀를 해고했던 것이다. 그는 그녀에게 공산당 지도자 팔미로 토글리아티*Palmiro Togliatti*가 주최한 정치집회에 대해 풍자적인 기사를 쓰라고 지시했었다. 그러나 그녀는 토글리아티를 조롱하기 위해 그의 파당적인 집회에 참석하는 것만큼 불공정한 일은 없다고 생각했다. 따라서 자신은 절대 선입견을 갖지 않겠다고 고집을 부렸다.

"우선 그 사람이 하는 말을 들어봐야지요! 그러고 나서 그 사람의 말을 바탕으로 기사를 쓸 겁니다."

그러나 리도미는 자신의 주장을 굽히려 하지 않았다.

"그 놈 말은 들을 필요도 없어."

팔라치는 곧바로 핵심을 찌르는 대답을 했다.

"그럼 전 아무 것도 쓰지 않겠어요."

두 시간 후 그녀는 리도미에게서 구두로 질책을 당하고 해직을 통보받았다. 그녀는 리도미가 오만과 기름 덩어리로 가득 찬 인간이라고 묘사했다.

"자기 밥통에다 침을 뱉으면 안 되지."

리도미는 그녀에게 이렇게 말했고, 그녀는 주저 없이 그녀 특유의 독설을 내뱉었다.

"맞아요, 난 침을 뱉어요. 그리고 그 밥통을 당신에게 먹으라고 주겠어요."[32]

갑자기 수입이 없어진 팔라치는 아주 궁핍한 처지가 되었다. 당시 브루노 팔라치가 잡지 〈에포카 Epoca〉의 편집을 맡고 있었으므로 쉽사리 그녀를 도와줄 수도 있었을 것이다. 어쨌든 팔라치는 탄탄한 경험을 쌓은 기자였으니 말이다. 언론계 사람들은 이미 그녀의 흥미로운 문체에 주목하고 있었다. 심지어 〈에포카〉의 발행인조차 이미 기자로서 능력이 입증된 그녀를 채용하라고 권고했다. 그런데도 브루노는 이를 거부했다. 얄궂게도 그는 족벌주의 덕분에 번영을 누리고 있는 나라에서 자신이 혈연 때문에 그녀를 채용했다는 비난을 듣게 될까봐 걱정하고 있었던 것이다. 그는 끝내 침묵을 지키다가 나중에야 압력에 못 이겨 그녀를 채용했다.

편집자로서 그는 조카를 편애하지 않겠다고 굳게 결심하고 있었기 때문에 그녀에게 이탈리아 아이스크림이나 라베나에 있는 예술

아카데미의 모자이크 제작기법, 비아레기오의 카니발, 5월에 음악회를 여는 피렌체의 전통, 이탈리아에서 가장 오래 된 파스타 제조회사들의 역사, 시에나의 팔리오, 그라시나에서 공연된 예수 수난 연극 등 하찮은 기사거리만 맡겼다. 오리아나는 1952년 1월부터 브루노 팔라치가 소유주 지오르지오 몬다도리와의 불화 때문에 해고된 1953년 8월까지 20개월 동안 〈에포카〉에서 일했다.

"도대체 왜, 어떻게 그런 일이 벌어졌는지 아무도 몰랐지만, 어쨌든 내 것까지 포함해 해고 통지서가 두 통이었다."[33]

경영진의 입장에서는 그녀가 브루노 팔라치의 조카라는 점, 그리고 그와 마찬가지로 삽을 삽이라고, 바보를 바보라고, 스캔들을 스캔들이라고 서슴없이 말한다는 점이 바로 그녀의 죄였다. 동료 기자들과 이탈리아 언론계의 편집자들은 두 사람의 정직하고 깨끗한 성격을 좋아하지 않았다.

팔라치가 기사에 자신을 적극적으로 개입시킨 것은 문학적인 저널리즘과 어긋난다기보다 오히려 문학적인 저널리즘의 특징이라고 해야 할 것이다. 로널드 웨버Ronald Weber는 저널리즘의 반대 개념으로서 문학이 항상 현실을 반영하기보다는 굴절시키는 역할을 하며, 다른 방식으로는 감지할 수 없는 선명한 삶의 형태를 표현하기 위해서라도 어느 정도 삶을 왜곡시킨다고 설명한다.

"문학적 왜곡의 뿌리는 항상 작가 자신, 즉 작품에 남아 있는 그만의 개성적인 특징 속에 있다."[34]

전문적인 직업인으로서 팔라치는 기사에 자신을 쏟아 부으면 부을 수록 한층 더 활기를 띠었다. 그녀는 주위의 세상에서 일어나는 일들을 보도했을 뿐만 아니라, 기사에 무엇보다도 자신의 기질을 주입했다. 그녀는 자신의 활동에서 바로 자신이 구심점이 되고 있음을 더욱 인식했으며, 연극적 특성을 지닌 자신의 기사 문체를 갖가지 형태로 담아냈다. 그녀는 사적인 이야기들을 밝히고 싶지 않다고 하면서도 활동하는 동안 내내 이런 문체를 고수했다.

"작가는, 그레타 가르보처럼 세상에서 제일 비밀주의를 추구하는 작가라도 결코 비밀을 고수할 수 없다. 그들이 작품을 통해 스스로를 드러내기 때문이다."[35]

조명, 카메라, 액션
LIGHTS, CAMERA, ACTION

3

Oriana Fallaci

처음 기자로 활동할 때부터 팔라치의 문체는 뭔가를 기념하는 듯한 화려함을 지니고 있었다. 그런데 그녀가 연기에 관심을 갖게 된 것이 이런 경향을 한층 더 부채질했다. 〈에우로페오〉의 편집인인 미셸레 세라Michele Serra는 그녀의 문체가 지닌 역동적인 힘을 인식하고 그녀에게 할리우드를 취재하도록 했다. 당시 많은 이탈리아인들은 할리우드를 20세기의 엘도라도로 여기고 있었다.[1] 그녀의 연극적인 기질과 완벽하게 맞아 떨어진 이 기사 덕분에 그녀는 대중들의 눈에 자신의 이미지를 강렬하게 각인시키게 되었다. 피렌체에서 온 젊은 이탈리아 아가씨 오리아나 팔라치는 부유한 유명인사들과 어깨를 나란히 하며 매 순간을 즐겼다.

유명인사들과 함께 하는 자리가 팔라치에게는 몹시 편안하게 느껴졌다. 아마도 그녀가 연기에 매력을 느끼고 있었기 때문일 것이다. 그녀에게는 여배우가 될 기회가 세 번 있었다. 할리우드 촬영팀이 피렌체에서 영화 〈고뇌와 희열 The Agony and the Ecstasy〉을 찍고 있을 때, 카테린느 드 메디치 역할을 할 배우를 구하지 못한 제작자가 그녀에게 그 역할을 제의한 적이 있었다. "당신이 바로 카테린느 드 메디치입니다. 얼굴이 그래요"[2]라면서. 그러나 미셸레 세라가 영화촬영을 위한 20일간의 휴가를 허락해주지 않았기 때문에 그녀는 그 제의를 거절했다. 그 다음에는 이탈리아의 한 배우가 코미디에서 자신과 함께 공연하자고 했지만, 그녀는 그 역할에 품위가 없다고 생각했기 때문에 그의 제의를 거절했다. 마지막 기회는 루치노 비스콘티 Luchino Visconti가 영화 〈약혼자 The Betrothed〉에서 몬자의 수녀 역할을 그녀에게 제의했을 때였다. 그러나 이번에도 그녀는 마음이 내키지 않았다.

"당시 나는 저널리즘에 너무 푹 빠져 있었다. 내 일은 지적인 일이었다. 영화 한 편으로 연기를 끝내는 것은 나를 깎아내리는 일이라고 생각했다."[3]

나중에 팔라치는 생각이 바뀌어서 영화제작을 하는 친구 프랑코 크리스탈디 Franco Cristaldi에게 영화 〈마르코 폴로 Marco Polo〉의 황후 역할을 달라고 부탁했다. 그러나 시기가 맞지 않아서 결국 중국인 여배우가 그 역할을 맡았다.

팔라치는 배우들이 흥미롭고 지적인 사람들이라는 것을 깨닫고 그들과 함께 있는 것을 즐거워했다. 세월이 흐르면서 그녀는 작가나 기자들보다 유명인사들과 더 좋은 관계를 맺게 되었다. 잉그리드 버그먼 Ingrid Bergman, 안나 마냐니 Anna Magnani, 마리아 칼라스 Maria Callas와는 친구가 되었다. 아마도 그녀는 그들에게 애정을 느꼈을 뿐 라이벌 의식은 전혀 느끼지 않은 듯하다.

"그 사람들은 내가 자기들의 일을 존경한다는 걸 알고 있었을 것이다. 그 일에 얼마나 많은 헌신이 필요한지 나는 안다. 그 일에는 작가들과 비슷한 감수성이 필요하다."[4]

팔라치가 배우가 되고 싶어했다는 사실을 생각해보면, 글에서 구체적이고 시각적인 이미지를 묘사하는 그녀의 재능을 어느 정도 이해할 수 있다. 그러나 배우가 되고 싶다는 꿈을 꿨다는 사실에서 더 분명하게 알 수 있는 것은 각광받기를 즐기며 남들 앞에 자신이 원하는 모습만을 드러내고 싶어하는 것이 그녀의 기질이라는 점이다. 물론 그녀가 자신의 사생활에까지 카메라가 따라다니기를 원한 것은 아니었다. 오히려 그녀는 혼자 있는 것을 굉장히 좋아한다면서 자신의 사생활 보호와 관련해 기회가 있을 때마다 잔소리를 늘어놓곤 한다. 그녀가 뉴욕의 도버 식당에서 그레타 가르보를 만났을 때의 일은 사생활 보호에 대한 그녀의 집착이 어느 정도인지 잘 보여준다. 그녀는 그레타 가르보Greta Garbo를 금방 알아보았지만 가르보가 기자들을 극구 피해 다닌다는 사실을 알고 있었기 때문에 그녀를 알아보지 못한 척하기로 했다. 마침 가르보와 동시에 상점을 나서게 된 팔라치는 가르보를 위해 문을 열어주면서 "자, 가르보씨"라고 말하는 대신 "자, 부인"이라고 말했다. 그러고는 가르보의 대답 때문에 그만 깜짝 놀라고 말았다.

"고맙습니다, 팔라치씨."

그런데도 팔라치는 가르보가 스스로 선택한 은둔생활을 존중해서 그녀와 대화를 트려 하지 않았다. 대신 나중에 그 우연한 만남에 대해 이야기하면서 자신이 가르보와 얼마나 닮았는지를 강조했다.

"나는 그녀와 같은 타입이다. 그녀는 영화를 그만두었기 때문에 사생활을 지킬 수 있었지만 나는 글쓰기를 그만두지 않았다. 그래서 책이 새로 출간될 때마다 저주가 새로이 시작된다."[5]

팔라치는 자신이 사생활을 강박적으로 보호하려 한다는 점을 설명하기 위해 두 가지 이유를 들었다. 그녀는 이탈리아의 작가들 사이에서 직업적인 시기심이 판을 치고 있다면서 자신을 보호하기 위해 스스로를 고립시키는 것이라고 주장했다. 그녀는 또한 자신이 직업적으로 성공을 거뒀음에도 겸손하고 과묵한 사람이며 다른 사람들과 함께 하는 일보다는 혼자 하는 일이 더 좋다고 말했다.

"혼자 있을 때 권태를 느낀 적은 한 번도 없다. 항상 할 일도 많고 생각할 것도 많으니까. 그런데 사람들과 함께 있으면, 설사 내가 사랑하는 친구들이라고 해도, 곧 지루해진다."[6]

그러나 작가로서의 팔라치는 혼자서 조용한 곳에 틀어박히고 싶어하는 원래 기질과는 반대로, 전혀 자신을 숨기려 하지 않는다. 그녀는 〈에우로페오〉에서 전국을 무대로 활동하기 시작하면서 기사에 쉽사리 자신의 개인적인 목소리를 끼워 넣을 수 있음을 알게 되었다.

〈에우로페오〉에서 처음 일을 시작했을 때부터 팔라치는 조앤 콜린스Joan Collins, 비토리오 가스만Vittorio Gassman, 게리 쿠퍼Gary Cooper, 에바 가드너, 이탈리아에서 휴가를 즐기던 장-폴 사르트르Jean-Paul Sartre, 시몬 드 보부아르Simone de Beauvoir, 그레이엄 그린Graham Greene 등 유명인사들에 대한 글을 썼다.[7] 비토리오 데시카Vittorio de Sica와 귀도 살비니Guido Salvini의 새 영화와 출연진에 대한 기사도 썼다. 음악제, TV에 출연하는 인사들, 사랑 이야기, 영화감독 아우구스토 제니나Augusto Genina의 회고록에 나오는 이탈리아 영화의 역사 등은 그녀가 기자로서 다뤘던 주제들 중 일부에 불과하다. 팔라치는 부유하고 유명한 사람들과의 접촉을 즐겼으며, 그들과의 교류를 통해 자신의 정서와 지식이 풍부해졌다고 생각했다. 그녀는 또한 이들과의 만남을 통해 상류사회를 담당하는 기자로서 재능을 드러냈다.[8]

그녀가 마릴린 먼로Marilyn Monroe와 처음 인터뷰를 시도했을 때의 일은 기사 속의 사실들에 활기를 불어넣는 그녀만의 방법을 단적으로 보여준다. 그녀는 자신이 쓴 기사를 무대로 삼아 자기 자신을 극화했다. 당시 유럽 사람들은 마릴린 먼로에게 열광하고 있었으므로 먼로와의 인터뷰 기사는 즉각적인 반응을 얻을 수밖에 없었다.

그런데 거기에 팔라치 특유의 문체가 덧붙여지면서 독자들에게서 한층 더 강렬한 반응을 끌어낼 수 있었다. 팔라치는 먼저 언론매체들이 기자들을 잘 피해 다니는 이 신비로운 여배우의 소재를 알아낼 수 없었다는 점을 강조했다. 그러고는 다른 기자들은 실패했는지 몰라도 자신만은 이 여배우를 반드시 찾아내겠다는 결심을 다졌노라고 썼다. 독자들은 팔라치가 과연 이 결심을 실천에 옮겼는지 알고 싶다는 생각 때문에 기사를 처음부터 끝까지 읽을 수밖에 없었다. 이 기사의 내용에 따르면, 팔라치는 〈새터데이 이브닝 포스트 Saturday Evening Post〉, 〈뉴욕 타임스〉, 〈룩Look〉, 〈콜리어즈Collier's〉 같은 신문, 잡지들에 연락을 취해보았지만 마릴린이 20일마다 아파트를 바꾼다는 사실 외에는 아무 것도 알아내지 못했다. 이 기사가 유머러스하게 쓰어졌다는 점을 생각하면, 팔라치가 사실을 약간 과장한 것(그녀는 먼로가 가끔 드나드는 식당 12곳, 나이트클럽 18곳, 영화관 8곳, 극장 14곳을 돌아다녔다고 썼다)쯤은 용서해줄 수 있다. 팔라치와 동료들은 서튼 플레이스 60번지가 먼로의 주소인 것 같다는 사실을 알아내고 기쁨에 들떠 일찍 잠자리에 들었지만, 다음 날 다시 알아보니 사람의 눈을 잘 피하는 이 여배우가 이미 다른 곳으로 이사한 뒤였다.

팔라치가 기사에 자신의 목소리를 분명히 끼워 넣는 성향은 독자들의 흥분을 끝까지 유지시키는 데서 가장 힘을 발휘한다. 먼로와의 인터뷰를 다룬 그녀의 기사는 먼로를 만나려는 그녀의 노력에 전세계의 시선을 집중시키는 1인칭 아리아와 같다. 기사에 드러난 팔라치 자신의 모습이 하도 중요한 위치를 차지하고 있어서 그 밖의 사실들은 부차적인 위치를 차지할 뿐이다. 그녀는 마릴린을 인터뷰하기 위해 자신이 뉴욕까지 갔다는 얘기를 하면서 자신의 개인적인 이미지에 환한 조명을 비춘다. 이탈리아의 독자들은 마릴린 먼로가 아니라 팔라치의 화려한 모험담에 흠뻑 빠져버렸다. 미국 최대의 도시 주민들도 먼로를 만나려는 팔라치의 노력에 온 신경을 집중했다. 미국 기자들은 그녀에 대한 기사를 쓰고 싶어서 그녀가 어디를 가든 뒤따라 다녔으며, 루엘라 파슨즈Louella Parsons는 그녀를 돕겠다고 자발적으로 나서기까지 했다.

"그 이탈리아인 여기자가 마릴린 먼로와의 인터뷰에 성공할 것인가?"[9]

팔라치가 기사에서 오로지 사실만 전달했다면, 그 긴 기사는 한없이 이어지는 각종 자료들 속에 빠져 허우적거리는 꼴이 되어버렸을 것이다. 그러나 그녀는 자신의 목소리와 서스펜스를 기사에 끼워 넣음으로써 현실 세계만큼이나 실감나는 세계 속으로 독자들을 끌어들였다. 마릴린 먼로에게 언제든 시간이 날 때 밀라노로 자신을 만나러 와달라고 한 그녀의 빈정거리는 듯한 태도조차 마지막까지 기사에 활기를 불어넣는 데 한몫을 했다.

먼로를 만나려다 결국 실패한 과정을 설명한 이 재미있는 이야기는 결국 ≪할리우드의 일곱 가지 죄악 *I sette peccati di Hollywood*≫의 서문으로 다시 모습을 드러냈지만, 그보다는 다른 이유 때문에 훨씬 더 커다란 의미를 지니게 되었다. 이 기사는 독자들에게 미국이라는 나라를 보여주었으며, 그녀가 다음에 로스앤젤레스와 뉴욕을 방문할 것이라는 예고이기도 했다. 이 기사는 그녀가 어떤 이야기를 코미디로 변화시켜 서스펜스를 구축하면서 기사 속에서 스스로 눈부신 활약을 할 수 있음을 보여주었다. 게다가 팔라치는 자신도 언젠가 마릴린 먼로와 같은 행동을 하게 될 것이라고 주장했다. 즉, 책을 여러 권 펴낸 저술가로 자리를 잡은 후에는 자신도 대중의 시선을 피하기 위해 자신이 사용할 수 있는 모든 방법을 다 동원하리라는 것이었다. 마릴린 먼로를 만나려고 애쓰고 있을 당시 팔라치는 이

스타를 만나고 싶어서 안달이 난 수많은 사진기자, 기자, 작가들과 별로 다를 것이 없는 입장이었다. 그러나 이제 그녀는 당시의 일을 완전히 다른 시각에서 보고 있다.

"오, 그녀가 왜 나를 피해 숨었는지 정말 이해가 된다."[10]

팔라치는 할리우드를 돌아다니면서 즐거움을 느꼈다. 캘리포니아는 유토피아 같았다.

"마치 휴가를 온 것 같았다."[11]

주머니에 달랑 50달러만 가지고 로스앤젤레스의 이 유명한 동네에 도착한 팔라치는 재정적으로 회사의 지원을 별로 받지 못한 이 여행에서 최선의 결과를 얻기 위해 한 이탈리아계 미국인 여성의 호의를 받아들였다고 썼다. 그녀가 차고를 개조한 아파트를 써도 좋다고 해서 그 아파트를 숙소로 이용했다는 것이다. 그녀는 돈이 몹시 부족했지만 어떻게든 이 난관을 극복하고 글을 쓰기 시작했다. 그리고 기회가 닿는 대로 할리우드 스타들이 아니라 자기 자신을 주목의 대상으로 만들었다. 그녀가 직접 찍은 사진이 〈에우로페오〉 1면에 실린 적도 있었다. 이 사진 덕분에 이탈리아인들은 서부영화의 촬영이 진행 중인 콜럼비아 영화사의 세트에서 배우 글렌 포드Glenn Ford와 나란히 앉은 팔라치의 모습을 볼 수 있었다.

타는 듯이 더운 8월의 어느 날 오후, 그녀는 배우 조셉 코튼Joseph Cotten이 퍼시픽 팰리세이드의 집에서 여는 파티에 초대되는 쾌거를 이룩했다. 그 날 바다를 굽어보는 화려한 테라스에는 수많은 스타들이 모여 있었다. 데이비드 니븐David Niven, 그리어 가슨Greer Garson, 알프레드 히치콕Alfred Hitchcock, 노마 쉬어러Norma Shearer, 그레고리 펙Gregory Peck, 콜 포터Cole Porter, 이탈리아 출신의 아름다운 아내 파올라 모리Paola Mori와 함께 온 엄숙한 거인 오슨 웰스Orson Welles. 팔라치의 설명에 따르면, 자신이 방으로 들어가자마자 모두

들 대화를 멈추고 그녀를 빤히 바라보았다고 한다. 마치 악마가 방금 모습을 드러내기라도 한 것처럼. 그녀가 나타난 후 손님들은 아주 과묵해졌으며, 점심식사 때는 대부분 물과 아이스티만을 마시며 그녀가 메모를 하지나 않는지 지켜보았다. 팔라치가 위스키 한 잔을 단숨에 쭉 비워버리자 그리어 가슨은 마치 더러운 곤충을 보듯이 그녀를 빤히 바라보았다.

"그날 코튼의 테라스에 메이미 아이젠하워Mamie Eisenhower나 세무서 관리가 나타났어도 손님들이 그렇게 경계심을 드러내지는 않았을 것이다."[13]

이탈리아 독자들은 이 기사를 통해 할리우드 사람들이 피렌체 출신의 젊은 여기자를 신뢰하지 않는다는 인상을 받았다.

사람들은 코튼의 파티에 참석한 것이 부가효과를 가져다주었을 것이라고 생각했다. 팔라치는 파티 도중 지루하고 불편해져서 자리를 뜨려다가 거의 모든 사람들이 자기처럼 자리를 뜨려 한다는 것을 눈치 챘다. 마치 영화계 사람들이 원래 술을 많이 마시지도 않고 잠자리에도 일찍 든다고 과시하려는 것처럼 말이다. 그런데 그녀는 탑처럼 거대한 오슨 웰스가 갑자기 자신의 앞을 가로막고 있다는 사실을 알아차렸다. 오슨 웰스는 아내의 조국에서 온 이 젊은 기자와 친해져서 자기 동료들의 이상한 행동을 설명해주려고 열심이었다. 웰스의 설명에 따르면, 할리우드에서는 익명으로 살아가는 것이 불가능했다. 집집마다 벽은 유리로 되어 있고, 거기에 마이크가 숨겨져 있으며, 장거리 망원경들이 침실을 염탐한다는 것이었다. 이 지역에서 유명인사들에 대한 정보를 모으려고 활동하는 기자의 수만도 1천 명이 넘었다. 가십의 여왕인 루엘라 파슨즈와 기자들 중에서도 가장 비열한 헤다 호퍼Hedda Hopper는 운 좋게 영화에 출연할 수 있었던 모든 사람들의 사생활을 무자비하게 위협하고 있다고 했다. 이런 시선을 피하는 방법은 숨는 것뿐이었다. 팔라치는 이 날 파티에 대한 이야기의 말미에서 오슨 웰스에 대한 우정과 공감을 표시했을 뿐만 아니라, 배우들이 성공을 위해 엄청난 대가를 지불한다는 사실을 이해한다는 뜻을 표명했다.[14]

팔라치는 그 후로도 오랫동안 웰스와 더욱 깊은 우정을 쌓아 나갔다. 웰스는 1958년에 출판된 ≪할리우드의 일곱 가지 죄악≫ 오리지널 판에 짤막한 서문을 써주었으며, 그녀를 높게 평가했다. 팔라치에 따르면, 그는 그녀의 삶에 대해 집착을 드러낼 정도였다고 한다. 그녀는 그가 젊은 이탈리아인 여기자를 주인공으로 삼은 시나리오를 준비했다는 사실을 나중에 그가 죽은 후에야 알았다고 주장했다. 그녀로서는 매우 기분 좋은 일이었다. 그녀가 웰스의 상상력에 유혹적인 매력을 발휘했다는 증거였으니까. 할리우드에서의 첫 만남 이후 두 사람은 로마와 파리에서 자리를 같이 했고, 로스앤젤레스에서도 다시 만났다. 그때 그녀는 〈머브 그리핀 쇼 Merv Griffin Show〉에서 자신의 책 ≪한 남자≫를 홍보하려고 로스앤젤레스에 와 있었다. 팔라치에 따르면, 웰스가 방청객들 중에 섞여 있다가 소리를 지르며 그녀를 따스하게 안아주었다고 한다. 웰스의 거대한 몸이 팔라치의 자그마한 몸을 완전히 삼켜버리다시피 했다. 두 사람은 당황한 쇼 진행자를 잊어버리고 자기들끼리 이야기를 하기 시작했다. 웰스가 그녀의 여러 작품들과 모험담을 간략하게 요약하자 그녀는 고개를 끄덕이며 순발력과 재치가 넘치는 대답을 했다.

"내가 당신한테 얼마나 실망했는지 알아요, 오슨? 당신이 미국 대통령이 되지 못하다니."[15]

웰스가 이 말을 듣자마자 웃겨 죽겠다는 듯이 폭소를 터뜨렸기 때문에 스튜디오에 있던 다른 사람들도 모두 웃어대기 시작했다. 그녀는 웰스가 자신의 재치 있는 대꾸를 결코 잊지 못했다고 주장했다.

팔라치는 나중에 숀 코너리Sean Connery와도 친한 친구가 되었다. 그가 제임스 본드 영화에 출연할 때의 일이었다. 두 사람은 지금도 서로 전화로 안부를 주고받으며 가끔 서로의 집을 방문하기도 한다. 팔라치는 지적인 사람들은 자기가 전형적인 기자와는 다른 사람이라는 점을 알아차린다고 주장했다.

"그들은 내 재능을 인식하고 내가 오리아나 팔라치라는 이름을 드날리게 되리라는 것을 알고 있었다. 따라서 그들은 나를 만나주는 데서 그치지 않고, 내 친구가 되었다."[16]

팔라치에 따르면, 자신이 원래 진지하고 성실한 사람이기 때문에 세실 B. 드밀Cecil B. DeMille이나 오슨 웰스 같은 사람들과의 우정을 이용하지 않았다고 한다. 그녀는 그들이 자신에게 매력을 느낀다는 사실을 결코 이용하려 들지 않았으며, 그들이 자신에게 선물을 주었다고 생각했다. 그리고 오늘날 많은 기자들, 작가들, TV 진행자들이 보여주는 뻔뻔한 태도를 거부했다.

"그래서 나는 내 인생에서 너무나 많은 기회를 그냥 흘려보냈다. 사실 시간도 없었다. 난 항상 일을 빨리 해치워야 한다는 강박관념을 느꼈으니까. 바로 다음 날 죽을 사람처럼. 그래서 결코 속도를 늦추지 못했다."[17]

세월이 흐른 후 이탈리아의 작가 만리오 칸코니Manlio Cancogni가 뉴욕의 57번가에 있는 리졸리 출판사 사무실로 팔라치를 찾아온 적이 있었다. 그는 피렌체의 갈릴레오 갈릴레이 고등학교에서 그녀에게 이탈리아어를 가르쳤으며, 전쟁 중에 그녀의 아버지와 함께 레지스탕스 활동을 한 사람이었다. 비서가 그를 사무실에 들여놓으려 하지 않자 칸코니는 뚜벅뚜벅 비서의 곁을 지나쳐 팔라치의 책상에 앉아서 글을 쓰고 있던 그녀를 방해했다.

"뭘 하고 있는 거냐?"

"일하고 있어요."

"그까짓 게 뭐라고. 난 네 옛날 스승이야!"

"그냥 일하게 해주세요, 선생님."

"오리아나, 요즘 괜찮은 거냐?"

"너무 피곤해요."

"오늘만 피곤한 거야, 아님 항상 그런 거야?"

"항상 피곤해요."

"당연히 그렇겠지! 150년은 산 사람만큼 일을 해댔으니!"[18]

칸코니는 자신의 옛 제자가 얼마나 종종거리며 살고 있는지 알아챘던 것이다. 서른 살이나 마흔 살 때 그녀는 이미 대부분의 사람들이 150년을 살아도 다 해치우지 못할 일들을 끝내놓고 있었다.

조셉 코튼의 집에서 열렸던 파티 기사처럼 세실 B. 드밀과의 인터뷰 기사 역시 곤혹스러우면서도 유머러스했다. 그러나 이보다 더 중요한 것은 그녀가 기사에서 드밀 못지않게 자신에게도 초점을 맞췄다는 점이다. 드밀과 인터뷰를 할 때 그녀는 품위 있는 이야기를 나눌 수 있도록 얌전한 옷을 입고 약속시간보다 30분 일찍 와서 품위 있는 질문만 던져야 한다는 지침을 받았다. 팔라치는 검은 옷을 입고 화장을 전혀 하지 않은 채 두려운 마음을 안고 파라마운트 영화사 단지 안, 마라톤 거리 5451번지에 있는 '할리우드의 왕'의 본부에 다가갔다. 그녀는 경비원, 홍보 담당자, 제1 비서, 또 다른 홍보 담당자, 제2 비서 등 여러 사람들을 만난 후에야 내부 깊숙한 곳의 성소에 발을 들이밀 수 있었다. 드밀이 그녀를 맞이하려고 자리에서 일어나는 순간 그녀의 호흡이 빨라졌다. 그러나 그녀는 한 마디 말을 하기도 전에 자신이 외교적으로 중대한 실수를 저질렀음을 깨달았다. 그의 최신작인 〈십계 *The Ten Commandment*〉를 보지 않았던 것이다. 위대한 영화 제작자인 드밀이 입을 여는 순간 두려움과 불안이 그녀의 머릿속을 가득 채웠다.

"내가 먼저 질문을 하지요. 내 최신작에 대해 말해보세요."

막막한 침묵이 뒤를 따랐다. 두 사람의 대화를 메모하던 두 명의 비서들은 그녀의 대답을 기다리고 있었다. 드밀이 불편한 표정으로 그녀에게 가까이 다가와 다정한 미소를 띠며 자신의 말을 다시 한 번 강조했다.

"자, 말해봐요."

그녀는 긴장 때문에 두 번이나 침을 꿀꺽 삼킨 후에야 무시무시한 진실을 속삭이듯 털어놓았다.

"아직 그 영화를 보지 못했습니다, 선생님."[19]

두 비서가 모두 그녀를 빤히 바라보는 가운데 드밀이 인상을 찌푸렸다. 그리고 뭐라고 변명을 하려는 그녀의 말을 가로막더니 바로 그 날 저녁에 영화를 보라면서 윌셔 극장의 8시 표를 예약해주었다.

다음 날, 드밀이 내준 과제를 충실하게 완수한 그녀는 불안한 마음으로 약속시간에 맞춰 2시에 그를 만나러 갔다. 드밀은 어떤 감정도 드러내지 않은 채 진지한 질문들을 연달아 던졌다. 그러나 이 불쌍한 여기자가 자신의 작품을 재미있게 보았다는 사실을 알고는 완전히 다른 사람으로 변해서 감사의 뜻을 표시했다. 그가 팔라치에게 자신의 인생에 대해 너무나 많은 얘기들을 해주었기 때문에 그녀는 이제 두려움과 당황스러움 대신 일흔여섯 살의 이 영화 제작자에 대한 진정한 애정을 느끼게 되었다. 그는 자신이 제시 래스키Jesse Lasky 및 새뮤얼 골드윈Samuel Goldwyn과 짝을 이루게 된 경위, 그들과 함께 뉴욕에서 할리우드로 이주한 것, 자신이 처음 만든 영화인 〈여자 같은 남자 The Squaw Man〉, 아돌프 주커Adolph Zukor와의 관계 형성, 〈왕중왕 The King of Kings〉을 통해 28개월에 걸쳐 계속 이어지고 있는 그리스도 이야기, 자신의 작품생활에서 성경이 중요한 자리를 차지하고 있다는 것, 〈십자군 The Crusades〉〈초원 사람들 The Plainsman〉〈유니온 퍼시픽 Union Pacific〉〈삼손과 데릴라 Samson and Delilah〉〈지상 최대의 쇼 The Greatest Show on Earth〉 등 자신의 모든 작품에 얽힌 일화 등을 그녀에게 얘기해주었다. 그는 자신의 가족에 대해서도, 콘스탄스 애덤스 Constance Adams와 55년에 걸친 결혼생활에 대해서도 거리낌 없이 이야기 했다. 인터뷰가 끝나갈 무렵, 그는 자기가 〈십계〉를 250번이나 봤다면서 그녀에게 한 가지 조언을 해주었다.

"당신이 아주 좋은 사람이라서 충고를 하나 해주고 싶군요. 나처럼 해보세요."[20]

그가 너무나 다정하게 이 말을 했기 때문에 그녀는 예의를 지키느라 웃음을 참아야 했다. 그녀는 그가 또 다시 극장표를 예매해주기 전에 자리에서 일어나 예의바르게 인사를 하고 도망치듯 방을 나왔다.

팔라치가 영화의 중심지인 할리우드에서 그 다음으로 파고든 주제는 악덕과 스캔들이었다. 그러나 이를 통해 그녀는 이곳에도 훌륭한 삶을 살 수 있는 가능성이 존재한다는 것을 알 수 있었다. 이 도시 속에 완전히 빠져버리기로, 그리고 그 과정에서 독자들을 매혹시키기로 결심을 다진 그녀는 사교적인 자리에 나타난 영화 스타들을 관찰하려 했다. 그래서 자신이 가진 옷 중에 가장 아름다운 옷을 차려입고 부유하고 유명한 사람들이 자주 드나드는 곳을 향했다. 그녀는 일식집인 '임페리얼 가든즈'에서 정종을 한 잔 마시고, 라뤼에서는 마티니를 주문했으며, 로마노프에서는 새우 칵테일을 먹었다. 그러나 어느 곳에서도 유명인사들의 모습을 찾아볼 수 없었다. 인기 좋은 나이트클럽들에 가봐도 실망스럽기는 마찬가지였다. 그녀는 결국 새로운 전략을 생각해냈다. 다음 날 비벌리힐스의 성당 '캐딜

락의 성모'에서 열리는 미사에 참석하는 것. 효과가 있었다. 성당의 신도석에 평범한 모습으로 자리를 잡은 팔라치는 수많은 유명인사들이 진지하게 미사를 드리는 모습을 놀란 눈으로 지켜보았다. 밴 존슨Van Johnson은 자신의 세 아이와 함께 왔고, 그레고리 펙은 프랑스인 아내 베로니크 파사니Véronique Passani와 전처소생인 세 아이를 데리고 왔다. 로레타 영Loretta Young은 열아홉 살 난 딸과 시동생인 리카르도 몬탈반Ricardo Montalban을 동반했고, 앤 밀러Ann Miller는 기다란 검은색 베일을 쓰고 있었으며, 잔 크레인Jeanne Crain은 세 아이와 남편 폴 브링크만Paul Brinckmann을 데려왔다. 앤 블라이스Ann Blyth는 아기와 유모를 동반했다. 데브라 파젯Debra Paget의 모습도 보였다. 빈센트 미넬리Vincente Minnelli는 가장 최근에 결혼한 아내와 함께였고, 피에란젤리 자매인 피에르 안젤리Pier Angeli와 마리사 파반Marisa Pavan의 모습도 볼 수 있었다. 루엘라 파슨즈, 마가렛 오브라이언Margaret O'Brien, 앤 박스터Anne Baxter, 제인 러셀Jane Russell도 있었다.

"차이니즈 극장에서 열리는 시사회에 가더라도 유명인사들을 그렇게 많이 볼 수는 없었을 것이다."[21]

팔라치는 기사에서 초대 손님들을 아주 잘 아는 토크쇼의 사회자처럼 자신을 표현했다. 연달아 폭풍처럼 휘몰아치는 인터뷰 기사들이 할리우드 엘리트들 사이의 극적인 사건들에 대한 그녀의 기사에 목말라 있던 이탈리아의 순진한 독자들을 집어 삼켰다. 그녀는 버트 랭카스터Burt Lancaster와의 인터뷰에서 그가 출연한 영화 이야기를 나눴으며, 브루클린에서 어린시절을 보낸 그가 국제적인 명성을 얻게 된 과정을 다뤘다. 킴 노박Kim Novak의 성공담도 그녀의 기사로 실렸고, 그녀가 할리우드에서 가장 좋은 사람인데도 가장 많은 비판을 받는다고 생각했던 제인 맨스필드의 기사도 선을 보였다. 화창한 어느 일요일 오후, 팔라치는 윌리엄 홀든William Holden의 집을 방문했다. 그는 이미 전에 그녀를 만난 적이 있었기 때문에 그녀를 보고도 전혀 놀라지 않고 팔라치에게 수영을 같이 하자고 권했다. 그리고 수영이 끝난 후 거실에서 그녀에게 위스키를 한 잔 대접했다. 그녀는 그가 옆집 청년 같은 사람이었다면서 연예계 스카우터에게 발굴된 후 그의 영화인생을 시간 순서대로 기록했다.

흰머리의 위대한 스타 프랭크 시내트라Frank Sinatra를 만난 것도 그녀에게는 절정의 순간 중 하나였다. 1954년에 에바 가드너와 함께 이탈리아에서 순회공연 중이던 시내트라는 팔라치의 인터뷰 요청을 일언지하에 거절해버렸다. 그녀는 화가 나서 그에게 속에 있는 말을 해버렸고, 두 사람은 서로 불편하게 헤어졌다. 그때 그녀는 시내트라와 다시는 이야기를 하지 않겠다고 결심을 다졌다. 그러나 3년 후 그녀는 윌셔 극장에서 열린 〈오만과 열정The Pride and the Passion〉의 시사회에서 소피아 로렌Sophia Loren, 캐리 그랜트Cary Grant와 나란히 앉아 있다가 옛날 적으로 헤어졌던 시내트라가 옆자리에 앉아 있는 것을 발견했다.

"좋아, 몇 년 전에 이탈리아 기자와 언쟁을 벌였던 걸 기억하지는 못하겠지!"

그녀는 그를 보지 못한 척 하며 스크린만 바라보았다. 그러나 시내트라는 아주 머리가 좋은 사람이었다. 극장 안의 불이 꺼지기 직전, 그는 그녀의 어깨를 두드리며 활짝 웃는 얼굴로 이렇게 말했다.

"안녕하시오? 아직도 화가 나셨나?"[22]

팔라치는 즉시 그의 매력에 굴복해서 〈지상에서 영원으로From Here to Eternity〉이후 그의 활동과 그의 여러 아내들, 그가 여자들을 유혹하는 데 성공한 이야기, 1957년의 루돌프 발렌티노Rudolph Valentino로 불리는 그의 명성 등에 대해 이야기를 나눴다. 그 시사회에서 시내트라는 사진기자들을 위해 예의바르게 포즈를 취해주었고, 영화 상영이 끝난 후 파티에도 참석했으며, 만찬 도중 팔라치에게 예전의 언쟁에 대해 오해하지 말라며 자신의 사정을 설명했다. 그 날 자기가 분명히 아주 기분이 나빴음이 틀림없다는 것이었다. 그는 자기가 '아주 단순한 사람'이라고 했다. 그러나 이틀 후 스튜디오에서 그녀와 우연히 마주친 그는 그녀를 못 본 척했다. 그러고는 바로 그날 저녁 로마노프에서 그녀를 다시 만나자 마치 헤어진 전처를 다시 만나기라도 한 것처럼 그녀에게 애정 어린 인사를 건넸다.

팔라치는 '청바지를 입은 반항아 세대'라는 기사에서는 영화 중심지를 연구하는 학자 같은 태도를 취했다. 이 기사에는 몽고메리 클리프트Montgomery Clift, 말론 브란도Marlon Brando, 앤서니 퍼킨스Anthony Perkins, 샐 미네오Sal Mineo, 엘비스 프레슬리Elvis Presley의 이야기가 포함되어 있었다. 그녀는 또 다른 기사에서 많은 여배우들이 정신적으로 심각한 문제를 갖고 있다면서 주디 갈란드Judy Garland를 구체적인 예로 들었다. 갈란드가 그릭 극장에서 공연을 하는 도중에도 신경쇠약 발작의 영향이 아직 남아 있는 것처럼 보였다는 것이다. 쇼가 끝난 후 갈란드의 분장실로 들어간 팔라치는 하얀 목욕가운을 입고 화장을 지우고 있는 그녀를 보고 강한 애정을 느꼈다. 그날 저녁 갈란드는 자신을 찾아온 팔라치에게 아무 거리낌 없이 많은 이야기를 해주었다. 마치 도저히 저항할 수 없는 매력을 지닌 토크쇼 사회자와 이야기를 나눌 때처럼. 팔라치는 진 티어니Gene Tierney를 포함해서 영화계의 많은 인사들이 자살을 시도한다는 말로 자신의 기사를 끝맺었다.[23]

그녀의 할리우드 여행은 행복하게 끝났다. 팔라치는 피에르 안젤리와 마리사 파반이 주최한 송별파티에 특별 손님으로 참석했는데, 두 여배우의 남편인 빅 데이몬Vic Damone과 장-피에르 오몽

Jean-Pierre Aumong, 그리고 프레드 진네만Fred Zinnermann 감독도 그 자리를 빛내 주었다. 팔라치는 기사에서 그날 저녁의 일들을 자세히 기록했을 뿐만 아니라, 그 자리를 이용해서 이탈리아 출신의 안젤리와 파반이 할리우드에서 무엇을 하며 어떻게 살아가는지에 대한 정보를 모았다. 이 날의 송별파티는 비벌리힐스에 있는 안젤리와 파반의 집에서 열렸는데, 사람들은 정겨운 분위기 속에서 라자냐를 먹으며 프랑스어, 이탈리아어, 영어로 대화를 나눴다. 팔라치는 자신의 기사에서 할리우드에는 좋은 사람, 나쁜 사람, 멍청한 사람, 똑똑한 사람, 행복한 사람, 불행한 사람들이 살고 있으며, 그곳에서 살려면 열심히 일을 해야 하고, 그곳 사람들이 세계 최고의 영화들을 많이 만들어내고 있다고 강조했다.[24]

팔라치는 할리우드에서 뉴욕으로 갔다가 밀라노로 돌아와 할리우드 시리즈에 포함될 기사 세 편을 더 썼다. 첫 번째 기사는 배우 앤서니 프랜시오사Anthony Franciosa의 배우 활동과 셸리 윈터스Shelley Winters와의 결혼생활에 관한 것이었고, 두 번째 기사는 브로드웨이 연예산업을 분석한 것이었다. 세 번째 기사의 주제는 아서 밀러Arthur Miller였는데, 마릴린 먼로와의 결혼이라는 모험의 에필로그 성격을 띠고 있어서 다른 기사들보다 훨씬 더 관심을 끌었다. 이 기사에서 팔라치는 매디슨 애비뉴 근처의 우아하고 조용한 동네인 이스트 54번가에 있는 밀러의 집을 방문했을 때의 이야기를 썼다. 그녀는 밀러의 홍보 대리인인 워렌 피셔Warren Fisher가 안절부절 못하는 표정으로 밀러에게 지각없는 질문을 해서는 안 된다고 신신당부했음을 강조했다. 팔라치는 여전히 먼로를 만나고 싶어했으므로 워렌 피셔의 다음과 같은 말에서 희망을 얻었다.

"당신이 인터뷰를 끝낸 뒤 마릴린이 올 겁니다. 아서 얘기로는 마릴린도 당신이 자기를 질투에 사로잡힌 아내처럼 미워한다는 내용의 기사를 읽고 당신을 몹시 만나고 싶어한답니다."[25]

팔라치는 밀러에게 최근 그가 겪은 시련과 마릴린의 유산流産에 대해 연달아 질문을 던졌다. 그녀는 그가 순회 판매원으로 일했던 것, 교육을 제대로 받지 못한 것, 우연히 ≪카라마조프가의 형제들 The Brothers Karamazov≫을 읽고서 작가가 되기로 결심한 것 등 별로 내세울 것이 없는 그의 과거를 파고들었다. 그런데 밀러와의 대화가 막바지에 접어들었을 때 마릴린에게서 전화가 걸려왔다. 마릴린은 팔라치를 만날 수 없을 것 같다고 말했다. 병원 진찰 때문에 약속시간에 늦을 것 같다는 것이었다. 팔라치는 1인칭 대명사를 동원해 이 기사를 유머러스하게 끝맺었다.

"내가 할 수 있는 일이 하나도 없다. 나는 먼로를 만나는 데 실패한 사람이다."[26]

팔라치가 할리우드 취재를 끝내고 〈에우로페오〉의 본거지인 밀라노로 돌아온 후 롱가네시 출판사에서 할리우드 시리즈를 책으로 내고 싶다고 연락해왔다. 팔라치는 기꺼이 책의 출판을 허락해주었다. 이렇게 출판된 책 ≪할리우드의 일곱 가지 죄악≫이 성공을 거둔 것은 전혀 놀랄 일이 아니다. 그녀가 〈일 마티노 델리탈리아 센트랄레〉에서 일할 때 타이론 파워Tyrone Power나 클라크 게이블 같은 유명인사들에 대한 기사를 쓰며 이미 많은 경험을 쌓아두었으니 말이다. 훌륭하게 써어진 그녀의 글들은 할리우드의 유명인사들 못지않게 그녀 자신을 강조하고 있었기 때문에 객관적이고 진지해야 한다는 보도기사 작성 원칙을 모조리 어기고 있었다. 팔라치의 명성은 점점 높아졌고, 이제는 스타들의 옆자리가 바로 그녀의 자리인 것 같았다. 이탈리아의 독자들은 그녀의 말과 행동에 홀린 듯 매료되어 그녀의 여정을 그대로 따라가며 세실 B. 드밀의 사무실에 앉아 있거나, 아서 밀러와 함께 커피를 마시거나, 비벌리힐스에 있는 피에르

안젤리와 빅 데이몬의 집에서 저녁식사를 하거나, 제인폰다와 이야기를 나누는 기분을 맛봤다.[27]

나중에 ≪인샬라≫가 출판된 후 팔라치는 ≪할리우드의 일곱 가지 죄악≫에 대한 이야기를 꺼렸다. 심지어 이 책이 새로 출판되는 것을 거부하기까지 했다.

"난 그 책을 책으로 생각하지 않는다. 그건 기사 모음집이다. 다른 사람들이 다 똑같이 하는 일. 내가 아주 어렸을 때 저지른 짓이기도 하고."[28]

나이가 든 후 그녀는 용기 있게 진지한 소설을 쓰는 헌신적인 작가의 이미지를 사람들에게 내보이고 싶어했다. 젊은 시절 그녀가 화려하게 모험을 즐겼다는 사실이 조금이라도 강조된다면 그녀가 원하는 예술적인 이미지, 즉 20세기의 세련된 소설가라는 이미지가 흩어질 터였다.

팔라치는 '이탈리아 아가씨가 본 미국 America Seen by an Italian Lady'이라는 제목으로 연재된 기사에서도 예전 버릇대로 자신을 주인공으로 내세웠다. 1965년 7월에 자신이 뉴욕에 도착했다는 얘기로부터 시작된 이 기사에서 그녀는 세관 검색대를 통과한 후 공항에서 우연히 셜리 맥클레인Shirley MacLaine을 만났는데, 사진기자인 둘리오 팔로텔리Duilio Pallotelli가 꽃다발을 들고 맥클레인에게 인사를 하러 갔다는 얘기를 늘어놓았다. 그리고 택시 기사들이 파업을 벌이고 있어서 그녀의 짐가방을 받아주려 하지 않았다는 얘기도 썼다. 이어 그녀는 이스트 57번가 220번지에 있는 자신의 아파트(가로세로가 각각 5피트, 4피트이며 월세가 250달러)에 대해 설명한 후 숙소를 마련해준 친구에게 고맙다는 인사를 하러 NBC 방송국을 찾아갔다고 썼다. 팔라치는 그곳에서 에디 피셔Eddie Fisher를 만나 함께 롱아일랜드의 롱비치로 갔다. 에디는 그곳의 말리부 해변클럽에서 공연

중이었는데, 팔라치에게 자신의 전처인 엘리자베스 테일러Elizabeth Taylor에 대해 온갖 이야기를 다 해주었다. 이 기사에는 피셔와 이야기를 나누는 팔라치의 사진도 실렸다.

 같은 기사에서 팔라치는 지난 해의 일을 잠시 떠올렸다. 조니 카슨Johnny Carson이 〈투나잇 쇼Tonight Show〉에서 ≪쓸모없는 성The Useless Sex≫에 대해 이야기를 나누면서 그녀의 주장에 동의하지 않는다는 뜻을 드러냈다는 얘기였다. 그는 미국 여자들에 대한 그녀의 의견을 거부했다. 팔라치는 미국 여자들이 가장 좋아하는 음식은 바로 미국 남자들이라고 주장했었다. 카슨은 미국 남자들을 베일을 쓴 이슬람 여자들과 비견될 만한 무방비한 양¥으로 본 그녀의 생각에도 반기를 들었다.

 "세상에, 난 베일을 안 쓰고 있는데요."
"당신 눈에는 베일이 안 보이지만 내 눈에는 보여요."

 방청객들은 웃음을 터뜨렸고 누군가가 이렇게 소리쳤다.
"베일이 아주 잘 어울리는데요, 조니."[29]

 팔라치는 그 순간 카슨이 자신의 적이 되었으며, 1년 후 NBC 방송국에서 그녀의 옆을 지나가면서도 화해의 뜻으로 손을 내민 자신을 못 본 척하며 인사를 하지 않았다고 주장했다. 이 기사는 팔라치가 미국 그 자체보다 미국에서 자신이 겪은 일을 더 중요하게 다루고 있음을 분명하게 보여주었다. 그녀는 유행에 민감하고, 빠르게 움직이며, 두려움을 모르고, 미국의 거물들 앞에서도 결정적인 발언권을 가진 자신의 이미지를 구축해나갔다.

 팔라치는 셜리 맥클레인과 함께 한 미국 횡단 여행기를 통해 스타로서 자신의 이미지를 한층 강화했다. 이 기사는 팔라치 문체의 견본이라고 할 수 있다. 기사를 쓰는 데 완전히 빠져 있으면서도 다른 사람들의 시선을 끄는 짜릿한 역할을 생생하게 즐기고 있는 기자의 모습이 이 기사에 잘 드러나 있다는 뜻이다.[30] 그녀는 글로 그려낸 자신의 이미지를 독자들에게 마구 쏟아냈다. 그녀는 미국의 10대들에 대한 기사를 썼고, 끊임없이 인터뷰를 했으며, 인종차별에 대한 기사와 '미국에서 온 편지'라는 제목의 유머러스한 기사 네 편을 썼다. 이 연재기사에는 진주 목걸이를 하고 시름에 잠긴 표정으로 담배를 피우는 팔라치의 사진이 포함되어 있었다.[31] 피렌체를 해방시켜준 미군들의 나라는 피렌체에서 온 이 젊은 아가씨를 친절하게 맞아주었고, 그녀는 이곳에서 살고 싶다는 생각에 푹 빠져버렸다.

팔라치는 이탈리아 언론계의 소피아 로렌이었다. 그리고 그녀의 다음 기사가 이 이미지를 한층 강화시켰다. 1959년 여름, 미셸레 세라의 후임인 지오르지오 파토리Giorgio Fattori가 팔라치에게 세계일주를 하면서 특히 동양을 둘러보라고 지시했다. 그는 그녀에게 우기가 끝날 때까지 기다렸다가 겨울이나 1960년 봄에 여행을 떠나야 할 것이라고 설명해주었다. 그런데 '우기'라는 말이 이 젊은 여기자의 가슴에 콕 박혀버렸다. 마치 "노포크 공작이 내게 해준 얘긴데"라거나 "레닌그라드 체호프 거리에 있는 그 작은 식당을 자네가 아는지 모르겠네"라는 말처럼. 팔라치는 이미 터키, 이란, 미국을 돌아다녔는데도 파토리의 말에 흥미를 느꼈다. 그러나 여성들이 처한 상황을 보도하라는 그의 구체적인 지시가 그녀의 흥분을 가라앉혔다. 팔라치는 여자들의 문제를 조사하는 것에 대해 불편한 감정을 노골적으로 드러내곤 한다.

"여자는 특별한 동물이 아니다. 여자들이 왜 별도의 이슈로 취급되어야 하는지, 특히 신문에서 왜 그래야 하는지 도무지 그 이유를 모르겠다."[32]

여자들을 마치 단성생식으로 태어난 존재처럼 취급하는 것은 비논리적이라는 것이 그녀의 생각이었다. 그러나 온세상을 여행해보라는 어머니의 충고가 망설임을 이겨내는 데 도움이 되었다.

토스카 팔라치는 딸에게 반드시 결혼을 해서 남편에게 복종하고 아이를 낳아야 한다고 강조한 적이 한 번도 없었다. 그녀는 바느질을 하고, 옷을 빨아 다리고, 살림을 하기보다는 여행을 할 수 있는 직업을 갖는 것이 매우 중요하다고 강조했다. 살림이란 말을 들으면 팔라치는 항상 대단히 감정적인 과거의 한 장면을 떠올리곤 한다.

"내가 다섯 살인가 여섯 살 때인데, 침대 위에 서 있는 나한테 어머니가 거친 모직으로 만든 조끼를 입히고 있었다. 그런데 그 옷이 작아서 내 몸에 꼭 끼었다."

당시 그녀는 머리가 토스카의 어깨에 닿을 만한 높이에 있었기 때문에 뒤로 몸을 젖혀야 어머니의 얼굴을 볼 수 있었다. 어머니는 분한 눈물을 흘리고 있었다. 그리고 그 다음에 이어진 어머니의 말이 그녀의 가슴에 영원히 각인되었다.

'넌 절대 나 같이 되면 안 돼! 누구 마누라나 엄마가 되지 마. 그건 무식한 노예니까! 넌 반드시 일을 해야 해! 일! 여행도 하고! 세상을 돌아다녀야 한다고! 세상 속에서 살아야 해!"

사춘기 때 팔라치는 어머니와 이야기를 하면서 앞으로 살림할 생각을 해야 하느냐고 물었다. 토스카는 곧장 단호하게 대답했다.

"안 돼. 그건 노예생활이야!"[33]

어렸을 때부터 이런 교육을 받았기 때문에 팔라치는 세계일주 여행에 의욕적으로 달려들었다. 사회적으로 커다란 성공을 거둔 지인이 개인적으로 불행한 삶을 살고 있다면서 여자들을 열등하게 취급하는 나라에서 살아보고 싶다는 얘기를 한 것도 그녀에게 또 다른 자극이 되었다.

"여자는 어쨌든 쓸모가 없어."[34]

팔라치는 로마 출신의 사진기자인 둘리오 팔로텔리와 함께 사진기 10대와 타자기 1대를 들고 1960년 겨울에 이탈리아를 떠났다. 그녀는 자신이 카라반과 함께 극동으로 출발하고 있다고 상상했다. 그녀는 우선 파키스탄에 잠시 머무른 후 인도, 홍콩, 일본, 하와이, 미국을 차례로 돌아다녔다.

"다음의 이야기는 우리가 카라치에 닿은 순간부터 뉴욕을 떠나는 순간까지 일어난 일들을 담은 것이다. 내가 보고 들은 것, 내가 이해했다고 생각되는 것들이 여기에 담겨 있다."[35]

사실 그녀의 기사는 그녀 자신의 여행기였다. 그녀의 강렬한 개성이 기사를 지배하면서 기사의 주제 못지않게 중요한 존재로 부각되었기 때문이다.

지구 전역을 돌아다닌 팔라치의 여행은 문화적, 사회학적 측면에서 흥미를 끈다. 그녀는 파키스탄, 인도, 말레이시아, 중국 여성들을 묘사하면서 가부장제를 공격했다. 1960년대와 1970년대에 여성운동이 시작되기도 전에 그녀가 같은 견해를 피력한 것이다. 그러나 이보다 더 흥미를 끄는 것은, 기자 자신이 기사 속에서 연기를 하고 있다는 점이다. 파키스탄 카라치의 럭셔리 비치 호텔에서 팔라치는 부드러운 빨간색 비단으로 머리부터 발끝까지 온 몸을 감싼 여자를 보았다. 호기심이 동한 그녀는 그 날 결혼식이 있었다는 것을 알게 되었다. 그녀는 무슨 수단을 동원했는지 피로연 초대장을 얻은 다음 온갖 수단을 동원해 빨간 비단으로 몸을 감싼 여자와 단 둘이 있는 시간을 마련했다. 그리고 그녀의 이야기를 기사로 썼다. 그 '여자'는 겨우 열네 살이었으며, 남편의 얼굴을 한 번도 본 적이 없었고, 결혼을 무서워하고 있었다. 팔라치는 여기서 이슬람 사회를 향해 손가락을 흔들어대는 도덕가의 역할을 맡았다. 그녀는 관습적으로 이루어지는 중매결혼과 여자를 깔보며 아이 낳는 도구로만 여기는 태도에 정면으로 맞섰다.

그녀의 인터뷰 기사들에는 나중에 그녀가 정치 지도자들과 만나 주고받게 될 대화의 씨앗이 들어 있었다. 그녀는 아주 젊었을 때부터 자신이 주로 흥미로운 사람들과 대화를 나누는 사람이며 지적인 사람이라는 명성을 확립하려고 애썼다. 그래서 그녀는 피임, 불임수술, 힌두 국가들에서 여성의 지위, 인도가 독립투쟁을 벌이는 동안 여성들이 수행한 정치적 역할 등 민감한 문제들을 기사에 담았다. 인도의 교육받은 여성들을 만났을 때에는 기사에 그들의 말을 직접 인용해 그들의 개성과 생각들이 드러나도록 했다. 그녀가 가장 먼저 만난 사람은 라지쿠마리 암리트 카우르Rajkumari Amrit Kaur였는데, 카우르가 들려준 그녀의 개인적인 경험담 속에는 인도 역사에 대한 많은 정보가 들어 있었다. 카우르는 마하트마 간디의 개인비서로 일한 경력이 있었으며, 1928년의 원탁회의에 인도 대표로 참석하기도 했다. 1935년에는 공공안전을 위험하게 한다는 이유로 식민 정부에 의해 투옥되었으며, 1947년에는 보건 및 교통 장관을 지냈다. 카우르는 인도 여성들의 상황, 영국의 소금세에 여성들이 옛날부터 저항했다는 이야기, 여성들이 사리를 버리고 유럽식 옷을 입는 것을 맹렬히 거부하고 있다는 이야기 등을 강조했다. 팔라치는 이밖에도 화가이자 작가이고 배우인 자밀라 베르게즈Jamila Verghese, 철도 역장인 안자니 메호타Anjani Mehta, 미용사이자 학자인 비나 슈로프Veena Shroff, 편집자 릴라 슈클라Leela Shukla, 의사인 자이슈리 카트주Jaishree Katju와의 만남을 기사로 썼다.

팔라치는 자이푸르의 지도자를 방문했을 때의 이야기를 담은 기사에서 팔로텔리가 6백 명에 달하는 왕의 하인들과 어린 하얀 코끼리, 초록색 잔디밭에서 의식을 위해 성스러운 춤을 추는 무용수들을 사진으로 찍는 동안 분수로 뒤덮인 성내를 산책하는 자신의 모습을 부각시켰다. 말레이시아에서는 정글의 유명한 여가장들을 만났는데, 그들은 경제력을 통해 우월한 지위를 유지하고 있었으며, 남편을 시어머니에게 돌려보내는 것을 아무렇지도 않게 생각했다. 팔라치는 아시아 대륙을 여행하면서 마치 박식한 사회학자가 된 것처럼 공산주의 중국과 홍콩 여성들의 태도를 대비시켰다. 그녀는 도쿄에서도 같은 태도를 유지했다. 즉, 관습과 풍속을 조사하는 기자의 역할을 한 것이다. 그녀는 많은 일본 여자들이 청바지를 입고, 자유롭게 살고 있으며, 성적으로도 자유분방하고, 낙태율과 피임율이 증가하고 있다고 보도했다. 직장에 다니는 일본 여성들이 동양인의 특성이 담긴 얼굴을 성형하는 데 광적으로 빠져 있다는 얘기도 썼다. 팔라치는 마지막 기착지인 하와이와 뉴욕에 들른 후 아주 권위적인 말투로 전세계 여성들이 너무나 불행하고 우울한 인생을 살고 있다는 결론을 내렸다. 그녀는 남자들에게 경제적, 인종적, 사회적 문제가 있다면, 여자들은 성적인 차별 때문에 고통을 당하고 있다고 생각한다.

"몸의 생김새가 다르다는 이유로 따라붙는 금기와 전세계 여성들이 처해 있는 상황을 말하는 것이다."[36]

팔라치의 이탈리아 독자들은 그녀가 멀고 이국적인 나라들을 돌아다닐 수 있었다는 사실뿐만 아니라 그녀가 쓴 기사에 대해서도 감탄을 금치 못했다. 팔로텔리가 찍은 그녀의 사진 한 장이 기사에 실린 것도 그녀를 대중적인 존재로 만들려는 전략에 힘을 실어주었다.[37] 리졸리 출판사는 그녀의 기사들을 ≪쓸모없는 성 *Il sesso inutile*≫이라는 제목의 책으로 출판했다. 이 책은 3년 후 영어로 번역되었다. 그러나 비평가들의 반응은 좋지 않았다. 그들은 이 책이 면밀한 조사 없이 피상적으로 씌어졌으며, 작가의 태도에 활기는 있지만 감정이 지나치다고 지적했다. 이 책에서 팔라치는 여성의 자유와 해방을 옹호하는 여주인공으로 부각되어 있지만, 책의 내용이 정보로서 가치가 없기 때문에 그것이 그녀에게 오히려 흠이 되었다. 팔라치는 철저하게 주관적인데다 내용에도 깊이가 없는 이 책의 내용을 전혀 다듬지 않았다. 책에는 둘리오 팔로텔리가 사진을 찍는다는 얘기가 계속 나오는데도 정작 사진은 한 장도 없다. 이 책에서 가장 뛰어난 부분은 아마도 홍콩 여성과 공산주의 국가인 중국 여성들 사이의 차이점을 지적한 부분일 것이다. 과거에 순수했던 폴리네시아 여성들이 타락했다는 이야기와 하와이의 이야기를 다룬 부분은 너무나 피상적이고, 미국 여성들에 대한 팔라치의 태도는 너무 적대적이어서 의미를 찾을 수가 없다. 이는 다른 곳의 여성들에 대해 팔라치가 편견이 없는 개방적인 태도를 취했던 것과 대조되는 대목이다. 게다가 애석하게도 팔라치는 자신의 고향인 이탈리아 여성들에 대해 전혀 언급하지 않았다.[38]

팔라치는 《쓸모없는 성》의 결점들을 잘 알고 있으며, 〈에우로페오〉의 기자로서 30일간 세계일주를 한 것만으로는 제대로 된 기사를 쓸 수 없었다는 점을 인정하고 있다. 그녀는 자신이 젊었을 때 발표한 책들에 대해 이야기할 때마다 혐오의 감정을 드러내곤 한다. 또한 그 책에 사람들이 지나치게 관심을 쏟을 때마다 자신의 품위가 떨어지는 것 같다고 말했다. 그래서 그녀는 이 책들을 무시해버리기로 했다.

"난 그런 책을 쓴 적이 있는지조차 다 잊어버렸다. 그 책들에 대해 이야기하고 싶다면 조금만 해 달라. 내가 도저히 참을 수가 없으니까."[39]

세계일주를 하던 당시 그녀는 자신에게 맡겨진 일을 즐겼으며, 기행문이라는 양식을 통해 통일된 형태의 글을 만들어낼 수 있었다. 그녀는 그 기사에 손질할 부분이 아주 많은 것은 사실이지만, 젊은 시절 부장의 지시를 기쁘게 받아들여 먼 나라들을 여행하며 경험을 쌓게 되기를 고대했다고 말했다. 그녀는 또한 키플링의 나라인 인도를 방문하게 된 것에 대해 젊은이다운 열정을 느꼈다고 인정하면서도, 사람들이 그 글에 관심을 보이면 벌컥 화를 내곤 한다.

팔라치는 현재 ≪쓸모없는 성≫이 새로 출판되는 것을 거부하고 있다. 그 책이 유치하다고 생각하기 때문이다. 그녀는 또한 기자들이 기사를 모아 책으로 출판하는 것에 대해서도 강력하게 반대하고 있다.

"내 생각에 요즘 나오는 책들 중 절반은 기사 모음집인 것 같다. 나는 문학과 책을 소중하게 생각하는 사람이지만, 기사들을 전부 모아서 책을 만드는 것이 중요한 일이라고는 생각하지 않는다. 사실, 내 생각에 그건 너무나 괴상한 일이다."[40]

팔라치는 자신이 쓴 기사를 모두 모아 책으로 냈다면 자신의 저서가 아주 많아졌을 것이라고 주장했다.[41]

≪할리우드의 일곱 가지 죄악≫과 ≪쓸모없는 성≫ 덕분에 일반 독자들 사이에서 팔라치의 인기가 높아졌지만, 그녀는 자신의 삶이 텅 비어버린 것처럼 느꼈다고 거듭 말했다. 작가가 된다는 것은 기사를 쓰거나 논평을 모아 책으로 펴내는 것 이상의 의미를 갖고 있었다. 젊은 나이에 기자로서 성공을 거둔 이후, 모험으로 가득 찬 삶을 살면서 여행을 하고, 소설을 쓰고 싶다는 생각이 그 어느 때보다 강하게 굳어졌다. 그러나 그녀는 당장 언론계를 떠나지 못했다. 그녀가 사회활동을 그만두고 뒤로 물러나 창작에 몰두하게 된 것은 시간이 한참 흐른 뒤의 일이었다. 그렇다 해도 그녀가 기사 속에 자신의 소망을 끼워 넣는 것을 막을 수 있는 것은 하나도 없었다. 그녀는 자신에게 문학적인 책을 쓸 수 있는 예술적인 면이 있다는 것을 알고 있었지만, 이런저런 기사에 자신의 미학적인 에너지를 쏟아 부을

수밖에 없었다. 따라서 팔라치는 자신이 현실 속에 갇혀 있다고 생각했으며, 반드시 새로운 지평선을 찾아 나서야 한다고 생각했다. 그녀는 할리우드에서 경험했던 유명인사로서의 삶에 싫증을 느끼고 있었으므로 대중들에게 새로운 얼굴을 보여주고 싶었다. 그리고 머지않아 바로 그런 기회가 그녀를 찾아왔다. 그녀는 물론 자신의 새로운 이미지를 만들어낼 수 있는 이 기회를 결코 놓치지 않았다.

중앙 무대에서
ON CENTER STAGE
4

Oriana Fallaci

기자라는 직업이 원래 바쁜 직업이기 때문에 팔라치는 항상 시간에 쫓겼다. 그러나 그 와중에도 그녀는 소설을 써서 1962년에 첫 소설 ≪전쟁터의 페넬로페 Penelope alla guerra≫를 발표했다. 이 책에서 그녀는 허구의 이야기를 만들어내려고 시도했지만, 글 속에서 스스로를 드러내는 그녀의 특징이 여기에도 고스란히 드러나 있었다. 감정적으로도 직업적으로도 성숙해지려고 애쓰는 젊은 여성의 내적인 갈등을 묘사한 이 소설은 프랑수아즈 사강이 1954년에 발표한 ≪슬픔이여 안녕 Bonjour Tristesse≫과 놀랄 만큼 비슷하다. ≪전쟁터의 페넬로페≫에서 주인공인 지오 Giè는 자신이 독립적인 존재임을 선언하고 점점 성숙해가면서 사랑 때문에 생긴 장벽에 굴하지 않고 기자로서 자신의 일을 계속 추구한다. 사강의 소설이 나온 후 한참 뒤에 씌어진 팔라치의 소설은 이탈리아 사회의 민감한 여성문제를 다루면서 그녀 자신의 삶을 창조적으로 표현하려 시도한 실험적이고 전위적인 작품이었다.

지오의 어머니의 모델은 토스카 팔라치였다.

"여자들은… 아무 것도 아니었다. 그녀의 어머니처럼. 그녀는 울었다. 어머니처럼."[1]

지오는 셔츠를 다릴 때의 기억을 떠올린다.

"눈물이 다리미 위에 떨어져 뜨거운 금속 위에서 지글거렸다. 그리고 다리미 위에 약간 탁한 작은 자국이 남았다. 눈물이 아니라 그냥 물방울이 떨어진 것처럼."[2]

그 날 지오는 앞으로는 절대 다림질을 하지 않을 것이며, 울지도 않을 것이라고 다짐한다. 이것은 예전에 팔라치가 했던 결심과 같다. 팔라치는 아주 어렸을 때부터 항상 일을 단순히 필요한 것이라기보다는 반드시 해야 하는 옳은 것으로 간주했으며, 주부가 될 생각은 한 번도 한 적이 없었다. 그녀의 머릿속에는 집을 떠나 직업을 갖는 것이 중요하다는 생각이 깊이 박혀 있었다.

"어머니가 나더러 반드시 일을 해야 한다는 말을 할 때 일이란 바느질, 빨래, 다림질, 집안 살림 같은 것이 아니었다. 어머니가 말한 일이란 직업을 가진 여성이 되는 것이었다. 집 밖의 먼 곳에서. 여행도 하고."[3]

주부가 되고 싶다는 생각을 한 번도 해본 적이 없고, 그저 한 남자를 사랑하고 그 남자도 자기를 사랑하게 되기를 바랐다는 점에서 팔라치는 자신이 쓴 작품의 주인공 지오와 비슷하다.

> 사랑은 항상 내 꿈과 욕망의 일부였다. 어렸을 때는 영원히 한 남자만을 사랑할 것이라고 생각한 적도 있었다. 남편이 아니라 남자. 남편을 생각하면 귀찮고 겁이 났다. 아마도 흑흑 흐느끼면서 내게 거친 옷을 입히던 어머니의 모습이 내 잠재의식 속에 상처를 남겼기 때문인 것 같다.[4]

팔라치는 단 한 번도 약혼이나 결혼을 한 적이 없지만, 여러 남자를 자유롭게 사랑했으며, 그 남자들 각자에게 충실했다. 그녀는 일부일처제를 거부했다. 소설에서처럼 사랑은 그녀의 삶에서 중요한 자리를 차지하고 있다. 그러나 그녀는 무슨 일이 있어도 자신의 일을 그만두려 하지 않았다. 다만 알렉코스 파나고울리스와 사귈 때만 예외였다.

"알렉코스와 사귈 때를 빼면, 나는 어머니에게 했던 소리 없는 약속을 단 한 번도 어긴 적이 없다."[5]

팔라치는 외향적인 사람처럼 보이지만 사실은 남들의 눈에 띄지 않고 살아가는 것을 좋아한다고 주장했다. 그녀는 자신이 내성적인 사람이라고 생각하고 있었다. 그녀가 자신의 애정관계를 철저하게 비밀에 붙였기 때문에 비평가들은 그녀가 사랑을 할 수 있는 사람인지, 혹시 일에 온 삶을 다 바치고 있는 것은 아닌지 모르겠다고 생각해왔다.

"사람들은 나를 괴물 아니면 동성애자로 생각했다."

팔라치는 〈라이프〉지의 기자와 긴 인터뷰를 했을 때의 이야기를 들려주었다. 그녀는 그 기자가 하고 싶은 질문이 있으면서도 감히 입을 열지 못하는 것을 보고 자기가 대신 그 질문을 해주었다.

"아까부터 나더러 동성애자가 아니냐고 묻고 싶었죠?"

기자가 그렇다고 대답하자 그녀는 폭소를 터뜨렸다.

"이봐요, 내가 이런 말을 해도 기분 나쁘게 생각하지는 말아요. 난 당신이 마음에 안 듭니다. 그러니까 내가 동성애자가 아니라는 걸 당신한테 증명할 수가 없어요. 하지만 당신보다 더 잘 생긴 형이나 남동생이 있다면 나한테 보내세요. 그러면 그 형이나 동생이 당신한테 답을 얘기해줄 테니."[6]

팔라치가 뉴욕에 갔던 것처럼 지오도 미국인과 이탈리아 여자의 사랑을 다룬 영화를 취재하기 위해 번잡한 도시로 간다. 그녀는 애인 프란체스코가 반대하는데도 기꺼이 여행길에 나선다. 프란체스코는 그녀더러 고향에 남아 자기와 결혼해서 가정을 꾸미자며 율리시즈가 아니라 페넬로페처럼 행동하라고 한다.

"네가 할 일은 길쌈이지 전쟁에 나가는 게 아냐. 여자랑 남자는 다르다는 걸 모르겠어?"[7]

미국에서 실망스러운 연애를 경험하고 프란체스코에게도 거부당한 후 지오는 무슨 일이 있어도 흔들리지 않는 단호한 태도로 세상과 맞서기로 결심한다.

"내가 여자라는 이유로 나를 비난하는 그 바보들한테 반드시 보여주겠어. 내가 남자보다 낫다는 걸. 지금은 페넬로페에게 설 자리가 없다는 걸. 난 전쟁터에서 남자들의 법칙을 따를 거야. 내가 죽든 네가 죽든 한 번 해보자 이거야."[8]

영국의 어느 유명 작가가 "똑똑한 여자는 자신이 똑똑하다는 것을 결코 겉으로 드러내서는 안 된다고 제인 오스틴Jane Auten이 말했다"[9]고 했지만 그녀는 개의치 않고 자신의 능력을 드러내 용감하게 자신의 가치를 증명하려 한다.

팔라치가 내세운 여성주의의 요체는 주로 여주인공의 성격을 통해 표현된다. 사실상 심리적으로 남자와 같은 기질을 갖고 있는 여주인공 말이다. 지오반나의 이름을 줄인 지오는 지오의 남성형 이름인 조Joe를 상징한다. "그 이름이 짧고 날카롭고 미국식으로 들릴 뿐만 아니라, 남자 이름으로 생각될 수도 있기 때문"[10]에 이름을 이렇게 줄였다는 것이다. 지오의 아버지는 지오가 어렸을 때 첫 월경을 경험하면서 너무나 침착한 것을 보고 저 아이가 딸이 맞는지 모르겠다고 생각한다.

"다른 여자애들은 그 일을 겪으면서 항상 울음을 터뜨리지만 저 애는 아니야. 아무래도 저 애가 여자가 아니라 남자로 변해버린 게 틀림없어."[11]

어른이 된 후 지오는 자신의 직업적인 목표를 확고하게 추구하면서 남자주인공인 리처드와 빌보다 더 남성적인 면을 보여준다. 리처드와 빌은 여성적인 특징을 드러내는데 말이다. 그러나 지오는 결코 혐오스럽지 않다. 오히려 그녀는 매력적인 여성으로서 남자와 사랑을 나누며 따스하고 의미 있는 관계를 가꾸고 싶어한다. 그러나 오로지 좌절만을 맛본 그녀는 적극적으로 도전에 맞서면서 적의敵意 앞에서 무너지지 않겠다고 결심한다. 그리고 용감하게 일어나 혼자만의 미래를 받아들인다. 지오는 나중에 등장한 여성주의 작가들이 자신들의 생각을 표현하기 위해 창조하고 싶어했던 투사의 상징이다.

소설에서 두 번째로 중요한 위치를 차지하는 마르틴은 팔라치가 기본적으로 내세운 여성주의적 입장을 한층 강화해준다. 그녀는 여자도 사람이지만 어렸을 때부터 남자들을 존중하고 그들의 말에 복종해야 한다는 교육을 받는다고 주장한다. 남녀 모두 비슷한 욕망을 갖고 있으므로 이런 상황은 전혀 논리적이지 않다. 그러나 사회가 전통적으로 성적인 욕망을 만족시켜도 좋다고 승인해주는 것은 오로지 남자뿐이다.

"남자들은 태어나는 순간부터 뭐든 원하는 대로 할 수 있지. 하지만 우리는 예순 살이 될 때까지 여자가 남자에게 가져다줄 수 있는 지참금 중에 처녀성이 제일 소중하다는 말을 들어. 왜지?"[12]

마르틴의 첫사랑은 리처드에 대한 지오의 이상주의적 열정과 비슷하다. 그녀는 어렸을 때 한 미국인 병사를 만나 사랑에 빠지지만 그 사랑은 곧 예상치 못한 임신이라는 잔인한 현실로 변한다. 부활절에 낙태수술을 받은 그녀는 유리병 속에 들어 있는 자신의 아이를 보게 되고, 의사에게서 다시는 아이를 가질 수 없을 것이라는 얘기를 듣는다. 마르틴은 육체적, 정신적 상처에서 회복한 후 순진하게 사랑에 빠지는 것에 대해 강력하게 반대하며 자신에게 물질적인 풍요를 약속해줄 수 있는 사람만을 신중하게 골라 관계를 갖겠다는 이성적이고 실존적인 결정을 내린다.

팔라치는 자신의 책에서 여성주의적 성향을 분명하게 드러냈으면서도, 자신이 여류작가로 분류되는 것에 발끈 화를 내면서 자신을 남자 작가들과 별도로 분류하려는 모든 시도에 저항하고 있다. ≪전쟁터의 페넬로페≫가 출간된 후 브루노 팔라치는 그녀에게 전화를 걸어 작품이 아주 마음에 든다면서 격려를 해주었다.

"앞으로 지금보다 훨씬 더 좋은 작품을 쓸 수 있겠지만, 넌 이미 한 가지 장점을 갖고 있다. 남자처럼 글을 쓴다는 것."[13]

그녀는 서사적이고, 냉정하고, 초연한 문체 때문에 언제나 다시아 마라이니Dacia Maraini, 안나 반티Anna Banti, 아르만다 귀두치Armanda Guiducci 같은 여성주의 작가들과 따로 분류되었다. 팔라치는 삼촌의 말에도 불구하고 예술가를 성별로 분류하는 것이 우스꽝스럽다고 생각하고 있다. 그녀는 자기만의 문체를 갖고 있기 때문에 남자, 여자, 동성애자, 이런 식의 분류기준을 거부한다.

기자인 로버트 쉬어Robert Scheer가 팔라치와 인터뷰를 하는 도중 여성주의자들과의 사이가 어떠냐고 물은 적이 있다. 그녀는 비록 자기가 여성주의야 말로 현대 최대의 혁명이라고 말하곤 했지만 여성주의자들은 지긋지긋하다고 대답했다.

"난 한 2년 동안 여성주의를 높게 평가하는 얘기를 했습니다. 그런데 여성주의자들이 하도 애를 먹이는 바람에 도저히 더 이상 참을 수가 없더군요. 그 사람들이 피해자를 자처하는 게 싫습니다. 내 생각에는 그 사람들도 독재자와 같아요."

쉬어는 곧장 질문을 내쏘았다.

"왜 그 사람들 때문에 애를 먹었습니까?"

팔라치는 그들이 자기를 무시하고 아무렇게나 다뤘다고 설명했다. 〈미즈 Ms.〉지에 ≪한 남자≫의 원고를 보냈는데 거기 편집자들이 관심을 보이지 않더라는 것이다.

"그러니까 이제 나는 거기서 쫓겨났습니다. 뭐, 나한테는 좋은 일이죠. 그렇게 광신적인 사람들하고 다시는 관계를 맺고 싶지 않으니까요."[14]

≪전쟁터의 페넬로페≫를 만들어내는 데 여성주의보다 더한 원천이 된 것은 팔라치의 인생 그 자체이다. 이런 패턴은 그 후에 발표된 모든 소설에서도 드러난다. 팔라치가 과거에 경험한 개인적인 일화들이 책의 내용을 채우고 있는 것이다. 지오가 자유의지로 처녀성을 포기하기로 결정하는 것은 젊은 시절 팔라치가 경험했던 일을 그대로 재현한 것이다. 팔라치는 20대 후반에 뉴욕에서 만난 사람과 사귀면서 자신의 순수성을 포기하기로 결정했다. 지오가 처녀라는 것을 알고 리처드가 울음을 터뜨리는 것도 그때 팔라치가 만나던 남자의 반응과 똑같다. 심지어 수심에 잠긴 애인을 위로하려 애쓰는 지오의 행동도 팔라치가 처녀성의 상실을 아무 것도 아닌 일로 깎아내리려 했던 것과 같다.[15]

그 밖에도 이 소설에는 작가 자신의 과거를 보여주는 일화들이 많이 등장한다. 지오가 뉴욕에 가서 영화의 자료가 된 이야기들을 직접 찾아내는 것은 기자로서 현장에 직접 뛰어들었던 팔라치의 취재 스타일을 연상시킨다.

"전에는 사람들이 항상 가만히 앉아서 영화 대본을 썼지만 지금은 영화의 배경이 되는 나라로 사람을 보낸다. 그래서 현실감이 더 강하게 살아나는 것 같다."[16]

주인공이 형이상학을 싫어하는 것은 존재론적 토론을 싫어하고 신의 존재를 받아들이려 하지 않는 작가의 태도가 반영된 것이다. 지오는 신이 존재하는지 도저히 알 수 없다고 말한다.

난 형이상학적 질문을 가지고 씨름하고 싶지 않아. 열여섯 살 때 그런 문제를 생각해본 적이 있는데, 당연히 대답을 찾지 못했지. 그 이후로는 그런 골치 아픈 문제를 멀리했어. 뭐랄까… 내가 나 자신만을 믿는다고 해두지 뭐. 그 편이 더 간단하고 빠르니까.[17]

    소설의 후반부에서 지오와 리처드는 어느 아름다운 가을날에 코네티컷에 사는 친구를 찾아가는 길에 걸음을 멈추고 갖가지 색깔의 나뭇잎들이 연출하는 아름다운 풍경을 감상한다. 두 사람이 숲 속을 걷는 장면은 감각적인 자극이 어린시절의 기억을 되살린다는 사실을 훌륭하게 보여줄 뿐만 아니라 작가가 고이 간직하고 있던 어린 시절의 추억을 살짝 엿보게 해준다. 지오가 토스카나의 시골로 아버지와 함께 소풍을 나갔을 때 보았던 자연풍경과 이때의 풍경을 동일시하는 장면은 그녀가 작가의 분신임을 보여준다. 그녀는 강물의 물살이 빠르고 뱀장어들이 우글거리는 협곡의 모습을 생생하게 그려낸다. 지오와 그녀의 아버지는 오리아나와 에도아르도가 그랬던 것처럼 두툼한 낚싯줄에 미끼를 매달고, 낚싯줄은 곧 미끈미끈한 염주처럼 변한다. 세찬 물살에 밀려온 자갈들이 두 사람의 발등을 타넘고, 여린 가지들이 빠른 물결 속에서 가늘게 흔들린다. 지오/오리아나는 낚싯줄에 미끼로 매달아 놓은 벌레들의 붉은 색 몸이 물 속에서 연한 색으로 바뀌었던 것도 기억해낸다. 지오와 그녀의 아버지는 모든 준비를 마친 후 오리아나와 에도아르도가 했을 법한 행동을 한다. 다음 날 이곳으로 다시 오겠다며 집으로 돌아가는 것이다. 아버지가 앞장을 서고 그녀가 뒤를 따른다. 두 사람은 땅바닥에 사과가 많이 떨어져 있는 사과나무 숲에 이르면 항상 염소의 배설물이 마치 나무열매처럼 흩어져 있는 지름길로 접어든다.
    "그들은 집에 도착했다. 그녀의 어머니가 바삭바삭한 황금색 호박꽃을 기름에 튀기고 있었다."[18]

팔라치는 지금까지 살아오는 동안 미국에서 사는 편을 더 좋아한 적이 많다. 그래서 그녀는 이탈리아가 아니라 뉴욕을 집으로 삼았다. 지오도 이탈리아인 남자친구 프란체스코에게 보낸 편지에서 뉴욕에 대한 애정을 드러내며 작가의 의견을 사실상 그대로 되풀이한다.

"고향이란 어떤 사람이 우연히 태어나게 된 장소가 아니라 어른이 돼서 앞으로 평생 동안 하고 싶은 일이 무엇이고 하기 싫은 일이 무엇인지 결정할 수 있게 됐을 때 직접 고른 장소를 말하는 거야."[19]

그녀는 UN 건물과 엠파이어스테이트 빌딩, 그리고 여러 마천루들의 아름다움과 유럽에 있는 성당과 기념물들의 고색창연한 아름다움을 시적으로 비교하면서 뉴욕에 대한 자신의 애정을 한층 더 발전시킨다.

"뉴욕은 매일 나를 점점 더 놀라게 만드는 기적 같은 곳이야."[20]

강철과 시멘트로 지어진 직사각형 건물들이 대부분을 차지하고 있는데도 그녀의 눈에는 모든 것이 마법처럼 보인다. '석화된 거인'[21]을 닮은 거대한 빌딩 앞에 섰을 때도 마찬가지이다. 거리마다 맨 끝에 조금씩 드러난 푸른 하늘은 그녀의 기쁨을 배가시키고, 유리창에 반사된 햇빛은 귀한 다이아몬드보다 더욱 눈부시게 보인다. 뉴욕의 규모, 힘, 절대 파괴되지 않는 튼튼함에 대한 그녀의 억제할 수 없는 열정에는 한계가 없다.

"미국에서는 모든 것이 힘을 표현해. 마천루에서부터 폭포에 이르기까지 모든 것이. 그리고 돈에서부터 허풍에 이르기까지 모든 것이 안전함을 표현하지."[22]

뉴욕을 동화 속의 도시처럼 묘사한 리처드의 은유적인 말조차 그녀의 생각을 더욱 강화시킬 뿐이다.

거기에는 하늘까지 닿는 집들이 있어. 밤에 손을 쭉 뻗어보면 별들의 배를 간질일 수 있지. 조심하지 않으면 손가락에 화상을 입을지도 몰라. 사람들은 제비처럼 창틀을 지나 날아다니고, 도로 밑에서는 기차가 요란스레 달리면서 악마의 뿔을 간질이고, 강은 하도 넓어서 마치 호수 같아. 호수 위에는 은으로 만든 바늘처럼 섬세한 아치형 다리들이 있어.[23]

유럽인들이 항상 미국인들을 비난한다는 빌의 말에 지오는 이렇게 대답한다.

"난 미국을 사랑해요. 미국의 다정함, 미국의 유능함, 미국의 초문명을 사랑해요. 내가 태어난 나라보다 이 나라가 더 고향 같은 느낌이에요."[24]

≪전쟁터의 페넬로페≫는 플롯이 잘 짜여진 작품일 뿐만 아니라 이야기에 생명을 불어넣는 내면의 진실도 포함하고 있다. 지오는 팔라치처럼 미국을 사랑하며, 기회를 찾아 미국으로 간다. 미국에 대한 그녀의 애정은 이 소설의 중요한 추진력이다. 젊은 주인공은 나이아가라 폭포와 맨해튼의 마천루를 보며 장엄한 경외심을 느낀다. 리처드와 빌은 뉴욕에서 살면서 그곳에서 일하는 사람들이다. 팔라치가 이탈리아 남자 두 명을 주인공으로 골라 로마나 밀라노를 무대로 이야기를 풀어나갈 수도 있었을 것이다. 그러나 그녀가 뉴욕을 무대로 선택함으로써 미국에 대한 그녀 자신의 애정은 물론 지오의 감정 또한 강하게 표현되었다. 팔라치는 어렸을 때 소설 속에 등장하는 리처드 같은 인물을 개인적으로 만난 적도 없고, 지오처럼 누군가에게 강한 애착을 느낀 적도 없었다. 그러나 소설 속에 등장하는 일화들에는 팔라치가 제2의 조국으로 선택한 나라를 좋아한다는 사실이 반영되어 있다. 또한 새로운 등장인물들을 소개하고, 대화를 만들어내고, 미국에 대한 애정을 서정적으로 표현하는 작가의 솜씨

는 모든 것을 바꿔놓는 상상력의 힘을 보여준다.

팔라치가 미국에 대해 애착을 갖게 된 가장 큰 이유는 제2차 세계대전 중에 그녀가 느낀 파시즘에 대한 증오이다. 레지스탕스의 영웅인 그녀의 아버지는 대서양 건너편의 미국을 구원자로 보았다. 이민자들이 돈을 벌 수 있는 나라가 아니라 이탈리아를 해방시켜준 사람들의 조국으로 보았던 것이다. 팔라치는 자신이 사랑하는 피렌체에 미군 조종사들이 폭탄을 떨어뜨릴 때, 친구와 친척과 훌륭한 기념물들을 파괴하는 그들을 증오했다. 그러나 그녀의 부모는 도시를 해방시키기 위해 그들이 폭탄을 떨어뜨릴 수밖에 없다고 설명해주었다. 아직 어린 나이였던 그녀는 이런 설명을 듣고 틀림없이 혼란에 빠졌을 것이다. 우리를 구원하러 왔다는 해방자들이 왜 살인을 저지르는 것일까? 그러나 미군 병사들이 도시를 해방시킨 천사들처럼 도시로 들어와서 꽃을 들고 탱크를 둘러싼 사람들에게 초콜릿을 던져주는 광경은 부모님의 설명에 한층 더 힘을 실어주었다. 그녀는 '꼴사나운 미국인'을 한 번도 보지 못했다. 군복에 헬멧을 쓰고 속박의 굴레로부터 사람들을 해방시키러 온 아름다운 젊은이들을 보았을 뿐이다. 온 도시의 주민들도 두 팔을 벌려 그들을 환영했다.[25]

토스카 팔라치가 딸에게 선물로 준 ≪바람과 함께 사라지다 Gone with the Wind≫는 미국에 대한 팔라치의 애정을 더욱 키워주었다. 팔라치는 남북전쟁 이야기, 미국 남부의 옛 풍경, 레트 버틀러, 스칼렛 오하라에게 푹 빠져버렸다. 〈새터데이 이브닝 포스트〉지와 노먼 로크웰Norman Rockwell이 그린 그림도 그녀의 상상력을 사로잡았다. 의사의 진찰실에 있는 어린 사내아이의 모습, 식당에서 어머니가 아이를 축복하는 장면 등 그가 그린 그림들은 모두 바다 건너편에서 살아가는 사람들의 흥미로운 이야기를 들려주고 있었다. 잡지 〈콜리어즈〉에서 그녀는 코네티컷의 아름다운 주택들, 뉴욕의 고급 주택,

뉴올리언즈의 아름다운 저택들을 보았다. 이때 받은 영향이 하도 강해서 팔라치는 나중에 맨해튼에서 하얀 벽에 검은 문과 창문이 있는 고급 주택을 구입했다. 그녀는 또한 자신의 상상력으로 이때의 느낌을 변형시켜 뉴욕에 대한 지오의 열정적인 찬사로 바꿔놓았다.

≪전쟁터의 페넬로페≫가 자전적인 성격을 띠고 있음에도, 팔라치가 실제 사실들을 훌륭하게 바꿔놓았기 때문에 모든 것이 순전한 창작처럼 보인다. 작품에 등장하는 일화들이 실화인지 아닌지 확인하려 애쓰는 데는 일리가 있다. 그것은 또한 그녀의 작품을 재미있게 감상하는 방법이기도 하다. 그러나 팔라치는 작가의 진실이 변호사의 서류나 신문의 기록과는 완전히 다른 경우가 많다고 주장한다. 자신의 소설, 특히 나중에 발표된 작품들에는 재창조 과정을 거친 보편적인 진리가 담겨 있다는 것이다. 그것은 특정한 사건이 작가에게 직접 일어났던 일인지 아닌지를 따지는 단계를 초월한 진리이다. 그녀는 만조니에서 톨스토이까지, 도스토예프스키에서 플로베르까지, 지구상의 모든 예술가들이 실제 경험을 초월해서 새로운 현실을 향해 움직인다고 믿고 있다. 그녀는 샤를 보들레르Charles Baudelaire의 ≪악의 꽃Fleurs du mal≫을 예로 들면서, 보들레르가 창녀들과 함께 어울렸음이 확실하지만 그렇다고 해서 그의 시를 읽으면서 그가 선택한 창녀가 누구이며 그들의 머리색깔이 무엇이었는지, 그리고 그들 중에 그가 사랑한 사람이 있었는지만을 궁금해 하라는 뜻으로 받아들여서는 안 된다고 강조했다.[26] 예술가가 작품의 재료를 문학적으로 가공하는 과정을 추적하기 위해서는 그의 생애에 대해 자세히 알아야 할 필요가 있지만, 생애의 시시콜콜한 사건들에 일차적으로 초점이 맞춰지면 모든 작가의 머릿속에서 일어나는 다양하고 신비로운 창조과정에 대한 관심이 줄어든다는 것이다. 팔라치는 자신의 작품 속에서 현실과 환상을 뒤섞어 더 신선하고 창조적인 이야기

를 만들어냈다.

팔라치에 따르면, 픽션의 요체에는 이미 일어난 일의 재창조가 포함된다.

"소설에서는 현실조차 환상이 되고, 환상은 현실이 된다. 어쩌면 현실 속에 존재할 수도 있는 캐릭터로부터… 독립적으로 삶과 죽음을 경험하는 새로운 캐릭터가 태어난다."[27]

지오와 잠깐 동안 연인관계를 맺는 리처드는 작가가 만들어낸 인물이다. 팔라치는 그가 전쟁포로로 붙잡혔다가 도망쳐 주인공의 집에 잠시 피신한 적이 있었던 것으로 묘사하고 있지만, 팔라치의 생애에는 리처드 같은 인물이 존재했던 적이 없다. 나중에 미국에서 지오를 만나 잠깐 연인이 되었던 리처드는 결국 지오와의 관계로부터 도망쳐 자살을 시도했다가 다시 이성과 건전한 관계를 맺으려고 애쓰게 된다. 리처드에 대한 지오의 집착은 이야기를 한층 더 복잡하게 만드는 역할을 한다. 소설가들은 원래 동성애자와 사랑에 빠지는 여자를 거의 창조해내지 않기 때문이다. 빌은 철저하게 현대적인 인물로서 그와 마르틴의 관계는 그와 리처드의 연애를 가려주는 역할을 한다. 그가 지오에게 점점 애정을 느낀다는 설정은 그가 양성애자임을 더욱 강조해준다. 지오는 결국 자신이 도저히 손을 써볼 수 없는 상황에 몰렸다는 것을 깨닫고 뉴욕을 떠나기로 결정한다. "세 사람이 한 침대에서 잘 수는 없잖아"[28]라고 말하면서. 그녀는 이탈리아로 돌아와 프란체스코에게 자신이 겪은 일들을 모두 털어놓고, 프란체스코는 그녀의 이야기를 받아들이지 못해 그녀의 곁을 떠난다. 그 동안 느낀 환멸에도 불구하고 지오는 이제 영화 시나리오를 쓸 수 있는 소재를 손에 쥐게 되었다. 그녀는 자신의 미국여행과 마르틴, 그리고 리처드와의 만남에 대해 글을 쓰기로 결심한다.

≪전쟁터의 페넬로페≫의 일부 내용은 피상적인 수준에 머물러

있다. 빌과 리처드의 관계는 물론 빌의 과거가 충분히 설명되어 있지 않고, 지오의 직업과 독립적인 성격, 그리고 미국에 대한 애정에서는 작가의 존재가 너무 분명하게 드러난다. 그러나 이 작품은 팔라치가 젊었을 때 쓰어졌음에도 불구하고 통일성이 있는 구조와 강렬한 줄거리를 갖고 있다. 작가는 영화 시나리오의 소재를 찾아 미국으로 떠난 지오의 여행을 통해 개연성 있고 통일된 테마를 성공적으로 구축했다. 지오의 다양한 개인적 경험들은 나중에 그녀가 쓸 시나리오의 소재가 되었고, 그녀는 자신의 임무를 완수한 후 이탈리아로 돌아온다. 팔라치는 작품의 분위기, 대화, 목소리, 회상, 캐릭터 구축 등을 통해 원래의 구상을 끝까지 유지했다. 그녀는 또한 초창기에 보여주었던 이런 기법들 중 많은 것들을 나중에 쓰어진 소설에서 더 세련되고 발전된 형태로 다듬었다.

팔라치의 문학작품에서 중요한 기둥 중의 하나는 소설 속의 배경으로 등장하는 광경과 소리들이 현실을 연상시키는 것이다. ≪전쟁터의 페넬로페≫는 독자들이 보기에 그럴 듯하게 묘사된 뉴욕을 배경으로 삼고 있으며, 뉴욕은 소설의 내용을 지탱해준다. 지오와 리처드는 뉴욕에서 우연히 만난 뒤 데이트를 하며 뉴욕이라는 도시를 즐기기 시작한다. 두 사람은 배를 타고 스테이튼 섬과 자유의 여신상에 갔다가 다시 맨해튼으로 돌아와 월스트리트, 엠파이어스테이트 빌딩, 타임스 스퀘어 등을 돌아다닌다. 두 사람은 또한 노점에서 산 밤을 먹으며 오락실에서 게임을 즐기고, '지오가 뉴욕에 도착했다! 딕은 너무 기쁘다'는 제목과 함께 재미있는 사진을 찍기도 하고,[29] 식당에서 식사를 하고, 라디오시티 뮤직홀에서 존 웨인John Wayne이 나오는 영화를 보고, 팔라디움에서 춤을 추고, 워싱턴 광장까지 택시를 타고 갔다가 결국 그리니치빌리지에 있는 리처드의 아파트로 간다. 미국의 문화수도인 뉴욕에 대한 묘사는 소설 속에서 등장 인물들만큼이나 중요한 위치를 차지하면서 이야기에 대한 독자들의 관심을 계속 붙들어두는 역할을 한다.

팔라치는 주로 대화를 통해 인물들의 성격을 드러낸다. 그녀는 3인칭으로 인물의 성격을 설명하기보다 직접적인 대화를 이용하는데, 대화는 인물의 기질과 숨겨진 감정을 즉각적으로 드러내 보여주는 역할을 한다. 마르틴의 경우, 그녀가 "어머, 이 깍쟁이! 너무 반갑다. 왜 좀 더 일찍 전화하지 그랬어, 이 기집애야"라고 말하는 순간 그녀의 천박함이 분명하게 드러난다. 또한 지오가 아직 프란체스코에게 애정을 갖고 있는데도 자신이 예전에 프란체스코와 사귀었던 이야기를 하며 "정말, 정말 사랑스러운 남자야! 사람이 그렇게 지루하지만 않으면 아주 괜찮을 텐데. 하지만 네가 보기엔 그 사람이 그렇게 지루하지 않을지도 모르지. 말이 나온 김에 하는 얘긴데, 그 사람이 너랑 사랑에 빠졌다는 얘기를 듣고 내가 얼마나 기뻤는지 몰라. 있지, 그 사람은 나를 쫓아다닐 때도 사실은 너를 사랑하고 있었거든"이라고 말하는 부분에서는 그녀가 상대의 감정에 신경을 쓰지 않는다는 사실이 드러난다. 그리고 전남편이 준 다이아몬드를 야단스레 자랑하면서 "내 전남편은 정말 보물 같은 사람이야. 지금도 나한테 선물을 잘 준다니까. 에이, 그 사람이랑 이혼하지 말 걸 그랬어…. 전남편이랑 재혼하는 게 멋지지 않아? 굉장히 정숙하게 보이잖아!"[30]라고 말하는 부분에서는 그녀가 보석을 아주 좋아하며 사랑과 결혼을 중요하게 생각하지 않는다는 사실이 드러난다. 마르틴의 새 애인이며 코미디 작가인 빌은 칵테일파티에서 쉽게 유혹에 넘어온 사냥감이 되어버린다.

"내가 그 사람한테 가서 그 사람 연극을 봤다고 했거든. 그리고 바로 그 날 저녁에 모든 게 속전속결로 시작된 거야."[31]

마지막으로 지오가 던지는 말은 지금까지 드러난 마르틴의 성격을 확실하게 확인해주는 역할을 한다.

"그 날 식사가 끝날 때까지 마르틴은 혼자서 쉴새없이 떠들어댔다. 옷이며, 애인이며, 신발이며, 빚에 대해서."32)

팔라치는 내면의 독백을 이용해서 등장인물들의 개인적인 감정을 더 현실적으로 생생하게 그려냈다. 지오는 파크 애비뉴에 있는 고메즈의 사무실에 가려고 택시를 기다리는 동안 사랑을 해본 적이 있느냐는 마르틴의 질문을 기억해내고는 마음 속으로 이렇게 대답한다.

"그래, 가만히 생각해보면 정말로 사랑에 빠진 적이 있었다. 지금도 사랑을 하고 있다. 하지만 프란체스코하고는 아니었다. 나는 리처드를 사랑한다."33)

그녀는 고메즈의 사무실에서 돈을 많이 벌 수 있는 일자리를 얻은 후 자부심으로 가득 차서 그 자리를 떠나며 자신의 감정을 한껏 풀어버린다.

"한 달에 2천 달러라면, 리처드 따위 알 게 뭐야. 내가 어떤 의미에서는 그를 죽게 만들었다는 죄책감이나, 바보 같고 유치한 연애 따위 알게 뭐야."34)

그녀는 이제 경제적인 자유를 얻었으므로 아무런 두려움 없이 대도시의 군중들 속으로 섞여 들어가 약속의 땅인 이 거대한 도시에서는 무엇이든 가능하다는 사실을 깨달을 수 있게 되었다.

프루스트Proust 스타일의 연상 또한 등장인물들의 생각을 전달해주는 역할을 한다. 프루스트 스타일의 연상이 등장하는 부분이 극히 적은데도 의미를 갖는 것은 팔라치가 나중에 발표한 작품들에서 이 기법이 완전히 열매를 맺기 때문이다. 이 기법이 처음 등장하는 것은 지오를 미국으로 보내는 이탈리아의 영화제작자와 지오가 이야기를 나누는 장면이다. 지오는 사무실 벽에 추가 달린 커다란 시계가 걸려 있는 것을 보고 자기 집 복도에서 자신이 가만히 응시하곤 하던 시계를 떠올린다. 그리고 이런 정신적인 연상작용을 통해 어린 시절의 기억들이 물밀 듯이 밀려온다. 포로수용소에서 도망친 미국인이 거실에 있는 그녀의 침대를 차지하는 바람에 복도에서 잠을 잤던 일, 시계에서 괴물 같은 정령들이 쏟아져 나오는 광경을 본 것, 그들이 침대 근처의 석유램프 속으로 녹아들어가던 광경, 그리고 그 정령들이 다시 흐느끼는 어머니들의 입이나 드래곤 같은 불길한 형태로 변하던 것. 그때 그녀는 리처드의 방으로 도망치는 상상을 했지만 그랬다가는 이미 세상을 떠난 친척들의 사진이 액자 속에서 그녀를 무섭게 노려보며 무시무시한 유령들을 또 다시 엄청나게 풀어 놓을 것 같다는 생각이 들었다. 이 악몽 같은 기억은 지오가 영화 제작자와 이야기를 나누는 동안 그녀의 정신을 산만하게 만드는 역할을 할 뿐만 아니라, 그 미국인 병사를 찾으러 뉴욕으로 가고 싶다는 터무니없는 욕망을 불러일으키는 역할도 한다. 그녀는 그때 이미 그 미국인 병사가 죽었을지도 모른다고 생각하고 있었는데 말이다. 그녀가 비행기를 타고 가는 동안 팔라치는 역시 연상 기법을 이용해 그 병사에 대한 기억을 풀어놓는다. 지오는 환멸을 느끼게 될 수도 있다는 프란체스코의 경고를 떠올리면서 어쩌면 그의 말이 옳을지도 모른다는 두려움 때문에 리처드의 기억이 자신에게(in her eyes) 중요하다는 사실을 부인한다. 여기서 'eyes'는 달콤한 케이크처럼 기분 좋은 기억을 떠올리게 하는 또 다른 연상의 재료가 되는데, 지오는 이 단어 때문에 리처드의 빨간색 곱슬머리와 여윈 어깨를 떠올린다.

팔라치는 인물들에 대한 묘사를 피하고 대신 별로 중요해 보이지 않는 세부묘사를 통해 그들의 성격을 드러낸다. 소설 속에서 옛날에 리처드는 지오를 쓰다듬으면서 아직 열두 살이던 그녀에게 아름답다고 말한 적이 있다. 지오가 우울해 하는 리처드를 위로하려고 전쟁이 끝난 후 그의 아내가 되겠다고 약속하는 장면도 있다. 이 말을 들은 그가 그녀를 더욱 격렬하게 끌어안을 때 그의 전우인 조가 방으로 들어와서 이게 무슨 짓이냐며 화를 낸다. 이 장면은 나중에 리처드가 동성애자라는 사실이 밝혀졌을 때 커다란 의미를 갖게 된다. 이 사건은 관능적인 실험, 사내다움의 탐색, 그의 리비도적인 경향이 오랫동안 남아있다는 사실에 대한 분석 등을 의미한다. 자신을 기꺼이 받아들이는 순수한 소녀에게 입을 맞춤으로서 그는 상대에게 굴욕적인 거부를 당하거나 창피를 당할 위험을 피할 수 있게 된다. 조의 강력한 비난 역시 두 남자 사이의 관계에 대해 다시 한 번 생각을 해보게 만든다. 마지막으로 리처드가 지오와 성적인 결합을 하는 데 어려움을 겪는 부분과 그녀가 처녀성을 잃었음을 알고 눈물을 흘리며 후회하는 장면은 앞에 나왔던 일화의 맥을 일관되게 유지하는 논리적이고 개연성 있는 결과가 된다.

이 기법은 지오와 리처드가 처음이자 마지막으로 동침하기 직전에도 다시 등장한다. 리처드는 마치 용기를 내려는 것처럼 위스키 한 잔을 재빨리 꿀꺽 마신다. 이 장면은 누구나 경험할 수 있는 수줍음보다는 이성과의 결합에 대해 그가 느끼는 두려움을 상징한다. 이 기법은 빌과 리처드의 동성애 관계를 통해 나중에 생각해보면 아주 하찮게 여겨질 행동이 선명하게 인식되는 장면에서도 효과를 발휘한다. 그리니치빌리지의 술집 모너클에서 리처드가 지오에게 자신이 동성애자임을 막 밝히려고 할 때 마르틴과 빌이 술집으로 들어온다. 그는 순간적으로 얼어붙어서 자신의 남자 애인인 빌을 뚫어져라 바라보는데 빌의 심술궂은 미소 때문에 더 이상 자신의 정체를 밝힐 수 없게 된다. 이 미소는 두 남자가 연인관계임을 강조해주며, 빌이 파트너를 지배하고 있음을 암시한다. 또한 그의 이죽거리는 미소는 여자와 정상적인 성관계를 확립하려는 리처드의 모든 노력이 실패할 것임을 미리 알려준다. 그 미소 때문에 얼어붙은 리처드는 자신을 구속하는 심리상태를 결코 벗어날 수 없을 것 같다는 생각을 한다.

팔라치가 사회생활을 시작한 초창기에 《전쟁터의 페넬로페》가 발표되었다는 사실은 직업과 관련해서 문학적인 글쓰기가 그녀에게 가장 중요한 위치를 차지하고 있었으며, 그녀가 기자로 활동하면서도 문학에 대해 여전히 커다란 애정을 갖고 의욕을 불태웠다는 사실을 알려주는 중요한 상징이다. 미셸 프리스코Michele Prisco는 이야기를 만들려는 경향이 팔라치의 기자 기질을 끊임없이 몰아냈다고 말한 바 있다. 프리스코에 따르면, 외적인 가치관의 핵심으로 뚫고 들어가 인간이 처한 상황의 요체 혹은 숨겨진 요소들을 발견하려는 팔라치의 시도는 소설 쓰기에 대한 그녀의 태도를 분명하게 보여주며 기자로서 그녀가 추구했던 것과도 한데 얽혀 있다.[35] 바로 이 점이 기자로서 그녀가 사용한 보도기법 중 중요한 한 가지 측면을 설명해준다. 그녀는 어렸을 때 문학적인 열정을 갖고 있었으며, 어른이 되어서는 그 열정을 더욱 키웠고, 기자로서 그것을 한층 고양시켰다. 이보다 더 중요한 것은 그녀가 소설 속에서조차 자신의 삶을 드러내게 만드는 자신의 기질을 한껏 드러냈다는 점이다.

《전쟁터의 페넬로페》가 출판된 후 팔라치는 〈에우로페오〉를 그만두고 소설을 쓸 수 있는 좋은 기회를 맞이했지만 그냥 제자리에 남아 자신의 의무를 충실히 이행했다. 〈에우로페오〉의 상사들이 이 재능 있는 젊은 기자를 놓아주고 싶어하지 않았던 것이 방해가 되었음은 확실하다. 그들은 그녀가 그만 둘 생각을 하지 못하도록 적극적으로 방해했으며, 그녀에게 계속 훌륭한 이야기들을 수집해보라고 명령했다. 《전쟁터의 페넬로페》를 쓴 후, 그녀가 다른 좋은 책들을 써서 제2의 프랑수아즈 사강이 될 수도 있었을 것이다. 그러나 사강 스타일의 감상적인 문학은 그녀에게 전혀 맞지 않았다. 그녀는 오히려 모험, 여행, 심층취재, 전쟁, 역사적 현실 등에 관한 이야기를 더 좋아했다.

≪전쟁터의 페넬로페≫가 출판된 후에도 팔라치는 예전과 마찬가지로 국제적인 유명인사들을 인터뷰해서 기사를 썼다. 1961년부터 1963년까지 그녀는 배우, 영화 제작자, 영화제 등에 관해 67건, 상류사회와 귀족들에 대해 8건, 패션 디자이너들에 대해 4건의 기사를 썼다. 1962년 12월부터 1963년 6월까지만 따져도, 그녀는 전세계 여러 도시에서 열여덟 명의 유명인사들을 인터뷰했다. 이 인터뷰 기사들은 모두 〈에우로페오〉에 실렸으며, 기사에서 자신의 목소리를 완전히 드러내는 팔라치의 기사 스타일도 여전했다. 리졸리 출판사는 1963년에 이 기사들 중 일부를 모아 ≪이기주의자들 Gli antipatici≫이라는 이탈리아어 제목으로 출판했다.[36]

이 책의 서문에서 팔라치는 자신이 (인터뷰가 아니라) 대화를 테이프에 녹음해서 나중에 종이에 받아 적었음을 밝혔다. 그녀는 인터뷰를 할 때 자신의 개인적인 의견을 표현하고 질문을 던짐으로써 상대방이 반응을 보이도록 유도했다.

"옛날부터 나는 사람들에게 말을 시킨 다음 그 사람들의 말을 성실하게 보도하는 것이 문서화된 프로필 작성에 상당한 도움이 될 것이라고 생각했다."[37]

이 책에서 그녀는 매번 인터뷰를 할 때마다 자신이 어떻게 시간 약속을 얻어냈으며, 인터뷰가 어떻게 진행되고 어떻게 끝났는지를 설명했다. 그녀는 또한 자신이 인터뷰한 사람들에 대한 개인적인 판단, 편견, 결론 등을 밝혔다. 편견이 없는 공평무사한 태도란 존재하지 않는다고 생각하는 그녀는 이른바 객관성이라는 것이 위선이거나 주제넘은 가정이라고 생각한다. 객관성이라는 말 속에는 글을 쓴 사람이 진정한 진실을 보도한다는 암시가 들어있기 때문이라는 것이다.

"사람이 누군가의 프로필을 쓸 때, 믿을 것이라고는 그 글을 쓰는 사람의 정직성밖에 없다."

팔라치는 자신이 인터뷰 대상자들에 대해 모든 것을 밝히지 않았음을 깨달았기 때문에 잡지에 실린 인터뷰 기사들에 대해 만족하지 못했다. 따라서 그녀는 자신이 처음 기사를 쓸 때 밝히지 않았던 사실들까지 포함해 모든 것을 책에서 밝히기로 결심했다. 이처럼 정직성을 추구한 결과 그녀는 자신이 정화된 듯한 효과를 느낄 수 있었다.

"내 심장에서 무거운 짐을 덜어낸 것 같았다."[38]

책에 실린 인터뷰 기사들에는 팔라치가 처음부터 사용해서 성공을 거뒀던 글의 양식이 완벽하게 표현되어 있는데, 그녀는 그 후로 지금까지도 이 양식을 계속 다듬고 있다. 그녀는 이 인터뷰 기사들을 도구로 삼아 우정, 정치, 미학 등에 대한 자신의 개인적인 견해를 밝혔으며, 언론계에서 가장 주목 받는 기자 중의 하나가 되었다. 그녀의 기사에서 중요한 것은 완성된 기사 그 자체라기보다는 기사를 쓰는 과정에서 발휘된 그녀의 탁월한 능력이다. 기사의 속도, 기사에 제시된 논박과 새로운 사실들, 그녀의 어조, 기사에 형태를 부여하는 그녀의 존재감 등이 여기에 포함된다. 그녀는 언론계에서 유일하게 자신의 인터뷰를 무대로 이용하는 기자로 떠올랐다. ≪전쟁터의 페넬로페≫에서 그랬던 것처럼 자신을 소재로 삼아 놀라운 드라마를 만들어내는 재주를 인정받은 것이다.

이탈리아 공산당 당수인 팔미로 토글리아티의 오랜 정부情婦였던 닐데 이오티Nilde Iotti는 팔라치와 인터뷰를 하던 도중, 전쟁 중에 레지스탕스 활동을 하다가 가장 먼저 희생된 것이 바로 공산당원들이며, 그 후로도 공산당원들 외에는 희생자가 거의 없었다는 말을 했다. 팔라치는 즉시 그녀의 말을 반박하면서 자신의 개인적인 경험을 증거로 내세웠다.

> 그렇지 않습니다. 당신들 공산당원들은 그런 부당한 실수를 자주 저지르죠. 그때 공산당원들만 감옥에 갇힌 게 아니었습니다. 공산당원들만 싸움에 나선 것도 아니고, 공산당원들만 죽임을 당한 것도 아닙니다. 파시스트들에게 죽임을 당했지만 공산당원이 아니었던 내 친구들의 이름을 이 자리에서 한없이 열거할 수도 있습니다.[40]

팔라치는 또한 부유한 공산당원들을 위선자, 사기꾼으로 몰아붙이면서 이오티를 비난했다.

"포기가 불가능할 때는 포기를 쉽게 설교할 수 있죠. 부유한 공산당원들은 거짓말쟁이입니다."[41]

인터뷰가 끝난 후 팔라치는 공산당원들에 대한 부정적인 감정을 드러내기 위해 자신이 꾸었던 악몽 얘기를 꺼냈다. 그 꿈 속에서 그녀는 자신이 양 손을 뒤로 묶인 채 벽에 등을 기대고 서 있고, 총을 든 병사들이 그 앞에 서 있는 광경을 보았다. 이때 훌륭한 이오티 양께서 사제의 옷을 입고 비싼 스카프를 두른 모습으로 나타나 이 사형집행이 정당한 일이라고 선언했다. 팔라치는 기도를 드렸다.

"역사적 유물론의 법칙에 따라 헤겔의 변증법에 나오는 정과 반의 합이 이끌어낸 결론은 잉여가치의 이론이…"[42]

그녀가 '잉여가치'라는 말을 할 때 사형집행인들이 총을 쏘았고, 팔라치는 불타는 지옥으로 떨어졌다. 지상에서는 훌륭한 이오티 양께서 자신이 가톨릭 신자들을 높게 평가한다고 거짓말을 하면서 교황의 죽음 때문에 슬픔에 잠긴 시늉을 하고 있었다.

팔라치는 닐데 이오티와의 인터뷰에서 이오티 대신 자신이 앞으로 나서서 무대 중앙을 차지해버렸다. H. 랩 브라운H. Rap Brown과의 인터뷰에서 그의 위협에 당당하게 맞선 그녀의 태도에서도 역시 같은 모습을 엿볼 수 있다. 그녀는 브라운에게 "당신보다 더 심한 인종차별주의자를 찾아보기는 어려울 것 같군요. 당신보다 더 증오로 가득 찬 사람은 없을 거예요"[43)라고 쏘아붙였다. 그녀는 인터뷰 상대방이 이야기를 하도록 허용하면서도 처음부터 끝까지 자신이 주도권을 쥔다. 안나 마냐니는 자기를 지배할 수 있을 만큼 강한 남자를 결코 찾지 못할 것 같다고 불평을 늘어놓은 후 팔라치에게 이렇게 물었다.

"말해 봐요. 날 정말로 어떻게 생각하죠?"

이에 대한 팔라치의 대답은 이 날 인터뷰의 결론이었다.

"나는… 난 당신이 위대한 남자라고 생각합니다, 마냐니 양."[44)

팔라치는 또한 휴 헤프너Hugh Hefner와의 인터뷰 도중 그의 악명 높은 위선을 포착하고 영리하게도 사람들이 친숙하게 알고 있는 속담을 끄집어냈다.

팔라치: 당나귀가 떨어지는 꼴이군요.
헤프너: 뭐라고요?
팔라치: 아무 것도 아니에요. 그냥 이탈리아 사람들이 자주 하는 말이죠.
헤프너: 그게 무슨 뜻인데요?
팔라치: 나는 지옥으로 가지만 당신은 천국으로 갈 거라는 뜻이에요, 헤프너 씨. 성자들과 순교자들이 있는 그곳에서 당신은 당신의 버니 걸들과 함께 천사들의 성생활에 대해 이야기하겠죠.
헤프너: 천사들도 섹스를 하나요?
팔라치: 아뇨.[45)

팔라치에게 당한 인터뷰 대상자들은 그녀의 공격적인 태도에 맞서 화를 내는 당연한 반응을 보이는 경우가 많았다. 그녀는 페데리코 펠리니Federico Fellini를 인터뷰할 때 다음과 같은 말로 그를 비꼬았다.

"심지어 주세페 베르디Guiseppe Verdi에 대해서도 그렇게 많은 글이 쓰여지지 않았습니다. 하지만 당신은 현대의 베르디니까. 심지어 겉모습도 베르디하고 아주 비슷해요. 특히 그 모자가요. 아, 그러지 마세요. 왜 모자를 숨기시는 거죠? 주세페 베르디도 그것하고 아주 똑같은 모자를 쓰곤 했어요. 검은 색에 챙이 넓은 모자였죠."

펠리니는 그녀가 고약한 거짓말쟁이다 '무례한 암캐'[46]같은 여자라며 화를 냈다. 이탈리아의 이 유명한 감독은 또한 몇 번이나 그녀와의 약속을 어겨 그녀를 기다리게 만들었으며, 나중에는 자신이 기사 원고를 미리 검토해서 자신의 발언을 고쳐야겠다고 고집을 부렸다. 따라서 그녀는 기사에서 그를 형편없는 사람으로 평가했다.

> 나는 옛날에 페데리코 펠리니를 진심으로 좋아했다. 그러나 그와의 비극적인 만남 이후 나는 그를 훨씬 덜 좋아하게 되었다. 정확히 말하자면, 나는 이제 그를 좋아하지 않는다. 전혀. 영광은 힘겨운 짐이며 사람을 죽이는 독이다. 그리고 그 짐을 감당하는 것은 예술이다. 하지만 그런 예술적 재능을 가진 사람은 드물다.[47]

스페인의 투우사 엘 코르도베스El Cordobes는 그녀가 성난 황소만큼이나 무섭다고 고백했다. 그녀가 그 이유를 묻자 그는 "당신이 말을 황소의 뿔처럼 휘두르니까요. 난 멍청이가 아닙니다"[48]라고 대답했다.

팔라치는 정치 지도자들과 인터뷰를 할 때도 그들을 자극해서 필요 이상의 말을 하게 만들었다. 예를 들어 응구옌 카오 키Nguyen Cao Ky와 인터뷰를 할 때 그녀는 미국이 남베트남에 경제원조와 군사원조를 해주고 있는데도 그가 속으로 반미주의를 품고 있다는 사실을 폭로했다.

> 나는 백인이 우월한 인종이라고 생각해본 적이 한 번도 없다. 내 생각은 오히려 그 반대이다…. 미래는 당신들 백인이 아니라 우리들에게 달려 있다는 것을 알아야 한다. 유럽은 늙고, 지치고, 먼지투성이이며 미국은 더 이상 '신세계'로 불릴 수 없다. 미국은 '구세계'로 불려야 한다. 미국의 시대는 끝났다.[49]

팔라치의 도발적인 질문들은 인터뷰 대상에게서 감정적이고 유머스한 반응을 이끌어내기도 했다. 제럴딘 채플린Geraldine Chaplin은 아버지에 대한 이야기를 하면서 자신이 아버지를 무서워했다고 시인했다.

> 나는 끊임없이 질책을 당하고 비교당하는 기분이다. 언제나 아버지의 그림자 속에 있는 것 같은 기분이기 때문이다. 모든 사람이 다 그렇듯이 언제나… 내가 아버지의 그림자를 벗어나게 될 때, 내가 더 이상 아버지를 무서워하지 않게 될 때, 그때야 비로소 내 스스로 무엇인가를 할 수 있을 것 같다.[50]

알프레드 히치콕Alfred Hitchcock은 오랫동안 그토록 많은 스릴러 영화를 찍은 것에 대해 뜻밖의 이유를 댔다.

"나는 3년 동안 예수회에서 공부를 했습니다. 그 동안 나는 온갖 일에 대해 죽을 만큼 겁에 질리곤 했죠. 그래서 지금 다른 사람들을 겁에 질리게 만들면서 복수를 하고 있는 겁니다."[51]

팔라치는 흔히 상대를 자극해서 자기 성찰적인 발언을 하게 만들곤 한다. 프랑스 여배우 잔 모로Jeanne Moreau도 그런 경우였다.

오늘날 여자들은 자신을 바친다는 것을 너무나 얕보는 경향이 있어서 자신을 바치는 여자들을 무시하곤 합니다. 지난 세기에 발표된 프랑스 소설에서는 "나 자신을 바쳤다"는 말을 자주 볼 수 있는데 나는 이것이 아주 옳은 말이라고 생각합니다. 이제 자신을 바치는 것은 더 이상 재능이 아니라 즐거운 저녁시간, 순간적인 친밀함, 휴가, 햇볕, 위스키, 영화 같은 외적인 요인들에 의해 촉발된 방종에 더 가깝습니다.[52]

작가 나탈리아 긴즈버그Natalia Ginzburg와의 인터뷰는 팔라치의 생애를 들여다볼 수 있는 기회를 제공한다. 인터뷰 내용을 소개하는 첫 번째 문단이 좋은 예이다. 팔라치는 가난한 고등학생 시절에 먹을 것을 살 돈을 아껴 책을 사곤 했다. 어느 날 그녀는 학교 수업에 꼭 필요한 대수표 대신 긴즈버그의 《도시로 가는 길 È stato così》을 샀는데, 그 때문에 그 해 수학 시험에서 낙제를 했다.

"나는 그 책을 사랑했다. 내가 그녀를, 아니 내가 그녀에 대해 알고 있는 사실들을 사랑했으니까. 그리고 건조하고 씩씩한 그녀의 문체를 좋아했으니까."

그녀는 또한 작가가 되고 싶다는 자신의 욕망을 강조했다.

"어른이 된 후에도 나는 소설을 쓰고 싶어서 그녀를 만나 조언을 구하는 꿈을 꾸었다."[53]

팔라치는 자신이 긴즈버그의 책을 모두 읽었다면서 특히 《작은 덕목 Le piccole virtù》과 《가족 속담 Lessico famigliare》을 언급했다. 세월이 흐른 후 긴즈버그에 대한 그녀의 감탄은 반감으로 바뀌었다. 팔라치에 따르면, 긴즈버그는 이탈리아 문단에서 좌파 성향의 기성 작가에 속하는데 자신은 그런 작가들을 싫어한다는 것이다.

팔라치와 인터뷰를 하는 동안 긴즈버그는 나치에게 고문을 받은 후 세상을 떠난 유대인 남편에 대해 이야기했다. 팔라치는 이 이야기 때문에 제2차 세계대전 때의 그 무서운 시절을 떠올렸다.

"내가 어린 시절로 되돌아간 것 같았다. 우리는 유대인이 아니었는데도 그때 초인종이 울리는 것을 두려워하며 살았다. 친구가 우리를 도우러 온 건지, 아니면 파시스트가 우리를 잡으러 온 건지 알 수가 없었으니까."

긴즈버그가 원래 고통스러운 경험은 결코 잊을 수 없는 법이라고 말하자 팔라치는 독일군에 맞서 레지스탕스 활동을 했던 자신의 경험을 여기에 연결시켰다.

"그녀의 간소하고 무미건조한 말들이 그 시절의 고통을 상기시켰다. 누군가에게 메모를 전달하러 가면서 파시스트가 나를 붙들면 그 메모를 먹어버려야 한다고 생각할 때의 두려움, 누군가가 체포되었을 때 그 사실을 모두에게 알려 경고해야 한다던 아버지의 말씀, 자전거를 타고 달려가던 일 등이 모두 되살아났다."

그녀는 아버지가 어느 날 오전에 광장 한복판에서 다른 사람 세 명과 함께 체포되었던 일을 떠올렸다.

"우리는 아버지를 기다렸지만 아버지는 돌아오시지 않았다. 우리는 오후가 다 지나고, 저녁이 밤으로 바뀌고, 다시 다음 날 아침이 와서 오후가 지나고 밤이 될 때까지 기다렸지만 아버지는 돌아오시지 않았다."[54]

처음에 가족들은 아버지가 정식으로 체포되었다는 사실을 모르고 있다가 소식을 듣고서야 아버지를 면회하러 갈 수 있었다.

"허리띠도, 넥타이도, 구두끈도 없는 작은 남자. 매질 때문에 부어 오른 누런 얼굴. 우리에게 계속 걱정하지 말라고 말하는 부드러운 목소리. '기껏해야 저 놈들이 날 독일로 보내는 것뿐이다. 그렇게 되면 난 기차에서 뛰어내릴 거야.'"55)

팔라치의 경험과 긴즈버그의 이야기에서 다른 점은 에도아르도 팔라치가 집으로 돌아온 반면 레온 긴즈버그Leone Ginzburg는 감옥에서 숨을 거뒀다는 것이다.

유명하고 지위가 높은 사람들을 수없이 만나본 팔라치는 이제 더 이상 그들을 두려워하지 않고 그들과의 만남을 자신에게 주어진 제2의 천성으로 받아들이기 시작했다.

"가지각색의 사람들과 자리를 같이 하다보니 내 안에 있던 온갖 콤플렉스와 당혹감이 사라져버렸다."56)

사실 전세계 지식인들과의 거듭된 만남은 그들에 대한 환상을 깨고 존경심을 한층 낮추는 역할을 했다.

"가까이서 본 작가들은 대개 배우들과 같다. 환멸을 느끼게 만든다는 점에서. 그들은 대개 허영심이 강하고 겸손을 모르며, 책 속에서 드러나는 모습보다 덜 지적이다."57)

그녀는 이탈리아 문단에 대해 부정적인 생각을 갖고 있었으며, 이탈리아 작가들이 지적인 자유를 억누르고 끼리끼리 자리를 나눠 갖는 경향이 있다고 생각했다. 세월이 흐른 후 나탈리아 긴즈버그가 스트레가 상을 수상하는 자리에 참석한 그녀는 많은 사진기자들과 기자들, 그리고 작가들이 이탈리아의 파시스트들과 협력하거나 침묵을 지킴으로써 스스로를 망가뜨렸다고 지적했다.

팔라치와 인터뷰를 했던 사람들은 자신들의 인터뷰 기사를 읽으면서 자기들이 하지도 않은 말이 기사에 실려 있다고 자주 불평을 하곤 한다. 팔라치는 없는 말을 지어낸 적이 없다고 부인하면서도 자신이 약간의 재량을 발휘했음을 인정했다.

"나는 녹음된 인터뷰 내용을 전부 종이에 옮겨 적은 다음, 영화

감독이 영화를 만들 듯이 기사를 작성한다. 즉 일부 내용을 없애기도 하고, 잘라서 이어 붙이기도 한다."

이런 과정을 통해 그녀는 인터뷰의 감독 같은 존재가 된다.

"물론 나는 배우이고, 이기주의자이다. 기사에 나 자신을 집어넣으면 좋은 기사가 나온다."[58]

≪이기주의자 The Egotist≫에는 그녀가 활동하는 동안 내내 글을 쓰는 사람으로서 그녀의 일부였던 것들이 많이 반영되어 있을 뿐만 아니라, 새로 떠오르는 스타의 열정 또한 고스란히 배어 있다. 그러나 이 책에서는 ≪역사와의 인터뷰≫에서 볼 수 있는 성숙함과 진지함을 찾아볼 수 없다. 그래도 ≪이기주의자≫에는 기자로서의 유혹적인 문체와 선명한 언어가 결합되어 있다. 그러나 이보다 더 중요한 것은, 세월이 흘러 저자가 경험을 쌓으면서 그녀의 글이 어떻게 발전했는지를 이 책을 통해 비교해볼 수 있다는 점이다.

팔라치는 ≪전쟁터의 페넬로페≫를 제외한 초창기의 모든 작품들을 잊어버렸다고 주장한다.

"어떤 출판사 관계자가 나한테 이런 말을 했다. '같이 한 번 일해봅시다. 그러면 돈을 좀 벌 수 있을 거예요.' 그때 내게는 정말로 돈이 필요했으므로 우리는 함께 일했다. 그 책들은 내가 작가로서 쓴 작품이 아니다."[59]

그러나 그 책들을 젊은 날의 열정이 빚어낸 하찮은 실수로 치부해버릴 수는 없다. 그 책들은 단호하고, 공격적인 태도로 기념할 만한 인터뷰 기사를 쓰던 젊은 날의 팔라치가 인터뷰 대상자들을 제치고 자신이 직접 무대의 중앙으로 나서서 사람들의 시선을 대부분 자신에게로 끌어당기던 모습을 잘 보여주고 있다.

달을 향해서
REACHING FOR THE MOON

5

Oriana Fallaci

1965년에 오리아나 팔라치는 이미 세계적으로 어느 정도 유명인사가 되어 있었다. 그녀의 책들도 영어, 프랑스어, 스페인어 등 여러 나라 언어로 번역되어 있었다. 뿐만 아니라 팔라치는 당시 여러 나라의 언론인들이 자신의 기사를 표절하기 시작했다고 주장한다. 그녀가 기자로서 이룩한 업적에 대한 논평들이 외국 신문에 등장하기 시작했으며, 이는 이탈리아 출신의 이 여기자가 널리 인기를 얻고 있다는 증거였다. 그러나 이런 명성을 누리면서도 그녀는 작가가 되겠다는 꿈을 결코 잃어버리지 않았으며, 자신이 언론계에서 셰익스피어에 비견될 만한 능력을 갖고 있다고 생각했다. 그녀는 자신을 화려한 감옥에 가두려는 편집자들에게 반발하면서 우주탐사작업에 의해 드러난 새롭고 광대한 지평선을 탈출구로 생각해 갈망 어린 시선으로 바라보았다. 그리고 그녀는 마침내 기회를 잡을 수 있었다. 그녀의 상사가 그녀에게 달 정복과 우주비행사들에 대한 기사를 쓰라고 지시했던 것이다. 그녀는 미국을 다녀와서 일련의 기사를 썼으며, 그 경험을 토대로 자신의 다섯 번째 책 ≪만약 태양이 죽어버린다면 *Se il sole muore*≫을 발표했다. 이 책은 그때까지 그녀가 발표한 글

중에서 가장 중요하고 가장 완숙미가 드러나는 작품이었다.[1)]

다른 사람 같았으면, 기자로서 성공을 거둬 전세계의 부자와 유명한 사람들을 쉽게 만날 수 있게 된 것에 만족하며 미지의 새로운 영역으로 발을 내딛는 것을 두려워했을 것이다. 그러나 팔라치는 그들과 달랐다. 이제 새로운 모험에 착수해서 미국의 우주계획 관계자들에게 파견된 이탈리아의 역동적인 대사 노릇을 할 수 있는 기회가 그녀 앞에 놓여 있었다. 마치 그녀가 우주비행사들과 함께 우주로 나아간 듯 대리만족을 느낄 수 있는 기회였다. 언론계 내부에서는 연예계의 스타들을 인터뷰한 사람으로서 팔라치의 명성 덕분에 그녀가 지닌 재능의 다른 측면들이 가려지고, 대신 그녀가 신비로운 사람처럼 포장되어 있었다. 그녀가 달 탐사계획을 취재하러 미국으로 간 것은 이 신비로운 분위기를 한층 더 강화시키는 계기가 되었다.

그녀의 기사에는 미항공우주국에 대한 보도와 미항공우주업계의 풍경, 과학자와 우주비행사들의 인터뷰는 물론 오리아나 팔라치 자신을 스타로 만들기 위한 내용들도 포함되어 있었다. 그 기사는 과학적인 모험에 흠뻑 빠진 젊은 피렌체 여자의 이야기였다. 그녀는 종교와 사랑에서부터 정치와 문학에 이르기까지 모든 주제에 대해 자신의 의견을 분명히 밝혔으며, 마치 신탁을 내리듯이 권위 있는 태도로 판단을 내렸다. 한 비평가는 "기사 속에서 오리아나는" 이상한 나라를 방황하는 "1966년 판 앨리스 같다"고 말했다.[2)]

팔라치는 기사 속에서 우주 탐사가 인류에게 가져다줄지도 모르는 모든 혜택과 우주 탐사 그 자체를 반대했던 아버지의 말을 인용함으로써 이 기사가 자전적인 내용을 담고 있음을 분명하게 드러냈다. 한 비평가가 지적했듯이, 그녀는 마치 논쟁을 하는 것처럼 자신의 주장을 펼쳤다.

"지구 지향적인 세대와 우주 지향적인 세대, 이 두 세대 간의 대화는 저자의 아버지를 겨냥하고 있다. 저자는 과거와 미래에 대해 아버지와 논쟁을 벌인다. 이 색다른 태도 덕분에 이 책은 논쟁적인 작품이 된다."[3]

에도아르도 팔라치는 인간이 어디서 살든 항상 같은 문제를 겪게 될 것이며, 과학적인 연구의 희생자가 되느니 낚시도 하고 사냥도 할 수 있는 지구에 남는 편이 더 낫다고 주장했다. 그는 스푸트니크호(세계 최초의 인공위성—옮긴이)가 중요하다는 사실을 받아들이지 않았을 뿐만 아니라, 비행기를 타고 런던으로 가서 식물원을 구경하자는 딸의 권유조차 거절해버렸다.

"난 지구를 사랑해…. 난 나무 이파리와 새들을 사랑하고, 물고기와 바다를 사랑하고, 눈과 바람을 사랑해! 나는 초록색, 파란색, 그 밖의 모든 색과 냄새도 사랑해. 그게 이 세상의 전부야…. 난 네가 말하는 그 로켓 때문에 그것들을 잃어버리고 싶지 않아."[4] 아버지의 반대에도 불구하고 팔라치는 계획대로 미국에 가겠다는 생각을 꺾지 않았다. 그녀는 아버지에게 자신의 결심을 간단하게 알리는 대신, 자신의 시골집에서 볼 수 있는 토스카나의 친숙하고 서정적인 풍경과 자신의 냉정하고 논리적인 결정을 대비시켰다.

> 향기로운 버섯 냄새와 송진 냄새가 창문을 넘어 안으로 들어왔다. 숲은 빨간색과 보라색 히스 때문에 불이 붙은 것 같았고, 즙이 가득 찬 포도송이들은 덩굴에 무겁게 매달려 있었다. 머지않아 포도 수확기가 다가올 것이고, 사람들은 커다란 통에 포도를 넣어 끓일 것이다. 그리고 금방이라도 취해버릴 것 같은 고요 속에서 밤송이들이 자그맣게 쿵 소리를 내며 떨어지기 시작할 것이다.[5]

부엌에서는 어머니가 검은 딸기 마멀레이드를 만들고 있었다.

그리고 밖에서는 삼나무가 부드러운 벨벳 같은 가지를 한 번 쓰다듬어보라고 유혹적으로 손짓하고 있었다. 그 아름다운 가을날에 팔라치는 지구에 대한 아버지의 애정을 완전히 이해했지만, 그래도 미국에 가서 곧 우주로 날아갈 사람들을 만나보겠다는 결심을 꺾을 수 없었다.

에도아르도는 딸의 미국 여행을 막지 못했지만 토스카나에 대한 자신의 애정을 더욱 강하게 다지면서 딸이 불편한 상황에 처했을 때 한 가닥 위안이 되어주었다. 휴스턴으로 날아간 팔라치는 이 도시와 삭막하고 더러운 모텔이 추하고 우울하다고 생각했다. 밤이 되자 강한 고독감에 휩싸인 그녀는 피렌체에 있는 에도아르도와 토스카에게 전화를 걸었다. 어머니는 아름다운 나무들과 가축으로 뒤덮인 광활한 초원들, 말떼, 박차가 달린 장화와 물이 10갤런이나 들어갈 것 같은 모자를 쓴 카우보이들이 텍사스를 가득 채우고 있을 것이라는 상상만 늘어놓았다. 그 모든 것이 팔라치가 텍사스에서 실제로 본 것과는 완전히 반대되는 모습이었다. 그러나 아버지에게서 최근에 사냥을 다녀왔다는 얘기를 들은 그녀는 향수를 느끼면서 자신과 아버지가 아침 일찍 아직 정체를 알 수 없는 사냥감의 눈에 띄지 않으려고 몸을 숨기곤 하던 은신처를 떠올렸다. 두 사람은 그곳에서 작전계획을 짜고 잔뜩 긴장해서 사냥감을 기다리곤 했었다. 미끼로 데려온 새들이 새장 속에서 날개를 펄럭거리며 아무 것도 모르는 사냥감에게 경고를 보내듯 노래를 부르면 아버지와 딸은 총을 어깨에 올리고 조준을 했다. 총에 맞은 사냥감이 퍼덕거리면서 벚나무의 높은 가지 위로 떨어지면 두 사람은 익은 솔방울을 따듯이 녀석들을 땅으로 끌어내렸다. 그러고 나서 두 사람은 괜시리 죄책감을 느끼면서 다시 총을 장전했다.

"다시 새들이 날아오기를 기다리는 시간은 숲의 나무들이 속삭이는 가운데 부드럽게 몸을 떨면서 고요함과 지루함을 맛보는 시간이었다."

그녀는 토스카나의 아름다운 풍경과 여명을 생각하면 모델보다 휴스턴 시가 훨씬 더 혐오스럽다고 생각했다.

"그곳은 NASA의 유인 우주선센터까지 이어진 아스팔트 도로와 콘크리트의 무덤이었다."[6]

글의 주제를 개인적인 맥락 속에서 묘사하는 팔라치의 경향 때문에 독자들은 계속 팔라치 자신에게 초점을 맞췄다. 그들은 결코 그녀를 시야에서 놓치지 않았다. 그녀는 과학기술, 글쓰기, 죽음, 종교 등 여러 가지 주제들에 대한 자신의 견해를 밝혔다. 로스앤젤레스에 도착해서 우주시대의 작가인 레이 브래드베리Ray Bradbury를 만난 그녀는 기술에 대해 그와 흥미로운 대화를 나눴다. 그녀는 지구가 폭발하거나 태양이 더 이상 열기를 보내주지 않는 때가 올 수 있으므로 지구 사람들이 이 행성에서 탈출할 준비를 해야 한다는 브래드베리의 생각을 받아들였다. 그가 플라스틱 제품과 로켓 등 인간들이 더 나은 존재가 될 수 있도록 도와주는 모든 물건에 대해 감탄하고 있다고 고백하자 그녀는 작가란 모름지기 현실 속에 조금밖에 없는 아름다운 것들을 고양시키고, 악을 찾아내서 비난해야 한다고 반박했다. 그녀는 사람이 결코 만족해서는 안 되며 오로지 저항을 통해 진리를 찾아 헤매야 한다고 생각했다. 그녀의 반항적인 정신은 죽음의 문제를 다룰 때 다시 표면으로 떠올랐다. 그녀는 죽음이 정상적이고 논리적인 것이며 모든 것에 마지막이 있게 마련이라고 말하는 사람들을 결코 이해할 수 없다고 말했다. 그녀는 생명이 풀, 공기, 물, 물고기, 새, 다른 사람 등으로 다시 태어난다는 생각을 거부했다.

"내게 있어 산다는 것은 지금의 이 몸과 이 정신으로 움직이는 것을 의미합니다."[7]

　브래드베리를 두 번째 만났을 때는 종교 문제가 화제로 등장해 어린 시절의 신념이 자신의 자유를 억누르고 있음을 그녀가 밝힐 수 있는 계기를 마련해주었다. 어린 시절의 신념은 그 동안 그녀의 영적인 자유에 방해가 되었다. 어렸을 때 그녀는 성인들의 조각상과 십자가에 못 박힌 예수상에 집착하면서 하나님이 7일 만에 하늘과 땅을 창조하셨다는 믿음을 더욱 강하게 다졌었다. 그런데 어느 날 의심과 회의가 고개를 들자 그녀는 하나님의 처벌과 지옥의 불길을 두려워하기 시작했다. 그녀는 브래드베리와의 대화를 통해 영적인 구속으로부터 자유로워졌으며, 과거의 종교적 구속을 우주시대의 현실로부터 멀리 떼어놓을 수 있었다. 또한 아담과 이브가 낙원에서 추방당한 얘기를 때 지난 우화로 치부해버릴 수도 있었다. 우주비행사가 다른 태양계에서 인간과 다른 모습의 지적인 생명체를 발견하는 순간, 하나님이 자신의 모습을 본떠 인간을 창조하셨다는 구약성서의 이야기는 신빙성을 잃어버릴 것이다. 그녀는 인간이 우주를 향해 위대한 모험에 나섬으로써 중력의 힘뿐만 아니라 종교의 사슬로부터도 자유로워졌으며, 신을 만들어낸 것은 바로 인간이라는 결론에 이르렀다.

　"우리는 하나님이 없으면 견디지 못한다. 그래서 하나님이 없으면, 하나님을 만들어낸다."[8]

　브래드베리는 초월적인 존재가 물질을 장난감 삼아 놓고 있다는 생각이 시대에 뒤떨어진 것이 되었으며, 인간이 우주 방방곡곡에서 계속 존재를 이어가고 싶다는 욕망을 통해 스스로 신이 되었다고 단언하면서 그녀의 생각을 지지했다.

　과거와 현재를 이렇게 연결시키는 대화는 허브 로젠Herb Rosen과의 만남에서도 계속 이어져 팔라치는 또 다시 개인적으로 커다란 변화를 경험할 수 있었다. 전자두뇌 기술의 전문가인 로젠은 위대한 문화적 업적들을 진정한 진보에 방해가 되는 쓸모없는 것으로 치부하면서 의미 있고 이성적인 재탄생을 위해 기술의 시대 이전부터 존재했던 것들(여기에는 피렌체도 포함되었다)을 모두 파괴해야 한다고 주장했다.[9] 팔라치는 그의 말에 충격을 받아 제2차 세계대전 중에 피렌체가 파괴되었던 기억을 떠올렸다. 독일군은 미군과 영국군의 진군을 막기 위해 아르노 강에 있는 다섯 개의 다리 중 네 개에 지뢰를 설치했었다. 그때 팔라치 일가는 집에 있었는데, 연달아 이어지는 폭음과 함께 다리 위의 하늘이 붉게 변한 모습이 보였다. 이때 파괴된 다리 중 신성한 삼위일체의 다리는 이탈리아 르네상스 시대에 지어진 것이었다. 조각상 〈사계절 Four Seasons〉도 다리 밑의 물 속으로 떨어졌다. 다리는 나중에 다시 지어졌지만, 조각상 중 〈봄 Springtime〉의 머리는 끝내 발견되지 않았다. 팔라치는 이 문화적 파괴에 대한 기억 때문에 로젠의 견해에 더욱 반대하게 되었다. 또한 그와의 대화를 옮긴 기사에 후회, 슬픔, 고뇌의 감정을 실었다.

캘리포니아주 다우니에 갔을 때 팔라치는 아폴로 우주선 안으로 들어가서 우주선 내부의 협소한 공간을 직접 느껴보고, 달 착륙을 시뮬레이션으로 보여주는 영화를 보았다. 그리고 이 경험을 옮긴 기사에서 또 다시 개인적인 기억을 언급했다. 우주선이 어둠에 둘러싸인 채 속도를 높이는 모습을 보면서 그녀는 좁아터진 공간에서 침상에 누워 있는 우주비행사들의 모습을 상상했다. 그리고 이를 통해 아버지가 감방에 갇혔을 때 임시변통으로 아무렇게나 만든 침대에 누워 있었던 기억을 떠올렸다.

> 감옥의 그 침대는 정말로 끔찍했다. 사람들은 어쩌면 오지 않을지도 모르는 새벽을 밤새도록 기다렸다. 죄수들은 침대에 누워 문을 지켜보았다.

만약 그 문이 열린다면 그 죄수는 새벽을 볼 수 없을 것이다. 많은 죄수들이 다시는 새벽을 보지 못했다. 그들이 잠을 자려고 몸을 눕히자마자 문이 열렸고, 벽에 기대어 세워진 그들을 향해 총들이 우주의 유성처럼 불을 뿜었다.[10]

팔라치는 또한 감옥에서 아버지가 느꼈던 고독과 달에 착륙하던 순간 우주비행사들이 느낄 고독을 비교했다. 에도아르도는 처형을 당할지도 모른다는 사실 앞에서 고독과 두려움을 경험했다. 그러나 우주 탐험에 나선 우주비행사들의 감정은 그의 고뇌를 훨씬 뛰어넘는 것이었다.

"그들의 두려움, 그들의 고독을 우리는 도저히 알 수 없다. 그들에게는 아무 것도 없다. 내 말이 무슨 뜻인지 알겠는가? 식량과 기계들과 희망 외에는 정말로 아무 것도 없다."

감옥에 갇혔을 때 에도아르도는 적어도 사랑하는 토스카나와 가까운 곳에 있다는 사실에서 위안을 얻을 수 있었다.

"그 감옥에는 음식도, 기계도, 희망도 없었다는 걸 안다. 하지만 죄수들에게는 지구가 있었다! 독일군이 죄수를 죽인다 해도 죄수들에게는 여전히 지구가 있었다."[11]

달을 방문할 두 우주비행사는 비옥한 검은 흙에서 위안을 얻지 못할 것이다. 그들이 가진 것이라고는 그들 서로와 NASA 본부에서 들려오는 목소리뿐일 것이다.

휴스턴에서 우주비행사들 중 가장 노련하고 가장 철저한 준비를 갖춘 도널드 '데키' 슬레이튼Donald 'Deke' Slayton과 인터뷰를 하는 도중 팔라치는 격정적인 순간을 겪었다. 두 사람은 처음에 서먹서먹한 태도로 대화를 나눴지만, 슬레이튼이 제2차 세계대전 중에 이탈리아 상공을 비행했다는 얘기를 꺼내자 두 사람의 대화에 한껏 감정이 들어가기 시작했다. 그의 말은 팔라치의 불안한 기억을 일깨웠다.

"마치 뺨을 한 대 맞은 것처럼 모든 것이 기억났다. 사이렌이 울부짖던 소리, 매미도 아니면서 매미처럼 윙윙거리는 소리를 내던 비행기들. 열 대, 스무 대, 백 대의 비행기들이 차례로 나타나 하늘 전체를 가득 채워버리던 기억."[12]

가끔은 비행기들이 땅 가까이까지 아주 낮게 내려왔기 때문에 그녀는 기체에 씌어진 글자를 분명히 읽을 수 있었을 뿐만 아니라 심지어 헬멧을 쓰고 유리창 안에 앉아 있는 조종사의 모습까지도 분간할 수 있었다. 조종사들은 어떻게 해서든 아무런 부상도 입지 않고 개미떼처럼 도망치는 데 성공하곤 했다. 1943년 10월에 피렌체의 철도에 폭탄을 떨어뜨렸다는 슬레이튼의 고백으로 인해 두 사람 사이에는 긴장감이 흐르는 대화가 오갔다. 팔라치는 이때 하마터면 눈물을 흘릴 뻔했다.

"눈에 점점 물기가 차올랐다. 바보 같은 소리인지 모르지만, 그날 일만 생각하면 항상 눈에 물기가 차곤 한다."[13]

그녀는 자전거를 타고 감옥에 갇힌 아버지를 만나러 가는 길이었다. 토스카가 주전자에 담아준 따뜻한 스프는 조심스레 균형을 잡아 핸들에 묶어 두었다. 감옥까지 가는 그 짧은 시간 동안 공습이 시작되었다. 그녀는 주전자를 묶은 매듭을 풀 수 없었기 때문에 계속 페달을 밟았다. 주전자가 추처럼 핸들에 부딪혔다. 주전자가 한 번씩 부딪힐 때마다 스프 방울들이 튀어나와서 그녀의 다리와 옷과 어깨를 더럽혔다. 폭탄이 쿵쿵 떨어지는 가운데 사람들은 흐느끼면서 서로를 소리쳐 불렀다. 그 날 그녀는 근처 다리에 있는 방공호를 향해 가면서 제발 그곳까지 무사히 갈 수 있게 해달라고 온 마음을 다해 하나님께 기도했다. 그녀가 방공호에 도착하기 전, 아주 가까운 곳에 폭탄이 떨어져서 돌조각이 사방으로 튀고 숨이 막힐 것 같은 연기가 피어올랐다. 곧 이어 또 다른 폭탄이 화산처럼 맹렬하게 터지면서 그녀를 연기가 피어오르는 폐허 더미 위로 던져버렸다. 그녀는 그곳에 떨어져 자전거에 깔렸지만 다행히도 발에만 부상을 입었을 뿐이었다. 괴로움과 죄책감에 휩싸인 슬레이튼은 이 이야기를 듣고 정신없이 사과하기 시작했다.

"안 돼! 오, 세상에! 우리가 놓친… 놓친 목표물이 많았어요. 기억납니다…. 미안합니다. 정말 미안합니다. 내가 맡은 일이 그것이라서 어쩔 수 없었어요."[14]

그러나 그녀는 데키 슬레이튼을 똑바로 바라보면서 자신을 공격했을 때 이 사람의 얼굴이 어땠을지 생각해보았다. 그리고 열아홉 살의 나이로 피렌체에 폭탄을 떨어뜨릴 때 이 사람이 분명히 좋은 사람 같은 얼굴을 하고 있었을 것이라는 결론을 내렸다. 그녀는 다시 과거로 돌아가 독일군이 떠난 후 피렌체로 들어오던 미국인들의 모습을 떠올렸다. 그 날 폭탄을 떨어뜨린 그 못된 놈을 보려고 발이 아픈데도 펄쩍펄쩍 뛰었던 것이 생각났다. 그러나 그녀는 공격자의 얼굴을 보는 대신 그녀의 땋은 머리를 잡아당긴 병사들에게서 초콜릿을 받았을 뿐이었다. 슬레이튼이 미래에는 우주비행사가 아주 흔한 직업이 될 것이라는 말을 하는 동안 팔라치는 병사에게 사탕을 받으면서 느꼈던 수치심을 잊어버리려고 애썼지만 소용없었다. 그녀의 어머니는 착한 여자아이들은 결코 선물을 반가워하지 않는 법이라고 가르쳤지만, 선물을 주는 사람에게 예의를 지켜야 한다는 얘기도 강조했었다. 따라서 그녀는 얼굴이 벌겋게 달아오른 채 혼란에 빠져서 초콜릿을 손에 들고 피렌체의 거리에 서 있었다. 그리고 휘둥그레진 눈으로 행군하는 정복자들을 바라보았다. 슬레이튼과의 인터뷰가 끝났을 때 팔라치가 마지막으로 생각한 것은 자신이 살던 도시를 크게 파괴한 사람을 마침내 만나고 보니 참으로 얄궂다는 것이었다.

"달에 가게 될 이 사람이 20년 전에 나를 죽도록 겁에 질리게 만든 바로 그 사람이라니. 그때는 그 사람이 너무나 미웠다. 폭탄하고 같이 땅으로 떨어져버렸으면 좋겠다고 생각했으니까. 그런데 지금은 그 사람이 마음에 들어서 친구 같았다."[15]

두 사람은 악수를 했고, 그녀는 그에게 일이 잘 되기를 바란다고 했다. 그는 다정하게 그녀의 어깨를 두드리고는 자리를 떠났다.

팔라치는 캘리포니아와 텍사스의 우주센터를 둘러본 후 NASA의 또 다른 연구단지를 둘러보기 위해 플로리다주 올랜도에 도착했다. 그녀는 여기서도 자신의 개인적인 기억을 기사 속에 강렬하게 병치시키는 방법을 고수했다. 플로리다의 케이프케네디에 갔을 때 팔라치는 NASA의 홍보 담당자인 고타 코티Gotha Cotee와 만나 '용기 있는 여성'이라는 제목의 설문결과를 읽어주었다. 이 설문결과에는 우주비행사의 아내들이 내면의 힘을 보여주고 있다고 되어 있었다. 기사에서 팔라치는 이 설문결과에 관한 이야기 바로 뒤에 전쟁 중에 토스카 팔라치가 보여주었던 용기를 언급했다. 당시 에도아르도는 이탈리아의 지하 레지스탕스를 위해 몰래 활동하고 있었으므로 그가 집 밖으로 나갈 때마다 항상 체포될 위험이 그를 따라다녔다. 파시스트 요원이 군수품 창고에서 그를 체포해 피렌체의 빌라 트리스테에 있는 무시무시한 고문센터로 곧장 데리고 갔을 때, 토스카는 심하게 울면서도 그를 도와야겠다는 결의를 다지고 가장 좋은 옷을 꺼내 차려입었다. 그리고 자전거를 타고 그 무시무시한 곳으로 가서 잔인한 관리인 마리오 카리타Mario Carita에게 자비를 베풀어달라고 애원했다. 카리타가 "장례 치를 준비나 하라"면서 경멸 섞인 태도로 그녀의 애원을 거절하자 그녀는 카리타나 그 부하들에게 불리한 증언을 해줄 수 있는 증인을 찾기 시작했다. 그녀는 고문관 중 한 명이 무솔리니를 존중하지 않는 태도를 보였다는 얘기를 우연히 들을 수 있었다. 그녀는 곧장 빌라 트리스테로 가서 이 얘기를 퍼뜨리겠다고 협박했다.

"당신이 어떻게든 내 남편을 도와주지 않는다면 당신이 무솔리니의 사진을 찢어버렸다고 사람들한테 말할 거야."

토스카는 에도아르도가 빌라 트리스테에서 풀려나 쥐가 들끓는 감옥으로 옮겨졌다는 소식을 듣고 기쁨에 들떴다. 그러나 너무 흥분한 탓인지 그만 임신 중이던 아이를 유산하고 말았고, 그 후 서서히 건강이 나빠지기 시작했다.

"그때 어머니의 심장이 문제를 일으키기 시작했는데, 그 후로는 예전 같은 건강을 결코 회복하지 못했다."[16]

토스카도 행동에 나서면서 두려움을 느낀 적이 있었지만 팔라치는 항상 어머니의 용기를 믿었다. 그래서 우주비행사들이 고상하게 차분한 태도를 보인다는 얘기에 불편한 감정을 드러냈다.

그녀는 기사에서 어머니뿐만 아니라 아버지의 용기에 대해서도 썼다. 아버지가 카리타의 끊임없는 매질과 심문을 어떻게 견뎌냈는지 떠올렸고, 아버지를 처형하겠다는 협박을 받았던 기억도 떠올렸다. 손목이 묶인 아버지의 모습, 피투성이가 된 얼굴, 매질 때문에 부러져버린 이빨도 떠올렸다. 에도아르도가 그런 고통을 겪으면서도 내내 상대를 경멸하듯 큰 소리로 웃어댔던 것도. 에도아르도는 그렇게 용기 있는 사람이었지만, 그녀가 감옥에서 아버지를 면회했을 때에는 겁에 질려서 얼굴이 백짓장 같았다.

두려워서 하얗게 질린 얼굴, 두려움에 질린 눈, 두려움에 질린 목소리. 울지 마라. 훌륭한 여자애들은 울지 않는 법이야. 어쩌면 저 놈들이 날 죽이지 않을지도 몰라…. 그냥 날 독일로 보내버릴지도 몰라. 그러면 난 이리로 돌아올 거다…. 하지만 그때까지 저 놈들한테 절대로 정보를 줘서는 안 되지. 아버지는 저 놈들과 싸우는 걸 절대로 포기하시지 않을 것이다.[17]

팔라치는 우주비행사들의 아내에게서 무엇보다 인간적인 감정인 두려움을 찾아볼 수 없다는 사실을 쉽게 이해할 수 없었다.

"용기는 두려움에서 태어난다…. 이 사람들은 도대체 왜 두려워하지 않았던 거지?… 우리와는 혈통이 다른 걸까?"[18]

팔라치는 올랜도의 NASA 건물을 돌아보던 도중 어머니가 병석에 누우셨다는 전보 때문에 고향으로 돌아왔다. 그리고 이 때문에 우주탐사를 더 개인적인 맥락에서 바라보게 되었다. 과학자들이 먼 행성들에서 새로운 종족을 창조하고 싶어할 정도로 과학이 발전했는데도 심장마비를 예방하는 기술이나 암의 치료법은 아직도 존재하지 않는다는 것. 그런데 그녀의 어머니는 그녀가 이런 생각을 하고 있다는 것을 훤히 꿰뚫어본 모양이었다.

"네가 무슨 생각을 하고 있는지 안다."
"뭐라고요, 어머니?"
"사람들이 태양까지 갈 수 있게 되었는데 내 심장을 치료하는 방법은 없다는 생각을 하고 있지?"[19]

토스카 팔라치는 딸이 의대를 그만둔 것을 결코 완전히 용납하지 않았다. 병석에서 그녀는 집에서 뜰로 나갔다가 죽어가는 비둘기를 발견하고 녀석을 살리고 싶어했던 기억을 떠올렸다.

"그때 네가 옛날에 의대에 다녔다는 생각이 들었지. 그걸 포기하다니. 어쩌면 네가 그 녀석을 치료하는 법을 알 수 있었을지도 모르는데."[20]

이건 오리아나가 죽음과의 투쟁에 아무 것도 기여한 것이 없으므로 다른 사람을 모욕할 권리가 없다는 뜻이었다.

토스카가 요양을 하는 동안 팔라치는 미국에서의 경험을 잊지 않고 다시 미국으로 돌아갈 꿈을 꾸었다. 몇 달 후 어머니가 위독한 상태를 벗어나자 그녀는 다시 일을 시작하기로 하고 앨라배마주 헌츠빌로 향했다. 제2차 세계대전 중에 런던을 공포로 몰아넣었던 V-2 미사일과 새턴 V호 로켓의 아버지인 베르너 폰 브라운Wernher von Braun을 만나기 위해서였다.[21] 브라운이 방으로 들어오는 순간부터 대화가 끝날 때까지 팔라치는 불편한 기분이었다. 그의 모습을 보고 있으니 왠지 옅은 레몬향이 생각났다. 그녀는 그 이유를 몰라 곤혹스러워하다가 마침내 독일 병사들이 모두 특별한 소독용 비누로 몸을 씻었기 때문에 그들의 몸에 레몬 냄새가 배어있었다는 사실을 떠올렸다. 병사들이 가까이 다가올 때마다 그 날카롭고 자극적인 냄새가 그녀의 콧구멍으로 들어왔다. 때로는 그 냄새가 뇌와 심장까지 이르는 것 같기도 했다.

"우리는 모두 레몬 냄새를 증오했다."[22]

팔라치의 아버지는 부역자들에게서도 그 냄새가 난다고 말하곤 했다. 사실 독일군과 함께 있었던 사람에게서는 언제나 그 냄새가 났다.

레몬 냄새 때문에 팔라치는 과거의 강렬한 기억 하나를 떠올렸다. 7월의 뜨거운 날, 아직 어린아이였던 그녀와 부모, 그리고 유고슬라비아인 병사 두 명이 버려진 수도원으로 피신했다. 그들은 울타리가 쳐진 뜰에 콩과 밀을 심었고, 신문도 몰래 숨겨두고 보았다. 끽 하는 자동차 브레이크 소리에 독일 병사들이 들이닥쳤음을 깨달은 에도아르도는 도망쳤고, 팔라치는 유고슬라비아인 병사 두 명을 우물 속에 숨겼다. 적의 발자국 소리가 점점 가까워지는 가운데 토스카는 신문을 모두 불태웠다.

"세상에, 놈들이 오고 있어. 이 신문이 빨리 타야 하는데."[23]

방으로 쳐들어온 병사들에게서 나는 날카로운 레몬 냄새가 어린 소녀였던 팔라치를 압도했다. 하나님을 더욱 잘 이해하기 위해 과학자들이 사물의 본질을 들여다봐야 한다고 브라운이 말했을 때, 팔라치는 우물 속을 들여다보며 유고슬라비아인 병사들에게 밖으로 나오라고 명령하던 독일 병사들의 모습을 떠올렸다. 두 병사는 밖으로 기어 나와 하나님께 자기들을 구해달라고 애원했다.

"그러나 하나님은 그들의 기도를 들어주지 않았다. 독일 병사들은 레몬 냄새를 풍기며 두 사람을 데리고 가버렸다."[24]

브라운은 미래가 과거보다 더 흥미롭다는 말을 남기고 자리를 떴다. 그가 떠난 방 안이 텅 빈 우물처럼 느껴졌다.

팔라치는 브라운의 지적 능력에 대해서는 전혀 실망하지 않았지만, 기사에서 '레몬향'을 이용해 과거 독일군이 이탈리아를 점령하고 있을 때 저질렀던 잔인한 짓들을 언급했다. 브라운의 독일식 억양을 들으면서 그녀는 즉시 영국의 코벤트리 시가 파괴되었던 것을 떠올렸다. 그리고 새턴 V호 로켓을 만들어낸 브라운을 민간인들에게 공포를 안겨준 과학자로 인식했다. 그녀는 헌츠빌에서 있었던 브라운과의 만남을 기사로 쓰면서 점령기간 동안 이탈리아인들을 체포해서 고문하고 죽였던 독일군에 대한 자신의 분노를 비유적으로 드러냈다.

> 실제로 레몬 냄새가 난 것은 아니다. 폰 브라운에게서 레몬 냄새가 난다고 해서 내가 실망한 것도 아니다. 레몬 냄새는 비유이다. 그와의 만남은 실망스럽기는커녕 내가 독일인들을 용서할 수 없음을 다시 떠올리게 만들었다. 지금도 마찬가지이다. 나는 독일에 갔을 때 불편한 기분이었다.

나는 그들이 우리를 체포했던 것을 지금도 잊지 못한다. 폰 브라운과 인터뷰를 한 것처럼 독일인들을 상대해야 할 때 나는 불편한 기분이 된다. 베르너 폰 브라운은 지적인 사람이었으며, 흥미로운 이야기들을 했다. 그에게 문제는 하나뿐이었다. 그가 독일인이라는 것.[25]

이탈리아를 점령했던 자들에 대한 그녀의 반감은 오랜 세월이 흐른 후에야 비로소 사라졌다. 1986년 10월에 그녀는 쾰른에서 열린 편집자, 서적상, 출판업자들의 모임에 연사로 참석했다. 연단에서 그녀는 제2차 세계대전 중에 자신의 가족이 겪었던 고통, 에도아르도 팔라치의 체포, 그가 당한 고문 등에 대해 이야기했다. 처형 날짜가 정해지기 직전에 온 가족이 작별인사를 위해 어떻게 면회허가를 받았는지에 대해서도 이야기했다. 영웅적인 아버지가 자신이 처형당하는 대신 독일로 보내질 가능성이 크다고 말했을 때, 딸의 두려움은 기쁨으로 바뀌었다. 그녀는 나치가 아버지를 아름다운 휴양지로 보내 파시스트들의 고문으로 입은 상처를 치료할 수 있게 해줄 것이라고 믿었다. 어머니에게서 다카우와 마트하우젠이 죽음의 수용소라는 얘기를 들은 후 그녀는 화를 냈다.

"나치와 독일인은 다르다는 것을 몰랐기 때문에 나는 독일에 대한 증오를 키웠다."[26]

사실 팔라치는 어른이 돼서도 그때의 반감을 쉽게 버리지 못했다. 1986년에 연설을 하기 전에 독일로 출장 갈 기회가 한두 번 있었지만, 그녀는 그때마다 일만 마치고는 재빨리 독일을 떠나버렸다. 독일에서 자신의 책을 홍보하기 위한 행사를 하자는 제안도 고집스럽게 거부했다. 그러나 쾰른의 회의에 와달라는 초청을 받았을 때, 그녀는 마침내 과거의 악몽에 대한 감정을 극복하고 이탈리아 북쪽의 이웃나라인 독일과 화해해보려고 시도했다.

"나는 이렇게 되뇌었다. 이건 증오를 버리고 다카우나 마트하우젠과 상관없는 훌륭한 독일인들을 만나볼 수 있는 좋은 기회야. 실제로 그들은 수치심을 느끼고 있다. 훌륭한 이탈리아인들이 무솔리니를 수치스러워하는 것처럼."[27]

글을 쓸 때 과거의 기억을 많이 언급하고 대화 중간에 갑자기 과거를 회상하는 것은 지금도 팔라치의 상징이며, 이 기법을 통해 그녀는 스스로 책의 주인공이 된다. 그녀는 또한 자신의 과거 기억을 자세히 묘사함으로써 자신의 이야기를 개인적인 것으로 만든다. 그녀는 자신이 보고 느낀 것, 그리고 그것을 토대로 재구성한 이야기들을 독자들에게 생생하게 전달하고 싶어한다. 그녀는 가능한 한 순수한 역사적 사실에만 의존하지는 않으려고 한다. 하지만 자신의 개인적인 반응이 어땠는지는 항상 밝힌다. 캘리포니아주 다우니를 방문했을 때, 팔라치는 개럿 인더스트리즈와의 시간약속을 지키기 위해 헬리콥터를 이용했다. 개럿 인더스트리즈는 우주선의 난방, 냉방, 산소 시스템 등 중요한 장비를 만든 회사였다. 그녀는 헬리콥터에서 단조롭게 널리 퍼져 있는 도시를 내려다보았다. 도시는 시작이 어디고 끝이 어디인지 알 수 없는 모습을 하고 있었다.

팔라치는 기사에서 이 도시의 풍경을 고전적으로 묘사했다. 줄지어 늘어선 작은 주택들은 벌집 같았다. 뒤뜰의 수영장에서는 연한 파란색 물이 반짝이고, 길게 뻗은 거리는 소총의 총신 같고, 인공적으로 만들어진 산들은 납작한 정육면체처럼 서 있으며, 줄지어 늘어선 자동차들은 거대한 주차장이 기다리고 있는 우주센터를 향해 꾸준히 움직이고, 벌겋게 녹슨 자동차들로 가득 찬 쓰레기장이 점점이 흩어져 있었다. 목적지에 도착해 격납고로 들어간 그녀는 조립라인에 늘어선 노동자들이 무감각하게 똑같은 작업을 반복하는 모습을 보며 부조리를 느꼈다. 로봇을 연상시키는 작업장 분위기 때문에 팔라치는 절망을 느꼈다.

"여러분도 그 노동자들을 보았다면 그 앞에서 소리를 지르고 싶었을 것이다. '깨어나, 열심히 일해, 이런 식으로 단조로운 일에 중독되지 마.'"[28]

돌아오는 길에 텍사스주 샌안토니오에 잠깐 들른 팔라치는 우연히 우주의대를 발견하고, 이 학교가 우주계획에 참가할 수 있을 만큼 능력을 갖춘 후보들을 선발한다는 사실을 알게 되었다. 그녀는 이 학교에서 직접 우주비행사 시험을 치러보고 싶다는 뜻을 표명했다. 그녀는 기초시험에 통과한 후 시뮬레이터에 들어가서 우주선의 가속과정에 직접 참가해보기로 했다. 그녀는 빙글빙글 돌아가는 회전목마를 바라보지도 못하고, 왈츠도 못 추고, 엘리베이터를 타고 높이 올라갈 때면 항상 멀미를 하는 사람인데도, 사람을 빙빙 돌려대는 시뮬레이터가 불길하게 생긴 물레 같았다고 성실하게 설명했다.

"조종실에서 그것을 바라보고 있으니 머리를 한 대 맞는 편이 더 나을 것 같았다."[29]

조종실 아래쪽의 시뮬레이터 중앙에는 약 10미터 길이의 로봇 팔 하나가 모터 위에 수평으로 걸쳐져 있었다. 우주비행사가 들어가게 되어 있는 캡슐은 딱 한 사람이 들어가 누울 수 있는 크기로서 그 로봇 팔 맨 끝에 있었는데, 마치 오토바이의 사이드카 같았다. 과학자들이 유리 문 뒤에서 전기장치를 이용해 이 캡슐의 움직임을 조종했다. 그녀가 캡슐에 타고 있는 동안 센서와 연결된 계산기가 그녀의 몸을 주시하다가 실험을 중단해야 할 만한 변화가 일어나면 즉시 사람들에게 알려주도록 되어 있었다. 또한 캡슐이 움직이는 동안 스크린을 통해 캡슐의 움직임을 시시각각 직접 관찰할 수 있었다. 처음에는 모터가 겨우 3-4G(가속도의 단위-옮긴이) 정도의 속도를 냈지만, 점차 속도가 높아졌다.

독자들은 팔라치의 자세한 설명 덕분에 그녀가 왜 마지막 순간에 겁에 질려 결국 시뮬레이터에 타지 못했는지 이해할 수 있었다. 금발머리와 푸른 눈, 아기 같은 얼굴을 지닌 스물두 살의 잭슨 하사가 그녀 대신 시뮬레이터에 올랐다. 강철로 된 로봇 팔이 회전하기 시작하며 금세 잭슨의 캡슐을 5G의 속도로 돌리더니, 7G, 10G를 거쳐 마침내 13G까지 속도를 높였다. 이제 로봇 팔의 모습은 사라져버렸고, 팔라치의 눈에 보이는 것이라고는 파란색 원뿐이었다. 스크린을 보니 젊은 하사의 얼굴이 확실한 모양을 알 수 없는 가면처럼 변해 있었다. 그 얼굴에서 그녀가 알아볼 수 있는 것이라고는 금방이라도 튀어 나올 것 같은 이빨뿐이었다. 이 부분에서 팔라치는 자신이 겁에 질렸음을 강조했다. 그녀는 기계 조종을 담당한 사람들에게 제발 전원을 끄라고 애원했다. 그러나 시뮬레이터 안의 하사가 속도를 이겨내고 있었으므로 담당자들은 속도를 오히려 15G로 높여버렸다. 그녀는 하사가 기계를 멈춰달라며 손을 들어올리기를 기원했다. 한 과학자는 하사가 간신히 버티고 있다고 주장했고, 담당자들은 마침내 시험을 끝내라는 지시를 내렸다. 시뮬레이터를 작동하는 동안 일어난 일들을 자세하게 묘사한 이 기사는 팔라치의 뛰어난 묘사력을 보여주며, 샌안토니오의 우주센터에서 실시된 테스트를 생생하게 되살려내면서도 독자들로 하여금 기자의 행동에 초점을 맞추게 만들었다.

팔라치는 휴스턴에서 우주비행사들을 만났을 때 그들의 태도, 의복, 외모 등에 주의를 기울였다. 그녀의 기사에서 우주비행사들의 말보다 더 중요한 위치를 차지한 것은 우주비행사들에 대한 그녀의 논평이었다. 그녀는 도덕적인 권위자 같은 태도로 각각의 우주비행사들에 대해 강렬한 판결을 내렸다. 그녀와 가장 먼저 인터뷰를 한 우주비행사는 데키 슬레이튼이었다.

"그는 키가 크고 강하게 보였으며 매력적이었다. 트위드 재킷을 입은 것을 보니 그가 넥타이를 싫어한다는 것을 알 수 있었다."

그녀는 그의 얼굴이 두려움을 모르는 용감한 군인처럼 냉정하고, 강인하고, 사내다웠다고 말했다. 그러나 그의 날카로운 푸른 눈에는 아이러니와 슬픔이 있었다. 그가 천천히 손을 들어올리고 자기 소개를 하는 모습을 보며 팔라치는 아버지를 생각했다.

"그것은 내가 아는 목소리였다. 집에서 듣던 목소리. 낮고, 울림이 있고, 아주 아름다운 그 소리는 아버지의 목소리와 똑같았다."[30]

그녀는 심장에서 잡음이 난다는 이유로 사상 처음 지구궤도를 도는 영예를 누리지 못하게 된 그의 실망감을 강조하고 자신이 보기에 그의 존재의 핵심이라고 생각되는 부분을 드러냈다. 그의 눈은 쓸쓸함과 명성에 대한 무관심, 비행에 대한 열정, 그리고 노르웨이의 평화로운 피요르드 해안에서 위스콘신으로 이주한 조상들에 대한 굳은 믿음을 담고 있었다.

우주비행을 한 최초의 미국인인 앨런 셰파드Alan Shepard와의 인터뷰 기사는 그가 자존심이 세고, 우쭐거리기 좋아하는 사람이라는 점을 강조했다.

"그는 최고가 되지 못하면 질투심 때문에 성마른 사람이 된다. 최초의 궤도비행을 할 우주비행사로 글렌이 선택되었을 때 그는 통제가 불가능한 행동을 보였다."[31]

그녀는 그가 그렇지 않아도 여자, 돈, 경주용 자동차, 사람들의 박수갈채 등을 밝히는 사람이었는데, 명성 때문에 자만심에 사로잡혀 상태가 한층 더 악화되었다는 결론을 내렸다. 그는 그녀를 상냥하게 맞아주었지만, 어떤 부분에서는 꺼리는 태도를 보여주기도 했다.

"그가 기분 좋게 오른손을 내민 채 너무나 따스한 미소를 짓고 있어서 그 미소의 열기만으로도 달걀 프라이를 할 수 있을 것 같았다. 그러나 그는 그 달걀을 나와 함께 먹을 사람이 아니었다."[32]

그가 부자가 되고 싶다는 욕망을 드러내며 〈라이프Life〉지와의 계약을 언급하고, 심지어 우주여행을 애국적인 모험이 아니라 수지가 맞는 상업적인 일로 취급하는 태도를 보이자 그녀는 마침내 그를 배려해주어야겠다는 생각을 완전히 버렸다.

"우리 손자의 손자들이 당신을 낭만적인 영웅으로 생각할 것이며, 달이나 화성의 산과 초원과 사막에 당신의 이름이 붙게 될 것이라고 생각하다니, 정말 웃기는군요, 중령님."[33]

우주공간에서 미국인으로서는 처음으로 지구궤도를 세 번이나 비행한 존 글렌John Glenn에 대해 팔라치는 당근 색 주근깨가 자잘하게 흩어져 있는 그의 얼굴을 묘사하며, 그가 같이 있는 사람들까지 함께 미소 짓게 만드는 미소를 지을 때 하얀 이가 드러나던 모습을 강조했다. 그녀는 그가 아내인 안나 카스토르Anna Castor에게 충실하고, 술, 담배, 욕, 사냥, 거만한 행동 등을 금하는 행동지침을 준수하는 모습을 보고 도덕적으로 안정되어 있는 그의 태도를 공격하고 싶은 기분이 되었다. 그녀는 우주여행이 개인적인 신념을 확인해주기보다는 의심을 불러일으키고 믿음의 상실을 가져온다고 주장했다. 글렌은 다른 행성에 생명체가 존재한다는 사실이 과학적으로 증명된 적이 없다고 말했다. 그러나 우주에 하나님이 창조한 다른 생물들이 존재할 가능성을 성경이 전혀 부인하지 않고 있다는 그의 말을 듣고 팔라치는 혹시 외계인과 전쟁이 일어나서 그가 그 우주생물들을 죽이는 일이 일어날지도 모른다는 생각이 들었다. 글렌은 외계인과 지구인들 사이에 분쟁이 일어날 가능성이 있음을 인정했지만, 우주로 떠난 지구인들이 상냥한 대접을 받을 것이라는 낙관적인 태도를 유지했다.

팔라치는 글렌과의 인터뷰 이후 몇 주 동안 쉬었다가 다시 인터뷰를 시작했다. 첫 번째 인터뷰 대상은 월터 '월리' 쉬라Walter 'Wally' Schirra였는데, 팔라치는 그가 비교적 키가 작고 땅딸막하며, 뺨이 두툼하고, 입술이 통통하고, 눈썹이 두텁고, 검은 눈동자에 거무스름한 안색을 하고 있었다고 묘사했다. 그는 친근한 태도로 금방 그녀의 호감을 끌었다.

"이탈리아인이예요? 난 이탈리아에 여러 번 갔었는데. 로마, 나폴리, 제노바, 베니스. 하지만 시칠리아는 한 번도 못 가봤죠…. 나도 이탈리아인이나 마찬가지예요. 제 아버지가 시칠리아에서 이민을 오셨으니까요."

그는 스탕달의 말을 증거로 인용해가며 피렌체 사람들이 구두쇠라서 시칠리아 사람들처럼 손이 크지 않다고 장난스럽게 말했다. 팔라치는 절대 그렇지 않다면서 소리를 지르고 스탕달이 거짓말을 했다고 주장했지만, 쉬라에게 호감을 느꼈음을 인정했다.

"나는 이 사람이 마음에 들었다. 그의 아버지는 돈을 벌려고 미국으로 와서 우주여행을 하게 될 아들을 낳았다."[34]

그녀가 우주비행사들 중에서 가장 마음에 들어 한 사람은 시어도어 프리먼Theodore Freeman이었다. 그녀는 그가 화성에 대한 시를 썼다는 사실을 알고 그에게 커다란 호감을 느끼게 되었다.

> 부드러운 은빛 언덕이 기억난다
> 파란색 숲이 어둠 속에서 떨고 있었지
> 초록 하늘이 산꼭대기를 연한 에메랄드빛으로 물들이고
> 대기는 가벼웠다
> 신부의 베일보다 가벼운 화창한 대기.

팔라치는 NASA가 프리먼을 장난삼아 채용했거나, 아니면 그

가 얼마나 보석 같은 존재인지 전혀 깨닫지 못하고 있음이 틀림없다고 주장했다.

"내게 있어 시어도어보다 더 가치 있는 사람은 아무도 없었다. 심지어 내가 가장 좋아한 사람들조차도 그렇지 않았다…. 시어도어는 내가 갖고 싶지만 실제로는 갖지 못한 것들을 갖고 있었다. 순수함, 소박함, 믿음을."

그를 만난 이후 그녀는 그의 정신을 영원히 기억하겠다고 맹세했다.

"그와의 만남이 신기루처럼 짧았던 것이 너무나 한스럽다."[35]

그녀는 그가 뜻밖의 죽음을 맞았다는 슬픈 소식을 알리면서 다음과 같은 말로 글을 끝맺었다.

"갑자기 어둠 속에서 시어도어의 모습이 나타나더니 금방 사라져버린다. 5개월 후 시어도어가 죽었다. 그의 비행기가 폭발하는 바람에. 그는 하늘을 날다가 죽었다."[36]

계속 이어진 인터뷰에서는 시간이 11분으로 제한되어 있었기 때문에 이야기의 실마리를 찾을 만하면 인터뷰가 끝나버렸다. 팔라치가 이 우주비행사들에 대해 머리가 벗겨지고 나이가 지긋한 모습이었다는 말 외에 별다른 얘기를 쓰지 않은 것도 시간의 제약 때문이었다. 그녀는 젊음이 잔인한 종교처럼 숭배되는 곳에서 그들이 늙어 보인다고 생각했다. 그녀가 이런 인상을 맨 처음 받은 것은 우주비행사들 중 가장 젊은 로저 채피Roger Chaffee에게서였다. 그는 달 여행을 국가에 대한 봉사와 NASA의 기술력 증명을 위한 일로만 생각하고 있었다.

"다른 것은 모두 환상이다. 어른들은 환상으로 살지 않는다."[37]

팔라치는 그가 방을 나가면서 그녀와의 만남이 지루한 시간낭비였다고 중얼거리는 소리를 들었다. 다음 인터뷰 대상자인 리처드 고든 Richard Gordon은 그녀를 만나자마자 자기 직업에 대한 불만을 털어놓으면서 책을 읽거나, 여행을 하거나, 극장에 갈 시간이 없다고 투덜거렸다. 그는 기술 전문가였기 때문에 자신을 희생하고 충실하게 일해야 할 의무가 있었다.

닐 암스트롱Neil Armstrong에 대해 팔라치는 그가 우주비행사가 된 것을 그저 직장을 옮긴 것 정도로만 생각하고 있으며, 우주계획의 성공 외에 개인적인 야심을 전혀 갖고 있지 않다고 설명했다. 그는 자신이 낭만적인 사람도 아니고, 모험을 좋아하지도 않는다고 말했다.

"나는 위험을 아주 싫어한다. 특히 쓸데없는 위험이라면 더욱 더. 위험은 우리 직업에서 가장 짜증스러운 부분이다."[38]

1964년에 그를 처음 만났을 때 팔라치는 그의 차갑고 계산적인 성격에 혐오를 느꼈는데, 그가 달 여행을 떠나기 직전인 1969년에 다시 만났을 때도 역시 같은 기분이었다.

"52명의 미국인 우주비행사들 중에서 그는 가장 로봇 같은 사람이다."[39]

팔라치의 설명에 따르면, 그는 임무 완수에 필요한 기술적 지식과 하늘을 나는 기계 외에는 아무 것에도 흥미를 보이지 않는다. 팔라치는 자신이 머큐리, 제미니, 아폴로, LM 등의 단어를 입에 담지 않으면 그에게서 인간적인 반응을 전혀 끌어낼 수 없었다고 말했다. 그러나 암스트롱에 대해 이런 생각을 갖고 있으면서도 그녀는 그가 우주여행에 잘 맞는 기질을 갖고 있다고 인정했다.

"사실 사람이 우주에 갈 수 있는 것은 컴퓨터와 수학과 숫자들 덕분이지, 달콤한 상상의 날개 덕분이 아니다. 우주에서 사람의 목숨을 부지해주는 것은 생명을 유지하는 장치들이지 음악과 문학이 아니다."[40]

팔라치가 앨런 빈Alan Bean에게 겨우 서른두 살밖에 안 되었는데 왜 그렇게 머리가 벗겨졌느냐고 묻자 그는 단조로운 일상이 너무 지루해서 그렇다며 꿈을 갖거나 위험한 삶을 살기에는 자기 나이가 너무 많은 것 같다고 말했다. 다섯 번째 인터뷰 대상자인 에드워드 화이트Edward White는 그녀가 보기에 지극히 잘생긴 남자였다. 그는 데키 슬레이튼과 무중력 프로젝트(Gravity Zero Project)에서 함께 일할 때 우정을 쌓았다는 얘기를 자진해서 털어놓았다. 그는 달 착륙 준비작업에 슬레이튼이 먼저 참가하고 자신은 나중에 합류했다면서, 이 기념비적인 사건이 무척 기대된다고 말했다. 마지막 인터뷰 대상자는 유진 서넌Eugene Cernan이었다. 팔라치는 그와의 인터뷰 도중 이 '노인'이 겨우 서른 살밖에 되지 않았다는 사실을 도저히 믿을 수 없었다. 그녀는 그가 우울함에 푹 빠져 있었으며, 핏기도 없고, 완전히 기진맥진한 사람처럼 보였다고 썼다.

"그 사람한테는 젊은 시절이 아예 없었던 것처럼 보였다."

그는 용감하고 정직했던 자신의 과거는 물론 힘들지만 품위 있는 자신의 삶에 대해 그녀에게 예의바르게 얘기해주었지만, 그녀는 그에게 도저히 흥미를 느낄 수 없었다.

"그 사람이 무슨 말을 하든 나는 전혀 관심이 없었다."[41]

팔라치는 마침내 나이가 많고 우울하게 보이는 우주비행사들이 스스로의 젊음을 즐기지 않는다는 결론을 내리고, 자기 자신을 비교 대상으로 내세웠다. 그녀는 너무나 다양한 경험을 했고, 정신적 압박이 엄청난 언론계에서 일하고 있으며, 우주비행사들 못지않게 나이를 먹었는데도 자신이 마치 그들의 딸 뻘인 것 같은 생각이 든다고 말했다. 그녀는 서넌, 화이트, 빈, 암스트롱, 고든, 채피에게 나름대로 충고를 해주면서 서른 살이라는 나이는 제약으로부터 자유로운 굉장한 나이라고 강조했다.

"우리는 종교를 확신을 갖고 믿는다. 무신론을 주장할 때도 확신을 갖고 그렇게 한다. 하지만 우리는 의심이 들 때도 부끄러워하지 않는다."

그녀는 마치 현명한 장로 같은 태도로 아무리 달 여행이라 해도 그들이 내적인 역동성과 충동을 잃어버린 채 애늙은이 같은 행동을 해야 할 정도로 가치가 있는 것은 아니라고 주장했다.

"그러니 이제 깨어나라. 지나치게 이성적인 척, 순종적인 척 주름살을 만드는 짓은 그만두어라! 서로 똑같다는 사실 때문에 슬픔 속에 더욱 깊숙이 빠져 들어서 머리카락을 잃어버리지도 말아라! 사람을 똑같이 만드는 틀을 깨버려라. 소리내어 웃고, 울고, 실수도 저질러보아야 한다."[42]

나중에 쓴 글에서 그녀는 달에 갔던 사람들이 '멍청한 사람들'이었으며, 그들 스스로도 자신들의 모습을 그리 좋지 않게 생각하고 있었다고 썼다.

> 그들의 얼굴은 돌처럼 멍청했으며, 그들은 웃는 법도 우는 법도 몰랐다. 그들이 달에 간 것은 과학적인 공적에 지나지 않는다. 기술이 이룩한 업적인 것이다. 그 여행을 하는 동안 그들은 시적인 말을 한 마디도 하지 않았다. 숫자와 공식과 지루한 정보만 늘어놓았을 뿐이다. 그들이 조금이나마 인간적인 면을 내보인 것은 가장 최근의 미식축구경기 결과를 물어봤을 때뿐이었다.[43]

팔라치는 우주계획이 가장 건강한 우주비행사들조차 파괴해버리는 암과 닮았다고 생각했지만, '피트'라는 이름으로 더 잘 알려져 있는 찰스 콘래드Charles Conrad를 만나고는 생각을 바꿨다. 그가 글을 쓰는 사람이 남자든 여자든 전혀 신경 쓰지 않는다며 그녀를 반겨 맞아주지 않자, 그녀는 그의 반항적인 정신에 자동적으로 호감을 느껴 시어도어 프리먼이 그와 함께 달에 가는 편이 낫다고 생각하게 되었다. 피트는 서른네 살이었지만 스물네 살처럼 보였다. 머리숱이 다른 사람들보다 많아서 더 젊어 보이는 것 같았다. 그녀는 그의 모순적인 성격에 매혹되었다. 그는 회의를 끔찍하게 싫어하면서도 어쨌든 회의를 열었으며, 술을 좋아하면서도 마시지 않았고, 여자를 좋아하면서도 길을 걸을 때 여자들을 보지 않으려고 눈을 가렸다.

"그는 너무나 재밌는 사람이에요, 아버지. 그는 우리의 믿음을 회복시켜준답니다⋯. 그는 사람이 우주계획에 오염되고도 살아남을 수 있다는 것, 아직 희망이 있다는 것, 지금과 같은 사회에서 그들이 모두 자동인형은 아니라는 것을 증명해줍니다."[44]

그가 생각하는 영웅은 자신의 신념을 증명하고 싶어서 속옷 바람으로 외출하는 사람이었다. 팔라치는 기사를 요약하는 글에서 자신과 피트가 달과 화성 등 여러 행성에 드라이브인 식당 체인을 만들자는 농담을 했다고 밝혔다.[45]

우주비행사들과의 인터뷰 기사에서도 팔라치는 자신의 의견과 자신의 과거를 마음껏 집어넣었지만 그로 인해 글의 질이 낮아지지는 않았다. 그녀의 이야기는 그녀가 사는 세상과 그들이 사는 세상을 대비시키는 역할을 했을 뿐이다. 이 인터뷰 기사가 담긴 책을 살펴보면 그녀의 자아가 개인적인 반응이나 판단의 형태로 사방에 나타나 있다. 그녀는 미국여행을 두고 부모님과 대화를 나누면서, 그리고 부모님의 자연스러운 반응을 보면서 자신이 느꼈던 즐거움을 기사에 포함시켰다. 그녀의 어머니는 금세 슬레이튼의 팬이 되었다. 그의 심장에 대한 이야기가 특히 커다란 역할을 했다. 토스카는 또한 글렌이 교회에 다니며 하나님에 대해 아름다운 말들을 하고 아내에게 충실하다는 이유로 그를 좋아했다. 에도아르도는 우주탐사 자체에 대해 끝까지 강력하게 반대했으며, 심지어 이런저런 방법으로 우주탐사에 대한 딸의 관심을 꺾어버리려 하기도 했다. 그녀가 아폴로 착륙선에 대해 이야기할 때 지루한 표정으로 고개를 돌려버린 적도 있었다. 그는 그녀가 다우니에서 가져와 누구나 볼 수 있도록 책꽂이에 놓아둔 우주식량을 특히 비난했다. 어느 날 그 음식이 사라졌을 때 토스카가 사실을 밝혔다.

"진정해라. 내가 얘기해줄 테니. 네 아버지가 물고기들에게 줄 마른 빵을 찾았는데 빵이 없더란다. 그래서 책꽂이로 가서 네 빵을 가져왔지. 그걸 잘게 부수려고 망치까지 써야 했다더라."

수분을 뺀 바닷가재로 간소하게 만든 음식 꾸러미도 곧 비슷한 운명을 맞았다.

"이번엔 누가 가져간 거예요?"
"누가 가져간 것 같냐? 내가 그랬다."
"이제 그렇게 안 한다고 약속하셨잖아요."
"난 그런 약속 한 적 없다. 책이 있는 데다가 그런 쓰레기 같은 물건을 놔두는 걸 내가 못 참는다는 거 너도 알잖아."
"그거 어떻게 하셨어요?"
"돼지 먹이에 넣어버렸다."[46]

그는 돼지에게는 인이 필요한데, 바닷가재에 바로 그 물질이 들어있다며 자신의 행동을 정당화했다.

팔라치는 미국정보국(USIS)의 폴 스미스Paul Smith를 만났을 때 신랄한 유머를 드러냈다. 그녀가 포드 재단으로부터 여행경비를 보조해주는 장학금을 받게 되자, 그가 그녀에게 설문지를 보냈다. 하나님에 대한 믿음, 교회와의 관계, 음식과 관련해서 필요로 하는 것, 건강 기록 등에 관한 설문지였다. 그녀는 종교에 관한 것만 빼고 모든 문제에 답을 적어 보냈다. 그러나 스미스는 아주 냉정한 어조의 편지를 보내 그녀에게 통역사가 동행해야 하는 시간은 물론 그녀가 만나고자 하는 사람과 가보고자 하는 장소의 목록을 적어 보내라고 명령했다. 이 차가운 편지에 대한 답장 내용을 직접 설명한 그녀의 글을 보면 그녀가 그때 어떤 기분이었는지 선명하게 드러난다. 그녀는 통역이 없어도 된다면서 만약 억지로 통역사를 붙여주려고 하면 도망치겠다고 말했다. 또한 그녀는 자신의 여행 일정도 전혀 알려주지 않았다.

> 내가 언제 오고 언제 갈지 나도 모릅니다. 예를 들어, 내가 세인트루이스에 있다가 갑자기 멕시코시티로 가서 솜브레로 모자를 사자는 생각을 할 수도 있지요…. 당신이 보기엔 이상할 겁니다. 우리 아버지라면 미쳤다고 하실 거고요. 하지만 글을 쓰는 사람들은 항상 약간 미쳐 있답니다.

그녀는 연방수사국(FBI)이 그녀의 행방에 대해 알려줄 것이라면서 책에 쓸 자료를 구하기 위해 자신이 소련까지 가는 일은 없을 것이라고 덧붙였다.

"소련에 가면 나는 너무나 무분별하고 정신이 해이하다는 이유로 크렘린 앞에서 총살당할 겁니다."[47]

그 이후로 침묵이 이어졌다. 4월 중순 팔라치는 해외 특파원 센터에 폴 스미스에 대해 문의해보았다. 그는 여전히 잘 있다는 답변이 돌아왔다. 센터에서는 또한 정부업무연구소(Governmental Affairs Institute)가 여전히 다른 고위인사들과 함께 그녀를 손님으로 맞이하고 싶어한다는 소식을 전해주었다. 그래서 그녀는 출발준비를 하면서 스미스가 불쾌한 말을 주고받지 않으려고 연락을 끊어버렸을 뿐일 거라고 생각해버렸다. 그러나 출발 12시간 전에 미국 대사관 측이 그녀에게 전화를 걸어 USIS가 장학금을 철회해버렸다고 알려주었다. 그녀는 바로 폴 스미스가 그 결정을 내렸으며 정보센터의 연락관에게 메모도 남겨두었음을 알게 되었다.

"그 사람 말이 벚꽃을 보러 미국에 가는 거라면 이미 너무 늦었다고 했다. 봄이 다 가버렸으니까. 하지만 우주선 발사를 보러 가는 거라면 너무 이르다고 했다. 내년까지는 우주선 발사가 전혀 예정되어 있지 않으니까."[48]

팔라치는 이에 굴하지 않고 바로 그 날 아침 한 이탈리아 은행으로 가서 돈을 빌렸다. 그리고 아주 만족스러운 기분으로 다시 미국 여행을 떠났다. 뉴욕에 도착한 그녀는 꽃집에 전화를 걸어 활짝 핀 벚꽃 꽃다발을 스미스에게 보내달라고 했다. 팔라치는 최후의 결정권을 손아귀에서 놓지 않으려는 고집 때문에 심각한 글에서조차 유머감각을 분명하게 드러낼 뿐만 아니라 누군가에게 무시당하는 것을 참지 못한다.

우주계획에 관한 기사를 쓸 무렵, 팔라치는 기사에서 자신의 목소리를 당당하게 드러내는 것에 대해 전혀 거리낌이 없었다. 그녀는 자신과 가족에 대한 이야기를 계속 기사에 포함시켰으며, 미국인 우주비행사들에 대해 도덕적인 판단을 내렸다. 그녀는 과학적인 업적을 설명하다가도 자신을 화려하게 묘사했으며, 자신이 중심이라는 점을 강조했다. 그녀는 케이프케네디에서 로켓 새턴 호가 발사되기 직전에 자신이 피트 콘래드, 시어도어 프리먼과 함께 식사를 한 후 한가로이 해변을 거닐 때 있었던 일을 기사에 적었다. 그녀의 설명에 따르면, 시어도어가 새턴 호를 가리켜 우주로 쏘아 보내는 기도라는 말을 했다고 한다. 그러나 피트 콘래드는 팔라치의 기사 내용이 실제와 다르다고 지적했다. 새턴 호가 발사되기 전에 오리아나와 함께 식사를 하고 해변을 거닌 사람은 자기뿐이라는 것이다. 그는 또한 새턴 호를 가리켜 우주로 솟아오르는 기도라고 말한 사람은 프리먼이 아니라 바로 자신이라고 주장했다.[49]

콘래드에 따르면, 시어도어 프리먼은 팔라치의 기사에서 그의 분신 역할로 여러 번 등장했다. 콘래드와 팔라치는 오랫동안 서로에 대해 커다란 애정을 갖고 있었다. 팔라치는 ≪만약 태양이 죽어버린다면≫을 쓰는 동안 그 책에 대해 그와 계속 서신을 주고받으며 그의 의견을 물었다. 따라서 그녀의 글에 그의 견해가 많이 포함되었지만, 그녀는 콘래드가 외국 기자와 너무 많은 시간을 보냈다는 이유로 NASA 측으로부터 비난을 당하지 않도록 하기 위해 그 의견들이 마치 시어도어 프리먼의 것인 것처럼 묘사했다. 그녀가 다큐멘터리처럼 정확하게 기사를 썼다고 주장하면서도 이런 행동을 했다는 것은 상당히 의미심장하다. 콘래드는 원래 기질적으로 사려 깊은 측면을 가진 사람이며, 우주계획이 진행되던 당시에도 항상 재미만을 추구하지는 않았다. 그러나 팔라치가 기사에서 그를 정반대로 묘사했기 때문에 마치 그가 재미있는 상황을 일부러 만들어내는 사람처럼 보이게 되었다.[50] 반면, 시어도어 프리먼은 팔라치의 기사에서 시인이나 철학자처럼 섬세하고 예술적인 사람으로 묘사되었다.[51]

새턴 호가 발사된 후 팔라치는 뉴욕으로 돌아왔다. 그리고 그곳에서 프리먼이 추락사고로 사망했다는 소식을 듣게 되었다. 그녀가 쓴 기사내용에 따르면, 프리먼이 탄 비행기가 고장을 일으켰는데 낙하산이 펴지지 않는 바람에 그가 목숨을 잃었다고 한다. 그러나 콘래드는 프리먼이 비행기에서 너무 늦게 탈출했다며 팔라치와 다른 이야기를 했다. 프리먼의 죽음은 낙하산 고장과는 아무런 상관이 없다는 것이다.[52]

콘래드와 팔라치의 이야기가 이렇게 다른데도, 팔라치는 글을 직접 쓴 사람으로서 미국 우주계획의 현실을 다시 글로 쓰는 데 있어 분명히 유리한 위치에 있었다. 그녀가 기자로서의 재능과 개인적인 이야기를 강렬하게 집어넣는 방식, 그리고 문학적인 글을 쓰는 기자로서 이미 입증된 자신의 능력을 한데 통합시켰기 때문이다. 그 결과 만들어진 글은 '허구적인' 문학이 아니었다. 만약 그녀의 글에 이런 꼬리표를 붙인다면, 그녀가 없는 이야기를 지어냈다고 말하는 꼴이 될 것이다. ≪만약 태양이 죽어버린다면≫에는 그녀의 활동적인 상상력과 문학적 기법, 그리고 어디서나 모습을 드러내는 그녀의 자아가 반영되어 있다. 이 책은 신문기사처럼 차갑고 딱딱하게 사실만 전달하는 대신 완성된 문체로 정보를 전달하고 있다. 팔라치는 이 책에서 미국 우주산업의 초상을 자세히 그려낸 다음, 그것을 자신의 삶과 연결시켜 깊이를 더했다.

1965년 8월 말, 팔라치는 우주비행사들의 사생활을 취재하기 위해 뉴욕을 떠나 텍사스로 갔다. 그러나 이 기사에서도 그녀는 우주 계획의 영웅들보다 자신을 더 핵심적인 존재로 만들었다. 휴스턴의 한 식품점에서 그녀는 반바지와 하와이언 셔츠를 입은 제임스 맥디비트James McDivitt와 마주쳤다. 그는 그녀를 자신의 2인용 자전거에 태워주겠다고 했다. 따라서 그녀의 글을 읽는 이탈리아의 독자들은 그녀가 미국인 우주비행사의 뒷자리에 앉아 열심히 페달을 밟으며 나소 만灣을 지나가는 광경을 볼 수 있었다. 또한 그녀가 달 착륙 팀의 일원으로 최종 선발된 리처드 고든의 집에서 식사를 하는 모습도 목격할 수 있었다. 독자들은 그녀가 약속시간에 맞춰 고든의 집에 도착한 다음, 그가 아이들과 놀아주는 동안 그의 집 잔디밭을 한가로이 거닐었음을 알 수 있었으며, 그의 아내 바바라가 스파게티를 요리하는 부분에서는 감탄의 미소를 지었다. ("이탈리아 사람들이 스파게티 말고 또 뭘 먹죠?") 맥디비트는 도와주겠다는 그녀의 제의를 모두 뿌리치고 혼자서 상을 차렸다.

"아뇨, 아뇨, 이건 내가 항상 하는 일입니다. 이것하고, 설거지하고, 청소가 내 일이죠."[53]

이 부분에서 팔라치는 기사의 분위기를 바꿔 예의바르고, 재치 있게 좌중을 압도한 자신에게 주의를 집중시킨다. 훌륭한 사기그릇과 은식기가 차려진 식탁에 앉았을 때, 그녀가 고든에 대해 쓴 부분이 포함되어 있는 책 ≪만약 태양이 죽어버린다면≫이 그녀의 눈길을 끌었다. (이때는 이 책이 영어로 번역 출판되기 전이다.) 고든은 자신이 조금 걱정하고 있음을 밝혔다.

"음, 나는 조금 걱정이 됩니다. 우리 모두 조금 걱정을 하고 있죠. 우리 모두 이탈리아어를 모르는데, 저 책에 우리 이름이 있으니 당신이 도대체 뭐라고 썼는지 궁금해요. 저 심술궂은 여자가 도대체 무슨 얘기를 썼을까?"

그는 책을 집어 자신의 이름이 나오는 페이지를 펼치고는 팔라치에게 책을 건네주었다.

"거기 뭐라고 씌어 있습니까? 번역해보세요."

그의 아이들은 거실 소파에 포도송이처럼 올망졸망 모여 앉아서 눈을 커다랗게 뜨고 팔라치에게 귀를 기울였다. 팔라치는 당혹스러운 표정으로 고든의 요청에 따랐다.

"두 번째로 나이가 많은 사람은 서른다섯 살로 자녀가 여섯 명이었다. 그는 키가 작고 건장했으며, 눈과 머리카락은 검은색이었고, 그 동안 욕을 하고 싶은 것을 꾹 참느라고 이마에 주름살이 새겨져 있었다. 나는 그가 마음에 들었다. 그가 어렸을 때 나와 친했던 사람, 무엇이든 할 수 있는 레지스탕스 전사와 비슷했기 때문에 전에 이미 만난 적이 있는 사람처럼 느껴졌다."

"욕이라고요? 나는 욕 안합니다!"

그가 마치 화난 사람처럼 불쑥 끼어들었다. 아이들도 모두 소파에서 뛰어 일어나 부엌으로 달려가서는 어머니에게 의기양양하게 소리를 질러댔다.

"아빠가 욕을 하신대요."

바바라는 국자를 손에 든 채 고개를 빼꼼히 내밀고 말했다.

"죄송하지만, 딕은 욕을 안 해요. 저이와 결혼한 지 12년이 됐는데, 저이가 욕을 하지 않는다고 맹세라도 할 수 있어요."[54]

팔라치는 '욕'이라는 말이 가벼운 유머를 위한 은유적인 표현임을 설명하려고 했다.

"하지만 당신이 그렇게 썼잖습니까? 이탈리아 사람들이 나를 어떻게 생각하겠어요?"
"아빠, 이탈리아 사람이 뭐야?"
"이탈리아에 사는 사람들을 얘기하는 거야."
"아빠, 이탈리아가 뭔데?"
"아주, 아주 먼 곳이지."
"지구에 있어?"
"얘들아, 오늘은 그만하자. 이제 침대로 가거라."

식사를 하기 위해 식탁에 앉은 팔라치는 음식을 서둘러 삼키느라 하마터면 사레가 들릴 뻔했다. 바바라가 그녀와 눈을 마주치며 남편에게 기도를 시작하라는 신호를 보냈기 때문이었다. 고든 부부는 고개를 숙이고 눈을 감더니 경건한 태도로 하나님께 감사의 기도를 드리기 시작했고, 그 날의 손님 팔라치는 당황해서 아무 말도 하지 않은 채 헛기침을 하다가 얼굴을 약간 붉혔다. 바바라가 큰 소리로 말했다.

"당신한테 물어보고 싶은 게 있는데, 괜찮겠어요?"

"예, 바바라, 그럼요."
"교황하고 싸우셨나요?"

    두 사람의 소박함과 단순함에 깊은 인상을 받은 팔라치는 레몬 디저트를 다 먹을 때까지 즐겁게 식사를 마쳤다. 초인종이 울리자 문을 열어주러 갔던 바바라가 여러 명의 손님들을 조용히 거실로 안내했다. 고든은 팔라치가 오늘의 가장 중요한 손님이므로 자신의 오랜 친구들 앞에 모습을 보여주어야 한다고 설명했다. 새로 온 손님들은 프랭크 보먼Frank Borman, 유진 서넌, 로저 채피, R. 월터 커닝햄R. Walter Cunningham, 러셀 슈바이카트Russell Schweickart, 에드윈 '버즈' 올드린Edwin 'Buzz' Aldrin, 에드워드 화이트, 제임스 맥디비트 등 우주비행사들과 그들의 아내들이었다. 팔라치는 자신이 그들의 눈에 이색적으로 보였던 것은 이탈리아인이라서가 아니라(이탈리아는 너무 멀어서 마치 다른 행성에 있는 것처럼 느껴졌다) 뉴욕에서 살고 있기 때문이었다고 설명했다. 남편을 따라온 우주비행사의 아내들 중에는 뉴욕에 한 번도 가보지 못한 사람이 많았기 때문에 그 대도시에 대한 질문들이 쏟아져 나왔다.
"뉴욕이 아름답다고 생각하세요?"
"뉴욕에 사는 게 무섭지 않아요?"
    남자들은 브라운, 나치 독일, 무솔리니, 파시즘 등에 대한 그녀의 부정적인 논평에 더 관심을 보였다. 우주유영을 한 에드워드 화이트의 회고에 의하면, 그들은 모두 책이나 영화에서만 그런 주제를 접했기 때문에 그녀의 증오를 이해하지 못했다. 특히 민주주의 국가인 당시의 독일을 그토록 증오하는 것이 이상했다. 고든은 그녀를 비롯한 전쟁 생존자들의 적의와 증오에 대해 어느 쪽으로도 판단을 내리려 하지 않았다.

"우리는 일종의 중간지대에서 살고 있다. 우리는 굶주림, 체포, 폭격이 실제로 어떤 것인지 모른다."[56]

활기찬 대화를 나누던 그들은 미국 남북전쟁의 잔인함과 그로 인한 남북간의 불화에 대한 이야기로 옮겨갔다. 1940년부터 1945년까지 폴란드, 유고슬라비아, 프랑스, 이탈리아, 다카우, 마트하우젠에서 저질러진 만행 때문에 지금도 유럽을 갈라놓고 있는 분노가 미국 남부와 북부 사이의 적의와 비슷하다는 얘기도 나왔다.

휴스턴의 근교도시인 시브룩의 피트 콘래드 옆집에 위치한 제임스 로벨James Lovell과 마릴린 로벨Marilyn Lovell 부부의 집에서 저녁식사를 할 때도 팔라치는 무대의 중앙을 차지했다. 그녀는 로벨 부부, 이웃 주민들, 그리고 그 날 그 집을 찾은 손님인 조셉 커윈Joseph Kerwin 박사 부부 등과 열심히 이야기를 나눴다. 커윈 박사가 의사로서는 처음으로 우주여행을 할 것이라는 얘기를 들은 그녀는 기술적인 질문을 하려고 했지만 문장을 끝맺지 못했다. 박사가 쾌활한 목소리로 그녀의 말을 방해했기 때문이다.

"이탈리아인이라고요? 혹시 소피아 로렌을 아나요?"

두 사람은 즉시 이 유명한 여배우에 대한 이야기를 나누기 시작했는데, 콘래드와 로벨도 그녀의 팬이었다. 그들의 아내들은 알랭 들롱Alain Delon이 로미 슈나이더Romy Schneider와 헤어진 이유와 피터 오툴Peter O'Toole에게 더 관심이 많았다. 팔라치는 이탈리아의 한 유명한 여자 영웅에 대한 동화 같은 이야기로 그들의 상상력에 불을 붙였다.

"옛날에 소피아 시콜로네Sophia Scicolone라는 아름다운 여자가 살았답니다."[57]

콘래드는 팔라치가 1년 전에 보내준 치안티 포도주 네 병 중 두 병을 따고, 나머지 두 병은 다음 우주여행에서 돌아온 뒤 무사귀환을 축하하기 위해 남겨둔 다음 소피아 시콜로네(로렌)의 이야기에 넋을 잃었다.

휴스턴에서는 우주여행의 위험에 대해 NASA 주위의 사람들이 얼마나 얼음처럼 냉정하게 자신을 다잡고 있는지 실감나게 해주는 사건도 있었다. 어느 날 아침 팔라치는 전화벨 소리에 깨어났다. "여보세요. 저는 시어도어의 아내 페이스 프리먼인데요. 당신이 휴스턴에 있다는 얘기를 들었어요. 제가 좀 찾아봬도 될까요?"

1시간 후, 그녀가 12살짜리 딸과 함께 팔라치가 묵고 있는 모텔 방 문을 두드렸다. 분홍색 옷을 입은 키 큰 미망인과 딸은 모두 아름다운 모습이었다.

"〈휴스턴 데일리Houston Daily〉 한 부를 가져왔어요. 당신이 책하고 같이 제게 보낸 편지에 대해 실려 있어서. 당신 책을 제 남편에게 헌정해주셔서 고마워요. 당신이 곧 떠날 예정이라니 아쉽군요. 그렇지 않았다면 당신을 위해 파티를 열어줄 텐데. 나중에 돌아오시면 그때 파티를 열어드릴게요."
"휴스턴에 남아계셨군요, 프리먼 부인."
"그럼요. 휴스턴은 좋은 곳이에요. 기후도 좋고, 친구들도 다정하고. 우리 페이스도 여기 학교에 다녀요. 게다가 여기서 직업도 구했는걸요. 암 환자들을 돌보는 간호사예요. 그런데 왜 휴스턴을 떠나겠어요? 그렇지 페이스? 페이스, 애야, 뭐라고 말 좀 해봐. 미소도 짓고."[58]

팔라치의 설명에 따르면, 페이스는 누구에게도 유쾌한 표정을 보여주는 경우가 드물었으며, 10개월 전 세상을 떠난 아버지 때문에 여전히 슬픔에 잠겨 있었다.

"우리 페이스는 커서 모델이 될 거예요. 몸매가 모델이 되기에 딱 맞거든요. 그렇죠?"

팔라치는 그녀의 내적인 강인함에 놀랐다. 남편이 죽은 순간부터 그녀는 눈물을 흘리지도 않았고, 상복을 입지도 않았으며, 슬픈 기색을 보여 친구들을 괴롭게 만들지도 않았다.

"프리먼 부인은 원래 울지 않는 분이세요?"
"난 눈물을 믿지 않아요."

그녀는 자리에서 일어나 팔라치를 끌어안으며 그녀의 옷이 아름다워서 그녀가 사용하는 프랑스 향수를 더욱 돋보이게 해준다고 말했다.
"난 삶을 믿어요. 삶은 너무나 아름답죠. 삶은 최고의 선물이자 기적이에요. 매일 아침 나는 미소를 지으며 살아있어서 다행이라고 혼잣말을 해요."[59]

휴스턴에서 쓴 기사들은 우주비행사들이 착하고 소박한 미국인들이라는 기본적인 메시지를 강화해주었을 뿐만 아니라, 품위 있고 친절하고 역사적인 인물들에게 둘러싸인 팔라치를 다시 무대의 중앙에 놓는 역할을 했다. 사실 이 기사들은 우주비행사들의 개인적인 생활만 다룬 것이 아니었다. 그 기사들은 우주비행사들의 개인적인 생활 속에서 오리아나 팔라치가 어떻게 움직였는지를 기자다운 솜씨로 그려놓은 모자이크였다.[60] 그녀는 1969년 여름에 최초의 달 착륙을 보도할 때도 같은 솜씨를 발휘했다.[61]

달을 향해 최초의 우주선이 발사되기 전에 팔라치는 미국 기자들과 함께 텔레비전을 통해 우주비행사들을 인터뷰하는 기자회견에 참석했다. 이 기자회견에서 월터 크롱카이트Walter Cronkite는 그녀에게 메모를 보내 우주비행사들에게 물어볼 것이 있느냐고 물었다. 그녀는 메모지에 짤막한 질문을 써서 크롱카이트에게 보냈다.

크롱카이트: "여기 오리아나 팔라치 씨가 보낸 질문이 있습니다…. 지금 두려우십니까?"
닐 암스트롱: "글쎄요." (망설이면서) "아시다시피 흥분한 상태라서요."
팔라치: "쳇, 헛소리. 무서워 죽겠다고 말해요!"

팔라치는 회견장에 있는 사람들을 향해 큰 소리로 외쳤다.

"흥분했건 말건 누가 신경이나 쓴대요! 말해요, 무섭다고. 무섭다고! 월터, 무서우냐고 물어보세요!"

나중에 다른 인터뷰에서 팔라치는 자신이 암스트롱에게 마치 아이처럼 그 질문을 던졌다며 "그건 비밀"이라고 말했다. 그러나 그녀의 행동은 유명인사들(이 경우에는 최초로 달 표면을 걷게 될 사람)의 입에서 자신이 원하는 대답을 끌어내는 팔라치의 자기중심적 스타일을 잘 보여준다.[62]

1969년 7월 16일 수요일자에 게재된 케이프케네디 발 기사에서 팔라치는 손에 수화기를 들고 우주선 발사 직전의 극적인 순간을 이탈리아에 보고하는 자신의 모습을 강조했다. 그녀는 넋을 잃은 채 그 자리에 서서 로켓 새턴 V호가 천천히 지상을 떠나 우주로 발사되는 광경을 자신도 모르게 자꾸만 묘사하고 있었다. 이 덕분에 그녀는 계속 무대의 중앙에서 환한 조명을 받을 수 있었다. 그녀가 아폴로 호의 달 여행을 뒤쫓기 위해 휴스턴 행 비행기를 타러 달려갈 때 그녀 옆에 있었던 일단의 기자들도 같은 역할을 했다. 곧 이어 NASA 본부에서 헤드폰을 끼고 있는 팔라치의 모습이 등장했다. 그녀는 7월 16일에 암스트롱이 우주선의 작은 창문으로 내다본 북미 대륙의 모습을 설명했으며, 다음 날에는 휴스턴 사람들이 우주비행사들에게 그 날의 뉴스를 알려주었다고 보도했다. 그러나 이보다 더 중요한 것은 우주비행사들이 착륙을 알려온 메시지에 그녀가 초점을 맞췄다는 점이다.

"여기는 고요의 기지. 독수리가 착륙했다."[63]

그 순간 독자들은 NASA 직원들이 박수를 치며 환호하는 모습과 함께 믿을 수 없을 정도로 감정을 쏟아내는 팔라치의 모습을 볼 수 있었다.

"강당뿐만 아니라 복도, 무전기지, 통신실, 사무실, 중앙관제소도 모두 마찬가지였다. 중앙관제소 사람들은 브라운이 아기처럼 울어댔다고 내게 말해주었다. 월리 쉬라도 울었고, 많은 우주비행사들과 프로젝트 감독관들도 마찬가지였다."[64]

그녀의 독자들은 암스트롱이 일반 공개용 통신회로를 열었을 때 거대한 TV 앞에서 눈을 휘둥그레 뜨고 있는 그녀의 모습을 보았다.

"바로 그 순간 스크린이 켜졌다. 우리가 보고 있는 것을 전세계가 함께 보고 있었다. 달 착륙선의 다리와 몸체 아랫부분, 그리고 달의 지평선이 보였다. 그 다음으로 보인 것은 작은 사다리의 발판을 찾으며 아래로 내려오는 발, 그 커다란 발이었다."

그녀는 그가 사다리의 마지막 발판에서 뛰어내리던 모습, 달 표면에서 그가 처음으로 한 말("나는 지금 사다리 발치에 있다."), 그가 천천히 신중하게 움직이던 모습, 사진기를 가지고 나오는 올드린, 두 사람이 시험 삼아 걸어보던 모습, 서둘러 모든 활동을 완수하고 임무를 끝내던 모습[65] 등을 설명했다. 팔라치는 그들이 성공을 거둔 것에 경탄했으며, 인류의 미래가 앞으로 계속 이렇게 단순할 것인지 궁금해 했다.

팔라치는 다음번 달 여행을 위해 선발된 우주비행사들을 소개하면서 피트 콘래드를 특별히 강조했다.

"내게 있어 그는 단순히 달에 가는 우주비행사가 아니다. 그는 내 오빠와 같다."[66]

그녀는 1965년에 NASA에 있는 콘래드의 사무실에서 그를 처음 만난 날 이후 단 한 번도 그와 연락이 끊어진 적이 없으며, 두 사람 모두 서로를 점점 인정하게 되었다고 말했다. 팔라치는 그의 아내와 네 아이들도 높게 평가해서 긴 여행을 마치고 돌아올 때면 항상 그들에게 전화를 걸곤 했다. 또한 만약 그녀에게서 전화가 없으면 그들이 전화를 걸어 그녀가 어디 있는지 알아보곤 했다. 그녀는 콘래드가 프린스턴 대학에 다닐 때 앨버트 아인슈타인이 딸기아이스크림을 먹는 모습과 한쪽 발은 인도 위에 한쪽 발은 차도 위에 두고 걷는 모습을 보았다는 일화를 즐겨 얘기하곤 한다. 달을 향해 떠나기 전날 밤, 콘래드가 가장 걱정했던 것은 착륙이 잘못되는 경우 자기 입에서 욕이 튀어나오면 안 된다는 점이었다. NASA의 간부들부터 TV 제작자들에 이르기까지 모든 사람들로부터 저속한 말을 쓰면 안 된다는 얘기를 들은 탓이었다. 팔라치는 자신이 콘래드에게 해결책을 찾아주었다고 주장했다.

"피트, 내가 방법을 가르쳐줄게. 나한테서 이탈리아어로 [욕을] 두세 개 배워서 써먹으면 되잖아. 미국사람들은 아무도 그 말을 이해하지 못할 테고, 이탈리아 사람들은 전부 아주 기뻐할 거야."[67]

팔라치는 그가 가장 좋아하는 이탈리아어 욕(accidenti)을 그의 우주복 소매에 써주었는데, 그가 달착륙선 사다리에서 땅으로 내려서면서 그 단어를 써먹을 것이라는 확신이 들었다고 말했다. 한편 그녀는 콘래드를 자기 소설의 주인공으로 등장시켜 그의 삶과 그의 조상들, 그리고 아내 제인을 만나게 된 경위 등을 글로 쓰기도 했다.

콘래드의 말을 들어보면 팔라치가 사실을 과장하고 윤색했음을 알 수 있다. 마치 그녀가 상상력을 동원해 자신의 존재감과 중요성을 증폭시킨 것 같다.[68] 콘래드는 자신에게 이탈리아어 욕을 가르쳐줬다는 얘기는 전혀 사실이 아니라고 말했다. 그녀가 자신에게

'accidenti'든 무엇이든 욕을 가르쳐준 적이 없으며, 그녀가 가르쳐준 말을 써먹겠다고 자신이 말한 적도 없다는 것이다. 게다가 우주복 소매에 그런 단어를 쓴 적도 없다고 했다.[69] 팔라치의 이야기에서는 그가 달을 향해 떠나기 전날 밤에 그녀 자신과 콘래드의 아내, 네 아이, 콘래드의 어머니와 누이들, 처갓집 식구들, 사촌, 친구들이 모두 멜번 모텔에 모인 것으로 되어 있다. 이 자리에 콘래드가 나타나서 가족들에게 뭐라고 말을 한 다음 팔라치를 바라보았다는 것이다. 그는 팔라치가 눈물을 흘리고 있는 것을 보고 그녀를 끌어안으며 투덜거렸다.

"당신이 울면, 당신이 좋아하는 말을 안 해줄 거야, 알겠어?"[70]

그녀는 콘래드가 달 표면에 발을 딛기 1초 전에 accidenti(젠장!)라는 말을 했다고 기사에 썼다.

콘래드는 이 점에 대해서도 팔라치의 이야기를 모두 부인했다.

"나는 그녀에게 그 이야기를 하거나 이탈리아어로 욕을 한 기억이 없다."[71]

멜번 모텔의 파티는 팔라치의 말처럼 출발 하루 전에 열린 것이 아니라 이틀 전 밤에 열린 것이었다. 발사 전날 파티를 여는 것은 전통이었지만 콘래드는 그 자리에 참석하지 않았다. 승무원 숙소에서 가족 및 친구들과 이야기를 나눴을 뿐이다. 그는 출발 이틀 전 밤에 가족과 친구들을 자유로이 방문할 수 있었다(당시에는 우주여행 전에 우주비행사들을 격리시키지 않았다). 그러나 그곳에 오래 머물지는 않았다. 대략 6시 30분에 갔다가 7시에 그 자리를 떠났으니까. 그 날 그가 만난 사람들 중에는 기념비적인 우주선 발사가 이루어지기 이틀 전인 그 날 케이프케네디에 갔다 온 사람이 많았다. 사실 콘래드 자신이 아흔 살의 숙모를 모시고 달 시뮬레이터 안을 구경시켜드리기도 했다.

팔라치는 ≪만약 태양이 죽어버린다면≫에서 뉴멕시코주 라스 크루스에서 자동차 사고가 있었는데, 우주비행사 여러 명이 여기에 휘말렸으며 피트 콘래드가 몰던 자동차는 파괴되어 도랑에 거꾸로 처박혔다고 말했다. 그러나 콘래드의 설명에 따르면, 그 차를 운전한 사람은 그가 아니었다. 그는 조수석에 앉아 있었고 NASA의 운전수가 핸들을 잡았다는 것이다. 게다가 자동차가 그녀 말처럼 그렇게 크게 부서진 것도 아니었다.

콘래드는 달에서 자신이 한 말에 대한 팔라치의 설명도 사실과 다르다고 말했다. 기사에서 그녀는 자신이 콘래드와 함께 뉴욕시 54번가의 한 프랑스 식당에 있을 때 콘래드가 딱딱하고 역사적인 웅변을 너무나 싫어한다면서 자신이 달에 있을 때 대통령이 연설을 하지 않았으면 좋겠다는 말을 했다고 주장했다. 당시 그녀는 콘래드의 말에 즉시 반응을 보였다.

"피트, 당신이 사다리에서 내려서는 순간 해야 하는 말 때문만이라면 난 당신 처지가 부럽지 않아. 거기 두 번째로 도착한 사람은 도대체 무슨 말을 할까?"
"나는 알지! 닐이 했다는 그 말을 할 거야. '이것은 한 사람에게는 작은 한 걸음이지만, 인류에게는 거대한 도약이다.' 그 말을 듣고 난 이런 생각을 했거든. 그 사람한테는 그게 작은 한 걸음이겠지만, 나한테는 엄청나게 큰 걸음이라고. 무슨 말인지 알겠어? 내 다리는 짧은데, 사다리 마지막 발판이 너무 높단 말이야!"[73]

콘래드의 이야기는 팔라치의 말과 완전히 다르다. 암스트롱이 작은 한 걸음을 이야기했던 1969년 8월에 팔라치는 휴스턴에 있는 콘래드의 집에서 그와 함께 앉아 있었다. 그녀는 암스트롱의 말을 듣자마자 미국 정부가 선전을 위해 그 말을 미리 준비해줬을 것이라고 생각했다. 그러나 그는 미국 정부가 그 말을 써준 것이 아니라 닐 암스트롱이 스스로 생각해냈다면서 그녀의 말을 반박했다. 그녀가 그의 말을 믿으려 하지 않자 그는 자신이 스스로 만들어낸 말을 자유롭게 할 수 있다는 사실을 증명하기 위해 그 자리에서 자신이 달에 갔을 때 할 말을 지어내서 들려주었다.

"이봐, 오리아나, 우리 사무실에서 내 키가 제일 작거든. 그러니까 나는 닐에게는 작은 한 걸음이겠지만 나한테는 엄청나게 큰 걸음이라고 말할 거야."[74]

그리고 그는 우주비행사들의 말에 정부가 통제를 가하지 않는다는 사실을 증명하기 위해 자신이 달에 가서 그 말을 하겠다는 것에 대해 그녀와 500달러짜리 내기를 걸었다. 두 사람은 내기가 성립되었음을 확실히 하기 위해 악수를 했고, 콘래드는 달에 갔을 때 약속대로 그 말을 했다. 팔라치도 기사에서 그 말을 정확하게 인용했다.[75] 그러나 그녀는 콘래드가 그 말을 지어내게 된 경위에 대해서는 전혀 언급하지 않았고, 그와 내기를 걸었다는 얘기도 하지 않았다. 또한 그에게 500달러를 지불하지도 않았다. 콘래드는 지금도 그녀에게 돈을 갚으라며 놀리곤 한다고 말했다.[76]

팔라치가 자신을 이야기의 중심으로 만들기 위해 사실을 과장하는 성향이 있기는 하지만, 우주탐사에 대한 그녀의 기사는 엄청난 인기를 끌었다. 독자들은 그녀의 기사를 아주 좋아했으며, 그녀의 말을 복음처럼 믿었다. 일반적인 이탈리아 독자들은 그녀의 경험을 통해 대리만족을 얻었고, 이탈리아의 어느 누구도 할 수 없었던 일을 해낸 자기들의 프리마돈나에게 주목했다. 리졸리 출판사는 달 여행에 대한 그녀의 기사 여러 편을 책으로 묶어 출판했다. 1970년에 ≪그날 달에서 Quel giorno sulla luna≫라는 제목으로 출판된 이 책은 알베르토 포졸리니 Alberto Pozzolini에 의해 즉시 어린이용 책으로도 개정 출판되었고, 이탈리아의 학교에서는 교재로 쓰이게 되었다. 한편 〈에우로페오〉 편집자들은 국제 저작권부를 만들어 그녀의 작품을 판매하는 한편, 그 작품에 대한 자신들의 소유권을 보호했다. 팔라치는 잡지를 위해 돈을 벌어주는 사람이라는 명성과 함께 'la gallina delle uova d'oro(황금알을 낳는 닭)' 이라는 별명을 얻었다.

동남아시아를 무대로
MOVIC SCREEN IN SOUTHEAST ASIA

6

Oriana Fallaci

1967년, 팔라치는 한껏 들떠서 베트남에 가겠다고 자원했다. 종군기자로서 8년에 걸친 모험의 시작이었다. 어느 모로 보나 동남아시아에서 발생한 그 유혈극은 하나의 전환점이었다.[1] 그녀는 전쟁의 지옥 속으로 곧장 뛰어 들어가서 〈에우로페오〉에 연재기사를 썼을 뿐만 아니라, 나중에 상을 수상한 ≪무 그리고 아멘 Niente e così sia≫을 썼다. 베트남전을 취재한 여성기자는 극소수였지만, 팔라치가 여자라는 사실보다 더 중요한 것은 그녀가 자기만의 색깔을 지닌 활동적인 보도스타일을 확립했다는 점이었다. 베트남전을 취재하는 동안 내내 그녀는 병사가 적을 죽일 때의 생각과 느낌을 알고 싶다는 욕망에 이끌려 전쟁터에 직접 뛰어들고, 병사들과 함께 순찰을 했으며, 심지어 베트콩들이 있는 곳에 폭격을 퍼붓는 것을 직접 참관하기도 했다. 그녀의 글에는 작가로서 그녀가 지닌 재능이 아주 깊이 배어 있었기 때문에 독자들은 글 속에 묘사된 사건들을 직접 경험하는 듯한 느낌을 받았다. 팔라치는 모든 일에 직접 참여하는 보도스타일에 사회적 리얼리즘이라는 문학적 장식을 입혔다. 그녀는 바로 눈 앞에서 보는 것처럼 구체적으로 사건을 묘사하는 강렬한 기법을 이용해서 베트남전을 생생하게 살려냈으며, 그녀의 모험에서 사소한 것 하나도 놓치지 않으려고 열심인 독자들을 사로잡았다. 무엇보다도 중요한 것은 팔라치가 종군기자로 활동할 때도 기사에 개인적인 이야기를 집어넣는 성향을 고수했기 때문에 그녀가 쓴 책과 기사에서 그녀 자신이 중심인물로 등장했다는 점이었다.

1967년 11월 18일에 사이공에 도착한 그녀는 공항에서 호텔로 가는 동안 자신의 시선을 끌었던 광경들을 묘사함으로써 앞으로 사건들이 펼쳐질 배경을 확실하게 구축했다. 그리고 탠손누트 터미널을 묘사한 부분에서 상황이 얼마나 위험한지를 독자들에게 인식시켰다.

"제트 전투기, 무거운 기관총을 장착한 헬리콥터, 그리고 네이팜탄을 실은 트레일러들이 우울한 표정의 미국인 병사들과 나란히 서 있었다."[2]

시내에 들어선 그녀는 도시가 전쟁의 충격을 고스란히 드러내지 않고 있다는 점에 깜짝 놀랐다.

"1967년 11월의 사이공은 혼란스러웠지만, 그것은 거의 쾌활함에 가까운 혼란이었다…. 마치 전쟁이 끝난 후의 도시를 보는 것 같았다. 시장에는 음식이 가득 차 있고, 보석가게에는 금이 쌓여 있으며, 식당도 문을 열었고, 시내에 햇빛이 가득했다."[3]

특히 놀라웠던 것은 호텔의 분위기가 조용하다는 점이었다. 그래서 그녀는 이 도시가 나라 전체의 고통을 나몰라라 하고 있다는 인상을 받았다.

"엘리베이터도, 전화도, 천장의 선풍기도 모두 제대로 작동하고 있었고, 베트남인 웨이터는 손님의 자그마한 몸짓에도 즉각 반응했다. 식탁 위에는 언제나 신선한 파인애플과 망고가 담긴 그릇이 있었다."

이 기사의 결론 부분에서 그녀는 자신이 어쩔 수 없이 실존적인 사고를 하게 되었음을 드러낸다.

"여기서는 죽음이 생각나지 않았다."[4)]

여주인공이자 모험가이자 종군기자이자 작가인 팔라치는 닥토에서 베트남전 중 가장 잔인했던 전투를 참관한 뒤 글을 통해 독자들로 하여금 그녀의 용기와 대담함에 감탄하게 만들었다. 먼저 그녀는 전장으로 향할 때 자신이 어땠는지 묘사했다. 헬리콥터 안에는 조종사 두 명과 기관총 사수들 외에 네 명을 더 태울 수 있는 공간밖에 없었다. 그녀는 사실에 대한 묘사와 논평을 섞어, 자신과 함께 헬리콥터에 탔던 TV 논평가의 두려움을 이야기하고, 그가 발작처럼 몸을 떨었다는 사실을 이용해 전지적 시점에서 상황을 바라보는 1인칭 서술로 쉽사리 옮겨갔다.

> 나는 너무나 부끄러워서 갑자기 다른 사람처럼 변해버렸다. 차분하고, 명석하고, 긴장을 늦추지 않는 사람으로. 그가 신음하는 동안 나는 헬리콥터 밖으로 몸을 내밀고 미국인들이 베트남 북부에 떨어뜨린 네이팜탄 때문에 피어오르는 검은 연기와 왼쪽의 산들을 냉정하게 바라보았다…. 우리가 전쟁터 한복판을 날아가고 있다는 사실에 대해서는 전혀 걱정하지 않았다.[5)]

팔라치는 닥토에서 보낸 첫날밤을 묘사하면서 적이 박격포로 공격해왔을 때 1383 고지의 벙커로 피신해야 했던 자신의 모습을 강조했다. 1시간 동안 계속된 공격은 그리 심한 편이 아니었지만, 그녀는 벙커에 웅크리고 있으면서도 종군기자로서 임무를 수행하는 여기자의 모습을 그려낼 수 있었다. 그녀는 병사들이 징병을 피하는 방법에 대해 나누는 이야기에 귀를 기울이면서 천박한 영화의 해설자 같은 태도를 취했다. 병사들의 대화는 전쟁에 대한 그들의 속내뿐만 아니라 많은 병사들의 성격까지도 새로운 시각으로 바라보게 해주었다.

"있지, 그 친구는 어머니를 보살펴야했기 때문에 간신히 징병을 피해 로스앤젤레스에 남더니, 집에 수영장을 지었대."
"잭은 그 친구보다 더 똑똑했어."
"어떻게 했는데?"
"일부러 술을 퍼마셔서 궤양에 걸렸거든. 그래서 징병검사에서 떨어졌어."
"궤양 만세!"

병사들의 이야기에 따르면, 하워드라는 친구가 가장 솜씨 좋게 징병을 연기시켰다.

"심사관들이 여자를 좋아하냐고 물었더니 그 친구가 뭐라고 했는지 알아? '세상에, 그럴 리가요. 제가 남자를 좋아한다는 건 누구나 다 아는 사실인걸요.'"
"호모야?"
"당연히 아니지. 미쳤어? 하지만 징병검사에서는 호모들을 그냥 떨어뜨려. 그거 몰랐어?"
"몰랐어, 젠장. 지금 내가 호모라고 말하면 어떨까?"
"너무 늦었어. 그 생각을 좀 더 일찍 했어야지. 나도 마찬가지고."[6]

사이공으로 돌아온 팔라치는 베트콩에 대한 연민을 드러낼 기회를 잡았다. 그녀는 자신이 적의 포로 두 명을 심문하면서 자유롭게 그들과 대화를 나누는 모습을 묘사해 그들이 어떤 사람인지를 독자들에게 밝히고, 자신의 속내를 전면에 내세웠다. 그녀가 베트콩을 지지했다는 사실은 그녀가 쓴 책 속의 다른 부분에서도 분명하게 드러나 있다. 미칸 식당을 폭파한 테러리스트인 응구엔 반 삼Nguyen

Van Sam을 보며 그녀는 20년 전 파시스트들의 감옥에 들어가 있던 에도아르도 팔라치의 모습을 떠올렸다. 그녀는 자정부터 새벽 두 시까지 그와 나눈 이야기를 묘사하면서 그가 남베트남 경찰의 손에 잔혹한 고문을 당하면서도 인간답고 영웅적인 모습을 보였다고 강조했다. 그녀가 그에게 테러를 통해 많은 사람이 죽었다는 사실을 지적하자 그는 미국 측에 그 죄를 떠넘겼다.

"그때 내 기분은 무방비상태의 마을에 폭탄을 떨어뜨린 미국인 병사의 기분과 같았던 것 같아요. 차이가 있다면, 미국인 병사는 비행기를 타고 곧장 그 자리를 떠나기 때문에 자신이 저지른 일의 결과를 보지 못하는 반면, 나는 그 광경을 봤다는 것이죠."[7]

그녀와 이야기를 나눈 또 한 명의 포로는 후인 티안Huyn Thi-an이라는 젊은 아가씨였는데, 그녀는 오만한 태도로 그 어떤 질문에도 대답하지 않았으며, 혁명의 대의에 완전히 헌신하고 있었다. 팔라치는 체념 속에서도 긍지를 잃지 않는 그녀의 모습을 보면서 성모를 떠올렸다.[8]

미군에 대한 반감을 낭만적으로 묘사하는 경향은 무명의 베트콩 병사 일기를 발췌한 부분에서도 드러났다. 일기 중에서 그녀가 고른 대목에는 사랑하는 사람과 헤어진 아픔, 슬픔의 눈물, 미군을 악마로 보는 심정, 미제국주의자들 때문에 당한 고통 등이 강조되어 있었다. 그녀는 레반민Le Vanh Minh의 내심을 밝힌 부분에서도 비타민과 군량과 현대적인 장비를 가지고 베트남에 도착한 미군들보다 그들의 적에 대한 호감을 드러냈다. 그녀는 또한 레반민이 지은 사랑의 시를 기사에 포함시킴으로써 그의 대의를 한층 숭고한 것으로 만들고, 미군 병사들의 긍정적인 이미지를 깎아내렸다.[9] 팔라치가 베트남에서 쓴 기사들 중에는 미군의 비위를 거스르는 것이 많았음에도, 그녀는 여전히 원하는 대로 무슨 기사든 쓸 수 있는 자유를 누리고 있었다. 그녀는 나중에 하노이를 방문했을 때 북베트남 당국자들이 그녀의 행동과 글을 모두 통제하려 하는 것을 보고 자신이 그때까지 누렸던 자유를 진정으로 실감했다.

1968년 2월, 잔혹한 전투로 인해 엄청난 인명피해가 발생한 후에 Hue 시를 방문하고 나서 쓴 기사에서 팔라치는 자신이 어떻게 해서 베트콩에게 호감을 갖게 되었는지를 설명했다. 이 기사에서 그녀는 특정한 상황보다는 보편적인 것들을 묘사하면서 자신이 인류의 일원이라는 사실에 부끄러움을 느꼈다고 말했다.

"죽음의 공포가 아닌 다른 공포가 갑자기 나를 사로잡았다. 그것은 내가 살아있다는 공포였다."[10]

한 미국인 장교가 저격수의 손에서 그녀의 목숨을 구해준 후 이어진 대화에서 그 미국인 장교는 그녀가 적에게 호감을 갖고 있어서 미군에 대해 마음대로 불공평한 비난을 퍼붓는 자유주의자라고 말했다. 그는 그녀가 원하든 그렇지 않든 그녀를 보호하기 위해 적의 저격수를 죽인 것은 미국인인 자신이므로 그녀는 그 죽음에 대해 양심의 가책을 느끼지 않게 되었지만 자신은 자기 손으로 방금 누군가를 죽였으며 앞으로 더 많은 살인을 저질러야 한다는 사실을 가슴에 품고 살아야 한다고 지적했다. 팔라치는 그의 말에 일리가 있음을 인정하고 선악을 분석할 때 자신이 과연 객관적이었는지 자문해보았다.

"세상에, 판단을 내리는 것이 얼마나 힘든 일인지. 선과 악을 구분하는 것이 얼마나 힘든 일인지. 내가 레반민과 투예트 란Tuyet Lan만을 위해 눈물을 흘린 것이 잘못이었을까? 내가 막다른 골목에 들어와 버린 것 같다."[11]

이 기사는 팔라치가 옳고 그름에 대한 자신의 생각을 의심하기 시작했음을 보여준다.

후에 전투를 취재하면서 팔라치는 이곳에서 발생한 민간인 사망자 수가 너무나 많다는 사실에 넋을 잃었다. 그녀가 보기에는 미군과 베트콩에게 모두 책임이 있었다. 그러나 그녀는 기사에서 베트콩을 특히 강렬하게 비난했다. 그녀가 생전 처음으로 베트콩에 대해 직접적인 비난과 부정적인 말을 사용한 것이다.

"미국인과 베트콩과 남베트남인들에게 모두 감사의 뜻을 표할 수도 있을 것이다. 예를 들어, 미국인들이 포와 기관총과 네이팜탄으로 죽인 사람이 더 많은지 아니면 베트콩이 대규모 처형으로 죽인 사람이 더 많은지 판단하기가 어려울 것이다."

베트콩은 수많은 사람들을 즉결처형했다. 미군 헬리콥터에 총을 쏘지 않으려 한 사람이나 어떤 식으로든 협조를 거부한 사람들을 모조리 죽여버린 것이다. 이 학살을 다룬 기사에서 그녀는 당혹감을 드러냈다.

"마치 마트하우젠과 다카우와 아르데아틴의 도랑을 보는 것 같았다. 세상은 하나도 변하지 않았다…. 인간도 변하지 않았다. 피부색이 무엇이든, 어떤 깃발을 들고 있든."[12]

1968년 5월, 제2차 사이공 전투 중에 베트콩이 포로로 잡힌 기자들을 처형해버리는 것을 보고 그녀는 더욱 더 현실을 인식했다. 그녀는 이 비극을 기사로 재현하기 위해 처형된 기자들의 사진을 보고, 처형현장을 직접 찾아가기도 했다. 그녀가 전에 베트콩에게 느꼈던 긍정적인 감정들은 이제 분노에 밀려 사라져버렸다. 그녀의 이러한 변화는 그녀의 책 ≪무 그리고 아멘≫뿐만 아니라 전쟁을 보도한 기사에서도 가장 중요한 자리를 차지하게 되었다. 전에 기자들은 적이 자신들을 죽이지 않을 것이라고 생각했다.

"전에는 베트콩이 기자들을 쏜 적이 한 번도 없었다. 베트남에서 전쟁이 시작된 후 정말로 한 번도 없었다. 베트콩에게 붙잡힌 사람들은 모두 무사히 도망칠 수 있었다."[13]

그러나 브루스 피고트bruce Pigott, 로널드 라라미Ronald Laramy, 마이클 버치Michael Birch, 존 캔트웰John Cantwell을 잔혹하게 살해해버린 것은 정말로 야만적인 행위였다. 그 후 〈라 나시온La Nacion〉 소속의 젊은 아르헨티나 기자이며 팔라치의 친구인 이그나시오 에즈쿠라Ignacio Ezcurra가 또 다시 처형되면서 베트콩을 자유의 투사로 보았던 낭만과 이상이 완전히 부서져버렸다. 그녀는 그들도 짐승처럼 행동한다는 깨달음을 간략하게 표현했다.

> 베트콩이 그런 짓을 한다는 사실을 받아들이기가 힘들다. 점점 더 힘들어지고 있다. 그들은 지금까지 우리가 묘사했던 것처럼 정의와 자유에 헌신하는 기사가 아니다. 그들도 다른 사람과 같다는 것, 그들의 적과 마찬가지로 짐승이라는 것을 인정하려니 슬프다. 점점 더 슬퍼지고 있다.[14]

팔라치가 후에의 사상자들과 살해당한 기자들의 사진을 본 것은 현장을 사실적으로 그려내기 위해서였다. 그녀는 베트콩의 시체로 가득 찬 묘지와 살해당한 기자들의 사진을 직접 보았다. 미군과 남베트남인들이 저지른 만행은 항상 사진으로 찍혀 공개되는 반면 베트콩의 만행이 모두 사진으로 찍힌 것 같지는 않다는 깨달음 덕분에 그녀는 더 객관적인 시각을 갖게 되었다.[15] 어쩌면 그녀가 에즈쿠라를 비롯한 기자들의 죽음을 잔인하게 살해당한 수많은 무고한 사람들의 죽음과 같은 맥락에서 볼 수도 있었을 것이다. 그러나 양손을 묶인 채 뒤통수에 총을 맞아 죽은 에즈쿠라의 모습은 추상적이고 철학적인 생각들을 모두 산산이 부숴버렸다.

"마틴 루터 킹Martin Luther King의 시신이 워싱턴의 흑인들을 흥분시켰던 것처럼, 그 다섯 구의 시신은 나를 진정으로 흥분시켰다.

나는 흑인들처럼 거리의 가게를 불태우는 대신 베트콩에 대한 나의 연민과 경탄을 불태워버렸다."[16]

이런 깨달음을 얻은 직후 팔라치는 누군가에게서 블레즈 파스칼 Blaise Pascal의 ≪팡세 Pensees≫를 한 권 받았다. 이 프랑스 철학자의 책은 진실이 항상 선명하게 나타나는 것은 아니라는 사실을 독자가 깨달을 수 있게 해준다. 어쩌면 인간에 대한 인간의 야만성과 이 세상의 혼란을 가장 만족스럽게 설명한 책인지도 모르겠다. 파스칼에 따르면, 영웅들이 사람들을 미혹시키는 경우도 많고, 경멸을 받던 사람이 어느 날 갑자기 매력적인 사람으로 변하는 경우도 있다. 팔라치는 진실과 거짓에 대해 사람들이 품고 있는 이상이 현실과 뒤섞인다는 사실을 이해함으로써 옳고 그름에 대한 자신의 절대주의적인 시각을 바꿨다.

"모든 것은 진실과 거짓을 부분적으로 포함하고 있으며, 옳은 것과 그른 것도 한데 섞여 있다. 여러분이 존경하던 사람이 여러분을 실망시킬 수도 있고, 여러분이 경멸하던 사람이 여러분을 감동시킬 수도 있다."[17]

각각의 사람들이 천사와 짐승을 모두 품고 있다는 파스칼의 믿음이 현실의 정곡을 찔렀기 때문에 팔라치의 마음도 조금 편안해졌다.

"파스칼은 나의 절대주의, 나의 맹목성을 크게 바꿔놓았다."[18]

사이공에 있는 동안 팔라치는 기자로 활동했던 작가들의 모범을 따라 사이공의 삶에 대한 기사거리를 수집했다. 언제나 현장에 직접 뛰어들었던 그녀는 이번에도 불교 승려들의 폐쇄적인 세계에 들어가 저항운동을 벌여온 그들의 복잡한 역사를 보도했으며, 투옹기엔 Tu Nghien 탑의 테라스에서 분신자살한 젊은 교사 후인 티마이 Huynh Thi Mai의 이야기를 기사로 썼다. 또한 6천 명의 여사제들을 거느린 덕망 있는 수녀원장 티치누 후에 Thich Nhu Hue를 인터뷰하기도 했

다. 티치누 후에는 여사제에게 공식적인 자기희생을 허락할 수 있는 유일한 인물이었다.[19]

팔라치는 자신이 관찰한 것들을 엮어서 현실을 빈틈없이 기록하면서도 자신을 일상생활의 중심에 놓은 기사를 만들어냈다. 〈에우로페오〉에 실린 그녀의 기사들은 그녀를 주인공으로 삼은 단편소설들 같다. '처형The Execution' 이라는 제목의 기사는 베트콩 세 명이 총살당한 보복으로 베트콩으로부터 살해 위협을 받고 있는 미국인들을 구하기 위한 외교관들의 노력에 초점을 맞췄다. '사이공의 아이들 The Children of Saigon' 이라는 기사는 팔라치가 어느 날 저녁 늦게 산책을 하다가 노숙하는 아이들 세 명을 만났을 때의 이야기를 그리고 있다. '이방인The Stranger' 이라는 기사는 무감각한 의사 칸Khan 박사의 불가해한 성격을 그렸다. 박사는 팔라치에게 이제는 '평화'와 '자유'라는 말을 옛날 사르트르와 파스칼이 말한 의미대로 생각할 수 없다고 말했다. '매춘부The Prostitute' 라는 기사는 어떤 술집에서 매춘부와 나눈 대화를 옮겨놓은 것이었다. 팔라치는 미국인들이 여러 가지 병을 옮겼다는 그 매춘부의 생각과 자신이 그녀에게 접근한 과정을 설명하고, 자신이 대화를 마친 후 재빨리 그 자리에서 물러났다고 밝혔다. '미국인 관리The American Official' 라는 기사는 협상의 전초전을 위해 미국 대사관으로 북베트남 사람 두 명을 초대했다가 남베트남 관리들이 그들을 체포하는 것을 보고 분노를 느낀 한 외교관의 이야기를 요약한 것이었다. 그는 남베트남 관리들이 그 날의 체포로 인해 협상의 가능성이 완전히 사라져버릴 것임을 알면서도 그런 짓을 저질렀다고 말했다.[20]

팔라치는 사이공에서 40일을 보낸 후, 1968년 2월에 처음으로 이 나라를 떠날 준비를 했다. 그녀는 나중에 제2차 사이공 전투가 벌어졌을 때 이 도시로 돌아왔지만, 그때는 마치 이 도시를 버리고 떠났던 사람처럼 죄책감을 느끼고 있었다. 베트남과 사이공은 그녀에게 마법 같은 영향을 미쳤다. 사방에서 사람들이 죽어가고 파괴가 자행되는 모습을 보면서 삶이 더욱 강렬하게 느껴졌던 것이다. 그녀는 음식, 도시의 소음, 북적거리는 사람들 등 평범한 것들을 즐기게 된 자신과 이곳에서 새로 사귄 친구들에 대해 마치 실존주의자 같은 태도로 열띤 글을 썼다. 그녀는 탄생이라는 기적에 사랑과 경탄을 느꼈으며, 자신이 살아있음을 감사하게 생각했다.

뉴욕에 도착한 후 그녀는 〈에우로페오〉의 상사로부터 베트남 관련 뉴스에 대한 미국인들의 반응을 다룬 기사를 준비하라는 연락을 받았다. 벤자민 스포크Benjamin Spock 박사 같은 소수의 지식인들은 반전시위를 벌이다 감옥에 갇혔지만, 대부분의 사람들은 베트남 전쟁에 대해 너무나 모르고 있었으며 괘씸하게 느껴질 정도로 무관심했다. 팔라치는 이런 모습들을 자신의 책에 기록했다. 어느 날 그녀는 56번가의 한 이탈리아 식당에서 식사를 하면서 식당주인과 이야기를 나눴다. 식당주인은 전쟁소식을 들으면서 공포를 느낀다고 했다. 그의 아들이 국방부에서 베트남어를 공부하면서 베트남으로 떠나라는 명령을 기다리고 있다는 것이었다. 그는 팔라치의 식탁에 앉아 제국을 잃어버렸을 때의 영국과 승리를 거두지 못하는 미국의 상태를 비교하다가 옆 자리에 앉은 사람과 격렬한 말다툼을 벌이기 시작했다. 다음 날에는 팔라치의 손톱을 손질해주던 미용사가 린든 존슨Lyndon Johnson 대통령이 휴전을 선포하고 병사들을 모두 불러들였으면 좋겠다는 이야기를 했다. 어떤 택시운전사는 그 '노랑둥이들' 한테 원자탄을 떨어뜨려야 한다고 열변을 토하다가, 미국인들도 원자탄 때문에 죽을 수 있다는 그녀의 말을 듣고 화제를 바꿨다. 그녀가 들렀던 약국의 약사는 그녀가 뉴욕에 오기 전 두 달 동안 베트남에 있었다는 얘기를 듣고 그곳에서 즐거운 시간을 보냈느냐고 물었다.[21] 그녀가 사이공에 있는 동안 오래 전부터 예고되었던 사이공 공격이 시작돼서 미군이 재빨리 반격에 나섰는데도 말이다.

팔라치는 테트(베트남의 신년제) 공세가 시작되었음을 알고, 어느 누가 뭐라 해도 사이공으로 돌아갈 것임을 분명히 했다. 1968년 2월 7일 수요일, 그녀는 군용기를 타고 방콕을 경유해 적에게 포위당한 사이공으로 돌아갔다. 그녀가 탄 비행기는 탄손누트Tan Son Nhut 공항의 남동쪽 출입구에서 벌어진 전투가 소강상태에 접어들 때까지 공항 상공을 선회해야 했다. 비행기가 착륙한 후 그녀는 재빨리 방공호로 달려가 자신을 시내로 데려다 줄 무장 호위병을 기다릴 수밖에 없었다. 이제는 알아볼 수 없이 변해버린 사이공 시내로 가는 길목에 베트콩 저격수들이 늘어서 있었기 때문이다. 오후 2시가 되면 통금이 시행되었고, 상점의 유리창에는 철창이 덧대어져 있었다. 장갑차량만이 거리를 돌아다녔으며, 하늘에는 전투기와 헬리콥터들이 떠 있었다. 전선이 갑자기 사이공 시내로 옮겨온 탓이었다. 기자들도 7시가 되면 통행금지 명령에 따라야 했다. 팔라치는 철망으로 둘러싸인 광장에서 출구를 찾지 못해 하마터면 총에 맞을 뻔하기도 했다. 그녀는 기자라고 소리를 지른 덕분에 간신히 목숨을 구했다. 경비병들이 이미 그녀에게 경고사격을 한 다음이었다. 통행금지는 식당에도 적용되었으므로, 팔라치는 자신이 숙소로 잡은 작은 호텔에 음식이 떨어지자 호텔 옆의 프랑스 언론사에서 군용식량을 먹었다. 도시의 모든 사람들이 물자부족으로 고통을 겪고 있었다.

"나는 배고픔이 어떤 것인지 그 동안 잊고 있었다."[22]

팔라치는 자신의 책에서 제1차 사이공 전투를 아주 자세하고 정확하게 재현하면서 베트콩이 1월 29일과 30일에 도시 안으로 들어오는 데 어떻게 성공했는지를 설명했다. 전투 그 자체는 24시간 동안 지속되었을 뿐이다. 베트콩은 시골에서 사이공으로 올라와 손수

레에 무기를 실어 시내로 몰래 들어온 후 신년제 기간 동안 공격을 시작했다. 왼쪽 소매에 빨간 완장을 찬 그들은 목표물인 미국 대사관, 라디오 방송국, 정부청사, 경찰서, 폭발물 저장소, 군대 막사 등을 향해 천천히 움직였다. 공격이 진행 중이라는 사실을 깨달은 사람은 아무도 없었다. 사람들은 대사관에 대한 공격이 있은 후에도 2시간이나 지나서야 이것이 단독사건이 아니라는 사실을 깨달았다. 도시 중심부에 사는 중산층은 침략자들을 전혀 도와주지 않았기 때문에 베트콩은 가난한 사람들의 동네인 기아딘Gia Dinh, 촐론Cholon, 푸토호아Phu Tho Hoa로 물러나야 했다.[23] 2월 9일 금요일, 팔라치는 이 지역들을 찾아가 제2차 세계대전 후 폐허가 된 베를린과 이곳을 비교했다. 촐론에서는 아직도 전투가 불을 뿜고 있었는데, 그녀는 그곳에서 자신이 도착하기 10분 전에 부상을 당한 미국인 기자 두 명을 만났다. 정부군이 열네 살에서 열여덟 살로 보이는 어린 베트콩 병사 6명을 처형하는 광경도 보았다. 2월 11일 일요일에 그녀는 헬리콥터를 타고 촐론 상공을 지나면서 이 지역을 비롯해 사이공의 4분의 1이 더 이상 존재하지 않는다고 보도했다. 사이공 방어를 책임진 응구엔 응곡 로안Nguyen Ngoc Loan장군이 적을 섬멸하기 위해 소이탄으로 넓은 지역을 초토화한 탓이었다. 겉으로 보기에는 아군의 승리였지만, 15일 안에 2차 공격이 있을 것이라는 소문이 돌아다니고 있었다.

사이공에서 팔라치는 한없이 죽음을 목격한 후유증을 느끼기 시작했다. 한 동안 이곳을 떠나 있어야 할 것 같았다. 그러나 그녀는 오히려 자신이 이 도시에 머무르고 있다는 점을 이용해 남베트남의 응구엔 카오 키Nguyen Cao Ky 총리에게서 만남을 허락받을 수 있었다. 그녀는 콩리Cong Ly 거리의 별장에서 6시간 동안 총리와 인터뷰를 했다. 바람둥이라는 그의 평판, 두 번째 아내에 대한 애정, 베트남 정치인들에 대한 총리의 모진 비판 등이 이 인터뷰 내용에 포함되었다. 응구옌은 미국이 전쟁에 참전한 것은 이타적인 동기 때문이 아니라 순전히 경제적인 이기심 때문이라고 폄하하고, 정부 내에서 누군가가 이미 총리 암살계획을 세워놓았다는 소문에 대해서도 반응을 보였다. 팔라치는 그의 냉혹함과 속을 들여다볼 수 없는 태도에 깊은 인상을 받았다.

"그는 다른 베트남인들과 마찬가지이다. 키가 크지도 않고 작지도 않으며, 강하지도 않고 약하지도 않다. 다른 사람들과 다른 점이 있다면 거무스름한 호박색 얼굴에서 두드러져 보이는 검은 콧수염뿐이다."

그녀는 그가 매력이 없고, 슬프고, 오만한 사람이라고 생각했다. 그는 똑바른 시선으로 상대를 바라보았지만, 그 시선 속에는 우울함도 들어 있었다. 그러나 그녀는 그의 말에 커다란 흥미를 느낌과 함께, 깊은 인상을 받았다. 남베트남 측에서 정권이 무력하고, 무능하고, 부패했다는 사실을 감히 인정하는 사람은 응구옌뿐이었다.

"미국인들이 여기 온 것은 우리를 보호하기 위해서가 아니라 자기들의 이익을 보호하고 새로운 제국주의를 세우기 위해서라고 말하는 사람은 나뿐입니다."[24]

팔라치는 홍콩에서 새로운 연재기사를 쓰기 위해 전쟁으로 찢긴 이 나라를 떠났다. 그녀는 사이공의 역사와 아름다움을 시적으로 묘사한 후, 공산국가인 이웃 중국의 위협을 분석하며 베트남 사람들이 중국을 항상 위협적인 존재로 생각하고 있다고 썼다.[25] 1968년 4월 4일, 그녀는 마틴 루터 킹의 암살사건이 발생한 테네시주 멤피스로 날아갔다. 암살사건이 발생한 지 36시간 후에 그녀는 애틀랜타의 에베네저 침례교회에서 열린 킹의 장례식에 참석하고는 워싱턴으로 향했다. 1만 명의 병사들이 순찰을 돌고 있는 워싱턴은 마치 적에게 포위당한 도시 같았다. 그녀는 미국인 기자 한 명, 흑인 사진기자 한 명과 함께 새벽 2시까지 시내를 돌아다니면서 워싱턴과 베트남을 비교했다. 테트 공세 기간 중 통금이 시행되었던 촐론과 기아딘처럼 인적이 끊긴 거리에서는 경비병들이 팔라치 일행을 불러 세우곤 했다. 그녀는 또한 흑인들이 자기들을 도우려는 백인들에게 오만한 태도를 보인다는 얘기도 기사에 썼다.[26]

팔라치는 미국을 떠나 인도로 가서 뉴델리, 바나라스, 펀잡, 카시미르를 돌아다니며 순전히 의지만으로 아무 것도 없는 곳에서 물체를 만들어낼 수 있다는 샨티 바바Shanti Baba와 초월적인 명상을 가르치는 마하리시 마헤시 요기Maharishi Mahesh Yogi를 취재했다. 그녀는 두 사람 모두 거짓주장을 하고 있다고 생각했기 때문에, 그들이 탐욕스러운 협잡꾼이라는 결론을 내렸다. 취재를 하는 동안 내내 그녀는 베트콩의 공격이 임박했다는 소문에 너무나 신경을 쓴 나머지 옛날부터 매력적인 나라라고 생각했던 인도의 풍경과 사람들의 인정을 제대로 알아보지 못했다.

"다른 때였다면 융단과 꽃으로 장식된 코끼리나 사리를 입고 훌륭한 동 항아리를 머리에 인 채 걸어가는 여자의 모습, 혹은 불붙은 듯 타오르는 석양을 배경으로 갠지스 강가에서 기도하는 성인의 모습을 보며 넋을 잃었을 것이다."[27]

그녀가 절망적인 가난과 반항조차 하지 않는 국민들의 체념에 대해 생각해보기는 했다. 그러나 무기력 상태에 빠져 있던 그녀를 깨운 것은 사이공이 다시 공격받기 시작했다는 소식이었다.

팔라치는 뜻밖에도 카시미르의 다름샬라 근처에 있는 히말라야 기슭의 티벳 마을에서 라디오로 이 소식을 들었다. 그녀가 그 마을에 간 것은 신으로 받들어졌던 달라이 라마와 인터뷰를 하기 위해서였다. 그녀는 승려들의 차분한 모습은 물론 달라이 라마의 지혜에도 깊은 인상을 받아 전투와 폭력이 난무하고 온갖 책임을 져야 하는 세상으로부터 물러나 은거하는 것이 최선의 방법인지도 모른다는 생각을 하기도 했다. 티벳에서는 모든 것이 조화롭고 평화롭게 흘러가는 것 같았다. 숲도 조용했다. 가벼운 산들바람에 이파리가 바스락거릴 뿐이었다. 히말라야의 뾰족한 봉우리들은 파이프 오르간의 파이프처럼 아련하고 밝게 솟아 있었다.

"더 이상 두려움은 아무 의미가 없었다. 아마도 '신'이라는 단어에 의미가 있는 것 같았다."[28]

그녀는 자동차를 세워둔 마을 광장을 걷다가 학교의 라디오에서 영어로 흘러나오는 뉴스를 들었다. 인도에 새로운 정부가 들어섰으며, 파리에서 평화회담이 열릴지도 모른다는 내용이었다. 그리고 곧이어서 베트콩이 남베트남 전역에 대규모 공격을 퍼붓고 있다는 뉴스가 흘러나왔다.

"게릴라들이 탄손누트 공항을 포함한 수도 여러 지역과 각 지역의 중심지 및 미군 기지를 포함한 125개 이상의 지역에 로켓포와 박격포 공격을 퍼부었습니다."[29]

팔라치는 1968년 5월 6일에 힌두교의 성지인 하드와Hardwar를 방문하기로 되어 있었지만, 운전수에게 뉴델리로 돌아가자고 말했다. 새벽 3시에 출발하는 사이공 행 비행기를 타기 위해서였다. 그녀는 다시 전쟁에 찢긴 베트남에 도착해 종군기자로서 슬픈 취재를 계속했다. 그리고 신의 자리에 인간을 대신 놓는 것이 불가능하다는 것을 깨달았다.

종군기자로서 오리아나 팔라치는 기사에서 자신의 의견과 생각과 입장을 강렬하게 표현했으므로 그녀의 보도태도를 열성적이고 활동적인 선교사들과 비교해도 될 것 같다. ≪무 그리고 아멘≫은 물론 베트남전에 대한 그녀의 기사들 역시 행동주의 저널리즘의 고전적인 예라고 할 만하다. 기사에서 드러나는 그녀의 개인적인 이야기들은 객관성을 지켜야 한다는 전통적인 생각에 반기를 들면서 기사에 편향적인 시각이 들어설 여지를 마련해준다. 그녀의 책을 보면 그녀가 전쟁에 반대한다는 점, 베트콩에게 호감을 갖고 있던 처음의 태도가 바뀌었다는 점, 그리고 그녀가 자신의 일을 헌신적으로 받아들이고 있다는 점이 매우 두드러지게 나타나 있다. 그녀는 1967년과 1968년에 모두 합쳐 거의 1년 동안 현장을 뛰면서 위험한 곳에서 병사들과 인터뷰를 했으며, 후에에서는 목숨을 잃을 뻔하기도 했다. 또한 그 후로도 7년 동안 간헐적으로 베트남을 방문했다.

팔라치는 1960년대와 1970년대의 행동주의 세대에 속한다. 또한 문학적인 저널리스트 존 맥피John McPhee, 톰 울프Tom Wolfe, 조앤 디디온Joan Didion, 리처드 로즈Richard Rhodes, 제인 크레이머Jane Kramer처럼 독자들을 향해 자신의 목소리를 높인다. 그녀는 논픽션에서 캐릭터와 그들의 의도, 그리고 사건이 벌어질 당시의 분위기를 의식적으로 묘사한다. 노먼 심즈Norman Sims에 따르면, 일반적인 기자들과 일부 소설가들은 이 새로운 형태의 저널리즘을 비판하고 있다. 그들은 팔라치를 포함한 문학적인 저널리스트들을 겨냥해 "겉만 번지르르하고 이기적이며 객관성이라는 보도원칙을 어기고 있다"[30]고 비난한다. 팔라치는 사실과 거짓이 다르다는 것을 알고 있지만 문학과 저널리즘에 대한 전통적인 구분을 받아들이지 않는다. 트레이시 키더Tracy Kidder의 말은 팔라치 같은 종군기자들의 태도를 간략하게 변호하고 있다.

"어떤 사람들은 저널리즘에 대해 매우 냉정한 시각을 갖고 있다. 사실을 흥미롭게 표현하려다보면 사실이 반드시 오염된다는 생각에는 인간미가 없다. 이건 전혀 말도 안 되는 생각이다."[31]

팔라치의 보도태도는 기계처럼 정확한 것과는 거리가 멀었다.

그녀가 쓴 폭로기사들은 픽션의 요소들을 이용하고 글쓰기를 예술의 영역으로 승화시킨 논픽션 산문의 전형적인 예이다. 그녀는 베트남 전쟁에 대한 글을 소설만큼 창조적인 장르인 '풍부한 상상력으로 쓴 진실(imaginative truth writing)'로 끌어올렸다. 뿐만 아니라, 그녀의 기사와 책들에서 그녀 자신은 동남아시아를 배경으로 정신적인 위험과 신체적인 위험에 처해 있지만 전쟁에 반대하는 목소리를 높이며 다른 사람들의 반박을 들을 준비가 항상 되어 있는 스타 같은 존재로 묘사되어 있다.

팔라치는 국내외에서 거둔 성공 덕분에 자신의 글과 개인적 이미지가 지닌 힘을 인식하게 되었다. 그녀는 이미 단호하고 공격적인 태도로 주위 상황과 사람들을 절대적으로 좌지우지하려는 기자의 대명사가 되어 있었다. 그녀의 이런 태도가 본격적으로 밖으로 터져 나온 것은 1969년 3월이었다. 그녀가 미국인 전쟁포로들을 인터뷰하고, 이탈리아 기자로서 최초로 북베트남을 직접 취재한 기사를 마무리 지으려고 하노이로 갔을 때의 일이었다. 그녀는 한 번도 공산주의를 지지한 적이 없었지만 북베트남 측으로부터 쉽게 비자를 받을 수 있었다. 그녀가 베트남전에 대한 글을 통해 반미감정을 표출했으며, 한 동안 베트콩을 영웅적인 저항군으로 생각했음을 북베트남 측이 알고 있었기 때문이었다. 하노이에 머문 12일 동안의 일을 기록한 일기에서 팔라치는 이탈리아의 마르크스주의 여성 대표단과 함께 캄보디아를 통해 북베트남으로 들어간 경위를 설명하면서 자신은 기자로서 공산주의자들의 정치적 목적에 절대로 이용당하지 않기 위해 전혀 빈틈을 보이지 않았다고 썼다.[32] 그녀는 하노이에 도착하자마자 기사를 검열받아야 하는 것이 이곳의 현실임을 인식했다.

"사실 나는 이곳에서는 사이공에 있을 때처럼 활동할 수 없을 것임을 이미 알고 있었다. 미국인들은 자기들을 나쁘게 말하는 사람에게도 마음대로 돌아다닐 수 있는 자유를 준다."³³⁾

다리 하나를 잃은 베트콩의 젊은 여자 영웅과의 인터뷰는 당의 선전이 이곳 구석구석에 주입되어 있는 것 같다는 그녀의 생각을 더욱 강하게 만들어주었다. 여자가 처음으로 미국인을 죽였을 때의 일을 설명하면서 그때 너무나 행복한 기분이었다고 말하는 동안 두 명의 경비병이 이야기에 귀를 기울이며 꼼꼼하게 메모를 했다. 여자는 자신이 미국인들을 죽인 지 3년 후 미국인들이 자기 다리를 잘랐다고 주장했다.

"나는 미국인의 만행에 희생당했어요."³⁴⁾

인터뷰를 감시하던 경비병들은 모두 만족스럽다는 듯이 고개를 끄덕였다. 그러나 팔라치가 그들의 규칙을 뛰어넘는 질문을 던져 결국 여자의 입에서 소수의 남베트남 병사들이 자신을 고문한 다음 다리를 잘랐다는 고백을 끌어냈을 때에는 경비병들이 눈썹을 치켜 올렸다.

팔라치는 북베트남에서 쓴 모든 인터뷰 기사에서 공산주의자들이 정한 한계를 받아들이지 않겠다는 뜻을 분명히 했다. 하노이에 머무르는 동안 그녀는 보 응구옌 지압 Vo Nguyen Giap 장군이 이탈리아 마르크스주의 여성 대표단 세 명과 함께 그녀를 만나기로 했다는 뜻밖의 소식을 접했다. 1954년에 디엔비엔푸에서 프랑스군에게 패배를 안겨준 이 유명한 군사 영웅은 이미 ≪인민의 전쟁: 인민의 군대 People's War; People's Army≫라는 책을 써서 미국에서 돈을 벌어들인 경력을 갖고 있었다. 빈틈없는 전략가로 평가받던 그가 방문객을 만나는 것은 매우 드문 일이었음에도, 토요일 저녁에 그를 만나러 간 팔라치 일행은 그의 환영을 받았다. 그러나 그는 녹음기를 사용해서는 안 된다는 단서를 붙였다. 이야기를 나누는 동안 지압 장군은 경계심을 누그러뜨리고, 북베트남 측이 50만 명의 병사를 잃었음을 인정했다. 그는 또한 베트콩과도 조금 거리를 두었고, 파리 평화회담이 아무 것도 해결하지 못할 것임을 인정하기도 했으며, 오로지 군사작전만이 전쟁을 끝낼 수 있다는 생각을 내비쳤다. 그는 미국인들이 전쟁에서 승리할 수 없음을 이미 알고 있으며, 사이공 정부가 날이 갈수록 약해지고 있고, 미국도 곧 디엔비엔푸의 프랑스 같은 운명을 맞게 될 것이라는 얘기를 되풀이했다.

지압 장군과의 만남이 끝난 후 팔라치를 포함한 네 여자는 재빨리 호텔로 돌아와 아직 기억 속에 생생히 남아 있는 인터뷰 내용을 글로 옮겼다. 이 네 여자가 직업적 본능에 따라 이 작업을 해둔 것은 다행스러운 일이었다. 얼마 지나지 않아 보가 자신의 발언 중 일부를 철회하고 팔라치에게 공식적으로 발표해도 되는 내용을 따로 적어주었기 때문이다. 그 글에는 그가 원래 했던 말이 거의 포함되어 있지 않았는데, 그는 반드시 이 글의 내용만을 기사에 써야 한다고 강조했다. 팔라치는 그의 말대로 기사를 써서 본사로 보내면서 45분간에 걸친 원래 인터뷰 내용도 함께 보냈다. 그리고 기사에서 그녀는 그들이 자신들의 이념적 목적에 맞는 글만을 인정한다고 분명하게 밝혔다. 북베트남 측은 팔라치가 감히 비판적인 사고로 독자적인 판단을 내린 것을 결코 용서하지 않았다. 1968년 초에 그녀가 미국인들을 비난하며 베트콩을 치켜세웠을 때에는 그들도 그녀를 좋아했었다. 그러나 그녀가 북베트남의 잘못과 결점을 비판하자 그들은 자신의 전사들에 대한 그녀의 찬사를 금방 잊어버렸다. 베트남에서 그녀의 기사가 발표되자 그녀가 CIA를 위해 일하고 있다는 비난과 모욕이 즉각 뒤따라 나왔다. 전세계로 들불처럼 번져나가 헨리 키신저 Henry Kissinger의 손에까지 들어간 지압 장군과의 인터뷰는 나중에 미국 정치가들과 인터뷰를 할 때 그녀의 소개장을 대신해주었다.[35]

베트남 체류기간이 끝나갈 무렵, 팔라치는 미군 전쟁포로와의 인터뷰 기사에서 자신의 노력으로 그가 석방되었다고 주장했다. 그녀는 자신의 인터뷰 대상이었던 로버트 프랜초트 프리시먼Robert Franchot Frishman 해군 대위가 젊고, 키가 아주 크고, 여위고, 창백한 미남이었다고 설명했다. 그는 체크무늬 셔츠 위에 파란색 스웨터를 입고 아래에는 지나치게 큰 회색 바지를 입은 차림으로 회의실에 들어왔다. 그는 마치 노인처럼 허리를 굽히고 걸었으며, 부상당한 오른팔을 왼팔로 받쳐 들고 있었다. 그는 흐릿한 조명이 거슬리는 듯 몇 번 눈을 깜박거리더니 아주 반가운 사람을 본 듯이 그녀를 대했다. 어느 누구와도 말을 하지 못하고 보낸 1년 반의 세월이 그에게 영향을 미친 탓이었다. 그는 1967년 10월 24일에 비행기를 타고 가다가 마을 주민들에 의해 격추되어 포로가 되었다. 처음에 주민들은 그를 죽이고 싶어했다. 팔라치의 기사내용에 따르면, 프리시먼은 자기가 주민들의 집을 파괴했으므로 주민들이 자기를 죽이고 싶어한 것은 당연한 일이라고 말했다고 한다. 그는 자신이 죄책감을 느끼고 있다는 말을 하면서 근처의 관리를 힐끔 쳐다보았다. 마치 그가 자기 말을 이해했는지 확인하려는 사람 같았다. 팔라치가 내민 담배를 반색을 하며 받아든 그는 다시 감독관을 힐끔거리며 무례하게 굴고 싶은 생각이 없다는 말을 덧붙였다.

"내 말은, 베트남 담배가 보기 드물게 훌륭하다는 겁니다. 전 그 담배를 아주 좋아해요. 정말입니다."[36]

그는 매일 아침 5시 30분에 일어나 하루에 두 끼를 먹었다. 그의 여윈 몸을 보아 알 수 있듯이 이곳에서 제대로 된 포로 대우를 받지 못하고 있다고 그가 살짝 암시하는 순간, 베트남인 간수가 펄쩍 뛰듯이 다가와서 즉시 그의 입을 막아버렸다.

팔라치의 주장에 따르면, 프리시먼은 전쟁이 끔찍한 것이며, 미국인들은 전쟁이 멀리서 벌어지고 있기 때문에 전쟁의 추악함을 제대로 이해하지 못하고, 미국이 북베트남을 침략했으며, 어떤 논리로도 이런 행위를 정당화할 수 없음을 인정했다고 한다. 그녀는 그가 앞으로 군대생활을 그만두고 대학으로 돌아가 새로운 시각에서 정치학을 공부할 계획을 갖고 있으며, 고향에 돌아갔을 때 팔라치와 함께 마마레오네 식당에서 귀환을 축하할 생각도 하고 있다고 보도했다. 또한 그가 이제 이 전쟁을 정치적으로 해결해야 한다고 믿고 있고, 미국의 반전운동이 절대적으로 정당하다고 생각한다는 내용도 있었다. 인터뷰 시간이 끝나자 그는 팔라치에게 재빨리 아내의 주소를 일러주며, 비록 팔에 부상을 입기는 했지만 자신을 환자로 생각하지 말라는 말을 전해달라고 부탁했다. 팔라치는 방을 나가는 그의 모습을 보면서 그의 불안과 공포, 그리고 적에게 세뇌당한 흔적에 안쓰러움을 느꼈다.

달을 향해 최초의 유인우주선이 발사된 지 1달 후인 1969년 8월, 로버트 F. 프리시먼은 하노이 정부에 의해 석방되어 미국으로 돌아왔다. 그를 인터뷰한 팔라치의 기사는 미국 잡지 〈룩Look〉뿐만 아니라 수많은 나라의 신문을 통해 국제적인 반향을 일으켰다. 심지어 미국 국무부조차 이 기사에 관심을 갖고 프리시먼이 오랜 고립생활을 하다가 인터뷰에 응했다는 내용의 보도자료를 발표할 정도였다. 팔라치와의 만남이 프리시먼의 석방 결정에 정말로 영향을 미쳤을 수도 있다. 팔라치는 프리시먼이 석방되기 전에 공산정부의 포로 처우방식을 비판하면서 그가 무서울 정도로 쇠약한 모습이었다고 지적한 바 있었다. 따라서 그녀는 그가 석방되었다는 소식을 듣고 전혀 놀라지 않았다. 하노이 당국자들이 자신들에게 유리한 이미지를 만들기 위해 이런저런 사건들을 이용하는 솜씨가 많이 늘었다고 생각했을 뿐이었다. 팔라치는 그들이 자신들을 선전기계로 본 팔라치의 비판에 역공을 가하는 한편, 파리 평화회담이 열리는 동안 자신들이 선한 쪽이라는 이미지를 만들기 위해 이런 조치를 취했다고 생각했다.[37]

그녀는 8월 7일에 프리시먼이 뉴욕으로 돌아오자 국무부가 하노이 쪽에 이로운 보도를 부정하느라 안간힘을 썼다고 주장했다. 그런데도 신문들은 프리시먼의 도착 소식을 일찌감치 보도했으며, 케네디 국제공항에는 수십 명의 기자, 특파원, 사진기자, TV 보도팀 등이 진을 치고 있었다. 프리시먼이 도착하자 그의 상관들은 치료를 핑계로 그를 베데스다 해군병원에 격리시켰다. 그리고 9월 2일에 즉흥적인 기자회견을 허락했지만, 팔라치를 포함한 〈에우로페오〉의 기자들은 초대받지 못했다. 팔라치에 따르면, 해군사령부가 이런 조치를 취한 것은 그녀가 프리시먼에게 곤란한 질문을 던지는 것을 막기 위해서였다. 그녀는 나중에 기자회견 내용을 문서로 받아보았지만, 그 내용에 강력히 반발하면서 그 내용 중 95%가 국방부의 선전부에서 나온 것이라고 주장했다. 프리시먼이 미국의 전쟁수행을 지지하는 순회연설을 시작한 후, 팔라치는 그가 스스로 모순되는 행동을 하고 있다고 분노에 찬 주장을 펼쳤다. 그는 순회연설에서 하노이의 인터뷰 때와는 전혀 다른 얘기를 하고 있었다. 그녀는 그에게 공개 질의서를 보내 그가 사기를 치고 있다고 항의했다.[38]

프리시먼은 그녀의 반발을 무시하고 그녀가 자신을 석방시키는 데 중요한 역할을 했다는 사실도 공개적으로 인정하지 않음으로써, 펜의 힘으로 독재정부를 움직여 포로를 석방시킨 해방자로서 팔라치의 이미지가 확립되는 것을 방해한 셈이었다. 따라서 그녀는 프리시먼에게 본때를 보여주기로 하고, 공개질의서의 앞부분에서 그에게 자신의 분노를 모두 쏟아 놓았다. 그녀는 자신이 사이공에서 인터뷰했던 베트콩 아가씨 후인 티안과 그를 비교하며 그녀의 냉철함과 자부심은 물론 경멸에 찬 태도까지도 프리시먼보다 훨씬 더 커다란 위엄과 용기와 애국심을 보여준다고 주장했다.

"전에 나와 만났을 때 당신은 지금처럼 행동하지 않았던 것 같은데요."

이어 그녀는 자신이 그의 상황을 진정으로 이해했음을 그가 인정하면서도, 자신의 기사로 인해 그의 상황이 알려진 덕분에 북베트남 측이 그를 석방했을지도 모른다는 말을 하지 않은 것에 대해 비난을 퍼부었다.

"하지만 감사하는 마음은 당신의 미덕이 아닌 것 같군요."

그녀는 또한 그가 태도를 바꾼 것을 꾸짖었다. 하노이의 감옥에 있을 때 그는 전쟁이 끔찍한 것임을 인정했었다. 그런데 미국으로 돌아온 후에는 자신의 말과 어긋나는 행동을 하고 있었다.

"당신이 다시 전쟁을 사랑하게 되어서 하노이에 폭탄이 떨어지는 소리를 들으며 기뻐하고, 폭탄이 더 이상 떨어지지 않게 되었을 때 고통스러워한다는 것을 알겠습니다. 사람이 정말 빨리도 변하는군요."[39]

하노이에서 인터뷰를 할 때 그녀가 가장 놀란 것은 프리시먼이 북베트남 측을 찬양했을 때가 아니었다. 머리가 조금이라도 있는 사람이라면, 그들이 그에게 강제로 그런 말을 시켰다는 것을 금방 알 수 있었을 테니까 말이다. 그녀가 놀란 것은 그가 기자회견에서 자부심 때문에 적에게 저항했다고 말했을 때였다.

"대위님, 당신은 그 어떤 것에도 저항하지 않았고, 자신을 자랑스러워하지도 않았습니다."

그녀는 심지어 그를 비롯한 포로들이 미국인다운 재치를 발휘했다는 그의 주장에도 반박했다. 자신이 그에게 진심을 이야기하거나 신호를 보낼 기회를 많이 주었는데도 그가 아무런 시도를 하지 않았다는 것이 그 이유였다.

"나는 그곳에서 후한 대접을 받고 있다는 얘기로 자꾸만 되돌아가려는 당신을 붙들고 땀을 뻘뻘 흘리며 고집을 피워서 당신에게서 억지로 이야기를 끌어내야 했습니다."[40]

하노이에서 인터뷰를 하는 동안 프리시먼은 마마리오네 식당에서 팔라치와 함께 식사를 하면서 귀환을 축하하기로 약속했었다. 그가 그 약속을 깨뜨리자 그녀는 환멸과 안도를 동시에 느꼈다. 그와 같은 식탁에서 식사를 하거나 술을 마시고 싶은 생각이 없어졌기 때문이다.

"내가 이유를 말씀드리죠. 영웅은 나를 매혹시키지만, 모든 사람이 영웅으로 태어나지는 않습니다. 난 그저 당신에게 인간이 되어주기를 부탁할 뿐입니다. 인간이 된다는 것은 당신이 잊고 싶어하는 목격자들까지도 똑바로 바라보아야 한다는 것을 의미합니다."

자신이 여러 사람을 불편하게 만들고 있다는 것을 잘 아는 그녀는 자신의 말을 스스로 검열하기도 했다.

> 사실 난 항상 모든 사람을 당황하게 만듭니다. 다른 사람은 물론이고 나 자신까지도. 베트남전에 대한 나의 이야기는 다른 사람에게도 내게도 편안한 것이 아닙니다. 내가 사이공에서 쓴 기사가 보도된 후, 미국인들은 나를 공산주의자로 생각했습니다. 그런데 내가 하노이에서 쓴 기사가 보도된 후에는 공산주의자들이 나더러 미국을 위해 일하는 반동이라고 했습니다. 이것은 자신의 양심을 따르는 모든 사람들의 운명입니다. 나는 이 운명을 자랑스럽게 받아들입니다.[41]

팔라치는 프리시먼이 석방된 후 1969년 8월 7일 다섯 시에 케네디 공항에서 그를 처음 보았을 때 기뻐서 어쩔 줄을 몰랐다. 그녀는 편지를 통해 그의 아내에게 그의 팔이 불구가 되었다는 소식을 조심스럽게 알려주고 그의 메시지를 전달하며 기운을 북돋우려고 노력한 경험 때문에 포로로 잡혀 있는 프리시먼에 대해 애정을 갖고 있었다. 그러나 뉴욕의 공항에서 비행기 문이 열렸을 때 그녀는 태도를 바꿨다. 비행기의 트랩을 내려오는 사람은 해군 장교였다. 다른 기자들과 함께 저지선 뒤에 서 있던 팔라치는 그가 근처의 연단으로 걸어가는 모습을 지켜보았다. 그녀는 그가 왠지 불쾌하게 보이는 단호한 표정을 짓고 있다고 생각했지만, 그것을 무시하고 프리시먼의 이름을 외치기 시작했다. 그러나 그는 고개를 돌리지도 않았고 그녀의 부름을 아는 척하지도 않았다. 그의 옆에 서 있던 아내가 계속 팔라치를 가리키며 그에게 뭐라고 귓속말을 했는데도 그는 반대 방향만 바라보았다. 언제나 불굴의 의지를 지닌 팔라치는 저지선을 뛰어 넘어가 그의 팔을 잡아당기며 이름을 부르다가 경찰들에게 끌려나왔다. 하지만 그녀는 끌려나가기 전에 그가 자기 쪽으로 고개를 돌렸을 때 짧게 얘기를 나눌 수 있었다.

"프리시먼! 날 모르겠어요?"

"아뇨, 기억합니다. 기억하고말고요!"[42]

그 후 팔라치는 그를 다시 만나지 못했다.

공개질의서의 끝부분에서 팔라치는 프리시먼의 상관들이 그에게 미친 영향을 언급했다.

"그들이 당신에게 무슨 말을 하고 어떤 행동을 해야 할지 지시하고 있겠지요."

팔라치는 그들이 캄보디아에서부터 그를 세뇌하기 시작했으며, 그 동안 이런저런 생각을 그에게 제시할 시간이 충분했을 것이라고 생각했다. 어쩌면 그들이 포로 시절의 그를 본 유일한 서방인인 그녀를 멀리 해야 한다고 그에게 강요했을지도 모르는 일이었다. 사실이 프리시먼의 사건과 관련해서 팔라치의 이름이 맨 처음 공개적으로 언급된 것은 라오스에서 기자들이 그녀의 기사 내용이 사실이냐고 물었을 때였다. 그때 프리시먼은 그렇다고 대답했었다. 기자들은 이어 팔라치가 쓴 것처럼 포로 시절의 대우가 형편없었느냐고 물었는데, 프리시먼은 별로 감정이 드러나지 않는 목소리로 "적당했다"고 대답했다. 팔라치는 부적절하다고 생각되었던 포로의 행동을 변명해주려고 애썼지만 결국 그를 비난하면서 이 문제를 미국 군부 전체로 확대시켰다. 그리고 그런 상황에서도 신성한 진실을 지켜주는 사람이 항상 나타나는 것이 다행이라고 썼다.

"지금 프리시먼 씨는 자유인입니까, 아니면 하노이의 감옥에서 워싱턴의 감옥으로 옮겨왔을 뿐입니까? 프리시먼 씨를 인터뷰하려면 하노이로 가야 한다고 생각하는 편이 나을 것 같습니다."

그녀는 질의서를 끝내기 전에 상대가 반박할 수 있는 여지를 마련해두었다.

"나는 인간의 품위를 유지하는 문제가 걸려 있을 때는 항상 내 생각이 틀렸다고 밝혀지는 것을 좋아합니다."[43]

로버트 프리시먼에 대해 팔라치가 쓴 두 건의 기사는 전쟁에 대해 독특한 증언을 제공해주면서도, 개인적인 이야기를 끼워 넣는 그녀의 보도스타일에 잠재된 약점을 보여준다. 북베트남의 전쟁포로들은 쿠바와 알바니아 등 친親공산주의 국가의 기자들과 인터뷰를 할 수 있었지만, 기자들과 무슨 말을 어떻게 할 것인지 미리 연습을 해야 했다. 포로들이 조금이라도 반항하면 잔인한 고문이 이어졌다. 따라서 프리시먼이 석방된 후 포로로 있을 때와 다른 말을 한 것에 대해 이러쿵저러쿵 판단을 내리는 것은 생산적인 일도, 정당한 일도 아닌 것 같다. 프리시먼 자신도 석방된 후 자신의 말이 바뀌었음을 인정했지만, 총구를 앞에 둔 상황에서는 할 수 있는 일이 별로 많지 않다는 말을 덧붙였다. 그는 지적인 독자들이라면 자신이 일관성을 잃었다는 팔라치의 비난을 꿰뚫어 보고, 군대 조종사들이 공산국가의 감옥에서 얼마나 고통을 당했는지 이해할 것이라고 생각하고 있었다.[44]

　프리시먼은 또한 팔라치의 인터뷰 기사가 그의 석방에 커다란 영향을 미쳤다는 팔라치 본인의 주장에 대해 명확한 답변을 할 수 없다고 말했다. 〈에우로페오〉는 그의 사진을 싣고 그의 체중이 감소했음을 밝혔었다. 따라서 북베트남 측이 포로들을 후하게 대우하고 있음을 증명하려고 그를 석방했을 가능성도 있다. 프리시먼은 자기가 북베트남 사람들의 마음까지 읽을 수는 없지 않느냐면서, 팔라치에 대해 별다른 유감을 표명하지 않았다. 오히려 그는 하노이에서 자신을 인터뷰했던 그녀에게 찬사를 보내면서, 그녀가 즉시 상황을 장악했다고 주장했다. 또한 일을 하고 있을 때 그녀가 따뜻한 사람처럼 보였다는 말도 했다. 그는 다른 포로들도 인터뷰를 한 적이 있으며, 북베트남 당국자들이 그들에게 특정한 대답을 강요했다는 얘기를 풍문으로 전해 들었다고 말했다. 그리고 팔라치는 다른 기자들과 달랐다고 지적했다. 팔라치는 인터뷰와 관련해서 미리 조건을 다는 것을 거부했으며, 준비된 질문만 던져야 한다는 요구도 받아들이지 않았다는 것이다. 실제로 북베트남 관리들은 프리시먼이 피곤해한다면서 인터뷰를 금방 끝내려고 애를 썼었다. 팔라치가 관리들의 유도에 따라 특정한 방향으로 이야기를 끌고 가려하지 않을 것 같다는 사실을 깨달았기 때문이었다.[45]

　프리시먼은 석방된 후 라오스에서 하루를 머물며 미국 대사와 만났다. 그는 팔라치의 주장과는 달리, 북베트남의 세뇌작업을 무위로 돌리기 위한 집중적인 브리핑이 그곳에서 곧장 시작되지는 않았다고 주장했다. 그의 주장에 따르면, 그의 첫 번째 목표는 다른 포로들에 대한 정보를 알려주고 미국의 전쟁수행을 돕는 것이었다. 브리핑이 계속된 것은 그가 브리핑이 도움이 될 것이라는 기대를 안고 브리핑을 원했기 때문이었다. 팔라치의 생각과 달리, 브리핑에서는 팔라치의 이름이 전혀 언급되지 않았다. 곤혹스러운 상황을 피하기 위해 피렌체 출신의 여기자를 피하라는 지시도 없었다. 그가 석방된 후 관리들이 그를 세뇌시킨 적도 없었다. 그는 자유의지로 정보를 알려주었으며, 잡지와 신문 기사를 통해 시사적인 문제들을 파악했다. 그가 읽은 기사 중에는 하노이에서 팔라치가 쓴 그와의 인터뷰 기사도 포함되어 있었다.[46]

팔라치는 프리시먼이 뉴욕에서 자신에게 아는 척을 해주지 않은 것에 대해 분노를 드러냈다. 그녀는 케네디 공항에 도착한 그가 군복을 입고 비행기에서 내리는 모습을 묘사할 때부터 그에 대한 비난을 쏟아내기 시작했다.

"Con aria soddisfatta, superba, arrogante. Sbattei gli occhi, tratenni il fiato: era Lei(오만하고, 거만하고, 흡족한 표정. 나는 깜짝 놀라 숨을 죽였다. 그 사람이 바로 당신이었다)."[47]

이 '배은망덕한' 군인은 가족 및 친구들과 가슴 아픈 재회를 하면서도 감히 그녀를 위해서는 시간을 내지 않았다. 비록 대통령과 국무장관 등 고위관리들과의 만남이 이미 예정되어 있었지만, 그가 팔라치를 끌어안고 마마레오네 식당에 갈 약속시간을 정하지 않은 것은 죄악이었다. 프리시먼은 베데스다에서 벌어진 즉흥적인 기자회견에서 군부의 홍보 담당자들이 자신에게 아무런 제한도 가하지 않았다고 말했다. 그는 그녀의 참석을 일부러 막지도 않았고, 그녀가 참석하지 않았다는 사실을 굳이 확인하려 하지도 않았다. 팔라치는 자신이 프리시먼에게 곤란한 질문을 던질까봐 해군 장교들이 일부러 자신을 초대하지 않았다고 주장했지만, 프리시먼은 그녀가 참석했어도 자신은 상관하지 않았을 것이라고 분명히 말했다.[48] 마지막으로, 하노이 측이 제인 폰다Jane Fonda의 입국을 허락했을 때와 같은 이유로 팔라치의 입국을 허락했음은 이미 널리 알려져 있다. 만약 미국 정부가 베트콩에 대해 공개적으로 연민을 표현한 사람의 이름이 조금이라도 유명해지는 것을 가만히 내버려두었다면, 베트남에 아들들을 보낸 대부분의 미국인들이 분노했을 것이다.

프리시먼은 자신이 계속해서 팔라치와 만날 약속을 하지 않은 데에는 다른 이유가 있음을 인정했다. 그는 그녀를 만나는 것 보다는 가족과 많은 시간을 보내며 병원에서 수많은 검사를 받고, 자청해서 미국의 전쟁을 지지하는 데 더 신경을 쏟고 있었다. 또한 그는 그녀가 세계 최고의 인터뷰어 중 하나라는 명성을 누리고 있으며, 공격적인 스타일로 무슨 일이 있어도 원하는 답을 끌어내고야 마는 기자이고, 자신이 인터뷰한 사람들을 비난하곤 한다는 사실을 알게 되었다. 따라서 그녀와 만나는 것이 마치 시험처럼 여겨지기 시작했다.[49] 그녀는 인터뷰 대상에게 자신의 시각을 강요하는 것 같았다. 로버트 F. 프리시먼은 그녀 앞에서 무릎을 꿇지 않으려고 만나기 싫은 사람을 만나지 않아도 된다는 권리를 행사했을 뿐이었다.

프리시먼의 인간적인 품위를 지켜주기 위해 그의 반박을 받아들이겠다는 팔라치의 말도 불쾌하게 여겨졌다. 미국 해군 대위인 프리시먼이 그녀의 빈정거림을 무시한 것은 나름대로 예의를 지키기 위한 노력이었다. 게다가 그가 이탈리아 기자에게 자신이 군인으로서 용감하게 활동했음을 증명해야 할 필요도 없었다. 그는 151 비행대대에서 조종사로서 뛰어난 활약을 한 공로로 비행 십자훈장(Distinguished Flying Cross)과 공군에서 수여하는 메달 9개, 해군 메달 2개, 그리고 명예 상이기장(Purple Heart)을 받았다. 또한 1966-67년에 북베트남 상공으로 128차례나 출격했었다. 본국으로 송환된 후 그는 샌디에이고의 해군병원에서 비행기가 격추될 당시 입은 부상에 대한 수술과 치료를 받았다.[50] 그 후 그는 인도차이나의 전쟁포로들이 인간적인 대우를 받을 수 있도록 노력하던 캘리포니아의 비영리단체인 '전쟁포로를 생각하는 단체(Concern for Prisoners of War Inc)'의 회장이 되었다. 팔라치가 그를 남자답지 못하다고 비난했던 것은 당시 찬란했던 그녀의 이력에 어두운 그림자를 드리우고 있다.

발코니의 슈퍼스타
SUPERSTAR ON A BALCONY

7

Oriana Fallaci

1968년 9월 말, 팔라치는 멕시코시티로 날아갔다. 수많은 국민들이 비참한 가난 속에 허덕이고 있는데 정부가 올림픽 준비에 엄청난 돈을 계속 쏟아붓고 있는 것에 반대하는 학생들의 움직임을 취재하기 위해서였다. 그녀는 여기서도 현장에 직접 뛰어들어 죽음의 고비를 넘겼을 뿐만 아니라, 멕시코 정부 당국에 대한 자신의 분노를 기사에서 여실히 드러냈다. 독자들은 그녀의 눈을 통해 멕시코 학생들을 지켜보며 그들의 움직임 속에 내재되어 있는 역동성을 느꼈다. 팔라치는 상황묘사를 통해 독자들이 직접 현실을 깨닫게 했지만, 독자들의 눈 앞에서 펼쳐지는 드라마의 중심에 항상 자신이 위치하도록 하는 것만은 이번에도 잊지 않았다.

그녀는 〈에우로페오〉에 쓴 기사와 《무 그리고 아멘 Niente e così sia》의 부록에서 당시의 사건들을 세심하게 분석하면서 전체주의 정권에 맞선 약자들을 옹호하는 영웅적이고 강직한 기자의 이미지에 초점을 맞췄다. 기사의 전체적인 방향을 결정한 것은 팔라치의 상사들인 토마소 기글리오 Tommaso Giglio와 렌조 트리온페라 Renzo Trionfera가 쓴 기사였다. 그들은 팔라치의 보도스타일이 중요하다는 점과,

시위 도중 부상을 입을 정도로 현장에 뛰어드는 그녀의 헌신적인 태도를 강조했다.

"이것은 기자들이 자신의 일에 믿음을 갖고 다른 사람들뿐만 아니라 자기 자신을 위해서 기사를 쓸 때 치러야 하는 대가이다."[1]

두 사람은 그녀가 역사의 현장을 직접 목격하기 위해 피를 흘린 슈퍼스타임을 강조하면서 어떤 고난을 당하더라도 진실을 지키기 위해 투쟁하는 숭고한 투사의 이미지를 한층 강화시켰다.

팔라치는 군대에 의해 잔인하게 진압당한 시위에 참여했다가 부상을 입고 병원에서 수술을 받았다. 1인칭 형식으로 글을 쓰는 그녀에게 이상적인 환경이 만들어진 것이다. 그녀가 쓴 기사의 제목들은 사건보다 기자인 그녀를 더욱 강조했다. '오리아나 팔라치의 이야기: 내가 부상당한 유혈의 밤'과 '이것이 내가 잃어버린 기사'.[2] 첫 번째 기사는 테이프에 녹음된 내용을 글로 옮겨 적은 것이었다. 부상이 심해 글을 쓸 수 없었던 팔라치는 병상에서 마이크에 대고 기사를 구술했다.

"속이 메스껍고, 아직도 머리가 혼란스럽다. 내 어깨, 허파, 무릎, 다리에서 느껴지는 신체적인 고통보다 더 괴로운 것이 있기 때문이다…. 계속 반복되는 이 악몽이 괴롭다."[3]

여기서 팔라치 자신을 의미하는 '나'라는 대명사는 이야기 전체를 강조하는 역할을 한다. 앞의 두 기사와 함께 실린 사진들은 그녀의 개인적인 의견을 한층 증폭시킨다. 첫 번째 사진에는 베트남에서 미군 군복을 입고 메모지를 든 그녀의 모습이 담겨 있다. 그리고 사진 설명에는 "멕시코가 베트남보다 더했다"는 팔라치의 말이 인용되어 있다. 두 번째 사진은 프랑스인들이 운영하는 병원에서 부상 치료를 받으면서 녹음기에 기사를 구술하는 그녀의 모습을 보여준다. 그리고 AP 통신 소속의 한 사진기자가 찍은 극적인 연작 사진

중의 하나인 세 번째 사진에는 팔라치가 총에 맞았던 그 잔인한 학살 현장에서 부상을 입거나 죽임을 당한 기자들의 모습이 담겨 있다. 네 번째 사진은 의사가 등의 상처에 약을 바르는 동안 얼굴을 손으로 가리고 엎드려 있는 팔라치의 모습을 담고 있다. 마지막으로 다섯 번째 사진(머리를 멋지게 다듬고 검은 옷을 입은 모습으로 선글라스를 들고 있는 팔라치의 모습을 담은 신파조의 사진)은 10월 2일의 학살현장을 둘러보고 있는 그녀의 모습을 보여준다.[4]

이 비극적인 사건이 일어나기 전에 팔라치는 폴리테크닉의 강의실에서 학생운동 지도자들을 만났다. 그리고 기사에서 자신이 이들에게 강한 연대감을 갖고 있는 듯한 인상을 풍겼다. 외국 기자에게 자신들의 내밀한 감정을 드러내고 싶어 안달하고 있는 30명의 학생들이 그 강의실에 모여 그녀에게 자신들의 의견, 계획, 포부를 들려주었다. 그 날 다른 학생들에 의해 선택되어 그들의 대변인 역할을 맡은 학생은 에르네스토, 그라지아노, 소크라테스 등 세 명이었다. 그들은 정부가 올림픽에 3백만 페소를 썼다는 사실뿐만 아니라, 1961년의 학생봉기와 함께 시작된 국민들의 불만을 외부세계에 알릴 수 없다는 사실 때문에도 분노하고 있었다. 그러나 이 날 모임에서 가장 중요한 이슈로 등장한 것은 그들이 당장 목숨을 걱정해야 하는 상황이라는 점이었다. 미국, 프랑스, 이탈리아, 독일 등지에서 저항운동을 하는 학생들과 달리 그들은 모든 반대의견을 잔인하게 억압하는 정권을 상대하고 있었기 때문이다.[5]

시위가 벌어진 10월 2일 수요일에 학생들은 폴리테크닉에서 군대가 철수한 것을 명백한 화해의 제스처로서 축하하고 대학 캠퍼스와 강의실에서도 군인들이 완전히 철수할 것을 촉구할 계획이었다. 학생지도자들은 이날 시위가 엄청난 규모의 열정적인 집회가 될 것이라면서 팔라치에게도 시위에 참석하라고 권유했다. 팔라치가 4시

45분에 현장에 도착해보니 광장이 벌써 반쯤 차 있었다. 그녀는 플래카드와 확성기로 뒤덮인 치후아후아 건물 3층 발코니로 올라갔다. 독자들은 높은 곳에 서 있던 팔라치의 눈을 통해 광장에서 발생한 일들을 모두 볼 수 있었다. 팔라치는 현장에서 게바라, 마누엘, 소크라테스, 마리빌라 등 네 명의 학생지도자와 만났는데, 그들은 경찰이 개입하지 않을 것이라면서 모든 일이 계획대로 평화롭게 진행될 것이라고 장담했다.

팔라치는 광장으로 들어오고 있는 수천 명의 사람들을 내려다보며 머릿속으로 현장을 기록했다. 파업을 기획하는 일을 맡고 있던 앤젤이 불안한 표정으로 서둘러 다가와서 장갑차량과 트럭들이 광장을 에워싸고 있다는 새로운 소식을 알려주었다. 학생지도자들은 즉시 회의를 열어 시위가 끝난 후 행진하려던 계획을 취소했다. 군인들을 자극했다가 총이 발포될까봐 겁이 났기 때문이다. 소크라테스가 마이크를 잡고 계속 몰려나오고 있는 군중들에게 경고했다.

"여러분… 행진은 하지 맙시다. 군대가 장갑차량과 바주카포를 가지고 우리를 기다리고 있습니다…. 모임이 끝나는 즉시 해산해서 각자 집으로 돌아가시기 바랍니다."[6]

소크라테스의 말이 끝난 후, 열여덟 살의 마리빌라가 공식적인 집회를 시작했다. 그녀는 개막연설에서 당국이 자신들의 주장을 진지하게 받아들일 때까지 비폭력적으로 투쟁을 계속해야 한다고 주장했다.

"여러분 모두 평화롭게 질서를 지켜주시기 바랍니다."[7]

광장에 모여 있던 사람들은 모두 박수갈채를 보냈다. 마리빌라의 뒤를 이어 연단에 오른 소크라테스도 이번 집회가 군대가 철수하기 시작한 것을 축하하기 위한 평화로운 모임임을 강조했다. 그는 또한 중등학교에서도 군대를 철수시킬 것을 요구하며 군중들에게 다음주 월요일부터 단식투쟁을 시작하자고 촉구했다.

"지금부터 우리는 평화로운 방법을 찾을 것입니다…. 이번 단식투쟁에 참가하고 싶은 분들은 올림픽 수영장 앞의 유니버시티 시티에 자리를 잡고 올림픽이 끝날 때까지 단식투쟁을 계속해 주시기바랍니다."[8]

소크라테스의 연설이 끝나자마자 초록색 군용 헬리콥터가 광장 상공을 선회하며 점점 고도를 낮추기 시작했다. 팔라치는 이 상황이 아무래도 걱정스러워서 학생지도자들에게 이야기를 해보려고 했지만 소용이 없었다. 곧 이어 두 개의 초록색 섬광이 발사되는 것을 보며 그녀는 정말로 불안감에 휩싸였다. 베트남에서 저런 움직임은 상대가 목표물을 정밀하게 조준하고 있음을 뜻했다.

"여러분, 안 좋은 일이 일어날 것 같아요. 저 사람들이 섬광을 터뜨렸습니다."

그러나 이번에도 학생지도자들은 그녀가 과거의 경험 때문에 불안해하는 것이라며 긴장된 기색을 보이지 않았다.

"Eh, tu ves las cosas como en Vietman(걱정 마세요. 여긴 베트남이 아니에요)."[9]

그들이 이 말을 끝내기도 전에 우레와 같은 소음과 함께 트럭과 장갑차량들이 나타나 광장을 사방에서 에워쌌다. 차량에서 쏟아져 나온 군인들은 즉시 총을 쏘아대며 사람들을 해산시키기 시작했다.

팔라치는 눈 앞에서 벌어지고 있는 악몽 같은 현실을 도저히 믿을 수가 없어서 3층 발코니에 있던 다른 사람들처럼 2-3분 동안 그저 바라보기만 했다. 군인들이 사람들을 정말로 죽일 생각이라는 사실을 아직 깨닫지 못한 소크라테스는 마이크로 달려가 사람들에게 침착하라고 호소하며 군인들이 지금 자신들을 자극하려 하고 있다고 주장했다.

"여러분, 도망치지 마세요! 겁내지 마세요. 우리를 자극하려고 저러는 겁니다! 우리에게 겁을 주려고 저러는 거예요. 도망치지 마세요!"[10]

소크라테스는 계속 "도망치지 마세요"라고 외쳤지만, 총소리가 그의 목소리를 묻어버렸다. 광장에서는 여자들이 아이들을 품에 안고 도망치기 시작했다. 지붕 위에도 기관총과 자동화기를 든 병사들이 있었다. 팔라치는 너무 놀라서 꼼짝도 할 수 없었지만, 지금 이 상황이 무엇을 의미하는지 정확하게 이해했다.

"갑자기 그들이 쓰러지는 모습이 보이기 시작했다. 사냥을 갔을 때 토끼들이 사냥꾼을 피해 도망치다가 총에 맞아 쓰러질 때처럼, 그들도 공중제비를 돌듯이 튀어 올랐다가 바닥에 쓰러졌다."[11]

군인들은 사람들을 함정에 몰아넣고 이제 3층에 주의를 기울이기 시작했다. 3층에 확성기가 있다는 것은 그곳에 지도자들이 있음을 의미했다. 팔라치는 엘리베이터로 다가갔지만 전기가 끊어져 있었다. 그때 마리빌라가 비명처럼 앤젤의 이름을 부르며 다가왔고, 앤젤은 1층으로 내려갔다. 그곳에서는 수십 명의 사복경찰들이 사람들을 구타하고 있었다. 그 동안 광장의 상황을 더 자세히 관찰하기 위해 벽에 등을 대고 있던 팔라치의 눈에 중년 남자 약 60명이 갑자기 발코니로 올라오는 광경이 들어왔다. 그들은 서로 신분을 오인하지 않도록 모두 하얀 셔츠를 입고 왼손에 하얀 장갑을 끼고 있었다. 그들은 손에 들고 있던 총으로 벽이나 바닥을 쏘면서 그 자리에 있던 모든 사람을 체포했다.

그들 중 한 명이 팔라치의 머리채를 잡아 벽으로 밀었다. 팔라치는 모제스와 마누엘 사이에서 바닥으로 쓰러졌다. 독일, 네덜란드, 프랑스, 일본 등에서 온 다른 기자들도 비슷한 일들을 겪고 있었다. 팔라치는 자신이 이탈리아인임을 밝혔지만, 상대는 그녀의 관자놀이에 총을 갖다대며 손을 들라고 명령했다. 발코니에 있는 사람들이 아래에서 올라오는 총탄을 조금이라도 피하려면 난간에 의지하는 수밖에 없었다. 그러나 하얀 장갑을 낀 경찰들이 벽으로 밀려난 죄수들을 향해 계속 총을 겨눈 채 난간 뒤에 재빨리 자리를 잡았다.

"그렇게 해서 우리는 광장과 헬리콥터에서 총을 쏘는 자들에게 아주 훌륭한 과녁이 되었다. 누구든 우리를 맞힐 수 있었다."[12]

베트남에서는 벙커나 참호에서 적의 총탄을 피할 수 있었다. 그러나 3층 발코니에 붙잡혀 있는 사람들은 총탄을 피할 길이 없었다. 그들이 벽에서 움직이려고 할 때마다 경찰이 경고사격을 했다. 팔라치는 경찰에게 총알을 피할 수 있는 난간 근처로 가까이 다가가게 해달라고 호소했다("Por Favor, per favor quiero me hagar venir, me haga venir cerca, cerca!"[13]). 그러나 팔라치가 기절한 척하면서 바닥으로 쓰러질 때까지 경찰들은 꼼짝도 하지 않았다. 팔라치와 함께 잡혀 있던 사람들은 그녀의 행동을 보고 흉내를 냈다. 이미 부상을 입고 있던 모제스의 손에서 피가 흐르기 시작했고, 마누엘은 팔라치의 얼굴과 손을 보호해주려고 애썼다. 그러나 난간에 서 있던 경찰들이 화를 내며 그들에게 모두 손을 들고 있으라고 명령했다. 이렇게 어려운 상황에서도 팔라치는 벽을 따라 약 50센티미터를 간신히 움직여 목숨을 구할 수 있었다. 그녀가 제자리에 가만히 있었다면 헬리콥터에서 발사된 총알이 그녀의 머리를 맞혔을 것이다. 그러나 움직인 덕분에 그녀는 어깨에 총을 맞았다. 그날 그녀는 여러 군데에 부상을 당했는데, 그 중에는 총알 파편이 척추에서 겨우 몇 밀리미터 떨어진 곳에 박힌 것도 있었다. 또 다른 파편 하나는 무릎 뒤쪽에서 살을 파고 들어왔지만, 대동맥, 정맥, 인대, 주요 신경 등은 기적적으로 손상을 입지 않았다. 그녀의 다리를 뚫고 지나간 파편도 있었다. 나중에 X선 사진을 찍어본 결과 파편 조각 여러 개가 그 자리에 남아 있었다. 그녀는 영어와 스페인어로 도와달라며 소리를 지르다가 아무 반응도 없는 경찰들을 향해 욕을 퍼붓기 시작했다. 나중에 그녀는 기관총 소리 때문에 자신이 아무리 외쳐도 소리가 들리지 않았다고 말했다.

1시간 30분이 흐른 후, 경찰관 두 명이 다가와서 문자 그대로 그녀를 질질 끌면서 계단을 내려가기 시작했다.

"나는 계단에 부딪힐 때마다 죽도록 소리를 질러댔다. 마치 내 몸 속에서 칼이 돌아다니고 있는 것 같았다."[14]

신체적 통증 외에도, 팔라치는 가진 것을 모두 빼앗기는 수모를 당했다. 그녀는 초록색 소매에서 삐져나온 털투성이 손이 자신의 시계를 빼앗아가던 광경과, 그 손의 손톱이 사각형이었다는 사실을 지금도 기억하고 있다. 그녀를 끌고 가던 경찰관들이 마침내 1층에 도착했다. 기관총이 수도관을 맞혔기 때문에 1층에는 물난리가 나 있었다. 팔라치는 1층으로 끌려가는 동안 내내 어떤 학생 한 명을 꼭 붙들고 놓지 않았다. 경찰들이 그 학생을 해치지 못하게 하기 위해서였다.

"이 사람은 내 통역이에요. 내 동료라고요."

45분 후 그녀는 구급차를 불러달라고 요청했지만 대령님이 이 자리에 다른 사람이 오는 것을 원치 않는다는 말을 들었을 뿐이었다. 그래서 그녀는 이탈리아 대사관이 자신의 행방을 알고 있다고 응수했다.

"만약 내가 돌아가지 않으면 당신들이 골치 아픈 꼴을 당하게 될 걸."[15]

그녀가 다시 자신이 기자임을 밝히려 하자 그들은 그녀가 다른 사람들을 선동하고 있다면서 그녀를 들것에 실었다. 그리고 부서진 수도관에서 쏟아져 나오는 더러운 물 속에 그녀의 얼굴을 처박았다.

그때 학생 한 명이 스웨터를 벗어 그녀를 덮어주며 용기를 잃지 말라고 외쳤다. 당시 상황으로서는 대단히 용감한 행동이었다.

10월 2일의 사건에 대한 멕시코 국방부의 발표는 팔라치의 이야기와 다르다. 막시미노 가르시아 바라간Maximino Garcia Barragan 장군에 따르면, 경찰과 군대는 정부타도를 목적으로 한 봉기를 미리 막기 위해 7시에 작전을 시작했다. 공식발표는 또한 양편에서 모두 사상자가 발생했으며, 군대가 소탕작전을 시작한 것이 9시이고, 군 측에서는 상등병 한 명이 죽고 장교 두 명이 사망하는 피해가 발생했다고 밝혔다. 그러나 UPI 통신의 사진기자로서 발코니에 있었던 이언 보그Ian Borg의 증언은 정부 발표가 아니라 팔라치의 이야기가 옳다는 것을 확인해준다. 그는 초록색 로켓포를 본 학생 연사가 군대가 도착해서 무차별적인 총격을 가할 것임을 눈치채고 연설을 중단했다고 말했다. 그는 또한 경찰관 약 15명(60명이라고 주장한 팔라치의 이야기와는 상당히 다르다)이 발코니로 갑자기 뛰어 들어와 사람들에게 손을 머리 위로 올리고 벽에 붙어서 줄을 서라는 명령을 내렸다고 증언했다. 이어 그는 군대가 총을 쏘기 시작했으며, 경찰이 사람들에게 바닥에 누우라는 명령을 내렸다고 구체적으로 진술했다.

> 머리 위로 총탄이 오가는 가운데 우리는 1시간 동안 그렇게 있었다. 사람들의 비명소리가 들렸다. 그 중에는 오리아나 팔라치의 목소리도 있었다. 그녀는 어깨와 팔에 각각 총상을 입었다. 내 왼쪽에 있던 남자도 부상을 당했는데, 그의 얼굴에서 피가 콸콸 쏟아져 나오는 것이 보였다. 나는 아무 것도 할 수 없었다. 사방에서 총탄이 날아다니고 있었다. 총알 하나가 수도관을 뚫고 들어가는 바람에 우리들 위로 물이 쏟아지기 시작했다. 우리는 부상자의 피로 물든 물 속에 금방 흠뻑 잠겨버렸다.[16]

이언 보그의 증언에는 또한 경찰이 무기수색을 위해 그의 옷을 벗겼으며, 그를 광장까지 끌고 내려간 후에야 풀어주었다는 내용이 포함되어 있다. 그는 시위가 평화롭게 시작되었으며, 지도자들이 사람들에게 흥분하지 말고 빨리 광장을 떠나라고 했고, 폭력적인 진압 때문에 비극적인 상황이 벌어지지 않았다면 학생지도자들의 말대로 되었을 것이라는 말도 덧붙였다. 영국의 로이터 통신과 프랑스의 AFP 통신도 보그의 증언과 마찬가지로 헬리콥터에서 발사된 로켓포가 총격 신호였으며, 공격이 시작된 후에야 학생들이 사방으로 흩어져 돌멩이, 꽃병, 막대기 등을 들고 기관총에 맞섰다는 이야기를 전했다. 학생들이 아래쪽의 군인들을 향해 임시변통으로 만든 무기와 가구 조각 등을 던져대던 위층 발코니는 바주카포 공격만으로도 심한 피해를 입었다.

마침내 팔라치를 태우고 갈 구급차가 도착했지만 악몽은 여기서 끝나지 않았다. 그 끔찍했던 밤에 그녀는 두 곳의 병원을 전전한 후에야 치료를 받을 수 있었다. 그녀가 먼저 들른 구급 처치실은 학살 사건의 피해자들로 가득 차 있었다. 총에 맞아 얼굴의 절반이 날아가 버린 피해자도 있었고, 팔이나 다리를 일부 잃어버린 사람들도 있었다. 그녀는 응급치료를 받은 후 공립병원으로 옮겨졌지만 1시간이 넘도록 아무 치료도 받지 못한 채 응급실에 누워 있어야 했다. 그 후에는 사복경찰들이 그녀를 에워쌌다. 그들은 위협적인 태도로 그녀에게 시위를 선동했느냐고 물었다. 그녀는 이탈리아 시사잡지 기자라고 다시 신분을 밝혔다. 그러자 그들은 그녀의 종교를 집중적으로 문제 삼기 시작했다.

"당신은 가톨릭이 아니야! 당신은 가톨릭이 아니야!"

그녀는 대담하게 응수했다.

"그게 어쨌다는 겁니까?"

그리고 이탈리아 대사를 만나게 해달라고 강력하게 요구했다. 그들이 국제법에 의해 보장된 이 기본적인 권리마저 인정해주지 않자 그녀는 이성을 잃었다.

"멕시코 경찰이 처음에는 나를 총으로 쏘더니 이제는 외국인으로서 우리 대사관 사람을 즉시 부를 수 있는 내 권리마저 부정하고 있었다."

그들이 차갑고 냉담한 태도로 자리를 뜬 후, 친절한 간호사 한 명이 다가와서 그녀에게 귓속말을 했다.

"아무한테도 얘기하지 마세요. 제가 대사관에 전화를 할게요. 이름이 뭐죠?"[17]

두 시간 후, 대사관 사람이 와서 의사가 이곳으로 오고 있다는 얘기를 하고 난 후에야 병원 사람들이 간신히 시간을 내서 그녀의 부상부위에 대한 X선 촬영을 실시했다. 그때 팔라치가 기적이라고 부른 일이 일어났다. 지오반니 비알레Giovanni Viale 박사가 조수인 가브리엘 에스피노자Gabriel Espinosa와 함께 병원에 도착했던 것이다. 두 사람은 정중한 태도로 그녀의 상처를 철저히 살펴본 다음 지옥에 빠져 있던 그녀를 천국으로 끌어올려주었다. 그녀의 몸에 레인코트를 덮어주고, 그녀와 함께 계단을 내려가 출구로 향한 것이다. 대사관에 전화를 해준 친절한 간호사가 다가와서 뭔가를 요구했다. 마치 팔라치를 진실의 투사로 생각하는 것 같았다.

"Le pregunto un favor: escriba todo lo que ha visto."

젊은 의사 한 명도 가까이 다가와서 영어로 같은 부탁을 했다.

"어려운 부탁을 드려도 되겠습니까? 당신이 본 것을 모두 얘기해주시겠어요?"

비알레와 에스피노자는 자신들의 자동차에 그녀를 조심스레 태우고 시내를 가로질러 프랑스인들이 운영하는 병원에 도착했다. 그곳에서 그녀는 마침내 수술을 받을 수 있었다. 밤 동안에 정부 당국은 그녀의 병실 밖에 경비를 세워 낯선 사람들을 물리쳤다. 그녀의 건방진 태도가 정부 관리들을 자극했기 때문에 좋지 않은 일이 생길 가능성도 있었다. 그러나 팔라치는 두려움이나 후회의 기색을 전혀 보이지 않은 채 정부에 도전할 태세를 갖추고 있었다.

"멕시코 경찰이 내 입을 막고 싶었다면 내 혀를 잘라내는 수밖에 없었을 것이다."[18]

팔라치는 멕시코 경찰들이 공립병원으로 자신을 찾아온 것은 그녀가 죽지 않았음을 확인하기 위해서였다고 믿고 있다. 어떤 정부든 기자를 죽이게 되면 최악의 평판을 얻게 되니까 말이다. 그러나 그녀가 특히 분노한 것은 일부 기자들(멕시코 기자들)의 태도 때문이었다. 그들이 그녀의 부상경위를 무시해버린 것은 도저히 정당화될 수 없는 일이었다. 그들은 그녀의 부상이 가볍게 긁힌 정도이며 그녀가 제 발로 걸어서 병원을 나갔다고 주장했다. 팔라치는 그녀가 일급 사수의 총에 맞아 가볍게 긁힌 상처만을 입었다는 그들의 주장을 더욱 참을 수 없었다고 말했다.[19] 그녀는 그 멕시코 기자들이 장미꽃다발을 들고 문병을 왔을 때 그들의 선물을 거절하며 부상당한 학생들에게 꽃을 보내라고 말했다고 썼다. 부상자들이 어디 있느냐는 기자단 대표의 질문에 그녀는 화난 어조로 대답했다.

"나는 부상자들이 어디 있는지는 알 수 없지만, 그 꽃을 죽은 학생들의 무덤에 보내야 할 것이라고 대답했다."[20]

그녀가 자신의 기사에서 멕시코 기자들의 주장을 반박할 수 있었던 것이 다행이었다.

팔라치의 독자들이 그녀의 부상을 피상적인 것으로 보았다면, 영웅적인 희생자라는 그녀의 이미지가 힘을 잃었을 것이다. 어쩌면 그녀가 신파적인 재능 때문에 자신의 부상을 과대포장했는지도 모른다. 그녀가 수술실에서 나온 후 가장 먼저 그녀에게 전화를 걸어온 사람은 우주비행사인 피트 콘래드였다. 팔라치에 따르면, 간호사가 그녀를 깨울 수 없다고 말했지만 콘래드가 하도 시끄럽게 소리를 질러댔기 때문에 할 수 없이 팔라치의 귀에 수화기를 대주었다고 한다.

"놈들한테 제대로 당했지요? 당신은 그렇게 당해봐야 해요. 그래야 전쟁터에 코를 처박는 법을 배우게 될 테니까. 내 말을 듣고 있어요? 목숨이 위험한 건 아니겠죠? 당신이 죽으면 내가 울 것 같거든요."[21]

그러나 콘래드의 이야기는 팔라치의 이야기와 크게 다르다. 그는 그때 그녀가 자고 있지 않았기 때문에 직접 전화를 받았다고 주장했다. 간호사는 이 일과 아무 상관이 없었다. 그는 또한 그녀가 자신의 부상을 크게 과장했다면서 그녀의 어조가 너무나 격렬했다고 말했다.

"그녀의 목소리가 하도 커서 휴스턴까지 들릴 정도였다."[22]

멕시코인들은 그녀에게 열화와 같은 동정심과 지지를 보여주었다. 한 이탈리아 기자는 팔라치에게 행운을 빌어주겠다는 어떤 택시운전수의 말을 전해주었다. 이탈리아에서도 수백 통의 전보가 날아왔다. 꽃다발이 그녀의 병실에 넘쳐흘렀고, 문병을 온 사람들은 반정부 신문을 몰래 놓아두고 갔다. 학생들과 웨이터들도 인사를 보내왔다. 익명의 시민들이 전화를 걸어와서 자기 자식들이 비극적인 일을 당했다는 이야기를 털어놓기도 했다.[23] 팔라치가 부상을 당했으며, 체포된 학생 1천5백 명과 사망자 150명에 대해 강력한 지지를 표명했다는 이야기가 전세계 신문에 크게 보도되면서 멕시코의 저항운동이 주목을 받게 되었다. 학생들이 시위를 벌이던 몇 년 동안 이처럼 관심이 쏠린 적은 없었다.

팔라치의 기사는 마치 탐정소설 같았다. 이 기사에서 팔라치 자신은 멕시코 정부의 의표를 찌르는 영리한 주인공이었다. 10월 8일 화요일, 그녀는 멕시코 당국으로부터 여전히 첩자 취급을 당하면서 이사벨 호텔의 자기 방에서 요양을 했다. 그들은 24시간 내내 그녀의 행동을 감시하고 전화를 도청했다. 피렌체에서 걸려온 어머니의 전화도 마찬가지였다. 토스카가 "그 사람들이 너를 추방하고 싶어한다는 게 사실이냐?"고 묻는 순간 누군가가 전화연결을 끊어버렸다. 어떻게 손을 써놓았는지 다시 전화를 걸어도 연결이 되지 않았다. 요양을 하는 동안 그녀는 시위에 참가했던 학생들이 어떻게 됐을지 자주 생각해보곤 했다. 폴리테크닉에 다니던 열여덟 살의 미르타는 헬리콥터에서 섬광이 발사된 직후 사라져버렸다. 그녀는 팔라치가 어딜 가든 졸졸 쫓아다니며 옷차림까지 그녀를 흉내내곤 했었다. 기자회견이 열렸을 때에도 그녀는 팔라치의 옆에 앉았으며, 뉴욕에 한 번 오라는 팔라치의 초청을 받아들였다. 철도 노동자의 아들로 전기공학을 공부하고 있던 이사이아는 발코니에서 팔라치의 곁을 떠나지 않고 더러운 손으로 그녀의 상처를 덮어주었었다. 수요일 아침, 팔라치는 그의 집으로 전화를 걸었다가 그가 군대에 의해 1호 캠프에 구금되어 있음을 알게 되었다. 학생들 중 가장 똑똑했던 가브리엘(팔라치는 그의 신분을 보호하기 위해 가명을 만들어냈다)은 《만약 태양이 죽어버린다면》을 놓고 팔라치와 토론을 벌였으며, 그녀를 보고 자동화를 두려워하는 구닥다리 겁쟁이라고 했었다. 그녀가 좋은 옷과 보석을 좋아하는 것을 보고는 부르주아라는 얘기를 하기도 했다.[24] 그래도 그녀는 안경을 쓴 이 청년이 마음에 들었다. 그도 그 날 그녀와 함께 3층 발코니에 서 있었다.

가브리엘이 10월 10일 목요일에 전화를 걸어왔다.

"살아있었구나!"

그녀가 소리쳤다.

"당신보다 더 생생해요. 게다가 3블록도 안 되는 곳에 있어요. 제가 지금 그쪽으로 갈게요."

15분 후 그가 문을 두드렸고, 팔라치의 여동생인 니라가 문을 열어주었다.

"당신과 함께 우리의 행운을 축하하려고 포도주를 가져왔어요. 당신도 살아있고, 나도 살아있으니까."

모두들 감정이 북받쳤다. 특히 배반자로 의심받고 있던 소크라테스가 경찰에 가브리엘의 이름을 말해주었다는 얘기를 들은 후에는 더욱 그러했다.

"경찰이 나를 찾고 있어요."[25]

그는 그녀에게 〈디아리오 드 라 타르드 *Diario de la Tarde*〉를 보여주었다. 1면의 커다란 헤드라인 밑에 그의 이름이 있었다. 경찰이 호텔을 감시하고 있음을 생각해낸 팔라치와 니라, 그리고 문병을 왔던 기자 두 명이 가브리엘을 에워싸고 관광객 행세를 하기로 했다. 그들은 그와 함께 엘리베이터를 타고 내려가서 교묘한 위치에 자리잡고 있는 안내 데스크를 지나갔다. 그들은 영어만 사용했으며 그를 조지라고 불렀다. 일단 밖으로 나온 그들은 택시를 불러 타고 더 안전한 곳으로 향했다. 그리고 그곳에서 세 시간 동안 틀라테롤코 학살에서 살아남은 학생 생존자와의 유일한 인터뷰가 진행되었다. 인터뷰가 끝난 후 가브리엘은 밤의 어둠 속으로 재빨리 사라졌지만, 다음 날 저녁 혼잡한 카페테리아에서 만나자는 약속을 남겼다.

다음 날 미르타의 죽음이 알려졌다. 니라가 그녀의 집을 찾아갔다가 그녀의 어머니에게서 이야기를 들은 것이다. 미르타의 어머니는 울면서 니라에게 간청했다.

"제발 더 이상 묻지 마세요. 미르타 말고 자식이 다섯이나 됩니다. 온 집안이 슬픔에 잠겨 있어요. 저는 다른 일에는 아무 관심 없습니다."

팔라치는 슬픔에 잠겨서 미르타를 맨해튼의 자기 집으로 초대했을 때 그녀와 나눴던 이야기를 기사에 썼다.

"뉴욕이 정말로 그렇게 아름다워요? 밤에도 불이 켜져 있어서 특히 아름답다면서요?"

"그래, 미르타, 정말로 아름다워. 너도 알게 될 거야. 너도."[26]

그날 밤 가브리엘과의 약속을 위해 호텔을 나서던 팔라치는 누군가가 신문을 읽다가 자리에서 일어나 자신을 미행하는 것을 눈치챘다. 그녀는 동료 기자와 함께 파세오 드 라 레포르마 거리를 걸었지만 미행자임이 너무나 분명한 그 사람을 떨쳐버릴 수 없었다. 그러나 미행자가 신호등에서 파란불이 켜졌을 때 먼저 길을 건너는 실수를 저지르자 그녀는 그 틈을 이용해 택시를 잡아타고 재빨리 도망쳤다. 그리고 카페테리아에서 가브리엘을 만나 인터뷰를 마무리지었다.

두 사람은 천천히 걸으면서 소크라테스가 학생지도자들을 배반한 것이 사실일지에 대해 의견을 나눴다. 많은 학생지도자들은 소크라테스를 배반자로 생각하려 하지 않았다. 그가 저항운동과는 아무 상관이 없는 정치지도자들의 이름을 경찰에 알려주었다는 얘기 때문이었다. 현재 구금 상태인 그가 징역을 선고받는다면 그가 무고하다는 사실이 정말로 증명될 터였다. 그러나 그가 사면받는다면, 그것은 그가 배반자라는 확실한 증거였다. 그러면 학생들은 그를 찾아내서 재판을 열고, 유죄 판결이 나올 경우 처형해버릴 생각이었다. 팔라치가 뭔가 해줄 일이 없느냐고 묻자 가브리엘은 미소를 지으며 저녁을 사달라고 했다. 그날 저녁에는 세상의 나쁜 일들이 모두 사라져버린 것 같았다. 두 사람은 마치 뉴욕이나 로마에 있는 것처럼 평범한 식당에서 식사를 하며 외계 생명체에 대한 이야기를 나눴다.

그는 지구가 외계 문명에 비해 열등할 리 없다면서, 설사 사람들이 미르타를 죽였다 해도 인간으로 태어난 것은 특권이라고 주장했다.

> 선과 악의 싸움이 삶의 요체예요. 나무와 물고기들은 선과 악을 구분하지 못하죠. 우리가 다시 만나게 될지 잘 모르겠지만, 다시는 만나지 않을 것 같다는 느낌이 강하게 들어요. 하지만 이것만은 약속해주세요. 맹세하셔야 해요. 인간에게 분노하지도 않을 것이고, 나무나 물고기로 태어나는 편이 나았을 거라는 말도 하지 않겠다고. 나도 인간이니까요. 사람을 믿지 못한다면 모든 게 쓸모없어져요. 무슨 말인지 아시겠어요? 약속해줄 수 있어요?

팔라치는 자기 자신과 독자들을 걸고 그의 소원을 받아들이겠다고 맹세했다. 그리고 커다란 행복감을 느끼며 눈물에 젖어 작별인사를 하고 그가 당당하게 멀어져가는 것을 지켜보았다.

가브리엘이 이름 없는 군중 속으로 사라지면서 멕시코시티의 지옥 같은 악몽이 끝났다. 팔라치의 삶에서 중요한 위치를 차지하고 있는 이 시기의 이야기는 전체주의 정권의 권력남용을 분명하게 보여주었으며, 자유로운 생각과 자유로운 표현의 힘을 무너뜨리려 하는 독재자에게 주먹을 흔들어대는 20세기 여성 영웅의 이미지를 한층 더 강화해주었다.

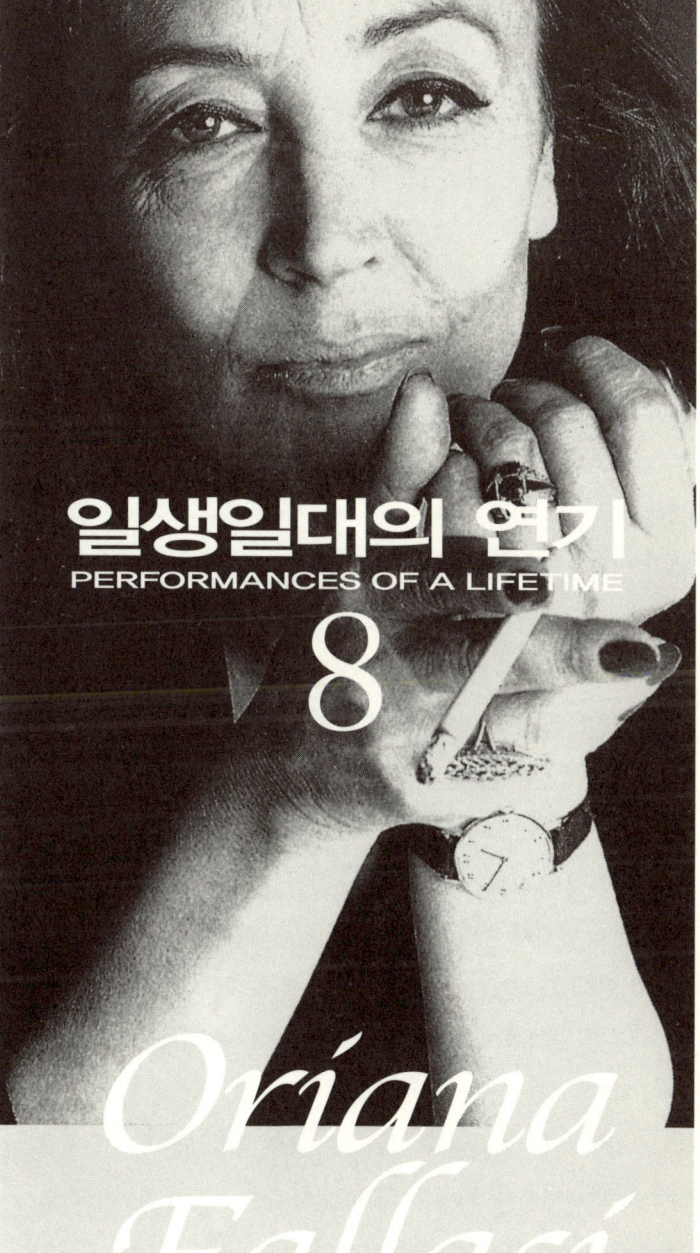

일생일대의 연기
PERFORMANCES OF A LIFETIME
8

Oriana Fallaci

팔라치의 인터뷰 중 가장 중요한 것은 국가원수나 중요한 정치인들과의 인터뷰였다. 이 인터뷰 기사들은 인쇄매체의 한계를 깨뜨렸으며, 때로는 연극과도 비슷했다. 또한 공격적인 어조를 띠는 경우가 많았다. 그녀는 인터뷰를 하는 동안 자주 언쟁을 벌였으며, 단도직입적인 질문을 통해 정면공격을 퍼부었지만 패배를 맛본 적은 아주 드물었다. 그녀는 키신저, 콜비Colby, 간디, 바웬사Walesa 등 거물들을 인터뷰하는 피렌체 출신 이탈리아 여자로 유명해졌다. 그녀의 인터뷰 기사들은 신화가 만들어지는 과정을 보여준다. 그녀가 거물들과 차례로 맞서서 승리를 거두는 데 원동력이 된 것이 바로 이 신화만들기였다. 팔라치는 인터뷰 기사를 통해 대중의 우상으로 떠올랐고, 대중은 그녀의 인터뷰 기사를 통해 그녀가 경험한 것들을 함께 경험했다.[1]

팔라치 식의 인터뷰를 가르치는 것은 불가능하다. 인터뷰를 할 때마다 피렌체에서 태어나 2차 대전 중에 이런저런 경험을 하고, 작가의 꿈을 키우며 기자로 일했던 여자의 삶이 드러났기 때문이다. 학생들이 그녀를 흉내내고 싶어한다면, 그것은 커다란 실수이다. 팔라치는 사회적, 문화적 성향 때문에 처음부터 자기만의 특별한 방식을 따를 수밖에 없었다. 게다가 그녀는 글 속에 자신의 기질을 쏟아 넣으며, 오랜 경험이라는 이점도 갖고 있다. 그녀는 인터뷰 대상의 마음 속으로 들어가서 그들의 생각, 감정, 결정 등에 대해 질문을 던진다. 그러고는 그들의 답변을 극적으로 각색하고, 인터뷰 도중에 오간 대화에 자신만의 각인을 찍으며, 자기 생애 최대의 연기를 통해 자신의 영혼을 온전히 드러낸다.

정치적 인물들을 인터뷰하는 기자로서 팔라치의 기법과 독창성은 많은 비평가들을 매료시켰다. 그녀의 인터뷰를 보면 미국 텔레비전에서 볼 수 있는 대부분의 인터뷰가 너무 얌전하게 보일 정도이다.[2] 팔라치의 글에서 뚜렷하게 드러나는 특징 중의 하나는 미스테리와 모험의 분위기가 글 속에 되풀이 되어 나타난다는 점이다. 그녀는 자신을 위험한 상황을 즐기는 기자로 묘사한다. 그녀의 이야기에서 기준점은 팔레스타인의 비밀 기지, 그들 지도자들과의 비밀스러운 만남, 캄보디아, 베트남, 볼리비아, 스리랑카 등지의 정글, 인도, 파키스탄, 방글라데시의 전장 등이다. 심지어 멕시코시티의 3색 문화 광장(Plaza of Three Cultures)조차 마찬가지이다. 불길한 만남, 이야기 전체에 스며 있는 죽음의 존재, 적 앞에서 움츠러들지 않는 단호한 태도 등이 그녀만의 특별한 재능을 전면으로 끌어내서 거의 마술과도 같은 유혹적인 분위기를 그녀의 글에 부여해준다.

그녀는 팔레스타인 저항운동에 대한 기사를 쓸 때 알 파타(Al Fatah) 비밀기지에 대한 이야기로 말문을 열었다. 이 비밀기지에서 그녀는 아부 아샴Abu Asham을 인터뷰했다. 그가 게릴라로서 이스라엘에 대한 야간공격에 참여하는 이유를 알고 싶어서였다. 그녀의 기사에는 그가 레바논의 난민 캠프에서 태어날 당시의 일들을 다룬 감동적인 이야기도 포함되어 있었다. 그녀는 이 비밀기지의 지휘관인 서른 살의 미남 아부 마짐Abu Mazim도 만났다. 마짐은 그녀에게 식사를 대접하며 혹시 전에 테러리스트와 함께 식사해본 적이 있느냐고 물었다.

"오래 전…. 우리가 독일군과 싸울 때 먹어봤죠."[3]

그는 그녀의 대답을 마음에 들어 하면서 자신과 부하들이 이스라엘의 칼륨 공장과 전력시설을 파괴했다고 말해주었다. 그녀가 아부 마짐과 대화를 하는 도중, 이 비밀기지의 전사 한 명이 그녀에게 자신들의 투쟁이 옳다고 생각하느냐고 물었다.

"예, 아부 마짐. 당신들이 옳은 것 같습니다. 하지만…."
"하지만?"
"하지만, 짧은 얘기를 하나 해드려야 할 것 같습니다. 내가 어렸을 때 학교 선생님 한 분을 아주 좋아했습니다. 그 분은 세상에서 가장 훌륭한 여자였지요. 그 선생님의 이름은 라우라 루비체크였는데, 연로하신 어머니와 함께 살고 계셨습니다. 아주 다정한 호호백발 할머니셨지요. 어느 날 밤, 독일군이 와서 두 분을 데려갔습니다. 유대인이라는 이유로. 두 분은 다시는 돌아오지 않았습니다. 아시겠습니까?"
"알겠습니다."
"난 그런 일이 또 일어나는 게 싫습니다. 다시는. 아시겠습니까?"
"알겠습니다. 이제 제가 대답해도 되겠습니까?"
"그럼요."
"제 대답도 간단하고 짧습니다. 우리는 유대인을 미워하지 않습니다. 우리들 중에도 유대인 여자와 결혼한 사람이 많아요. 유대인들과 친구인 사람도 많고요. 우리가 미워하는 건 시온주의자들입니다. 시온주의자는 나치와 같으니까요. 시온주의자라는 건 그들이 인종차별주의자이고, 팽창주의자이고, 제국주의자라는 뜻입니다. 당신들 서구인들은 이스라엘과 유대인을 동일시하지요. 하지만 그 두 가지는 같은 게 아닙니다."[4]

전사 한 명이 이야기를 하고 싶다면서 카시아(kassiah)를 벗었다. 어린 소년의 얼굴이 드러났다. 그도 팔라치가 무얼 염려하는지 이해한다고 했다. 그의 부모도 유대인 가족 옆집에서 산 적이 있어서 나치의 유대인 강제수용소를 혐오한다는 것이다. 그러나 아랍계 팔레스타인인으로서 그는 나치의 만행에 대해 자신이 책임을 질 필요는 없다고 했다. 대신 그는 과거 독일인들이 유대인들을 대할 때처럼 팔레스타인인들을 대하는 유대인들을 비난했다.

"지금은 우리가 유대인이예요."[5]

암만의 비밀 장소로 돌아온 팔라치는 무슨 수를 썼는지 야세르 아라파트Yassir Arafat를 만나는 데 성공했다. 그녀가 이때 행한 아라파트와의 인터뷰는 1970년까지 기자가 행한 아라파트의 인터뷰 중 가장 길고 가장 완벽한 인터뷰였다. 그녀는 얼핏 보기에는 그가 권위있는 사람이나 카리스마적인 지도자처럼 보이지 않는다고 썼다.

"그는 몸집이 작았다…. 심지어 손발도 작았다. 너무 작아서… 널찍한 엉덩이와 비만한 배가 붙어 있는 거대한 몸통과 아주 통통한 두 다리를 지탱할 수 없을 것 같았다. 이런 몸집 위로 카시아를 둘러 쓴 머리가 솟아 있었다."[6]

(기사의 첫 번째 페이지에서 모피 외투를 입고 담배를 피우고 있는 팔라치의 모습이 실제보다 더 돋보이게 나온 커다란 사진이 아라파트에 대한 부정적인 묘사와 날카로운 대조를 이뤘다.) 아라파트와의 만남은 밤 10시에 키가 크고 날씬하며 우아한 경호원이 배석한 가운데 이루어졌다. 팔라치는 경호원의 외모가 아라파트의 성적 취향을 보여준다고 생각했다. 경호원 외에 그 자리에는 커다란 몸집에 민간인 복장을 한 남자 한 명, 통역, 아부 조지Abu George가 함께 했다. 아부 조지는 팔라치가 미리 준비해온 질문들을 조사한 후 아라파트와의 대화에 주의 깊게 귀를 기울였다. 그녀는 아라파트의 친절

함이 피상적인 것이라고 봤으며, 그가 별 것도 아닌 이유로 금방 적대적인 태도를 보일 수 있는 사람이라고 생각했다. 그녀는 또한 그가 능숙한 말솜씨로 답변을 회피했다고 비난했다.

"이번 기사를 위해 만난 모든 팔레스타인인들 중 아라파트가 가장 별볼일 없었다."[7]

아라파트의 외모와 성적인 취향에 대한 팔라치의 비난은 그녀의 보도 스타일 중에서 전투적이고 비전문가적인 측면에 대해 의문을 갖게 만든다. 로버트 쉬어는 팔라치가 아라파트를 '잡을' 수 있는 알찬 내용을 꺼내놓지 못했음을 지적하면서 그녀가 상대를 죽여버렸다고 비난했다. 자신이 뭔가를 꺼내놓지 못했기 때문에 그의 외모에 대한 인신공격(예를 들어 "그의 이빨이 늑대 같았다"고 말한 부분)에 의존했다는 것이다. 쉬어는 자신이 직접 그녀를 인터뷰하면서 그녀를 심하게 비난했다.

"이 인터뷰 기사 첫머리에 오리아나의 이빨이 비뚤어져 있다고 썼다면 어땠겠습니까?"

그는 아라파트의 통통한 다리, 거대한 몸통, 커다란 엉덩이, 부풀어 오른 배에 대한 팔라치의 묘사를 인용해가면서 그녀를 계속 공격했다.

"내 말은 당신이 인터뷰에서 그를 제대로 몰아붙이지 못했다는 겁니다. 그래서 싸구려 같은 방식을 택한 거죠. 당신이 그 인터뷰가 만족스럽지 못했다고 쓴 건 그에게서 아무 것도 얻어내지 못했기 때문입니다."

아라파트가 아무 말도 하지 않으려 했다며 그녀가 반박하자 그는 그녀의 말에 일관성이 없음을 지적하면서 아라파트의 모순적인 말들을 그녀가 바로잡았어야 한다고 말했다.

"그가 인터뷰 도중 이런 말을 했습니다. '우리는 이스라엘을 없애버려야 한다!' 그런데 조금 시간이 지난 후에는 유대인들에 대해 전혀 반감이 없으며, 자신이 민주국가를 지지한다고 했죠. 어떻게 이 두 가지 말을 동시에 할 수 있는지 왜 묻지 않았습니까?"[8]

아라파트와의 만남은 부메랑처럼 팔라치에게 되돌아와, 그녀의 동성애자 혐오와 자신에 대한 다른 기자들의 기사 내용을 엄격히 통제하려는 위선적인 태도를 폭로해버렸다. 저 유명한 〈플레이보이 *Playboy*〉지 인터뷰 도중 쉬어는 그녀에게 그녀가 예전에 썼던 글을 상기시켰다.

"아라파트와의 인터뷰 기사 첫머리에 쓴 서문에서 당신은 그가 동성애자라고 암시했습니다."

그녀의 답변은 처음 그녀의 기사를 읽으면서 받은 느낌을 확인해주었다.

> 당시 그의 옆에는 내 평생 처음 보는 멋진 젊은이가 있었습니다. 그는 독일인이었습니다. 너무나 잘생기고 너무나 멋진데다, 우리 사진기자한테 웃기는 짓을 하기까지 했습니다. 그는 아주 미남이었는데 내게는 눈길 한 번 안 주고 우리 사진기자를 바라보았습니다. 그가 우리 사진기자를 자극하고 있었어요. [혀로 입술을 핥으면서] 이런 짓을 하면서 사진기자를 바라보고 있었습니다.[9]

팔라치는 자기가 동성애자들보다 더 남자답기 때문에 그들의 신경을 건드리는 건지도 모른다고 말했다.

> 난 그 사람들을 별로 좋아하지 않습니다. 동성애자들 말입니다. 예를 들어 여기 뉴욕에서는 그 사람들이 [점잔을 빼는 시늉을 하며] 이렇게 행동하면서 자기들이 동성애자임을 드러내는 걸 볼 수 있습니다. 난 그게 거슬립니다⋯. 하이힐을 신고 얼굴에 분을 바르고 손을 꼭 잡고서 블루밍

데일 백화점에 가서 꺅꺅 비명을 질러대는 사람들을 본 적 있습니까?….
난 그런 사람들을 도저히 참을 수가 없습니다…. 그 사람들에게는 일종
의 광신, 교조주의, 자기 과시벽, 마피아의 느낌 같은 게 있습니다. 모두 다
내가 경멸하는 겁니다.[10]

그녀는 그들의 연대의식이 동지애를 넘어선다고 보았다. 그녀는 그들이 예술계에서 강력한 정치적 일파를 형성하고 있는 것 같다면서 결코 그들을 억지로 좋아하는 척 하고 싶지 않다고 말했다. 그녀가 어머니와 함께 런던을 여행했을 때의 이야기는 동성애에 대한 그녀의 반감을 한층 더 강조해준다.

웨스트민스터 성당 앞에서 노동자 두 명이 서로 입을 맞추는 것을 보았다. 어머니는 거의 기절할 지경이었다…. 도저히 참아줄 수 없는 그 블루밍데일 타입들, 즉 아랍에서 말하는 동성애자들을 보면 구역질이 난다. 그 어떤 자리에도 동성애자들이 앉아 있는 것을 상상할 수 없다. 그들이 으스대면서 꼬리를 흔들어댈 때면 도저히 참아줄 수가 없다.[11]

쉬어와 대화를 나누는 동안 팔라치는 동성애자들을 여러 번 더 공격했지만, 대화가 끝날 무렵에는 자신의 말에 책임을 지고 싶지 않다면서 그 말들을 지워달라고 요청했다.
"그런 말을 꺼낸 것이 유감스럽군요. 이렇게 몇 시간 동안이나 이야기를 하다보면 실수를 하게 마련이죠. 그걸 좀 지워주세요."
그러나 쉬어는 그녀의 부탁을 들어주지 않았다. 그는 그녀가 과거에 다른 사람들을 인터뷰할 때 때로 얼마나 무자비하게 굴었는지 알고 있었으므로 그 자리에서 그녀를 비난했다.

"잠깐만요. 지위 높고 힘있는 사람들이 취소하고 싶어하는 말을 그대로

발표해온 오리아나 팔라치가 우리더러 자기 말을 지워달라고 요청하다니…. 당신이 자유주의자처럼 보이게 하려고 우리 질문이나 당신 답변을 손질할 수는 없습니다."
"굳이 그 말을 발표하겠다고 고집하는 건 전제적이고 파시스트적인 행동이에요."
"전제적이라니요. 그 말을 발표하지 않는 게 기자로서 한심한 일이 되겠죠. 당신이라면 그런 짓을 절대 하지 않겠죠?"[12]

팔라치는 로버트 쉬어에게 인터뷰를 허락함으로써 자신의 천적을 만난 셈이었다. 그는 그녀의 일관성 없는 행동을 표면으로 끌어올리고, 그녀의 발언 때문에 동성애자들에 대한 관용이 사라질 것이라는 주장을 반박했으며, 자신의 신념을 진심으로 밝힌 발언들을 부정하거나 수정하려는 그녀의 행동이 모순이라고 지적했다.

"그렇게 과민하게 굴지 마세요. 개인적인 혐오감을 고백한다고 해서, 자신의 갑옷에 틈이 나있음을 밝힌다고 해서 당신이 걱정하는 것처럼 반드시 억압이 생겨나는 것은 아닙니다. 다른 사람도 아닌 당신이 발언을 취소해달라는 말을 해서는 안 되지요."[13]

재미있는 것은, 팔라치가 악명 높은 팔레스타인 인민해방전선(Popular Front for the Liberation of Palestine, PFLP)의 창시자인 조지 하바시George Habash를 만난 후 발언을 일부 '지워' 달라는 그의 요청에 완강히 맞섰다는 점이다. 이 인터뷰 기사에서 하바시의 테러 활동은 핵심적인 자리를 차지하고 있다. 그는 아테네에서 이스라엘 항공사 본부의 폭발사건을 기획했으며, 모나코 공항의 총격사건, 함부르크 유대인 회당에서 벌어진 끔찍한 사건, 47명의 승객이 타고 있던 스위스 항공 여객기 파괴 사건 등 일련의 끔찍한 사건들을 뒤에서 조종했다. 그가 팔라치와 대화를 나눈 곳은 요르단 수도 외곽의 난민 캠프와 이웃한 한 아파트였다. 그 아파트에 있는 것이라고는 책상 한 대, 의자 몇 개, 반反시온주의 플래카드뿐이었다. 이런 비밀스러운 분위기 속에서 하바시는 자신의 테러 행위가 팔레스타인인들을 희생시켜가며 시온주의를 지지하고 있는 국가들에 대한 전쟁행위라면서, 그가 무차별적인 살인을 저지르고 있다는 그녀의 비난을 반박했다.[14]

이 인터뷰가 〈라이프〉지에 다시 실린 뒤 하바시는 PFLP의 임시 정보국을 시켜 팔라치에게 공식 서신을 보내게 했다. 이 서신에서 그는 그녀가 '테러리스트'라는 말을 사용한 것에 반감을 드러내며 그런 단어가 실리는 것을 도저히 용납할 수 없다고 주장했다. 그는 또한 아랍인들이 스스로를 유대인으로 생각한다는 사실을 바탕으로 그녀를 '반유태주의자'라고 비난했으며, 자신이 3차 세계대전이 발발할 가능성에 대해 무관심한 반응을 보였다는 기사 내용을 부인했다. 팔라치는 공개서한을 통해 그의 기억을 되살리기 위해 녹음테이프를 다시 틀어줄 수도 있다면서 자신이 옳다고 주장했다.

하바시와의 인터뷰 기사에서 팔라치는 그와의 대화를 되돌아보며 90분에 걸친 인터뷰 녹음 내용을 글로 옮겨 적기가 아주 쉬웠다고 말했다.

> 다시 말하지만, 내가 쓴 내용은 모두 테이프에 기록되어 있다. 기사에서 빠진 것은 하바시 박사의 눈물과 경련하듯 몸을 떨던 모습(나는 이런 인간적 반응이 마음에 들었다)뿐이다. 고백하건대, 내가 실수를 저지른 부분이 있을지도 모른다. 그의 정보부라는 곳은 내가 파시스트라고 은근히 암시하고 있다. 이런 야비한 언동에 대해 내가 대답할 수 있는 말은, 하바시 박사가 자신이 반파시스트주의자임을 증명하기 위해 아무런 행동도 하지 않았을 때, 그리고 그의 동포들이 나치와 그토록 좋은 관계를 유지하고 있었을 때, 나는 머리를 땋아 내린 어린 소녀의 몸으로 이탈리아 레지스탕스에서 파시스트와 싸우고 있었다는 것뿐이다. 그때 우리를 인터

뷰하러 오거나 위험을 무릅쓰고 우리에게 공감을 표시한 팔레스타인 기자는 한 사람도 없었다.[15]

실론(스리랑카)에서 팔라치는 마치 활극과도 같은 모험을 경험했다. 우선 그녀는 수도인 콜롬보의 신문들이 유혈사태를 불러일으킨 학생들의 봉기에 대해 한 마디도 기사를 쓰지 않았다는 것을 알게 되었다. 그 후 그녀는 세 시간이나 걸려 정글 속으로 들어가서 혁명운동 지도자들을 만났다. 임시 은신처에서 열린 비밀회의에서는 반정부 운동의 역사에 대한 소중한 정보가 많이 나왔다.[16]

방글라데시와 파키스탄이 전쟁을 벌이고 있을 때, 팔라치는 무지부르 라흐만Mujibur Rahman 총리를 만나러 다카로 갔다. 그의 오만한 태도와 끝없이 이어지는 거짓말을 견뎌내던 그녀는 결국 쌓인 분노를 한꺼번에 터뜨렸다. 그에게 당신은 경멸스럽고 천박한 사람이며, 히스테리를 부리는 미친 남자이고, 결국 불행한 결말을 맞게 될 것이라고 말한 것이다. 인터뷰가 끝난 후 수상의 경비대인 무크티 바히니Mukti Bahini 소속 요원들이 호텔까지 그녀를 따라왔다. 호텔에서는 어떤 병사가 그녀에게 자기들 나라의 아버지를 모욕했다며 달려들었다. 그러나 그녀는 오른손으로 그에게 일격을 먹이고 혼란을 틈타 그곳에서 도망치던 자동차에 몰래 올라탔다. 그 차에 타고 있던 오스트레일리아인 사업가 다섯 명은 비행기가 기다리고 있는 곳으로 도망치던 중이었다.[17]

팔라치는 라틴 아메리카에 대한 연재기사를 쓸 때 프랑스인 죄수 레지 드브레Régis Debray를 인터뷰하러 볼리비아로 직접 날아갔다. 혁명 이론가인 드브레는 안데스 산맥 오지 마을에서 약식으로 구성된 전쟁 평의회에서 징역 30년을 선고받고 구금되어 있었다. 그녀는 기사에서 1970년 10월에 알프레도 오반도Alfredo Ovando 대통령을 인터뷰하러 라파즈에 갔을 때의 이야기와 카미리로 가서 드브레를 만나도 좋다고 그에게 허락을 받게 된 경위를 묘사했다. 대통령에게서 허락을 받기 전 15일 동안 볼리비아의 신문과 라디오는 그녀가 라파즈에 와 있다는 사실과 드브레가 아직 살아있는지 확인하고 싶어한다는 이야기를 보도했다. 군대의 수장이자 오반도 대통령의 철천지원수인 로젤리오 미란다Rogelio Miranda 장군은 팔라치에게 마지못해 안전 통행권을 발급해주었지만, 일부러 그녀의 여행을 어렵게 만들었다. 그 때문에 그녀는 1주일에 두 번씩 카미리로 운항하는 소형 비행기에서 좌석을 구할 수 없었다. 결국 그녀는 단발 세스나기를 빌리고, 모험심이 넘치는 조종사 두 명을 고용했다. 조종사들은 카미리 지역을 전혀 모르는 사람들이었다. 그들은 결국 안데스 상공에서 길을 잃고 코카 밭 한가운데의 골짜기에 착륙했다. 그곳에서 조종사 한 명이 어떤 인디언 가족에게 카미리가 어디 있느냐고 물었다. 그러나 일행은 간신히 목적지에 도착할 때까지 어느 누구의 도움도 받지 못했다. 관제탑에는 아이에게 젖을 먹이고 있는 여자가 한 명 있을 뿐이었다.

카미리는 오두막 몇 채와 상점 몇 개, 교회 하나, 유곽 하나가 있는 마을이었다. 이 마을에 도착한 후 팔라치는 이 지역 수비대 대장과 드브레를 지키는 교도관으로부터 인터뷰 허가를 얻는 어려운 일에 착수했다. 그들은 그녀에게서 위스키 여러 병을 선물로 받고 쉽사리 협조해주었다. 그녀는 원래 그 위스키 선물로 그들에게서 인터뷰를 녹음해도 좋다는 허락까지 받아낼 생각이었다. 그러나 그녀가 이렇게 호의를 표시했는데도 당국자들은 나중에 그녀의 녹음테이프를 압수하려 했다. 하지만 그녀는 테이프를 넘기지 않고 관리들이 투계를 구경하는 동안 두 조종사와 함께 도망쳤다. 그녀의 탈출경위가 담긴 이 인터뷰 기사는 국제적인 관심을 불러일으켰다.

"이제는 그곳 사람들이 드브레를 1967년에 그랬던 것만큼 편안히 붙잡아둘 수 없게 되었다고 말해도 될 것이다."[18]

팔라치는 쉬어에게 위험한 상황에서 아슬아슬하게 탈출했던 1980년의 사건도 이야기해주었다. 당시 팔라치는 미국 대사관 인질 사건이 진행 중이던 이란에서 바니사드르Bani-Sadr 대통령을 인터뷰하려고 했었다. (바니사드르는 1979년에 그녀가 아야툴라 루홀라 호메이니Ayatollah Ruhollah Khomeini를 인터뷰할 때 통역을 해주었기 때문에 그녀를 잘 알고 있었다.) 그녀는 그곳에 가지 말라는 사람들의 경고를 무시하고 비자를 받았다. 이란 사람들은 그녀가 과거 호메이니를 만났을 때 그에게 맞서는 듯한 태도를 보인 것에 크게 분개했었다. 반으로 찢긴 그녀의 사진이 신문에 실렸을 정도였다. 문맹률이 50%에 이르는 나라에서 반으로 찢긴 사진이 공개되는 것은 그 사람이 인민의 적이라는 뜻이었다. 테헤란에 도착한 그녀는 공항에서 체포되었다.

"비자가 없습니다."
"그게 뭐죠? 그거 내 이름이잖아요."
"그래서요?"[19]

그들이 그녀를 공항 파출소로 밀어 넣으려 하자 그녀는 소리를 지르기 시작했다.
"이 나쁜 놈들."
그녀가 이런 상황에서 항상 사용하는 방법이었다. 팔라치가 이렇게 소리를 질러대면 대개는 상대가 먼저 지쳐버리곤 했다.
이탈리아 대사관에서 나온 사람이 그녀를 호텔로 안내해준 후 그녀는 외무부 관리를 만날 때까지 숨어 지냈다. 그러나 외무부 관리는 바니사드르가 그녀에게 인터뷰를 허락했다는 사실을 무시해버렸다. 그러고는 그녀와 이탈리아 정부가 모두 거짓말을 하고 있다고 비난했다. 하루가 지난 후 그녀는 목숨이 위험하다는 경고를 받았다. 호전적인 학생들이 나라를 장악하고 있다는 것이었다. 마침내 제대로 된 사람들과 접촉하는 데 성공한 그녀는 간신히 이란을 떠날 수 있었다. 그녀가 이란을 탈출한 지 이틀 뒤 경제회의 참석을 위해 런던에 온 바니사드르가 이탈리아 대사를 통해 그녀에게 전갈을 보냈다.

"저, 팔라치 양에게 죄송하다는 말을 전해주십시오. 나도 어쩔 수 없었습니다. 다음에 기회가 있을 겁니다."

그녀는 지극히 팔라치다운 반응을 보였다.

"바니사드르 따위 엿이나 먹으라지. 다음 기회 같은 건 없어. 내가 그 사람한테 인터뷰를 허락하지 않을 테니까."[20]

팔라치는 자신을 모험가로 묘사했을 뿐만 아니라, 스스로를 역사의 현장의 중심에 놓았다. 요르단의 후세인 왕을 알현했을 때의 일을 담은 기사가 좋은 예이다. 후세인 왕은 개인적인 질문이 불편한 듯 대답을 망설이곤 했다. 당시 사람들이 가장 흥미를 갖고 있던 부분은 그가 자국 영토 내로 받아들인 팔레스타인 난민 문제와 이 나라의 지배자처럼 행세하는 아라파트와 하바시의 무장세력 문제였다. 팔라치는 왕의 권한과 관련된 중대한 질문을 던졌다.

"전하, 누가 요르단을 지배하고 있는 겁니까? 검문소에서는 민병대가 사람들을 멈춰 세우고, 국경에서는 민병대가 공격을 하고, 역시 마을에서도 민병대가 결정권을 가지고 있습니다. 그들이 전하의 나라 안에 또 다른 나라를 세웠다는 말이 이제는 틀린 얘기가 아닙니다."

후세인은 외교적이고 조심스러우며 동정심이 드러나는 답변을 통해 그들의 활동을 중단시키거나 그들에게 이 나라를 떠나라고 명령할 생각이 없음을 분명히 했다.

"내가 그럴 수 없어서가 아니라 그러고 싶지 않기 때문입니다…. 그 사람들은 당연히 싸우고 저항할 권리를 가지고 있어요. 그 사람들은 20년 동안 고통을 받았고, 지금 이스라엘이 그들의 땅을 점령하고 있습니다."[21]

팔라치는 나중에 이때를 되돌아보며, 후세인이 인터뷰 도중 그렇게 불편해 한 것은 아마 그녀에게 엄청난 거짓말을 했기 때문인 것 같다고 말했다. 옥좌에 앉은 왕은 팔레스타인과의 연대감을 표현했으며, 관용과 평화를 역설했다. 그러나 5개월 후 그는 자신의 베두인 군대를 풀어 팔레스타인 민병대를 공격했다. 검은 9월로 알려지게 된 이 악몽 같은 유혈극으로 수많은 민병대 병사들이 목숨을 잃었다. 후세인의 군대는 난민 수용소에서도 남녀노소를 가리지 않고 사람들의 머리와 팔다리를 베어내며 수천 명의 사람들을 무자비하게 살해했다. 팔라치는 후세인이 팔레스타인 문제를 해결하기 위해 갑자기 태도를 바꿔 학살을 승인하게 되리라는 것을 그때 이미 알고 있었다는 결론을 내렸다. 그러나 인터뷰를 할 때는 거짓말을 하는 것밖에 방법이 없었다. 팔라치는 자신의 진실한 생각을 왜곡해서 표현하는 그의 능력을 보며 그가 비극적인 인물이자 믿을 수 없는 인물이라는 느낌을 받았다.

"그가 비극적인 인물이 된 것은 운명 때문이고, 믿을 수 없는 인물이 된 것은 어쩔 수 없는 현실 때문이다."[22]

폴란드의 자유노조가 공산정권과 소련의 개입 위협에 맞서 투쟁을 벌이고 있을 때, 팔라치는 그단스크에 있는 레호 바웬사의 집에서 그를 만났다. 그는 처음에 시비를 거는듯한 태도를 보였다.

"나는 군대의 장군을 궁지에 버려둔 채 작별인사도 하지 않고 올 수 있는 사람입니다. 당신에 대해서도 마찬가지입니다."

팔라치는 상대가 아무리 바웬사라도 주도권을 허락해줄 수 없었으므로 역시 깜짝 놀랄 만한 말로 응수했다.

"내가 당신을 바라보는 건 당신이 스탈린을 닮았기 때문입니다. 스탈린을 닮았다는 얘기를 들은 적이 없습니까? 내 말은 외모가 닮았다는 겁니다."

그가 인터뷰 기사에 주관적인 해석을 끼워 넣는 기자들의 보도 태도에 대해 불만을 표시하자 그녀는 이번 인터뷰의 기본적인 규칙을 정해야겠다고 생각했다.

"어떻게 생각하실지 모르지만, 질문을 하는 건 접니다. 이제 시작해볼까요?"[23]

인터뷰의 핵심적인 내용은 그가 갑자기 권력과 책임이 따르는 자리로 부상하게 된 경위와 폴란드가 발전해야 할 필요성, 정치집회를 조직하는 그의 방식, 그단스크의 파업, 소련의 침공 가능성, 그리고 바웬사 자신에 대한 그의 생각 등이었다.

바웬사는 팔라치의 질문 내용을 문제 삼지 않았지만 그녀의 날카로운 질문 공세 때문에 피곤해했다. 그는 그녀의 까다로운 질문 때문에 머리가 아프다고 여러 번 말했다. 그러나 그녀는 무자비하고 끈질기게 질문을 계속했다. 바웬사에게 조금의 휴식도 허락해주지 않은 그녀의 태도는 그녀가 쓴 대부분의 인터뷰 기사에서도 볼 수 있는 특징이다. 눈에 띄는 예외가 있다면 그것은 로버트 쉬어와의 인터뷰 때였다. 그는 상대를 몰아붙이는 그녀의 인터뷰 스타일을 완벽하게 이용했다. 쉬어가 까다로운 질문들과 그녀의 일관성 없는 태도를 보여주는 증거들로 그녀를 하도 무자비하게 몰아붙였기 때문에 당시 그녀는 두통을 핑계로 자리를 피하려 했던 바웬사와 비슷한 모습이었다. 쉬어가 그녀에게 동성애자들에 대한 그녀 자신의 부정적인 견해를 옹호해보라고 하자 그녀는 직접적인 대답을 회피했다.

"내일… 내일 말씀드리죠."
"인터뷰를 하다가 피곤해지는 게 싫은가요?"
"난 피곤해요. 피곤하다고요. 내일 말씀드릴게요. 약속해요."
"당신이 인터뷰했던 사람들 중에 '오리아나, 당신하고 얘기하는 데 질렸어요. 더 이상 당신하고 얘기하고 싶지 않아요.'라고 말한 사람이 있나요? 당신이라면 그런 말을 받아들이겠어요?"[24]

바웬사와의 만남에서 팔라치는 개인적으로 불만과 환멸을 느끼게 되었다.

"내 평생 내가 자랑스러워하지 않는 인터뷰는 그것뿐이다. 내 평생 내가 성실하지 못했던 것이 그때뿐이기 때문이다."[25]

그녀는 본능적으로 바웬사가 오만하고, 무지하고, 공격적인 파시스트라고 느꼈기 때문에 그를 인정할 수 없었다. 촌스럽고 오만하며 건방진 그의 기질뿐만 아니라 자신이 폴란드의 대통령이 될 것이라고 주장하는 그의 한없는 뻔뻔스러움도 짜증스러웠다. 가톨릭교회, 특히 스테판 비진스키Stefan Wyszynski 추기경은 그가 장차 높은 지위를 얻을 것이라고 장담하곤 했다. 팔라치는 녹음테이프를 글로 옮기던 도중 곤경에 빠졌다.

바웬사가 교회가 허세를 부리기 위해 만들어낸 허깨비이며, 오만한 파시스트라는 진실을 써야 할까? 그렇게 되면 내가 러시아와 폴란드 공산당에게 좋은 일을 해주는 셈인데. 그들은 바웬사와 노조를 부숴버리고 싶어 하니까. 그러면 내가 폴란드에 민주주의를 확립하려는 노력을 방해하는 꼴이 돼. 그냥 다른 사람들처럼 바웬사가 좋은 사람이라고 쓸까? 폴란드에 민주주의가 탄생하는 데 조금이라도 기여하기 위해서.[26]

그러나 그녀는 혁명의 지도자가 그 자리에 앉을 자격이 없는 사람이라 해도 민주주의가 가장 중요하다고 생각하는 경향이 있었다. 결국 그녀는 기사에서 자신의 진실된 생각을 표현하지 않았고, 바웬사에 대한 부정적인 생각도 전혀 밝히지 않았다. 아마 팔라치는 자신의 진실된 생각이 이탈리아 잡지에 발표된다면 폴란드에 자유로운 사회가 들어서는 데 방해가 될 것이라고 진심으로 생각하고 있었을 것이다. 어쨌든, 그녀는 자신의 진심을 밝히지 않기로 결정했다.

폴란드의 미에지슬라우 라코우스키Mieczyslaw Rakowski 부총리를 만났을 때도 그녀는 자신의 진심을 밝히지 못하고 머뭇거렸다. 이 인터뷰에서 역사적으로 중요한 의미를 갖는 부분은, 소요의 규모가 더 커졌다면 소련군이 폴란드를 침공했을 것이라고 그가 인정한 부분이다. 팔라치와 라코우스키는 의견이 다른 부분도 많았고 이념도 달랐지만, 인터뷰 마지막에 라코우스키가 인간적인 감정을 드러낸 덕분에 팔라치는 그를 인간으로서 이해할 수 있었다. 서구로 망명한 그의 두 아들 얘기를 꺼낸 팔라치는 그가 우는 것을 보고 깜짝 놀랐다. 그녀는 그가 첫 번째 아내와 헤어진 이야기, 가족 전체가 그의 정치적 입장에 반대한다는 이야기를 들은 후에야 그에게 연민의 감정을 표시했다.

"당신은 정말 비극적인 사람이군요, 라코우스키 씨, 보세요, 당신을 사랑하는 사람들, 당신이 사랑하는 사람들조차 당신을 이해하지 못하잖아요. 그런데도 당신은 자신의 생각이 틀렸다는 걸 인정하려 들지 않아요."[27]

이 고독한 남자에 대한 그녀의 연민은, 그의 아버지가 폴란드인들에게 공감을 표시했다는 이유로 1939년에 독일군에 의해 처형당했다는 이야기를 들은 뒤 절정에 이르렀다.

팔라치는 라코우스키를 긍정적으로 생각하게 되었다.

"그는 똑똑한 사람인 것 같았다. 계몽된 공산주의자, 베를링게 Berlinguer처럼 민주적인 공산주의자 같았다."[28]

그러나 인터뷰 기사에서는 이런 점이 드러나지 않았다.

"그에게 좀 더 너그러운 태도를 보일 수도 있었을 텐데. 그러나 이번에도 정치적 고려가 나의 판단에 영향을 미쳤다. 그는 공산주의자였으므로 나는 그를 믿지 않았다."[29]

그녀는 어쩌면 공산당의 선전인지도 모르는 술수에 속아 정치적으로 이용당하고 싶지 않았다. 그러나 바웬사와의 인터뷰 기사와 관련해 그에게서 비난을 받은 후 그에 대한 그녀의 태도가 더 긍정적으로 바뀌었다.

"이봐요, 당신은 바웬사에게 지나치게 너그러웠습니다. 바웬사는 정말 하찮은 인간이에요. 난 그를 잘 압니다."[30]

그리고 그는 바웬사가 지도자의 자리를 좋아한다는 것, 자신을 대단한 존재로 보는 대중적 인식에 매혹되어 있다는 것, 자신을 위대한 사람으로 포장하고 싶어한다는 것을 밝혔다. 그가 비합리적이고, 교활하고, 단순하고, 음흉하다는 얘기도 했다. 그의 말을 들으며 그녀는 바웬사를 더욱 부정적으로 생각하게 되었다. 이때의 만남을 되돌아보면서 그녀는 자신이 정중한 태도로 라코우스키를 대했지만 그에게 좀 더 따스하고 너그러운 태도를 보여주었어도 괜찮았을 것이라고 말했다.

인터뷰를 할 때 팔라치는 역사의 참여자 입장을 취할 뿐만 아니라, 때로 사건을 촉발하는 역할을 하기도 한다. 줄피카르 알리 부토 Zulfikar Ali Bhutto는 무지부르 라흐만Mujibur Rahman과 자신의 커다란 적인 인디라 간디Indira Gandhi의 인터뷰 기사를 보고 그녀에게 자기와도 똑같은 분량의 인터뷰를 해달라고 요청했다. 그러나 이 인터뷰는 외교적, 국제적으로 엄청난 혼란을 불러왔다. 간디가 자신을 평형감각이 모자란 사람으로 보고 있다는 사실에 격분한 그는 간디에 대해 "평범한 머리를 가진 평범한 여자" "진취적 기상과 상상력이 없는 여자" "그저 꾸준히 일할 줄밖에 모르는 여학생 같은 사람" 아버지의 재능을 반도 물려받지 못한 정치인 등의 말을 쏟아냈다. 부토의 증오심이 너무 심했기 때문에 팔라치는 그의 분노를 누그러뜨리려고 애썼다.

"조금 지나친 것 아닙니까? 조금 부당한 것 같은데요."

그러나 그녀가 아무리 충고를 해도 쇠귀에 경 읽기였다. 그는 간디를 헐뜯는 말들을 계속 쏟아놓았고, 이것이 나중에 심각한 결과를 낳았다.

"난 뉴델리로 갈 준비가 되어 있습니다…. 신경이 쓰이는 것이 있다면 인도 의장대의 호위를 받아야 한다는 것과 그 여자와 신체적인 접촉을 해야 한다는 것뿐입니다. 그걸 생각하면 짜증이 나요. 세상에! 생각하기도 싫습니다."[31]

인터뷰에서 팔라치는 다카의 학살사건에 대한 책임을 부인하는 부토의 태도와 무지부르 라흐만의 투옥에서부터 방글라데시에서 살육을 지휘한 파키스탄의 장군 티카 칸Tikka Khan에게 명예를 수여한 이야기에 이르기까지 다양한 주제를 다뤘다. 그러나 대화의 중심을 차지한 것은 간디 인도 총리에 대한 그의 독설이었다.[32]

인도와 파키스탄 사이의 전쟁이 끝났기 때문에 부토와 간디는 평화조약에 서명하기로 되어 있었다. 그러나 간디가 뉴델리의 신문에 발췌된 팔라치의 부토 인터뷰 기사를 읽고 인터뷰 전문을 보고 싶다는 수상쩍은 요구를 했다. 팔라치는 로마에서 원고를 전송해 주었다. 전혀 손질하지 않은 원래의 대화내용을 꼼꼼히 살펴본 간디는 화를 내면서 평화회담을 취소해버렸다. 그러자 다급해진 부토가 팔라치에게 도움을 요청했다. 이탈리아 주재 파키스탄 대사가 아디스

아바바에 있던 그녀에게 연락을 취해 전달해준 부토의 요청은 터무니없는 것이었다. 팔라치가 부토와 인터뷰한 적이 없으며, 인터뷰는 그녀가 꾼 꿈에 불과하고, 간디에 대한 발언은 그녀가 상상으로 만들어낸 것이라는 내용의 기사를 써달라는 것. 팔라치는 도저히 믿을 수가 없어서 대사에게 다시 물어보았다고 독자들에게 밝혔다.

"당신이 모든 얘기, 특히 간디 수상에 대한 부분을 만들어냈다는 내용의 기사를 써달라고 했습니다."
"제정신입니까, 대사님? 당신 나라 총리도 미쳐버린 거예요?"
"팔라치, 이해해주셔야 합니다. 6억 명의 목숨이 당신 손에 달렸어요."[33]

팔라치가 대사에게 욕을 퍼부으며 지옥에나 가버리라고 말했지만, 부토는 고집을 꺾지 않고 계속 중요한 외교 관계자들을 동원해서 인터뷰 내용을 부인해달라는 요청을 거듭 전달했다. 그녀가 6억 명의 목숨을 담기에는 자신의 손이 너무 작다고 주장하며 그의 모욕적인 요청이 거의 어리석게 느껴질 정도라고 항변했지만 이 악몽은 인디라 간디가 관대한 태도로 마치 부토의 인터뷰가 없었던 일인 것처럼 행동하기로 결정했을 때에야 비로소 끝났다. 두 총리는 마침내 한 자리에 모여서 평화조약에 서명했다. 팔라치는 두 사람이 악수를 하고 서로에게 미소 짓는 모습을 TV로 보며 재미있어 했다. 인디라 간디의 미소는 의기양양하게 보였지만, 부토의 미소는 너무나 불편해서 흑백화면인데도 그의 얼굴이 수치심 때문에 시뻘겋게 달아오른 것처럼 보일 정도였다.[34]

이야기를 극적으로 과장하는 그녀의 버릇은 상대의 위세에 눌리지 않고 버티는 그녀의 태도에서도 자주 드러났다. 눈 하나 깜짝하지 않고 한 국가의 수장에게 맞설 수 있는 그녀의 능력 때문에 때로 인터뷰가 대결로 변하기도 했다. 성지인 콤에서 아야툴라 루홀라 호메이니를 만났을 때, 팔라치는 그의 정부가 간통을 저지른 사람, 매춘부, 동성애자들에게 관용을 보이지 않는다는 데에 초점을 맞췄다. 게다가 그가 그녀에게 거짓말을 하고 있다며 비난하자 그에게 반박하기까지 했다. 그녀는 또한 이란 여자들이 차도르 등 불편한 옷가지를 반드시 입어야 하는 이유에 대해 의문을 제기했다. 여자들이 이라크와의 전쟁에 참전하고 있을 뿐만 아니라 적에게 잡혀 고문까지 당하고 있으니 적어도 편안한 옷을 입을 수 있는 특권 정도는 누려야 하는 게 아니냐는 것이었다. 이 말을 들은 호메이니는 점잔을 빼며 모욕적인 말을 연달아 퍼부었다.

"혁명에 기여한 여자들은 당신처럼 덕지덕지 화장을 한 우아한 여자들이 아니라 이슬람의 옷을 입은 여자들이었고, 지금도 그렇습니다. 우아한 여자들은 몸을 드러낸 채 거리를 활보하면서 남자들을 꽁무니에 매달고 다니죠."

그는 화장을 하고 거리에 나가 목과 머리카락과 몸매를 과시하며 교태를 부리는 여자들은 샤에게 맞서 싸운 적이 없으며, 사회적으로나 정치적으로나 직업적으로나 쓸모 있는 일을 할 줄 모른다고 주장했다. 그녀는 그의 무례한 발언을 무시해버리고 자신의 입장을 한 치도 굽히지 않았다.

"그건 사실이 아닙니다. 이맘(이슬람 사회의 지도자를 일컫는 말-옮긴이). 저는 지금 단순히 옷 얘기를 하는 것이 아니라, 그 옷이 상징하는 바를 얘기하고 있는 겁니다. 즉, 혁명 이후에 여자들이 또다시 차별을 받고 있다는 얘깁니다."[35]

팔라치는 여자들이 대학에서 남자들과 함께 공부를 할 수도 없고, 남자들과 함께 일을 할 수도 없고, 해변에서 남자들의 구역으로 갈 수도 없으며, 심지어 수영복도 입을 수 없다는 얘기를 하면서 이런 질문을 던졌다.

"그건 그렇고, 차도르를 입고 어떻게 수영을 합니까?"

호메이니는 화를 내며 무례하게 대답했다.

"그건 당신이 상관할 바 아닙니다. 우리 관습에 왜 당신이 이러 쿵저러쿵 하는 겁니까? 이슬람의 옷이 마음에 들지 않는다면, 당신은 그 옷을 입지 않아도 됩니다. 이슬람의 옷은 훌륭하고 품위 있는 젊은 여성들을 위한 것이니까요."

이때 팔라치가 즉각적으로 보인 반응은 그녀가 그의 빈정거림에 겁을 내며 굴복할 사람이 아니라는 것을 보여주었다.

"정말 친절하시군요, 이맘. 당신이 그렇게 말씀하시니, 이 시시하고 고리타분한 걸레조각을 지금 당장 벗어버리겠습니다."

그녀는 호메이니에게 예의를 표하기 위해 입었던 차도르를 찢듯이 벗어 그의 발 앞에 던져버렸다.[36] 그가 벌떡 일어나 방을 나가버리려 하자 그녀는 모욕적인 말을 내뱉었다.

"어디 가세요? 쉬하러 가십니까?"

팔라치가 그 다음으로 채택한 전술은 마냥 죽치고 앉아서 기다리는 것이었다. 바니사드르와 호메이니의 아들이 그녀에게 그만 일어나라고 애원을 했지만 소용없었다. 그녀는 호메이니가 다음 날 그녀를 다시 만나주겠다고 코란을 걸고 맹세한 후에야 자리에서 일어섰다.[38]

그녀가 이란의 메흐디 바자르간Mehdi Bazargan 총리와 인터뷰를 했을 때도 논란이 뒤따랐다. 그러나 이번 논란은 그녀와 존 셰플리(John Shepley, 바자르간과의 대화를 영어로 통역한 사람) 사이에서 벌어진 것이었다. 그녀가 바자르간 총리를 만난 것은 아야툴라 호메이니를 만나고 5일 후였다. 셰플리의 번역본은 〈뉴욕 타임스 매거진〉 1979년 10월 28일자에 실렸다. 그러나 팔라치의 통역자로서 그의 이름이 전혀 언급되어 있지 않았다. 그는 팔라치에게 전화를 걸어 정중하게 물었다.

"기사에 왜 내 이름이 없는 거죠? 당신이나 아니면 〈뉴욕 타임스〉의 편집자들이 내 이름을 빼버리기로 한 건가요?"

셰플리의 설명에 의하면, 팔라치는 벌컥 화를 내면서 자기 기사에 통역의 이름까지 써줄 필요는 없으며 그가 계속 이 문제를 물고 늘어진다면 다시는 그에게 일거리를 주지 않겠다고 말했다고 한다.[39] 이미 금이 가고 있던 두 사람의 관계는 이것으로 완전히 깨어졌다. 이 사건은 그녀가 통역들에 대해 적대감을 갖고 있었음을 보여준다.

이런 대결적인 태도는 무아마르 알 카다피 Muammar al-Qaddafi 대령과의 인터뷰에서도 그대로 드러났다. 그녀는 호메이니에게 샤를 넘겨주지 않기로 한 미국의 결정을 옹호하면서, 이디 아민 Idi Amin을 우간다에 돌려주지 않으려 하는 카다피의 태도와 이 일을 비교했다. 카다피는 즉시 이렇게 대답했다.

"만약 아민이 여기 있다면 내가 당신에게 뭐라고 대답해야 할지 한 번 생각해보겠지만, 그가 여기 없으므로 그런 비교는 맞지 않습니다."[40]

이 말을 들은 팔라치는 그녀의 말 중에서도 가장 대담한 축에 속하는 말을 내뱉었다.

> 아민은 여기 있습니다, 대령님. 아민이 여기 숨어 있고, 당신의 손님으로 머무르고 있다는 걸 우리 둘 다 잘 알고 있어요. 그는 커다란 정원과 수영장이 딸린 트리폴리 근처의 별장에서 살고 있습니다. 그의 수많은 아내들 중 두 명과 헤아릴 수 없이 많은 자녀들 중 10명도 그곳에 함께 있어요. 아민은 필리핀 기자하고 인터뷰를 하기까지 했지요. 당신은 그 보복으로

그 기자를 체포했고요.

 권좌에서 쫓겨나 도망친 아민이 리비아에 있지 않으며 단순히 방문객으로 리비아에 잠깐 머물렀을 뿐이라고 카다피가 계속 주장하자 그녀는 주저 없이 그의 말을 반박했다.
 "왜 이러세요? 방문객이라니요? 그걸 단순한 방문이라고 부른다면, 샤도 뉴욕을 방문 중이라고 해야겠군요."[41]
 팔라치는 대담하게도 온 세상 사람들이 왜 카다피를 경멸하는지 설명해주었다.
 "무엇부터 시작할까요? 그 잔인한 범죄자 이디 아민과의 우정부터 시작할까요? 사람들은 이렇게 물을 겁니다. '카다피 대령이 어떻게 그런 사람과 친구가 됐지?'"[42]
 그가 직접적인 대답을 피하자 그녀는 더욱 더 대담하게 그를 비난했다.
 "억압받는 사람들을 위한 혁명투사이며 정의와 자유의 전사를 자임하는 당신이 어떻게 그 돼지 같은 아민을 친절하게 보호해줄 수 있는 겁니까?"
 그가 자신의 불간섭 정책을 옹호하는 발언을 했을 때 그녀는 그를 쉽게 함정에 빠뜨릴 수 있었다.
 "억압받는 사람들, 그러니까 당신에게 필요할 때만 억압받는 사람이 되는 국민들을 돕는다는 명목으로 당신이 다른 나라 일에 아주 많이 간섭하고 있다는 사실을 일깨워드려야 할 것 같군요. 지나치게 간섭하고 있다고 말해도 될 정도입니다. 예를 들어 차드가 그런 경우지요."[43]
 카다피는 탄자니아의 줄루스 캄바라지 은예레레Julus Kambarage Nyerere에게 맞서 우간다의 일에 개입한 것과 차드에서 프랑스 군대를 상대로 싸우는 사람들을 도운 것이 모두 자신의 권리행사였다고 주장했지만, 발언에 일관성도 없고 조리도 없다는 비난을 들었을 뿐이었다.

> 죄송하지만, 대령님, 처음에 당신은 그 나라의 내정에 간섭할 권리가 없기 때문에 우간다를 도와 아민을 제거하지 않았다고 말했습니다. 그러더니 나중에는 당신에게 개입할 권리가 있었기 때문에 차드 사람들을 돕고 싶었다고 말하는군요. 처음에 한 말과 나중에 한 말의 내용이 반대예요. 일관성을 유지하기 위해 이 말씀을 드려도 되는지 모르겠군요. 당신은 탄자니아와의 전쟁이 발발하기 전에 벌써 아민이 다스리던 우간다에 들어가 있었습니다.[44]

카다피는 아민의 반反이스라엘 정책을 들먹이며 아민에 대한 자신의 지지를 정당화하려 했다. 그러나 이 말을 들은 팔라치는 더욱더 공격을 퍼부었다.

"자기 국민들을 학살하는 폭군이… 순전히 유대인을 미워한다는 이유만으로 [당신의] 우정을 얻을 자격이 있다면 [당신은]… 40년 일찍 태어날 걸 그랬습니다…. 히틀러하고 아주 좋은 친구가 될 수 있었을 텐데요."[45]

팔라치는 미국 중앙정보국(CIA)의 윌리엄 콜비 국장을 인터뷰할 때도 카다피를 인터뷰할 때처럼 정면공격을 퍼부었다. 그녀와 콜비는 이념적으로 완전히 반대되는 입장이었기 때문에 서로에게 분통을 터뜨리고 화를 내며 필사적인 싸움을 벌였다. 그는 눈에 보이지 않는 문어발처럼 세상 모든 곳에서 모든 것을 지배하며 목을 조르고 있는 권력을 상징하는 인물인 반면, 그녀는 개인이 자유를 누릴 권리를 신봉했다. 남의 나라 정부를 염탐하고, 그들의 일에 개입하고, 그들을 타락시키고, 무너뜨리고, 음모를 꾸미고 사람을 죽이는 것은 그의 특권이었다. 심지어 팔라치의 전화를 도청해서 그녀를 통제하는 것도 그의 특권이었다. 따라서 콜비와의 대화에서 가장 커다란 비중을 차지한 것은 바로 그에 대한 그녀의 깊은 증오심이었다. 그러나 비록 그녀가 이 증오심 때문에 처음에 신랄한 질문을 던지기는 했어도, 한참 동안 모욕을 퍼붓는 지경까지 이르지는 않았다. 그녀는 그의 말을 차분히 들은 다음 적절한 대꾸를 생각해냈다. 대화를 나누는 동안 두 사람 모두 전혀 공감대를 찾지 못했으며, 상대가 존중할 만한 사람이라는 생각도 하지 않았다. 오히려 두 사람은 서로에게 치명적인 일격을 가하려고 애썼다. 팔라치는 기사에서 이때 자기가 파괴적인 분노로 가득 찼지만, 콜비는 금욕적인 절제와 자신에 대한 확신을 잃지 않았다고 썼다.

"그는 종교재판소에서 나온 사제나 소련의 공산당 소속 공무원 같았다."[46]

그녀는 인터뷰를 시작하면서 우선 CIA에서 돈을 받은 부패한 이탈리아 정치인들의 이름을 알려달라고 요구했다.

"이탈리아는 미국이 마음대로 조종할 수 있는 작은 나라가 아닙니다, 콜비 국장님. 정치인 전부를 의심해야 한다는 것도 말이 안 되고요. 우리나라의 의회 의장이 그 정치인들의 이름을 알 권리가 있다고 생각하지 않습니까?"[47]

콜비는 아무 관련이 없는 사람들을 보호해야 한다며 정치인들의 이름을 가르쳐주지 않았다. 그리고 오히려 그녀에게 소련의 첩자로 활동하는 이탈리아인들의 이름을 알려달라며 도전장을 내밀었다. 재빨리 머리를 굴린 그녀는 어쩔 수 없이 그의 도전에 응하면서도 그가 대화의 주도권을 잡는 것을 허락하지 않았다.

"소련에 대해서는 나중에 얘기하기로 하지요. 우선 CIA 얘기부터 하고요."

이어 콜비는 만약 팔라치가 미국에서 자신의 이익을 보호하기 위해 미국 정치인들에게 돈을 준다면 FBI에 의해 체포될 것임을 시인함으로써 사실상 그녀에게 또 다른 반박의 꼬투리를 제공해준 셈이 되었다.

"좋습니다. 그렇다면 나는 당신, 당신 나라의 대사, 당신의 요원들을 이탈리아 경찰에 신고해서 체포하게 해야겠군요."[48]

그녀는 거침없이 하고 싶은 말들을 쏟아놓았다.

"부패한 사람보다 더 구역질나는 인간은 딱 하나밖에 없습니다. 남을 부패하게 만드는 인간이죠."

그가 CIA에서 뇌물을 받고 있는 영향력 있는 이탈리아인들을 부패한 관리라기보다는 훌륭한 고객으로 보고 있다고 말하자 팔라치는 이 기회를 놓치지 않고 그를 신랄하게 공격했다.

"그러니까 당신은 자기가 이탈리아의 기독교민주당과 사회민주당의 고문변호사라고 생각하는 거로군요."[49]

콜비가 이탈리아 주재 미국 대사인 클레어 부스 루스Clare Boothe Luce에 대해 재미있고 유능한 사람이라는 찬사를 보냈을 때도 그녀는 재빨리 반박했다.

"마치 우리나라가 자기 식민지인 것처럼 우리나라 일에 간섭하는 데 제일 [유능하지요]."

그녀는 이어 이탈리아 비밀경찰과 CIA의 관계에 대해 언급할 수 있는 기회도 놓치지 않았다.

"당신들은 이탈리아에서 활동하기 위해 대사관만 이용하고 있는 게 아닙니다. 이탈리아에서 CIA의 진정한 기지는 SID라는 걸 우리 모두 알고 있어요. 당신이 도대체 무슨 권리로 내 나라의 비밀경찰을 이용해서 내 집에 있는 나를 염탐하는 겁니까?"[50]

이 인터뷰 도중 팔라치는 콜비가 칠레의 살바도르 아옌데

Salvador Allende 정권을 무너뜨렸던 것처럼 이탈리아에서도 어느 정권이든 무너뜨릴 준비가 되어 있음을 여러 차례 암시하면서, 자신의 말을 극적으로 과장하기 위해 그가 이탈리아를 자신의 사유재산으로 생각하고 있다고 비난했다.

"콜비 국장님, 난 지금 이탈리아가 독립국가라는 사실을 당신이 인정하게 만들려고 애쓰고 있는 겁니다…. 당신의 식민지가 아니라고요!"[51]

콜비는 소련의 팽창주의에 맞서온 CIA의 활동기록을 옹호하면서 때로 권위주의적인 지도자들과 협력할 수밖에 없었음을 인정했다. 팔라치는 그가 민주주의를 지탱하기 위해 지지해온 우익 독재자들의 이름을 열거하는 것으로 응수했다.

> 프랑코에서 카에타노Caetano에 이르기까지, 디엠Diem에서 티우Thieu에 이르기까지, 파파도풀로스Papadopulos에서 피노체트Pinochet에 이르기까지. 남미의 파시스트 독재자들 이름을 모두 열거하지 않아도 이 정도입니다. 예를 들면, 국민들을 고문한 브라질의 독재자들이 그렇지요. 따라서 당신은 자유를 죽이는 이 사람들을 자유의 이름으로 지지해온 겁니다.[52]

그녀는 자신의 신랄한 본성으로부터 힘을 얻어 상대에게서 죄를 인정하는 발언을 이끌어내기 위해 딱 필요한 만큼만 정보를 제공하는 일반적인 술수를 사용했다.

"마피아에 대해, 그리고 CIA가 마피아를 어떻게 이용하고 있는지에 대해 말씀해주세요."

이 짧은 명령문이 콜비에게서 피델 카스트로Fidel Castro를 암살하기 위해 범죄조직인 마피아와 협력을 시도했다는 자백을 이끌어냈다.[53] 그러고 나서 그는 자신의 말을 무마하려고 존 A. 맥콘John

A. McCone 전前국장은 이 일에 대해 아무 것도 모른다는 말을 덧붙였다. 그렇다고 팔라치가 그냥 넘어갈 사람이 아니었다. 그녀는 역사에 대한 자신의 지식을 활용했다.

"하지만 바비 케네디는 그 사실을 알고 있었지요. 그러니까 존도, 대통령도 알고 있었다는 얘기입니다. 지금 제가 무슨 생각을 하는지 아십니까? 가장 수치스러운 사람은 CIA 직원들이 아니라 미국 대통령입니다."[54]

그녀는 콜비와 마지막까지 이런 식으로 신랄한 말을 주고받다가 그에게 CIA가 보관하고 있는 자신의 개인 기록을 읽어달라고 부탁했다.

공교롭게도 알바로 쿤핼(Alvaro Cunhal, 포르투갈의 공산당 지도자-옮긴이)과의 인터뷰 기사 다음에 발표된 콜비와의 인터뷰를 보고 전세계 신문들이 분분히 논평을 해댔다.[55] 콜비는 언론매체를 이용해서 팔라치와의 논쟁에서 자신이 승리했음이 기사에 증명되어 있다고 단언하고, 그녀에게 소련의 비밀경찰인 KGB 국장을 인터뷰해보라고 도전장을 던졌다. 그리고 그는 자신이 자유주의자임을 증명하기 위해 그녀에게 보낸 짤막한 편지에서 그녀의 무정부주의 성향과 좌파 성향을 가볍게 꾸짖으면서도 그녀의 보도가 정확하고 정직하다는 점을 인정했다.

"우리의 의견이 서로 다를 수 있습니다. 사실 우리 의견은 상당히 다르지요. 하지만 서로를 두려워하지 않고 여러 가지 생각을 교환하며 토론을 벌일 수 있는 것이 자유로운 사회에 이롭다고 생각합니다."[56]

팔라치는 그의 편지에 답장을 쓰지 않았다. 또한 '자유로운 사회'와 '서로를 두려워하지 않고 여러 가지 생각을 교환한다'는 말이 무슨 의미인지 묻지도 않았다.

"과거에도 지금도 내가 콜비나 CIA를 두려워하지 않는 것은 분명하다. 그러나 그의 서명을 볼 때마다 등골이 오싹해진다는 사실을 인정하지 않을 수 없다."[57]

팔라치는 CIA가 오랫동안 자신의 행동을 감시했다는 사실을 잊을 수 없었다. 게다가 CIA가 그녀의 연인이었던 알렉코스 파나고울리스의 죽음과 관련되어 있다고 의심할 만한 이유가 있었다. 그녀는 이런 불안한 생각들을 떨쳐버릴 수 없었다. 특히 (당시의 상황을 감안하면) 1976년에 콜비에게서 크리스마스카드를 받았을 때가 그러했다. 그 카드에는 파란색 베일로 몸을 감싼 성모가 아기 예수를 부드럽게 안고 있는 모습이 그려져 있었다.[58]

1982년에 이스라엘의 국방장관으로서 막강한 힘을 발휘하고 있던 아리엘 샤론Ariel Sharon 장군은 자신의 군대가 베이루트의 팔레스타인인들에게 폭격을 가한 직후 팔라치를 만났다. 여러 번 긴장의 순간을 맞았던 두 사람의 대화는 주로 그가 아라파트와 그의 군대를 레바논에서 밀어내는 데 성공한 이야기와 그럼에도 적이 정치적 승리를 거뒀다는 그의 자백으로 채워졌다. 팔라치는 그가 민간인에게 폭격을 가한 것을 비난했다.

"저는 우리 시대의 모든 전쟁을 취재했고, 베트남에서는 8년 동안 전쟁을 취재했기 때문에 분명히 말할 수 있습니다. 후에에서도, 하노이에서도, 저는 베이루트 폭격만큼 지독한 폭격을 본 적이 없습니다."

이스라엘 군대가 폭격한 곳은 팔레스타인 해방기구의 본거지가 있는 지역뿐이라고 그가 항변하자 팔라치는 다시 그의 말을 되받아쳤다.

"아뇨, 당신은 그 지역뿐만 아니라 시내도 폭격했습니다. 주택, 병원, 신문사, 호텔, 대사관들이 폭격을 당했어요. 그곳에 있던 사람들에게 한 번 물어보십시오. 코모도어 호텔에 있던 기자들에게 한 번 물어보세요."

샤론이 폭격 때문에 아이들이 다쳤다는 사실을 인정하지 않고 머뭇거리자 팔라치는 자신의 가방을 열고 사진 한 장을 꺼내 1-5세의 아이들이 죽어 있는 모습을 가리켰다. 가장 끔찍한 것은 그 아이들이 죽었다는 사실이 아니라, 그들의 몸이 갈기갈기 찢기고 부서져 있다는 점이었다.

"여기 가장 작은 아이의 시체에는 발 한 짝이 없습니다. 가장 나이가 많은 이 아이의 시체에는 팔이 없고요. 저기 저 작은 손은 마치 자비를 애원하듯이 벌어져 있습니다."[59]

인터뷰가 끝날 무렵, 샤론은 팔라치의 취재 스타일에 찬사를 보내며 그녀만의 중요한 특징 하나를 다음과 같이 정의했다.

> 난 당신이 했던 인터뷰에 대해 모두 알고 있습니다. 당신이 또 누군가를 굴복시켜 머릿가죽을 벗기고 싶어한다는 것도 잘 알아요. 당신은 혹독한 사람입니다. 아주 혹독해요. 하지만 당신과 폭풍우처럼 격렬한 대화를 나눈 모든 순간이 다 마음에 듭니다. 당신이 용기 있고, 성실하고, 유능한 여성이니까요. 당신처럼 사전조사를 철저히 하고 나를 만나러 온 사람은 없었습니다. 당신처럼 오로지 인터뷰를 준비하기 위해서 폭탄이 떨어지는 전쟁터를 다녀온 사람도 없었습니다.[60]

팔라치는 인터뷰를 할 때 때로 증인을 몰아붙이는 검사보다 더 혹독하게 굴기도 한다. 이런 적대적인 태도는 위험하다. 유명인사들이 그녀를 피할지도 모르기 때문이다. 그녀가 혹독하게 인터뷰를 진행한다는 평판이 점점 높아지자, 제럴드 포드Gerald Ford 같은 워싱턴의 정치가들은 그녀에게 만남을 허락해주지 않았다. 그녀의 도발적인 태도 때문에 때로는 상대방도 호전적으로 변해서 사실을 왜곡

하거나 새빨간 거짓말을 늘어놓기도 한다. 그녀는 절대 굴복하지 않을 것처럼 보이는 노련한 정치가를 압박해서 놀라운 비밀을 무심코 털어놓게 만든다. 심지어 그녀가 자신의 심기를 거스른 기자들을 상대로 설교와 협박을 늘어놓는다는 사실도 이미 알려져 있다. 한 번은 그녀가 〈뉴욕 타임스〉 기자에게 자신의 삶에 관한 개인적인 사실 중 하나를 보도하지 말아달라고 요청한 적이 있었다. 그러나 그 기자는 그 사실이 이미 널리 보도되었다는 이유로 그 사실을 신문에 발표해버렸고, 팔라치는 격분했다. 또한 〈예일 데일리 뉴스*Yale Daily News*〉에 그녀의 모습이 예쁘지 않게 나온 사진이 실리자 그녀는 바로 다음 날 그 신문의 인터뷰 요청을 거절해버렸다. 당시 이 대학신문의 기자로 활동하고 있던 열아홉 살의 닐 드 크레센조Neil De Crescenzo는 이런 말을 했다.

"권력의 사용법에 대한 글을 쓴 사람이 권력을 그처럼 뻔뻔스럽게 남용하는 것을 보니 슬프다."[61]

〈플레이보이〉지에서 지미 카터Jimmy Carter, 제리 브라운Jerry Brown, 존 앤더슨John Anderson 등을 인터뷰했던 로버트 쉬어는 팔라치의 호적수였다. 보수파 언론인인 윌리엄 F. 버클리 2세William F. Buckley Jr.는 상대와 논쟁을 벌이는 쉬어의 인터뷰 스타일에 대해 이런 말을 했다.

"그와 대화를 하다보면 순식간에 서로 언성을 높이게 된다. 휴이 롱Huey Long 이후 그런 사람은 처음이다."[62]

집요한 인터뷰어인 쉬어는 팔라치가 자신의 인터뷰 대상들에게 가했던 것과 똑같은 압력을 그녀에게 가했다. 팔라치는 인터뷰를 스토리가 내재된 연극으로 생각한다는 점을 전혀 숨기지 않은 채, 더 커다란 진실을 얻어내기 위해서 고함과 비명을 지르며 소란을 피운다. 그러나 엘리자베스 피어Elizabeth Peer가 지적했듯이, 팔라치는 자신을 조금이라도 비판하는 사람에게 벌컥 화를 내기도 한다.

"그토록 재빨리 남을 공격하는 사람이 그렇게 과민한 태도를 보이는 것은 정말로 웃기는 일이다."[63]

팔라치가 인터뷰를 할 때마다 항상 상대와 언쟁을 벌이는 것은 아니다. 상대와 다정하게 얘기를 나눈 후 기사에서 상대를 따스하고 애정 넘치는 사람으로 그려내는 경우도 있다. 1972년에 예루살렘에서 만난 골다 메이어Golda Meir와 팔라치의 대화는 무려 14시간 동안 계속되었다. 이 긴 대화를 나누는 동안 두 사람은 강렬한 질문, 상대와의 개인적인 비교와 개인적인 질문들, 그리고 애정을 주고받았다. 팔라치는 메이어 총리에게 첫눈에 반해버렸다. 이 유대인 국가의 수장을 보는 순간 자신의 어머니가 떠올랐기 때문이다. 검은 옷을 입은 골다는 토스카가 집에서 손님을 맞기 전에 그러는 것처럼 코에다 분을 바른 모습이었다.

> 내 어머니가 더 젊고, 코도 더 예쁘고, 다리도 훨씬 더 예쁘지만, 두 사람이 너무나 비슷했다. 피로에 지쳐 무거워진 몸과 예쁘게 꾸미는 것에 무관심한 모습, 빗으로 도저히 해결이 안 되는 회색 곱슬머리, 용기와 슬픔이 새겨진 얼굴의 깊은 주름살이 모두 똑같았다. 심지어 옷을 입을 때 불필요하게 꾸미는 것을 경멸하는 태도도 똑같았다. 그저 평범한 치마에 스웨터를 입고, 어쩌다 한 번씩 진주 목걸이를 걸고, 관절염 때문에 뒤틀린 발을 조여주는 끈이 달린 굽 낮은 신발을 신는 정도. 하지만 전체적으로 상대의 무장을 해제시키는 소박함과… 어머니 같은 모습이 똑같았다.[64]

인터뷰에 앞서서 팔라치는 메이어에게 《무 그리고 아멘》을 한 권 보냈었다. 두 사람은 이 책에서 자극을 받아 전쟁, 테러리즘, 팔레스타인, 점령지, 안와르 알-사다트Anwar al-Sadat나 후세인 국왕과의 대화 가능성 등에 대해 이야기를 나눴다. 메이어가 집무실에서 팔라치를 만난 것은 그녀의 책을 받은 지 3일 후였다. 이 날 인터뷰에서 정치적 문제들은 어린시절 이야기, 가족 이야기, 종교에 대한 생각, 개인적으로 낙담했던 일, 이탈리아의 사회주의자인 피에트로 네니Pietro Nenni와의 우정, 외교관들의 세계에서 그녀가 여성으로서 경험했던 일 등에 밀려 뒤로 처져버렸다. 여성해방이라는 주제가 나왔을 때, 메이어는 이 운동을 벌이는 여자들이 모두 브래지어를 태우고 남자들을 증오하는 정신병자들이라고 주장했다.

"임신이 불행이고 아이를 낳는 것이 재앙이라고 생각하는 그런 정신 나간 여자들을 어떻게 용인할 수 있겠습니까?"[65]

팔라치는 메이어가 스스로에 대해 너무나 잘 알고 있기 때문에 자기만족에 빠질 수 없는 사람이며, 자기 딸처럼 되고 싶다는 생각을 갖고 있다고 썼다.

"사라는 너무나 착하고, 너무나 똑똑하고, 너무나 똑똑하게 정직해요…. 나는 그렇지 않아요. 나 같은 일을 하다 보면 항상 뜻을 꺾고 타협해야 하지요. 자신의 생각에 대해 결코 100% 충실할 수 없어요."

그녀는 자신을 이스라엘의 상징으로 생각하는 사람들을 참을 수 없다고 했다.

"지금 나를 놀리는 건가요? 이스라엘의 진정한 상징이었던 위인들을 당신은 모르고 있어요. 이스라엘을 건국한 사람들 말이에요…. 내가 지금까지 다른 방식으로 일을 했다고 해도 이스라엘이 달라졌을 것 같지는 않아요."[67]

인터뷰 다음 날 팔라치는 녹음 내용이 가득 들어 있는 카세트테이프 세 개를 들고 저녁 8시30분에 로마에 도착했다. 그녀가 호텔에 도착한 것은 그로부터 1시간 후였다. 그녀는 테이프를 봉투에 넣어 책상 위에 잔뜩 쌓여 있는 물건들 밑에 놓은 다음 호텔 짐꾼에게 방 열쇠를 맡기고 샌드위치를 먹으러 15분 동안 외출했다. 그런데 호텔에 돌아와 보니 열쇠가 사라지고 없었다. 누군가가 그녀의 방에 들어와서 테이프를 가져가버렸던 것이다. 이탈리아 당국은 이 사건을 정치적 절도로 보고 수사를 벌였지만 아무런 증거도 찾지 못했다. 그러나 오래지 않아 뜻밖의 단서가 드러났다. 팔라치는 메이어와 카다피에게 동시에 인터뷰를 요청했었다. 절도 사건이 있은 지 며칠 후 리비아의 독재자가 〈에우로페오〉와 경쟁관계인 한 주간지 기자들을 초청해 대화를 나눴다. 그 자리에서 카다피는 골다 메이어가 팔라치와 이야기를 나눌 때 했던 이야기와 비슷한 문장들을 사용했다. 팔라치는 카다피가 어떻게 아직 발표되지도 않은 말들을 할 수 있는지 당연히 의문을 품었다. 메이어와의 인터뷰 내용을 아는 사람은 메이어와 팔라치뿐이었다. 따라서 그가 테이프 절도를 명령했다고 생각할 수밖에 없었다(팔라치가 자신이 묵고 있는 층의 쓰레기통에서 아랍어 메모를 발견한 것도 한 몫을 했다).

팔라치는 카다피가 범인이라고 지금도 확신하고 있지만 이 문제에 대한 골다 메이어의 반응에 더 주목하고 있다. 워싱턴 주재 이스라엘 대사인 심차 디니츠Simcha Dinitz의 설명에 따르면, 메이어가 디니츠를 저녁식사에 초대해서 팔라치에 대해 대단히 호의적인 이야기를 하고 있을 때 보좌관이 그녀에게 전문電文을 전달해주었다고 한다.

"모두 도둑맞았음. 모두. 다시 나를 만나려 하지 마시기 바람."

그녀는 이 전문 내용을 읽고 나서 가슴에 손을 얹고는 몇 분 동안 아무 말도 하지 않았다. 그리고 늙은 선원 같은 목소리를 높여 포효하듯 소리쳤다.

"이 인터뷰가 발표되는 걸 싫어하는 사람이 있는 모양이야! 그러니까 인터뷰를 다시 해야겠어!"[68]

두 여자는 11월 14일에 다시 만나서 담배를 피우고 커피를 마셔

가며 인터뷰를 처음부터 다시 했다. 지난번에 했던 이야기가 다시 나왔고, 새로운 이야기도 나왔다. 10월의 인터뷰에서 메이어는 자기 인생의 커다란 시련과 남편에 대해 제대로 이야기하지 못했었다. 그러나 11월에는 이 가슴 아픈 진실을 밝혔다. 인터뷰를 계속할 수 없게 되자 그녀는 팔라치에게 다음 날 다시 만나서 대화의 결말을 짓겠다고 약속했다. 그리고 다음 날 그녀는 나이를 먹는다는 것, 젊음, 죽음, 너무 오래 살지 않을까 하는 두려움 등에 대해 이야기하며 멋진 시간을 보냈다.[69]

두 번째 만남 이후 메이어에게 우정을 느낀 팔라치는 정치 풍자가들에 맞서 그녀를 옹호했다. 메이어를 비판하는 사람들이 흔히 자기들이 보기에 추한 그녀의 외모를 희화화하곤 했지만, 팔라치는 그녀가 아름다운 어른이며 속속들이 품위가 배어 있는 귀부인이라고 생각했다. 팔라치가 메이어를 마지막으로 보았을 때, 메이어는 파란 하늘색 크레이프 천으로 만든 블라우스를 입고 목에는 진주 목걸이를 걸고 있었다. 말을 하면서 손끝으로 목걸이를 만지작거리는 그녀의 모습은 마치 이 목걸이가 잘 어울리느냐고 묻는 것 같았다. 그 자리를 떠나면서 팔라치가 했던 생각은 그녀가 메이어에 대해 느끼고 있던 개인적인 연민을 잘 보여준다.

"저런 사람이 권력의 자리에 있다니. 저런 사람이 명령을 내리는 자리에 있다니. 저런 여성에게 권력은 어울리지 않아."[70]

로버트 쉬어는 팔라치가 골다 메이어를 너무 점잖게 대했으며, 시오니즘에 대해 단 한 마디도 묻지 않았다고 신랄하게 비난했다. 그는 또한 그녀가 유대인들에 대해 모순적인 분노를 느끼고 있다고 비난하면서 그녀가 유대인을 싫어하는 이유에 대해 서둘러 근거 없는 이야기를 하도록 몰아갔다.

내가 그 사람들을 싫어하는 이유는 많습니다. 미국의 예를 들어보죠. 유대인들이 권력과 여러 분야의 경제권, 그리고 언론과 그 밖의 것들을 어떻게 장악하고 있습니까…. TV와 신문사 사장들 중에는 유대인이 많습니다. 그들이 어떻게 언론을 장악하게 되었는지 정말 모르겠습니다. 왜 이렇게 된 거죠?…〈뉴욕 타임스〉는 유대인 천지입니다.

쉬어는 그녀의 말이 틀렸다고 지적하며 그녀에게 신문사와 방송사를 직접 찾아가서 확인해보라고 했다.

"그건 유럽인들의 생각일 뿐입니다. 전혀 사실이 아니에요."[71]

1980년, 팔라치는 베이징으로 가서 또 한 번의 역사적 만남을 가졌다. 덩샤오핑 부총리를 만난 것이다. 이런 영예를 누린 서구 기자는 극소수에 불과했다. 그녀가 이런 행운을 누릴 수 있었던 것은 아야툴라 호메이니를 만났을 때와 비슷한 주변 상황 덕분이었다. 그녀의 기사와 책들은 이란에서처럼 중국에서도 인기를 누리고 있었다. 중국의 권력자인 덩샤오핑은 자주 미소를 짓고 때로는 소리 내어 웃기도 하면서 그녀의 질문에 솔직한 대답을 해주었다. 아주 무례하고 자유로운 질문에 대해서도 마찬가지였다. 대화의 중심 화제는 중국 정치의 변화, 4인방과 마오쩌둥에 대한 비판, 대약진운동의 과오, 문화혁명에 대한 비판, 중국에서 자본주의가 실행될 가능성 등이었다.

인터뷰를 하는 동안 몇 번의 유쾌한 순간들이 심각한 분위기를 부드럽게 만들었다. 그녀가 그에게 왜 항상 2인자의 자리를 차지하는지, 서구 사람들이 그를 중국의 니키타 흐루시초프Nikita Khrushchev라고 부르는 이유가 무엇인지를 물었을 때, 그는 파안대소했다. 팔라치가 생일을 축하한다고 말했을 때에는 짐짓 깜짝 놀란 척했다.

"내 생일? 내일이 내 생일이오?"
"예, 부총리님 전기에서 읽었습니다."

"뭐, 당신이 그렇다면 그런 거겠지. 난 내 생일이 언젠지 항상 모르니까. 하지만 내일이 내 생일이라 해도 축하를 하지는 말아요. 이제 내가 일흔여섯이 된다는 뜻이니까. 일흔여섯은 시들어가는 나이요."
"부총리님, 제 아버지도 일흔여섯이십니다. 만약 제가 아버지께 일흔여섯이 시들어가는 나이라고 말한다면, 아버지는 제 뺨을 후려치실 겁니다."
"그거 훌륭하구만! 설마 아버지한테 그런 말을 하지는 않겠지요?"[72]

대화 도중 두 사람은 언쟁을 벌이기도 했다. 팔라치가 톈안먼 광장에 걸려 있는 카를 마르크스, 프리드리히 엥겔스, 블라디미르 일리이치 레닌, 요시프 스탈린의 거대한 초상화에 대해 비판적인 말을 했을 때였다. 다음 날인 토요일 아침, 차를 타고 이 널찍한 광장을 지나가던 팔라치의 눈에 뭔가 달라진 모습이 보였다. 초상화들이 철거되었던 것이다.

"부총리님! 스탈린이 없어졌어요! 마르크스도, 엥겔스도, 레닌도! 부총리님, 저 때문은 아니죠? 저 때문에 초상화를 없애신 건 아니죠?"
"아니오, 아니야. 그렇지 않아. 어제 얘기했던 것처럼 옛날에 하던 일을 다시 한 것뿐이오. 초상화들이 필요해지면 다시 걸 거야."
"이런! 정말 기뻤는데. 제가 톈안먼 광장에서 스탈린을 끌어내렸다고 자랑할 생각을 하니 정말 좋았거든요!"
"알아요, 알아요. 그런 줄 알고 있었소. 알고 있었어. 하지만 당신한테 그런 기쁨을 줄 수는 없지."[73]

덩샤오핑은 그녀를 기쁘게 해주고 싶지 않다고 말했지만, 도시 중앙에 걸려 있던 네 장의 거대한 초상화를 없애버린 것을 보면 그녀의 말이 적어도 부분적으로나마 영향을 미쳤음이 틀림없다. 팔라치는 톈안먼 광장에서 마르크스, 엥겔스, 레닌, 스탈린의 거대한 초상화를 없앤 사람이 바로 자신이었다는 말을 나중에 자신의 묘비에 쓰고 싶어한다.

　팔라치의 인터뷰 기사는 모험적이고, 역사적이고, 대결적이고, 개인적인 측면 덕분에 강렬한 내용을 담을 수 있었지만, 단순히 그것 때문에 그녀의 기사가 세계적인 호소력을 지닐 수 있었다고 보기는 어렵다. 그녀의 기사가 성공을 거둔 것은 그녀가 사용한 방법론 덕분이기도 했다. 인터뷰 기사에 문학적인 분위기를 덧씌우려 했던 그녀는 기자로서 반드시 지켜야 하는 규칙을 지키기가 어렵다는 문제와 직면했다. 정확한 보도를 위해서는 인터뷰 도중 오간 말들을 쉼표 하나 빠뜨리지 않고 그대로 옮겨야 했다. 그녀는 인터뷰 도중에 각각의 주제에 대해 즉흥적인 질문들을 던짐으로써 이 문제를 해결했다. 그녀는 철저한 준비 덕분에 인터뷰를 하면서 동시에 기사를 쓸 수 있었다. 다시 말해서, 기사를 쓸 때 상대방의 반응을 너무 일찍 실수로 밝혀버리는 일이 없도록 대화를 나누는 도중에 머릿속으로 기사 내용을 상상했던 것이다. 극적인 것을 좋아하는 팔라치의 감각과 완벽하게 들어맞는 이런 자연스러움이 독자들을 끌어들였고, 그녀는 매번 상황에 맞춰 재빨리 적응할 수 있었다. 바로 이것이 그녀의 기사를 다른 진부한 기사들과 다르게 만들어준 요인이었다.

　1972년 6월 아디스아바바를 방문한 팔라치는 에티오피아의 하일레 셀라시에 황제가 전세계의 폭군들 중에서도 지독한 편에 속한다는 것을 알고 있었다. 따라서 그녀는 정중한 태도로 상대를 대해야 한다는 것을 알면서도 셀라시에와의 극적인 대결이 불가피하다는 것 또한 알고 있었다. 대화가 진행되는 동안 그 극적인 대결의 방법과 시기를 결정할 수 있는 사람은 오로지 그녀뿐이었다. 도저히 용납할 수 없는 빈곤을 목격한 팔라치는 황제가 곤데를 방문했을 때 먹다 남은 음식을 병사들을 시켜 굶주린 사람들에게 나눠주었다는 얘기를 듣고 황궁에 들어서기 전부터 극도로 분노하고 있었다.

치장벽토, 커튼, 융단, 로코코 양식의 안락의자 등이 가득 찬 빨간색의 커다란 응접실에서 그녀는 황제 앞에 세 번 절하면서 분홍색과 파란색 꽃무늬가 들어간 가벼운 천으로 가장자리를 덧댄 웅장한 옥좌를 보았다. 그리고 분명히 소란이 일어날 줄 알면서도 국민들의 빈곤에 대한 질문을 던지고 말았다.

폐하, 가난한 국민들이 폐하의 뒤를 쫓아 뛰며 240리라에 해당하는 1달러를 얻으려고 아우성치는 모습을 보았을 때부터 계속 제 머릿속에 걸려 있는 의문이 하나 있습니다. 폐하, 국민들에게 자선을 베푸실 때 기분이 어떠십니까? 그들의 비참한 모습을 보며 무슨 생각을 하십니까?

하일레 셀라시에는 부자가 되는 것은 개인적인 능력에 의해 결정된다는 주장을 펴기 시작했다. 충격을 받은 팔라치는 이렇게 반박했다.

"폐하, 가난이 가난한 사람들의 탓이라는 말씀입니까?"

이 말을 들은 황제는 짜증을 내며 변명을 늘어놓았다.

"개개인의 비극과 운명은 모두 당사자의 책임이오. 위에서 선물처럼 내려오는 도움을 기다리는 건 옳지 않아. 부자가 되려면 마땅히 그만한 자격이 있어야 한단 말이오! 우리 주님의 십계명에도 일을 해야 한다고 되어 있지 않소!"[74]

그의 분노를 느낀 팔라치는 방향을 바꿔 완전히 다른 주제의 질문들을 던지다가 뜻밖의 순간에 올가미를 졸랐다. 하일레는 자신이 신뢰하던 보좌관 멩기스투 네웨이Mengistu Neway와 저메인 네웨이 Germane Neway 형제가 저지른 쿠데타 얘기를 하고 싶지 않다고 했었다. 두 사람은 하일레가 그들의 처형모습을 목격하는 기쁨을 누리기 전에 세상을 떠났다. 탈옥 시도가 실패하자 저메인이 형이 잡히는 것을 막으려고 형을 총으로 쏜 다음 감옥에서 자신도 스스로 목숨을 끊었던 것이다. 하일레는 복수를 하려는 듯 두 사람의 시체를 8일 동안 교수대에 매달아 놓으라고 명령했다. 팔라치는 금기시되는 이 이야기를 꺼내려고 전혀 상관없어 보이는 질문을 먼저 던졌다.

"폐하, 폐하께서 말씀하시고 싶지 않은 주제가 있더라도 폐하 자신에 대해서는 말씀해주실 수 있겠지요. 폐하께서 동물과 아기들을 아주 좋아한다는 얘기를 들었습니다. 폐하께서 사람들도 그만큼 좋아하시는지 여쭤봐도 되겠습니까?"

그는 용기 있고 품위 있는 사람만 사랑한다고 대답했다. 마침내 기회를 잡은 팔라치는 핵심적인 말을 던졌다.

"쿠데타의 두 주역에게는 품위가 있었습니다, 폐하. 용기도 있었고요."

그는 자신이 궁지에 몰렸음을 깨닫고 그녀에게 화를 내며 그런 질문을 삼가라고 명령했다.

"그만, 그만! 더 이상은 못 참아!"[75]

인터뷰를 하는 동안 그가 화를 내며 그녀에게 화제를 바꾸라고 명령한 것이 적어도 6번이었다.

팔라치의 마지막 질문은 폭군을 자극해서 드라마를 만들어낸다는 그녀의 명성을 다시 한 번 확인해주었다. 그녀는 죽음에 대한 그의 생각과 그가 도덕적이라고 생각하는 것이 무엇인지에 대해 질문을 던졌다. 그는 '죽음'이라는 단어를 몹시 혐오하며 죽는다는 생각만으로도 창백해지는 사람이었기 때문에 이 질문을 듣고 화가 나서 길길이 날뛰었다. 그리고 마침내 자신의 분노와 짜증을 히스테리컬하게 폭발시키며 팔라치에게 당장 사라지라고 명령했다.

"죽음이라니. 죽음이라니. 이 여자 누구야? 어디서 온 여자야? 저 여자가 나한테 원하는 게 뭔데?!? 꺼져. 더 이상 못 참아. 이제 끝이야! 끝이라고!"[76]

팔라치의 인터뷰 기사가 발표되자 하일레 셀라시에는 또 다시 분노했다. 그녀는 그의 말을 잘 설명하기 위해서 자신의 생각을 괄호로 묶어 기사 곳곳에 끼워 넣었다. 셀라시에는 이 괄호 안의 말들을 보고 더욱 화가 나서 그녀에게 위협을 가하고, 공식적인 항의를 제기했다. 결국 이 문제는 에티오피아와 이탈리아 대사들 사이의 외교적 문제로까지 번졌다. 심지어 에티오피아에 살고 있는 이탈리아인들조차 그녀 때문에 복수를 당할지도 모른다며 그녀를 비난했다. 팔라치의 설명에 따르면, 에티오피아의 이탈리아인들은 대부분 무솔리니에 대해 여전히 향수를 가진 사람들이라서 그녀와 같은 보도 스타일을 참아 넘기지 못했다. 그녀가 이 동포들로부터 받은 '애정 어린' 편지에는 하일레 셀라시에가 살아 있는 한 다시는 에티오피아를 찾지 말라는 충고가 들어 있었다.

"제발 이 충고를 따라주시오."[77]

즉흥적으로 질문을 던지는 팔라치의 방법은 백악관에서 헨리 키신저를 만났을 때도 유용하게 쓰였다. 그녀는 그가 미국 정부의 가장 유력한 사절로서 사상 유례가 없는 성공을 거두게 된 원인을 알아내려면 그의 수수께끼 같은 외면을 꿰뚫어봐야 할 필요가 있음을 깨달았다. 팔라치는 키신저가 자신과의 만남을 기꺼이 허락했다는 사실에 깜짝 놀랐다. 그는 기자회견에서만 기자들과 이야기를 나눌 뿐, 개인적인 인터뷰를 절대 허락하지 않는 사람으로 유명했기 때문이다. 키신저는 1969년 2월에 그녀가 하노이에서 북베트남의 보 응구옌 지압 장군을 인터뷰한 기사를 보고 좋은 인상을 받았던 것이 결정적인 역할을 했다고 밝혔다. 그런데도 그는 처음에는 예비적인 만남만을 허락했다. 즉, 일단 팔라치의 이야기를 들어본 다음 그녀를 다시 만날 것인지 결정하겠다는 것이었다. 그녀는 1972년 11월 2

일에 처음으로 그의 집무실에 발을 들여놓았다. 그는 숨이 턱에 찬 모습으로 방에 들어와서는 미소도 짓지 않은 채 그녀에게 인사를 건넸다.

"안녕하십니까, 팔라치 씨."[78]

책, 전화기, 서류, 추상화, 리처드 닉슨Richard Nixon의 사진 등이 가득 찬 방에서 그는 마치 그녀의 존재를 잊어버린 듯 등을 돌리고 타자로 친 긴 문서를 읽기 시작했다. 그의 이런 행동은 무례한 것이었지만, 그녀는 이 시간을 이용해서 그를 유심히 살펴볼 수 있었다. 팔라치에 따르면, 그는 키가 작고 뚱뚱해서 매력적인 것과는 거리가 멀었을 뿐만 아니라, 자신감이 없이 긴장한 모습으로 자신을 보호하기 위해 재빨리 권위적인 태도를 취했다고 한다.

그녀는 그가 문서를 다 해독한 후 자기더러 자리에 앉으라고 한 다음 심문을 시작했다고 썼다. 마치 믿음이 안 가는 학생을 조사하는 교수 같은 태도였다는 것이다. 그의 모습을 보며 팔라치는 갈릴레오 갈릴레이 고등학교 때 수학과 물리학을 가르쳤던 선생님을 생각했다. 그 선생님이 안경 너머로 학생들을 쏘아보며 겁주기를 좋아했기 때문에 그녀는 그 선생님을 몹시 싫어했었다. 키신저는 그 선생님처럼 저음의 쉰 목소리를 갖고 있었으며, 그가 다리를 꼬고 안락의자에서 뒤로 등을 기댄 모습이나 불룩 나온 배 때문에 재킷 단추가 금방 떨어질 것처럼 보이는 모습도 그 선생님과 똑같았다. 학교 시절의 악몽 같은 기억을 떠올린 그녀는 끔찍한 기분에 사로잡혔다. 학교 시절에 "어떻게 해, 내가 저 문제의 답을 알 수 있을까? 모르면 선생님이 낙제점을 주실 텐데"라며 불안해할 때와 똑같았다. 키신저가 그녀에게 가장 먼저 던진 질문은 지압 장군에 관한 것이었다.

"이미 말했듯이, 난 개인적인 인터뷰를 허락한 적이 없습니다. 내가 지금 당신에게 개인적인 인터뷰를 허락할까 생각해보려고 하는 것은 지압 장군의 인터뷰 기사를 읽었기 때문입니다. 아주 흥미로운 기사였어요. 지압은 어떤 사람입니까?"⁷⁹⁾

그녀는 그가 쾌활하고, 거만하고, 프랑스의 속물 같은 사람이었지만 베트남의 신년제와 부활절 공세에 대한 그의 예측이 정확하게 맞아 떨어졌다고 대답했다. 그녀가 생각하기에 지압은 미국이 응구엔 반 티우 대통령이 싫어하던 파리 협정을 받아들인 이후 미국의 입장이 약해지고 있다는 것을 정확하게 파악하고 있었다. 키신저는 이어 베트남의 상황에 대한 그녀의 의견을 물었다. 마치 그녀의 생각을 진심으로 알고 싶어하는 사람 같았다. 그는 또한 그녀에게 유명한 정치인, 통치의 기술, 휴전의 결과 등에 대해서도 질문을 던졌다. 그리고 마침내 그녀가 시험을 통과했다는 결론을 내리고 그녀에게 진짜 인터뷰를 허락했다.

11월 4일 토요일 10시30분, 그녀는 다시 백악관에 있는 키신저의 집무실을 찾았다. 그녀는 이 날의 인터뷰가 아마 자신의 인터뷰 중 가장 불편하고 가장 형편없는 인터뷰일 것이라고 생각하고 있다. 인터뷰를 하는 동안 10분마다 닉슨이 전화를 걸어왔다. 그녀는 마치 "엄마 곁을 떨어지지 못하는" 아이 같았다고 썼다.⁸⁰⁾ 인터뷰가 절정에 이르러 키신저가 파악하기 어려운 자신의 성격에 대해 이야기하기 시작했을 때도 닉슨이 다시 전화를 걸어 빨리 와달라고 했다. 키신저는 벌떡 일어나더니 팔라치에게 조금만 기다려달라고 했다. 인터뷰 시간을 조금 더 내보도록 애써보겠다는 것이었다. 2시간 후, 키신저의 비서가 당혹스러운 표정으로 들어와서 그가 닉슨과 함께 캘리포니아로 떠났다고 말해주었다.

시간에 쫓겨 정신없이 인터뷰를 하는 동안 키신저는 자기 자신에 대해 계속 직접적인 대답을 피하며 말을 아꼈다. 또한 베트남과 관련된 민감한 문제도 피하려고 했다. 따라서 팔라치는 그의 속뜻을 알아내기 위해 온갖 책략을 다 동원했다. 대화 중에 한 번은 그녀가 그를 당황하게 만든 적도 있었다. 남베트남의 응구엔 대통령이 북베트남과의 평화조약에 동의하지 않는 진짜 이유를 말해보라며 미국 국무장관에게 도전한 자료들을 들이대자 키신저는 궁색한 답변을 늘어놓았다.

"어디 봅시다…. 아! 난 응구엔 대통령의 말에 대답하지 않겠습니다. 이런 요청에는 전혀 신경 쓰지 않을 겁니다."[81]

그녀는 또한 극적인 질문들도 이용했다.

"키신저 박사님, 만약 제가 당신 머리에 권총을 들이대고 티우 대통령과 저녁을 먹을 건지 아니면 르둑 토 Le Duc Tho와 저녁을 먹을 건지 선택하라고 한다면… 누구를 선택하시겠습니까?"[82]

그녀가 북베트남과의 당면한 평화협정 및 베트남 전쟁에 대한 질문들을 계속 퍼부어대자 나중에는 그가 제발 그 문제를 거론하지 말아달라고 거의 애원하다시피 했다.

(1) "그만하십시오. 베트남에 대해서는 더 이상 이야기하고 싶지 않습니다. 지금은 이야기할 수가 없어요. 내가 무슨 말을 하든 전부 뉴스가 되니까. 11월 말이 되면 혹시… 이봐요, 11월 말에 다시 만나면 어떻겠습니까?"

(2) "그 질문에는 대답할 수 없습니다."

(3) "대답할 수… 그 질문에는 대답하고 싶지 않습니다."

(4) "더 이상 나한테 베트남 얘기를 묻지 마세요, 제발."

(5) "베트남에 대해서는 정말 얘기할 만큼 하지 않았습니까?"

(6) "아직도 베트남 얘기입니까?"[83]

팔라치는 정보를 얻기 위해 무자비하게 그를 쑤셔댔다. 그녀의 전술 중 하나는 일반적인 얘기를 하다가 구체적인 얘기로 옮겨가는 것이었다. 우선 그녀는 임기가 끝나면 무엇을 할 것이냐는 두루뭉술

한 질문을 던졌다. 그러나 만족스러운 답변을 얻지 못한 그녀는 구체적으로 가능한 일들을 거론하기 시작했다.

"하버드 교수로 돌아가실 겁니까?"[84]

인터뷰의 절정은 그녀가 키신저의 약점을 직관적으로 알아내서 그에 따른 질문을 던진 순간이었다. 키신저의 자존심이 바로 약점임을 깨달은 그녀는 그의 비위를 맞추는 질문들을 던졌다.

"키신저 박사님, 박사님께서는 영화배우처럼 엄청난 인기를 누리고 계신데, 왜 그렇다고 생각하십니까? 대통령보다 더 많은 명성과 인기를 누리고 계신 이유는 뭘까요? 이 문제에 대해 뭔가 생각해 두신 것이 있습니까?"[85]

키신저는 자신이 외교관으로 성공할 수 있었던 것은 심리적인 이유 때문이라면서 실수로 저 유명한 카우보이 발언을 내뱉고 말았다. 이 말은 그 후 몇 달 동안 미국 언론의 뜨거운 이슈가 되었다.

> 중요한 건 내가 항상 혼자서 행동한다는 겁니다. 미국인들은 그런 것을 아주 좋아하죠. 미국인들은 말을 타고 혼자 맨 앞에 서서 마차 행렬을 이끄는 카우보이를 좋아합니다. 혼자 말을 타고 도시와 마을로 들어오는 카우보이를 좋아해요. 그가 탄 말 외에 그의 옆에는 아무 것도 없습니다. 어쩌면 총도 없을지 모르죠. 카우보이는 총을 쏘지 않으니까요. 꼭 필요한 때에 꼭 필요한 곳에 있는 것, 그것이 카우보이의 '행동'입니다. 간단히 말해 서부영화와 같죠.

드라마가 절정에 이르렀음을 감지한 팔라치는 그의 말을 다시 간략하게 정리하며 단단히 못을 박았다.

"그렇군요. 박사님은 자신을 헨리 폰다처럼 생각하시는군요. 무장도 하지 않은 채 정직한 이상을 위해 맨주먹으로 싸울 준비가 된 사람. 혼자서, 용감하게."[86]

놀랍게도, 스스로를 거친 서부의 영웅으로 묘사한 키신저의 말에 미국 언론은 펄펄 뛰었다. 워싱턴에서는 그가 외교적 성공을 순전히 자기 혼자서 이뤄낸 것처럼 말했기 때문에 닉슨의 신임을 잃어버렸다는 소문이 돌기 시작했다. 기자들은 그의 말이 주제넘고, 신중하지 못했다고 비난했다. 헨리 키신저가 닉슨의 사절로서 이룩한 모든 일의 공로를 어찌 감히 자신에게 돌릴 수 있는가? 어찌 감히 닉슨을 구경꾼으로 만들어버릴 수 있는가? 교수님께서 일을 처리하러 나타나셨을 때 미국 대통령은 어디 있었단 말인가? 신문마다 카우보이 옷을 입고 술집을 향해 말을 달리거나 박차를 차고 카우보이 모자를 쓴 키신저의 풍자만평을 실었다. 키신저는 곧 팔라치를 만난 것이 자기 평생 가장 멍청한 일이었다며, 그녀가 자신의 말을 왜곡했다고 단언했다.[87] 그가 이처럼 자신의 말을 취소해버리는 바람에 그녀는 인터뷰 녹음테이프를 공개하겠다고 위협할 수밖에 없었다. 그녀는 〈타임Time〉지와 〈뉴스위크Newsweek〉지에서 자신이 대화내용을 정확하게 옮겼다고 강력하게 주장했다. CBS와 NBC 텔레비전에 출연했을 때에는, 그가 신사가 아니며, 자기 말을 인정할 용기도 없는 사람이라고 말했다. 언론매체들이 이 발언을 떠들썩하게 물고 늘어진 지 2달이 지나자 팔라치는 더 이상 키신저의 이름조차 참을 수 없는 지경이 되었다. 그가 너무나 싫은 나머지 그녀는 그가 자기에게 책임을 떠넘길 수밖에 없었다는 사실을 깨닫지 못했다. 그녀는 그때 자기가 그에게 행복을 빌어줄 수 있는 상태가 아니었다고 솔직히 인정했다.[88]

팔라치는 1975년에 〈에우로페오〉를 통해 발표한 공개서한에서 키신저에게 허영심에 차서 우쭐거리는 반동이라고 통렬한 비난을 퍼부었다. 그녀는 그가 뻔뻔스럽고 거만한 카우보이처럼 중국의 오지 마을들과 모스크바, 텔아비브, 카이로로 말을 타고 달려가기만

하면 모든 일이 해결될 것이라고 믿고 있다고 주장했다. 1973년에 로마의 피우미치노 공항에서 팔레스타인 테러리스트들에 의한 학살 사건이 벌어지기 직전, 이탈리아 TV 방송국의 키신저 추종자들이 그녀에게 전화를 걸어 키신저에 관해 인터뷰를 하고 싶다고 했다.

"그 개자식이 또 일을 저질렀어요."
"무슨 일을 저질렀다는 거예요?"
"평화요! 중동에 평화를 가져왔다고요!"
"그 개자식이 어떻게 중동에 평화를 가져왔는데요?"
"협정을 맺었죠! 골다 메이어하고 사다트가!"
"무슨 협정이요?"
"그게… 아직 진짜 협정은 아니죠. 회담 중이예요! 회담 중이라고요!"[89]

팔라치는 골다 메이어와 안와르 사다트가 협정을 맺는다고 해서 평화가 찾아오지는 않을 것이라고 대답했다. 팔레스타인 문제가 해결될 때까지는 결코 평화가 올 수 없다는 것이었다. 그녀는 결국 인터뷰를 허락하면서 자기가 키신저에 대해 진정한 속내를 털어놓을 수 있어야 한다는 조건을 붙였다. 2시간 후 전화벨이 다시 울리더니, 누군가가 차가운 목소리로 그 속내라는 게 어떤 것이냐고 물었다. 키신저가 베트남에서 그랬던 것처럼 이번에도 사람들을 속여 자기가 정말로 평화를 약속한 것처럼 믿게 만들었다는 사실이 경멸스럽다는 생각이 들었다. 전화를 걸어온 상대방이 그녀에게 물었다.

"키신저가 멍청하다고 단언하시는 겁니까?"
"천만에요!… 그가 멍청하지 않다는 건 분명히 말씀드릴 수 있어요. 멍청한 건 그를 믿는 사람들이죠."

팔라치는 키신저가 과거 속에서 살고 있기 때문에 현재를 이해하지 못하며 미래를 내다보지도 못한다고 말한다. 그녀는 이렇게 썼다.

"그래서 당신은 무슨 일을 하든 실패하는 겁니다. 당신의 성공은 항상 용두사미로 끝나죠. 멍청한 놈들 앞에서 연기만 피워대는 꼴이라니."[90]

키신저는 팔라치와의 인터뷰가 자신이 기자들과 나눈 대화 중 최악의 것이었다고 생각하고 있다. 키신저가 지압 장군과의 인터뷰 기사를 읽고 자신에게 인터뷰를 허락했다는 팔라치의 주장과 달리, 키신저는 인터뷰 도중 허영심 때문에 다음과 같은 말을 했다고 시인했다.

"그녀는 전세계에서 최고의 인물들을 인터뷰한 사람이다. 내게는 명성이 상당히 신선한 것이었기 때문에 그녀가 인터뷰한 인물들 목록에 내가 포함될 것이라는 사실에 우쭐한 기분이 들었다."

그는 일부러 그녀의 인터뷰 기사를 찾아 읽지도 않았고, 그녀가 다른 희생자들의 속을 얼마나 헤집어 놓았는지 알아보려 하지도 않았다. 그래서 결국 그 대가를 치르고 말았다. 그는 공직생활을 하는 동안 자기중심적인 말을 거의 하지 않았다. 그가 했다고 인용된 말 "그녀가 대화를 한다며 내뱉은 것들은 천박한 취향을 드러내는 말의 집합이었다" 정도가 가장 이기적인 것이었다.[91]

그의 카우보이 발언이 유명해지는 바람에 그가 닉슨에게 찬사를 보냈다는 사실이 가려져버리고 말았다. 팔라치가 발표한 인터뷰 기사 내용에 따르면, 키신저는 잘 알지 못하는 사람을 수석 보좌관으로 선택해서 베이징으로 보낸 닉슨의 용기에 찬사를 보냈다. 그는 또한 외교 문제에 대한 닉슨의 전문적인 지식 덕분에 자신이 외교관으로서 성공을 거둘 수 있었다고 말했다. 닉슨을 불쾌하게 한 카우보이 발언에 대해 키신저는 팔라치가 이야기를 왜곡했다고 주장했다.

"미국인들은… 혼자 말을 타고 도시와 마을로 들어오는 카우보이를 좋아해요. 그가 탄 말 외에 그의 옆에는 아무 것도 없습니다…. 놀랍고 낭만적인 이 카우보이 캐릭터는 나한테 아주 잘 맞습니다. 혼자 있는 것은 항상 내 스타일 중의 일부였으니까요. 괜찮다면 스타일이 아니라 테크닉이라고 해도 좋습니다."

키신저는 이야기의 전후 맥락이 올바로 전달되지 않았다면서, 이 발언은 사실 자기 자신에 대한 것이었다고 주장했다. 그는 팔라치가 인터뷰를 녹음한 테이프를 결코 다른 기자들에게 공개하지 않았음을 지적하면서, 그녀가 자신의 말을 솜씨 좋게 편집해서 기사를 작성했다고 지금도 확신하고 있다.[92]

팔라치는 상대하기 까다로운 사람으로 인식되는 텔레비전 인터뷰어 마이크 월러스Mike Wallace와 자신을 비교하는 것이 우스꽝스러운 일이라고 생각한다.

"나는 저널리즘을 실천하는 작가이다. TV에서 저널리즘을 실행하는 사람과 나를 비교하는 건 결코 안 될 일이다."

그녀는 월러스의 이름조차 입에 담으려 하지 않았다. 누가 죽여 버리겠다고 자신을 협박해도 결코 그의 이름을 입에 담지 않겠다고 했다.[93] 키신저가 자신의 회고록에서 팔라치와의 인터뷰에 대해 쓴 내용을 보고 그녀는 격분했다. 〈타임〉지가 이 회고록의 일부를 발췌해서 실은 후, 그녀는 이 잡지사에 편지를 보내 테이프 내용을 들은 사람이 있다고 주장했다. 그 사람은 바로 마이크 월러스였다.[94] 〈타임〉지 측의 문의를 받은 월러스는 테이프를 들은 적이 있지만 소리가 분명하지 않았다고 대답했다.[95]

"분명하지 않다니? 만약 자기가 키신저를 자기 프로그램 〈60분 60 Minutes〉에 초대해서 그의 종노릇을 하고 싶을 때도 이런 거짓말을 할까? 테이프의 소리는 아주 명확했다. 그는 〈60분〉에서 나를 인터뷰하면서 그 테이프를 들었다."

팔라치는 또한 〈60분〉 제작진이 홍보용으로 내놓은 사진에 대해서도 격렬한 불평을 늘어놓았다.

"마치 123살이나 된 여자처럼 보인다. 그렇게 못생긴 사진을 어디서 구했는지 모르겠다."[96]

현재 팔라치는 이탈리아 신문에 실리는 사진과 자신의 책 표지에 실리는 사진들을 세심하게 관리하고 있다. 그녀가 TV 출연을 싫어하는 것도 주름살이 드러나기 때문인 것 같다.

상대가 뜻밖의 사실들을 경솔하게 내뱉었을 때 상황에 재빨리 적응해서 자신에게 유리한 방향으로 얘기를 이끌어가는 그녀의 능력은 1973년 10월에 이란의 황제 팔레비를 인터뷰할 때도 발휘되었다. 황제는 이 인터뷰에서 자신이 예언자나 성자처럼 예지력을 갖고 있다는 얘기를 했다. 팔라치는 자신이 이 고백에 대해 빈정거리는 투로 반응함으로써 이득을 보았다고 나중에 쉬어에게 밝혔다. 당시 그녀가 황제에게 한 말은 "예언자나 성자들과 악수도 할 수 있다는 말씀입니까?"였다. 황제가 그렇다고 하자 그녀는 또 다시 빈정거렸다.

"만약 제가 폐하와 함께 그 자리에 있다면, 저도 그 분들을 볼 수 있습니까?"[97]

이 말을 하면서 그녀는 황제의 표정이 쓸쓸하게 변한 것을 알아차리고 또 다시 질문을 던졌다.

"왜 그렇게 슬픈 표정을 하시는 겁니까, 폐하? 제가 잘못 생각하는 건지 모르겠지만, 폐하께서는 항상 그렇게 슬프고 걱정스러운 표정을 하고 계십니다."[98]

팔라치는 카다피와의 인터뷰 기사를 쓸 때 갑자기 폭발적인 창의력을 발휘해서 기사에 생생함을 불어넣었다. 카다피가 국민들에게서 많은 사랑을 받고 있다고 단언했을 때, 그녀는 그렇다면 그토록 삼엄한 경호가 필요한 이유가 무엇이냐고 물었다.

"여기 도착하기 전에 총을 든 병사들이 세 번이나 저를 불러 세우고 마치 범죄자에게 하듯이 제 몸을 수색했습니다. 게다가 입구에는 거리를 향해 포를 겨냥한 탱크까지 있습니다…. 게다가 각하께서는 왜 군대 막사에서 살고 계시는 겁니까?"[99]

그의 신앙에 대한 질문도 있었다. 신앙은 대개 별로 관심을 끌지 못하는 주제이다. 그녀가 "하나님을 믿습니까?"라고 묻자 리비아의 독재자는 잔뜩 흥분해서 10분 동안 쉬지 않고 고함을 질러대기 시작했다. 자기가 바로 복음이라는 것이었다. 주위의 사람들은 그의 이런 행동을 보며 당연히 위협을 느꼈다. 팔라치는 원래 인터뷰를 하면서 상대의 말을 중간에 자르는 법이 거의 없지만, 카다피가 이렇게 소리를 질러대자 대담하게 그의 말을 자르고 그에게 일격을 가했다.

"그만! 그만하세요! 하나님을 믿습니까?"

"물론이죠. 왜 묻는 겁니까?"

"각하가 바로 하나님인 줄 알았거든요."[100]

아야툴라 호메이니와의 인터뷰는 중간에 뜻하지 않게 꼬이고 말았다. 호메이니가 그냥 광신자가 아니라 아주 똑똑한 사람임을 스스로 증명했기 때문이었다. 그녀가 이란 국민들이 혁명에 찬사를 보내는 것은 지도자에 대한 애정 때문이 아니라 파시스트 타입의 위험한 광신 때문이라고 단언한 것은 그에게 똑똑한 머리로 반박할 수 있는 기회를 만들어준 것이나 다름없는 행동이었다.

"파시즘과 이슬람은 절대로 양립할 수 없습니다. 파시즘은 이슬람 문화권의 사람들 사이에서 생겨난 것이 아니라 서구에서 생겨난 것입니다."

그 순간 쉬운 상대가 아님을 깨달은 팔라치는 자신이 한 말을 고쳐서 다시 물어보았다.

"우리 두 사람이 서로의 말을 잘 이해하지 못하고 있는 것 같습니다…. 제가 말한 파시즘은 대중적인 현상이라는 뜻이었습니다. 이곳 사람들이 당신에게 환호를 보내듯이 이탈리아에서 군중들이 무솔리니에게 환호를 보낸 것, 그리고 이곳 사람들이 지금 당신 말에 복종하듯이 무솔리니에게 복종했던 것, 그걸 말한 겁니다."

그러나 호메이니는 또 다시 예리한 머리를 이용해서 이탈리아에서 일어난 운동과 이슬람이 양립할 수 없음을 지적했다. 그리고 이란에서 우파 운동이 일어나려면 어떤 조건이 갖춰져야 하는지 간략하게 설명했다.

"샤가 돌아오거나, 공산주의자들이 나라를 장악해야만 이곳에서 파시즘이 생겨날 겁니다."[101]

이처럼 흥미로운 대화로 인터뷰가 시작되었으니 곧 이어 무슨 일이 일어날지 아무도 짐작할 수 없었다. 하일레 셀라시에가 그랬던 것처럼 호메이니가 그녀에게 당장 나가라고 명령할 수도 있었고, 화를 내며 인터뷰를 거부해버릴 수도 있었다. 그러나 그는 완전히 뜻밖의 반응을 보였다. 냉정하고 정중한 태도를 유지하면서 내가 보기에는 당신이 잘못 생각하고 있는 것 같다, 나는 폭군이 아니다, 이 나라의 문화는 서구 사회의 우파 군사독재를 결코 용인하지 못한다는 등의 답변을 했던 것이다. 이 순간 팔라치는 너무 놀라서 말을 잃었다. 그녀는 호메이니가 지금까지 인터뷰한 사람들과는 다르다는 것을 깨닫고 미리 준비한 인터뷰 시나리오를 완전히 바꿔버렸다. 그녀의 상대는 학식이 높은 사람이었으며, 그녀를 추방하는 대신 대화를 계속 이어나갈 수 있도록 영리하게 반응하고 있었다. 그녀는 그의 통치 스타일 중에서 모순되는 부분들을 구체적으로 겨냥하기 시작했다. 그리고 그 덕분에 인터뷰 기사에 극적인 분위기를 덧씌울 수 있었다.

그녀의 인터뷰 기사는 단순히 테이프에 녹음된 내용을 옮겨놓은 것이 아니다. 그녀는 무대에서 열심히 연기하는 배우처럼 인터뷰를 이끌어나가며, 자신이 받을 조명을 남이 훔쳐가지 못하게 하려고 온 힘을 기울인다. 그녀가 각광받는 위치를 포기하는 것은 단단히 짜인 기사의 틀 속에 그런 부분이 포함되어 있을 때뿐이다.

"내 인터뷰 기사는 한 편의 연극이다. 나는 질문들을 미리 준비하지만, 그때그때 떠오르는 생각들을 쫓아간다. 긴장을 점점 높여가다가 극적인 장면을 연출하는 것이다."[102]

그녀의 기사가 보편적으로 인기를 얻은 것도 이처럼 창조적인 부분 덕분이다. 1974년에 리졸리 출판사는 그녀의 유명한 인터뷰 기사 여러 편을 모아 책으로 출판했다. ≪역사와의 인터뷰 Intervista con la storia≫라는 제목의 이 책은 그녀의 여덟 번째 저서였다. 이 책은 〈에우로페오〉에 이미 실렸던 기사들을 모아놓은 단순한 모음집이 아니다. 각각의 기사 앞에는 팔라치가 직접 쓴 긴 에세이들이 실려 있는데, 이 글에서 팔라치는 기사에 포함되지 않았던 자세한 이야기들과 인터뷰 당시의 상황 등을 설명해놓았다. 또한 〈에우로페오〉에 기사를 실을 때는 지면의 제약 때문에 기사가 원본보다 짧게 축약되기 일쑤였지만, 이 책에는 팔라치가 쓴 원본이 그대로 실려 있다.

이 책의 영어 번역본인 ≪역사와의 인터뷰 Interview with History≫ 서문에서 팔라치는 자신이 인터뷰를 한 이유를 설명했다.[103] 그녀는 권력자들을 이해하고, 그들이 삶을 어떻게 통제하는지 알아보고 싶었다고 말했다. 또한 매번 인터뷰 약속을 잡을 때마다 "권좌에 앉아 있거나 권력에 반대하고 있는 그 사람들이 우리 운명을 어떻게 결정해버리는지 알아보겠다는 희망을 품었다"는 얘기도 했다. 그녀는 매번 공들여 꼼꼼하게 인터뷰 준비를 한 뒤 상대에게 호된 질문을 퍼부었다면서 "나는 수천 가지 분노를 가지고 [인터뷰에] 임했다. 그

수천 가지 분노는 수천 개의 질문이 되어 내가 상대에게 공격을 퍼붓기 전에 먼저 나를 공격했다"고 밝혔다. 팔라치는 소수의 사람들이 인간의 운명을 손에 쥐고 있는 현실이 '잔인하다'고 썼다.[104] 세계적인 지도자들은 어떤 생각, 새로운 발견, 혁명, 암살 등은 물론 심지어 간단한 몸짓만으로도 사건의 방향을 바꿔놓을 수 있다. 이런 신념을 바탕으로 그녀는 기만당한 사람, 학대받은 사람, 상대를 의심하는 사람, 도전적인 사람, 무모할 정도로 용감한 사람 등 인류의 운명을 결정하려 하는 권력자에게 저항하는 모든 사람들의 공식적인 대변인처럼 행동한다.

인터뷰 상대와 약속을 잡고 나면, 팔라치는 진실을 찾아나서는 게임을 시작하고 언제나 독자들의 생각을 바꿔놓는다.

"비판기준을 아무리 고르고 골라도 권력을 정당화할 수는 없다. 우리의 운명을 결정하는 자들이 실제로 우리보다 더 훌륭한 것은 아니다. 그들은 우리보다 더 똑똑하지도 않고, 더 강하지도 않고, 생각이 더 깨어 있지도 않다."[105]

실제로 결정이 내려지는 복잡한 과정을 파헤치기 위해 팔라치는 인터뷰에서 자신이 갖고 있는 모든 수단을 동원한다. 또한 자신이 인터뷰 대상의 내면세계를 공들여 탐색하고 있다는 그녀의 확신 또한 그녀의 기사에 설득력을 부여해준다.

"일을 할 때마다 내 영혼의 일부를 거기에 남겨두고 온다."[106]

그녀의 열정적인 태도 덕분에 그녀가 쓴 인터뷰 기사들은 권력과 저항세력을 연구하는 사람들에게 훌륭한 자료 이상의 역할을 해내고 있다. 팔라치는 자신이 보고 들은 것을 기계적으로 옮겨 적는 것을 거부하며, 자신을 해부학자 같은 기자라거나 사건의 냉정한 기록자로 보는 것도 싫어한다. 그녀의 인터뷰 기사는 권력에 대한 연구일 뿐만 아니라 의미 있는 정보를 끌어내려는 그녀의 초상화이기도 하다. 그녀의 인터뷰 기사에는 그녀의 생각, 기질, 인내심 등 그녀 특유의 적나라한 인터뷰를 가능하게 해주는 모든 요소들이 묘하게 혼합되어 있다. 그녀는 적절한 시기에 적절한 질문을 던지는 법을 아주 잘 알고 있으며, 거기에 상대의 감정을 자극해 뜻밖의 얘기를 폭로하게 만드는 요소를 추가로 덧붙인다. 팔라치는 인터뷰를 할 때마다 극작가처럼 직접 드라마를 써서 스스로를 스타로 등장시킨다.

사느냐 죽느냐
TO BE OR NOT TO BE

9

Oriana Fallaci

≪역사와의 인터뷰≫가 출간된 후 팔라치는 직업적으로 새로운 단계에 접어들었다. 저널리즘이 자신에게 가했던 제한을 깨뜨리는 데 성공한 그녀는 순수한 문학작품을 쓰고 싶다는 욕망을 다시 추구하기로 하고 직장에 휴직계를 제출한 다음 시적인 소설 ≪태어나지 못한 아이에게 보내는 편지 Lettera a un bambino mai nato≫를 썼다. 자신이 이탈리아어로 쓴 산문이 영어로 번역되었을 때 운율의 서정성이 사라질까봐 걱정이 된 그녀는 존 셰플리에게 이 책의 번역을 부탁해 영어판으로 출판했다. 1975년에 그녀는 셰플리에게 보낸 편지에서 그에 대한 신뢰를 드러냈다. 자신의 글에 영어에는 없는 리듬이 있다면서, 그 문제를 해결해줄 사람은 오직 셰플리밖에 없다는 것이었다. 그녀는 셰플리가 이탈리아어를 잘 이해하고 있기 때문에 자기 소설의 정취를 살려낼 수 있을 것이라고 인정했다. 그리고 번역자로서 그의 능력을 믿고 있으며, 그를 높이 평가하고 있다고 썼다.[1]

그러나 오랜 세월이 흐른 후 〈전사 오리아나 Un soldato di nome Oriana〉라는 TV 프로그램에 출연해서 프란체스카 알리아타 브로너 Francesca Alliata Bronner와 인터뷰를 할 때는 그녀의 생각이 눈에 띄게

달라져 있었다.[2] 그녀는 영어 번역본을 비판하면서, 번역이 형편없어서 상품으로 팔 수 없는 수준이라고 주장했다. 번역을 다시 해야 하는데 자기는 직접 이 책을 번역할 힘도 없고 시간도 없다는 것이었다. 이때 그녀는 ≪태어나지 못한 아이에게 보내는 편지≫를 막 오디오북으로 만든 참이었다. 그리고 미국의 여배우인 페이 더너웨이Faye Dunaway에게서 이 책의 내용을 극적으로 연출하기 위해 자신이 영어 번역본을 낭송하고 싶다는 요청도 들어와 있었다. 팔라치는 영어 번역본이 처음 출판되었을 때 번역본 내용을 자세히 살펴보지 않았지만, 더너웨이의 제안을 받은 후 자세히 살펴보고 비판하게 되었다고 말했다. 이 날 RAI 라디오텔레비지오네 이탈리아나와의 인터뷰에서 한 말은 셰플리를 신뢰한다던 과거의 입장을 뒤집는 것이었다. 그녀는 또한 이 인터뷰에서 단순히 소설가로서가 아니라 영어에 대한 전문적인 지식을 갖고 있는 번역가로서도 나서고 싶다고 강조했다. 셰플리의 번역본에 대한 그녀의 입장 변화는 (번역가로서 팔라치의 이미지가 약하다는 것을 알고 있던) 번역자들과 그녀가 계속 논란을 벌여왔음을 보여주는 하나의 신호였다. 대부분의 번역가들은 그녀가 셰플리의 번역본을 정확히 평가할 수 있는 입장이 아니라는 것을 알고 있었다.

팔라치는 자신이 소설과 신문기사를 동시에 쓸 수 없는 이유를 설명하기 위해 스포츠를 비유로 들었다.

"문학과 저널리즘은 서로 다른 스포츠 종목과 같다. 테니스를 할 때 발달하는 근육은 축구나 수영을 할 때 발달하는 근육과 다르다."[3]

즉, 전세계를 돌아다니며 인터뷰를 하고 기사에 쓸 자료를 모으는 등 기사를 준비하다 보면 소설을 쓰는 데 충분히 시간을 쏟을 수 없고, 소설에 정신을 집중할 수도 없게 된다는 얘기였다.

팔라치는 활동적이고 문학적인 기자와 소설가가 다르다는 것을 아주 잘 알고 있었다. 그녀가 나중에 발표한 책에는 기자가 자신의 창조적 에너지를 완전히 드러낼 수 없다는 얘기가 나온다.

"작가는 스펀지처럼 생명을 빨아들인 다음 그것을 아이디어로 바꿔 다시 뱉어낸다."

이 등장인물의 주장에 따르면, 소설가는 새로운 시각을 인식하고 그것을 상상으로 만들어낼 뿐만 아니라 새로운 시각을 미리 예상해서 전달하기도 하는 사람이다.[4] 팔라치는 소설가들에게서 발견할 수 있는 상상력을 갖고 있었다. 기자들은 이런 상상력을 그냥 지나쳐버리곤 한다. 그녀가 창조적인 능력의 부족 때문에 고민한 적은 한 번도 없었다. 그녀의 고민은 정확한 정보를 모아서 전달해야 하는 기자로서의 의무에 완전히 등을 돌릴 수 없다는 것이었다.

"문학적 충동이 저널리즘이라는 틀, 즉 기자라면 반드시 진실을 지켜야 한다는 규칙 속에 갇혀 있었다."[5]

소설가로서 그녀는 사건이 발생한 시간과 장소를 마음대로 바꿀 수 있는 권한을 갖고 있었다.

"기자와 소설가 사이의 차이점 중 하나는 상상력을 발휘하는 것이 작가의 의무라는 사실에서 기인한다."[6]

≪태어나지 못한 아이에게 보내는 편지≫에는 강렬한 자기고백과 역사적 감수성이 나타나 있다. 이런 특징들이 자유로움과 자연스러움이라는 소설적 요소와 결합되어 대중적인 문학을 낳았다.[7] 그녀가 쓴 글은 드와이트 맥도널드Dwight Macdonald의 표현처럼 "저널리즘의 사실적 권위와 허구의 자유로운 분위기를 이용하는"[8] 사생아이다. 시적인 산문의 형태로 씌어진 그 결과물은 팔라치의 대단히 개인적인 이야기들을 극적으로 포장함으로써 실제 사건을 기념하는 저널리즘 같은 문학이 되었다.

팔라치는 ≪태어나지 못한 아이에게 보내는 편지≫에 대한 아이디어를 오래 전부터 가지고 있었다("아마 5년이나 6-7년 쯤"). 그녀가 처음 이 책의 아이디어를 떠올린 것은 "상상력이라는 난자"와 결합하는 정자에 대해 대단히 개인적인 경험을 했기 때문이었다. 이 책은 아이를 잃은 슬픔, 상처, 절망의 직접적인 산물이었다. 그녀는 지금까지 아이를 여러 명 잃었음을 인정하고 있다. 이런 유산 경험 중 하나가 그녀에게 이 책에 대한 영감을 주었던 것이다. 그녀는 즉시 자신의 비극적인 경험을 이야기로 구성하기 시작했지만, 겨우 서너 쪽을 쓰고는 멈춰버렸다. 팔라치의 책을 출판하기로 했던 독일 출판사는 그녀가 책이 늦어질 것이라고 알려주자 왜 집필을 멈췄느냐면서 반발했다. 그녀는 "아직 준비가 되지 않아서"[9]라고 대답했다. 팔라치의 주장에 따르면, 이 책에 대한 생각이 상상력이라는 자궁 속에 얼어붙은 배아처럼 오랫동안 계속 남아 있었다고 한다.

1975년 어느 날, 〈에우로페오〉의 편집국장인 토마소 기글리오가 그녀에게 낙태에 대한 기사를 써보라고 지시했다. 1970년대에 이탈리아에서는 낙태를 둘러싸고 열띤 논쟁이 벌어졌으며, 언론매체들은 이 주제에 대한 기사들을 끊임없이 쏟아내고 있었다. 문화계의 여성주의자들이 그림과 언어를 이용해서 이 주제를 표현한 자료들은 충격적이었다. 정치적 여성주의자들은 모성, 성, 낙태 등에 대한 여성 3만 명의 증언을 모아 발표했다. 소규모 여성단체들도 이 문제를 놓고 토론을 벌였다. 동네, 직장, 학교에서도 이 문제를 놓고 사람들의 편이 갈렸다. 의회는 1977년에 낙태에 관한 법안을 통과시켰고, 1978년에는 낙태가 합법화되었다. 낙태법에 항의하기 위해 실시된 1981년의 국민투표에서는 낙태에 반대하는 쪽이 패배했다. 1970년대에 여성운동의 가장 중요한 테마는 자신의 몸에 대한 여성의 권리가 "여성해방의 가장 중요한 상징"이라는 것이었다.[10]

여성문제에 한 번도 관심을 보이지 않았을 뿐만 아니라 여성학을 이상하고 비정상적인 것으로까지 생각했던 팔라치는 기글리오의 지시에 대해 처음에는 부정적인 반응을 보였다. 그러나 왠지 그의 지시를 거절할 수가 없어서 1970년대에 가장 커다란 논란을 불러일으켰던 낙태라는 주제에 대해 글을 쓰기 시작했다. 그녀는 집으로 가서 타자기로 이런 문장을 쳤다.

"어젯밤에는 네가 분명히 존재했었다. 아무 것도 없는 곳에서 빠져나온 생명 한 방울."[11]

그녀는 그 후 2-3일 동안 계속 글을 쓰다가, 이것으로 책을 쓸 수 있겠다는 사실을 깨닫고 편집국장에게 전화를 걸었다. 그녀는 토마소 기글리오가 자신이 경험한 편집자들 중 유일하게 똑똑한 사람이었다고 평가하고 있다. 브루노 팔라치보다 훨씬 젊고 더 현대적이지만, 그와 비슷하게 교양 있고 똑똑한 사람이었다는 것이다. 기글리오는 그녀에게 책을 끝까지 써보라고 격려한 다음, 그 책의 내용 일부를 〈에우로페오〉에 싣기로 했다. 그는 그녀가 일을 빨리 끝마칠 것이라고 생각했기 때문에 1달간의 휴직을 허락해주었다. 그러나 아무리 팔라치라도 불가능한 일을 해낼 수는 없었으므로, 그녀는 6개월을 쉬게 해달라고 요청했다. 기글리오는 이 요청을 선뜻 받아들이지 않았다. 앞으로 낙태에 대한 논쟁을 가려버릴 만한 사건이 일어나서 그녀의 책이 시대에 뒤떨어진 것이 되어버릴지도 모른다는 생각 때문이었다. 그가 휴직을 허락해주지 않자 그녀는 무급 안식년 휴가를 쓰기로 했다. 팔라치는 더 이상 고용주의 요구에 휘둘리고 싶지 않았다. 이제 그녀 자신의 포부를 바탕으로 스스로 행동을 결정할 때가 된 것이다. 그녀는 피렌체의 비알레 데이 콘티에다 비싸지 않은 작업실을 빌려 6개월 만에 책을 완성했다. 그리고 이 원고를 〈에우로페오〉가 아니라 리졸리 출판사에 넘김으로써 다시 한 번 자신의 의사를 분명히 밝혔다. 그녀는 원고를 먼저 넘긴 후에 기글리

오에게 자신의 결정을 알려주었고, 기글리오는 당연히 화를 냈다.[12]

자신이 쓴 모든 글에 자신의 존재가 손에 잡힐 듯 드러나 있는데도 팔라치는 여전히 자신의 사생활에 대한 이야기를 꺼리며, 사생활에 대한 이야기가 나올 때마다 고통스러워한다. 그녀는 알렉코스 파나고울리스를 제외하고는 자신이 사귀었던 남자들의 이야기를 잘 하려하지 않는다. 그러나 개인적인 선택과 직업적 포부 때문에 아이를 갖지 않은 것이 아니라는 점만은 거리낌 없이 인정한다.

"그것은 운명이 안겨준 선택이었다. 난 낙태를 한 적이 한 번도 없는데도 항상 아이를 잃었다. 어쩌면 내가 아이를 갖기로 결심했을 때 내 나이가 너무 많았던 건지도 모른다. 혹은 내가 나 자신을 제대로 돌보지 못한 것인지도 모르고. 사실 나는 나 자신을 전혀 돌보지 않았다."

그녀는 임신과 출산을 도와주는 약을 찾아내려고 항상 골머리를 앓았다.

"아이를 갖게 해줄 수 있는 유일한 약은 편안하고 차분한 생활이었지만, 나는 그런 생활을 해본 적이 없다."

아이가 없다는 사실은 지금도 그녀를 괴롭히고 있다. 그녀는 아이가 없기 때문에 자신이 불완전한 존재라는 생각에 시달린다.

"아이가 없이 죽는 사람은 두 번 죽는다. 꽃을 피우지 못하는 식물이나 열매를 맺지 못하는 나무처럼 자기 자신의 씨를 뿌리지 못하고 죽는 것은 끔찍한 일이다. 그것은 영원한 죽음이다."

이 비극에 대한 이야기를 씀으로써 그녀는 자신이 죽은 후에도 세상에 남아 있게 될 책을 손에 쥘 수 있게 되었다.

"내가 죽을 때에는 내 아이를 세상에 남기고 싶다. 하다못해 종이로 만든 아이라도."[13]

낙태에 대해 팔라치는 찬성하는 쪽도 반대하는 쪽도 모두 그녀를 자기편이라고 주장할 수 있는 입장을 취하고 있다. 여성의 선택권을 옹호하는 사람들은 그녀의 글에서 자신들이 무기로 삼을 만한 것을 금방 찾아낼 수 있다. 이 책의 주인공인 임신부는 출장을 떠나기 전에 하혈을 시작하고, 의사는 그녀에게 병원에 입원해 절대 안정을 취해야 한다고 명령한다. 그 순간 그녀는 아이를 낳는 것에 대해 반감을 느끼며, 자신의 일을 위험에 빠뜨려야 한다는 사실에 혐오를 느낀다. 그리고 과연 이런 고통을 반드시 감수해야 하는 건지 의문을 갖는다. 그녀는 자신의 몸 속에 들어 있는 작은 살덩이가 생각도 못 하고, 말도 못하고, 울지도 못한다고 스스로를 합리화시키며 태아가 별도의 생명체로 존재하는 것이 아니라, 어머니가 태아 속에 살고 있는 셈이라는 결론을 내린다. 그리고 그녀는 사람들이 익히 알고 있는 견해를 밝힌다. 임신 3개월째의 태아에게는 행동을 이끌어줄 양심도 없고, 태아와 어머니 사이에 대화도 이루어지지 않는다. 태아는 세상에 태어나는 순간 비로소 인간이 되어 다른 사람과의 상호작용을 통해 개인으로 성장해간다. 병원 침대에 누워 이런 생각을 하던 주인공은 아이를 위해 일을 희생할 생각이 전혀 없었으므로, 고용주에 대한 자신의 책임을 다하는 것도 자신의 권리라고 주장한다. 그래서 그녀는 임신기간 동안 안정을 취하면서 아기의 성장을 돕는 대신 그냥 출장을 떠나버린다.

그러나 팔라치는 주인공과 달리 낙태 문제에 대해 분명한 입장을 표명하기를 꺼렸다. 따라서 그녀의 책은 태아를 신비스러운 꽃이자 투명한 난초라고 부르며 태아의 성장과정을 시적으로 그려냄으로써 낙태 반대 의견 또한 강력하게 내세우고 있다. 그녀는 임신 3주째인 태아의 사진을 보며 경외감을 느꼈다. 두 군데가 부풀어 오른 모습으로 윤곽만 잡혀 있는 태아의 머리는 앞으로 인간의 뇌로 발전할 것이며, 빈 공간 중의 하나는 입으로 발전할 터였다. 태아의 크기가 엄청나게 작은데도(2.5밀리미터) 벌써 눈이 형태를 잡고 있었으며, 척추, 신경계, 위, 간, 창자, 허파 등과 비슷하게 생긴 것들이 형성되어 있었다. 심장은 이미 형태를 갖추고 정기적으로 박동하면서 피를 뿜어낸다. 소설의 주인공이 애당초 아이를 낳겠다고 결심했던 것은 바로 이 생명의 증거에 압도당한 때문이었다. "내가 어떻게 너를 내팽개칠 수 있겠니?"[14]

그러나 그녀는 결국 아이를 유산하고, 침대에 누워서 병 속에 담긴 태아를 바라보며 아이가 어른으로 자랄 때까지 자신과 함께 생활하는 모습을 상상한다. 그녀는 아이를 잃지 않기 위해 더 많이 노력하지 않았던 것을 후회하면서, 아이가 건장하고 상냥한 젊은이로 자라나 나이든 어머니가 계단을 내려갈 수 있게 도와주는 모습을 상상한다. 상상 속에서 노인이 된 여자는 아이가 어렸을 때 자신이 아이의 몸을 잡아주던 것, 아이가 어머니의 말을 듣지 않던 것, 아이의 독립적인 성격 때문에 자신이 상처를 받았던 것을 회상한다. 아이를 지배하려 했던 자신의 행동에 대해 사과하고 싶어진 그녀는 아이를 찾아 헤매다 아이가 작은 미소를 짓던 것을 기억해내고는 아이가 모든 것을 이해했음을 깨닫는다. 마지막으로 그녀가 회상한 것은 목련나무 밑에 자신과 함께 있던 아이의 모습이다. 아이는 나무에서 꽃을 꺾는다. 그녀라면 꽃을 꺾는 짓은 절대로 하지 않을 텐데.

"이제 너는 이 세상에 없다. 알코올 병 속에 뭔가 떠 있을 뿐. 그 물체는 남자가 되는 것도 여자가 되는 것도 원하지 않았고, 나는 그 아이가 남자나 여자가 되도록 도와주지 않았다."[15]

이탈리아에서는 낙태를 둘러싸고 국민들이 찬반 양편으로 갈리는 바람에 결국 정권이 무너지고 국민투표가 실시되었다. 자신의 책이 정치적으로 영향을 미칠 수 있음을 너무나 잘 알고 있던 팔라치는 특별히 어느 한 편을 들지 않기로 했다. 이 책의 내용을 보면 또한 그녀가 순전히 지적인 견지에서 분명한 입장을 취할 수 없었음을 알 수 있다. 이 책은 낙태의 합법성을 옹호하는 사람들을 정당화해주는 절대적인 자유주의를 넘보고 있으며 여성의 선택권을 법으로 보장해주도록 입법부에 압력을 가하고 있는 듯 하다. 하지만 이와 동시에 그녀는 태아를 고의로 낙태시키는 것에 대해 본능적으로 강한 반감을 드러내고 있다. 비록 종교적 신념을 바탕으로 이런 반감을 갖는 것에는 반발하고 있지만 말이다. 가톨릭 신앙은 그녀의 주장에 아무런 영향을 미치지 못했다. 생명에 대한 그녀의 믿음은 사실 종교보다 더 미묘한 것에서 유래한 것이었다. 어린시절에 받은 종교교육보다는 생명을 보존해야 한다는 잠재의식적인 충동이 훨씬 더 합당한 근거가 되어주었던 것이다.

"따라서 이것은 모성본능에 대한 동물적인 반응임이 틀림없다."[16]

팔라치는 자신이 항상 그토록 갈망했던 새 생명을 그토록 쉽게 낙태해버릴 수 있다는 사실에 화가 치밀 때면, 아이를 갖지 못한 자신의 처지를 슬퍼하면서 절망감을 드러내곤 한다. ≪태어나지 못한 아이에게 보내는 편지≫에서 주인공은 종말의 시작을 알리는 경련을 경험하면서 태아를 이렇게 보내고 싶지는 않다는 생각에 사로잡힌다.

"저들이 숟가락으로 너를 떼어내서 더러운 솜이나 거즈와 함께 쓰레기통에 버리는 것이 싫다. 정말 싫어."[17]

그 결과 그녀는 가톨릭계의 관점과 비슷한 결론에 이른다. 이 책이 이탈리아 최대 종교인 가톨릭을 인정하지 않고 있는데도 말이다.

"낙태를 하는 건 살인과 같은 짓인 것 같아."[18]

그러나 이와는 반대되는 의견에 공감하는 듯한 태도 때문에 책의 내용이 모호해져서 낙태에 찬성하는 사람들도 팔라치가 자기들 편이라고 쉽사리 주장할 수 있게 되었다.

"내가 생명을 믿지 않는다고 생각하는 건 잘못이야, 아가야. 난 생명을 믿어. 사람이 살아가면서 온갖 오명을 얻는다 해도 나는 살아 있는 것을 좋아해. 그리고 무슨 대가를 치르더라도 계속 살아갈 생각이야. 나는 달리고 있단다, 아가야. 이제 너에게 안녕을 고해야겠구나."[19]

이탈리아의 여러 이념적 파벌들에 대한 이 모호한 태도 때문에 이 책은 즉시 유례없는 성공을 거뒀다. 유동적인 내용 덕분에 독자들은 주인공이 낙태에 찬성하는지 반대하는지, 아이가 태어날 수 있게 허용해주어야 한다는 쪽에 찬성하는지 반대하는지 나름대로 판단을 내릴 수 있었다.

팔라치는 임신했을 때 결혼한 상태가 아니었다. 그녀는 사람들이 자신에게 무슨 소리를 할지 전혀 걱정하지 않았지만, 자신과 아이에 대해서는 많은 걱정을 했기 때문에 이런 불안감이 이 소설의 핵심적인 내용 속에 표현되어 있다. 팔라치와 마찬가지로, 이 책의 주인공은 자신이 인간을 세상에 내놓을 권리가 있는지, 그리고 아이를 낳기 위해 일자리를 잃을 위험까지 무릅써야 하는지 쉽사리 결정하지 못한다. 소설 속의 편집자는 주인공의 임신 소식을 듣고 그녀에게 직업적인 미래를 생각해보라고 충고한다. 감상적인 결정으로 미래를 파괴하지 말고, 이 일로 인해 그녀의 일생이 쉽게 바뀔 수도 있음을 잊으면 안 된다는 것이다. 그는 그녀에게 중요한 기사를 마무리하기 위해 출장을 가야한다는 사실을 상기시키면서 남자 기자를 대신 보내겠다고 위협한다.

"남자들한테는 이런 사고가 일어나지 않거든."[20]

그녀는 어머니가 된다는 것에 반감을 느껴 직업적 성취감을 희생하지 않기로 결정하고 병원에서 나오려고 한다. 그러나 몸 속에서 아이가 처음으로 움직이는 것을 느낀 순간 마음이 흔들려 그대로 굳어버린다. 목구멍이 타는 듯하고 눈에서는 눈물이 줄줄 흐르는데도 그녀는 침대에서 일어나 가방을 싸고 유산을 재촉할 것임이 틀림없는 출장길에 나선다.

그런데 아이가 유산될 것임을 깨닫는 순간 그녀는 감정적으로 크게 동요한다. 그리고 아이에게 달의 흙을 갖고 싶어했던 어떤 여자에 관한 동화를 들려준다. 그녀는 달나라에 갔다 온 남자들과 아는 사이였는데, 그들이 "돌처럼 멍청한 표정을 한" 멍청이들이었으며 울 줄도 모르고 웃을 줄도 모르는 사람들이었다고 말한다.

"달에 간 것은 과학적인 묘기에 지나지 않아."

그녀는 그들이 달나라 여행을 하는 동안 "숫자와 공식만" 말했을 뿐 "시적인 것"은 전혀 입에 담지 않았으며, 지구를 향해 미식축구 스코어만 물어봤을 뿐이라고 말한다. 그들이 달에 가서 발표한 성명서조차 다른 사람이 준비해준 것이었다는 사실도. 그들이 지구로 돌아왔을 때 그녀는 달의 흙을 조금만 달라고 간청했지만 그들은 그것이 금지된 일이라 어쩔 수 없다며 그녀의 청을 거절해버렸다. 그래서 그녀는 또 다시 그들이 멍청이들이며 영혼이 없는 남자들이었다고 말한다.[21]

그 남자들 중에 못생긴 남자 하나는 다른 사람들보다 "조금 나은 것" 같았다. 그는 그녀에게 "달을 조금" 주겠다고 약속했다. 여행을 마치고 하룻밤을 보낸 후 그는 그녀에게 괭이와 삽과 튜브를 보여주었다. 그 물건들은 모두 달의 흙으로 뒤덮여 있었는데, 그가 그녀에게 그 중 하나를 건네주었기 때문에 그녀는 그 은빛 가루를 손에 조금 묻힐 수 있었다. 그러나 그 남자는 성공을 위해 영혼을 잃어버렸기 때문에 금방 태도를 바꿔 자기 물건을 돌려달라고 했다. 그녀는 약속대로 달의 흙을 달라고 했지만 그는 꿈쩍도 하지 않았다.

"이미 갖고 있잖아요. 내가 이걸 만지게 해줬으니까."[22]

여자는 가난한 사람들이 가게에 진열된 보석을 보며 감탄하는 것을 부자들이 그냥 내버려두는 것과 남자의 이런 행동이 똑같았다고 말한다. 그녀는 자기 손에 묻은 달의 흙을 바라보며 그 흙이 곧 없어져버릴 것임을 알 수 있었다. 그녀는 이제야 겨우 달의 흙을 갖게 되었는데도 손을 물로 씻어 그 흙을 없애버리고는 흙 때문에 검게 변한 물이 하수구로 빠져나가는 모습을 지켜보았다. 이 이야기 속에서 태아는 어머니가 갖고 싶어했던 달의 흙과 같은 존재이다.

"그날 밤 나는 네가 존재한다는 사실을 확실히 깨닫고 몸이 굳어졌다. 그런데 지금은 네가 죽어간다는 사실을 그때만큼 확실히 알겠어."[23]

이 책에서 임신한 여주인공의 상처, 두려움, 슬픔, 분노는 팔라치의 직접적인 경험을 그대로 반영하고 있다. 글을 쓰는 직업을 갖고 있고, 직장 상사가 편집자인 주인공은 당연히 작가 자신이다. 여주인공과 작가는 똑같은 불안감을 갖고 있으며, 일을 계속하겠다는 똑같은 결정을 내린다. 임신 사실을 알았을 때 팔라치의 반응은 주인공의 반응과 똑같았다. 팔라치 자신이 밝힌 것처럼, 그녀가 아이를 잃어보지 않았다면 주인공의 고뇌를 그토록 내밀하게 그려낼 수 없었을 것이다.

이 책에 자전적인 요소가 포함되어 있다는 사실은 달의 흙을 주제로 한 책 속의 동화에도 잘 드러나 있다. 달의 흙을 갖고 싶어했던 여자는 NASA의 우주여행을 취재하면서 결국 우주비행사들에게 환멸을 느꼈던 팔라치 자신이다. 당시 그녀는 최초의 달 여행에 나선 우주비행사들이 미국에서 중산층에 속하는 사람들이라서 자신들의 비행이 얼마나 엄청난 일인지 깨달을 머리도 없고, 인생에 대한 그들의 시각도 종교적, 사회적, 도덕적 금기 때문에 제한되어 있다고 생각했었다.

"토요일 오전에 그들은 잔디를 깎고, 토요일 저녁에는 도리스 데이(Doris Day) 영화를 보러 극장에 간다. 일요일 오전에는 각자 다니는 교회에 나가 미사나 예배에 참석하고, 월요일 아침이 되면 직장으로 돌아온다. 그리고 월요일 저녁에는 아내를 배신한다."

팔라치는 당시 그들이 베트남 전쟁을 반드시 지지해야 한다고 믿고 있으며, 공산주의라는 말을 입에 담는 것조차 싫어하고, 흑인들과 함께 하는 자리를 피하는 사람들이라고 묘사했었다. 그녀는 이와 다른 생각을 가진 우주비행사들이 몇 명 있다는 사실을 인정하면서도, 그들이 달에 갈 수 있는 기회를 빼앗길까봐 침묵을 지키고 있다고 덧붙였다.[24]

그녀는 앨런 셰파드가 돈 벌 궁리를 하는 것을 비난하면서 자신이 환멸을 느꼈음을 강조했다.

"라 로슈푸코La Rochefoucauld는 영웅이 그림과 같다고 말했다. 그들을 제대로 감상하려면 반드시 거리를 유지해야 하니까."[25]

그녀는 달 여행을 기술적인 업적으로만 보았을 뿐 낭만적인 감정을 전혀 느끼지 못했던 버즈 올드린을 부정적으로 묘사했었다. 특히 그가 베트남 전쟁 중에 하노이에 폭격을 가하지 않은 것을 후회했던 것이 그녀의 마음에 들지 않았다.[26] 한편, 닐 암스트롱은 지루하고 건방진 사람으로 묘사되었다.[27] 암스트롱이 저 유명한 말("이것은 한 사람에게는 작은 한 걸음이지만, 인류에게는 거대한 도약이다")을 했을 때 그녀는 그 말을 비판했다.

"그 말은 화려하게 포장된 문장에 불과했으며, 약간은 거짓스럽고 약간은 우스꽝스러운 기술자의 헛소리처럼 들렸다. 암스트롱도 그 사실을 깨달았는지 창피한 듯 아주 빠르게 속삭이는 것처럼 이 말을 했다."[28]

팔라치가 "피트 오빠"라고 불렀던 찰스 콘래드에 대한 특별한 애정은 ≪만약 태양이 죽어버린다면≫에서 중요한 부분을 차지하고 있을 뿐만 아니라, ≪태어나지 못한 아이에게 보내는 편지≫ 속의 동화에도 등장한다.[29] 이 책의 주인공은 우주 여행자 중 한 사람을 호의적으로 묘사하고 있는데, 이 사람이 바로 콘래드이다.

"하지만 내가 보기에 조금 나은 것 같은 사람이 하나 있었어. 그 사람은 웃을 줄도 알고 울 줄도 알았거든. 그 사람은 이빨 사이가 벌어져서 틈이 나 있는 못생기고 자그마한 남자였단다."[30]

〈에우로페오〉에 실린 팔라치의 기사에는 콘래드의 사진이 포함되어 있었다. 이빨 사이의 커다란 틈이 드러나도록 입을 벌리고 우스꽝스러운 모자를 쓴 모습이었다.[31] 그녀는 콘래드가 달에 가서 무슨 말을 할 것인지 그녀와 이야기를 나눴다고 주장했는데, 동화 속에서 그 못생긴 우주비행사가 주인공과 나눈 대화 속에도 이 이야기가 나온다.[32]

"나를 만날 때마다 그는 이렇게 투덜거렸어. '거기 가서 무슨 말을 하지? 난 시인이 아냐. 뭔가 심오하고 아름다운 말을 하려면 어떻게 해야 하는지 나는 모른단 말이야.' 달에 가기 며칠 전 그는 나한테 작별인사를 하러 와서 달에서 무슨 말을 하면 좋겠느냐고 묻더구나."[33]

그 후 이 못생긴 우주비행사에 대한 주인공의 관심이 시들해진 것도 콘래드에 대한 팔라치의 관심이 사그라든 것과 비슷하다. 팔라치는 미국 우주계획의 영웅들에 대해 공개적으로 비호의적인 말들을 여러 번 한 끝에 마침내 콘래드에 대해 호감을 갖게 되었지만, 그 호감도 곧 반감으로 바뀌었다. 그러나 그녀는 자신의 생각을 공개적으로 표현하는 대신 동화라는 보호막 밑에서 조심스럽게 설명했다. 베트남에서 전쟁을 취재한 적이 있는 팔라치는 아폴로 12호의 비행 이후 사이공에서 함께 일했던 프랑스인 기자를 피트에게 소개해주고 싶어했다. 그녀는 이 프랑스인 기자와 함께 피트의 집으로 가서 식사를 하면서 정치 얘기를 하기 시작했다. 닉슨에 대해 호감을 가져본 적이 없는 팔라치는 대통령이 감히 라오스 폭격을 명령한 것을 비판하기 시작했고, 피트는 그녀의 친구가 보는 앞에서 그녀에게 반대의견을 밝히는, 용서받을 수 없는 죄를 저질렀다. 라오스 폭격은 절대 잘못된 일이 아니라고 그가 확실하게 단언한 것이 문제였다. 그는 베트콩이 그 나라를 보급로로 사용한 것을 지적하면서 그건 그들이 하지 말았어야 하는 일이라고 주장했다. 피트는 자신이 이 말을 한 후 팔라치가 곧장 반격에 나섰다고 말해주었다. 그러나 그녀는 그의 차분한 성격을 복종으로 오해해버렸다. 그는 그녀에게 미국 정치가 그렇게 마음에 들지 않으면 짐을 싸서 이탈리아로 돌아가면 되지 않느냐고 그 자리에서 쏘아붙였다. 가서 이탈리아가 2천 년 동안 그냥 방치해두고 있는 유적이나 감상하라고 말이다. 그날 밤 팔라치는 몹시 화를 내며 피트의 집을 떠났다.[34]

다음 날 콘래드가 NASA 관리들과 회의를 하고 있을 때, 그의 비서가 들어와서 팔라치가 전화를 걸어왔는데 반드시 콘래드와 통화를 해야겠다며 고집을 부리고 있다고 전해주었다. 그래서 그는 동료 네 명이 지켜보는 가운데 그녀와 통화를 하게 되었다. 그녀는 어젯밤 그가 한 말이 진심이냐고 따졌다. 그는 자기가 한 모든 말이 진심이었다고 무뚝뚝하게 말했다. 이 짧은 대화는 유쾌한 것과는 거리가 멀었다. 팔라치는 '젠장'이라는 단어를 여러 번 사용했고(그녀는 지금도 이 버릇을 버리지 못했다), 피트도 즉시 그녀에게 반격을 가했다. 그 후 오랫동안 두 사람은 서로 연락을 하지 않았다. 단 한 번, 그녀에게서 편지가 왔을 때만 제외하고. 그 편지에서 그녀는 그가 정말로 나쁜 사람이라고 썼다.[35]

자기 집에서 팔라치와 저녁을 먹던 날, 콘래드가 팔라치에게 달에 가져갔던 삽을 보여주기는 했다. 그 삽에 흙이 살짝 묻어 있었던 것도 사실이다. 책 속에서 주인공이 들려주는 동화 속 이야기는 콘래드의 이야기와 정확하게 일치한다. 팔라치가 그토록 깊은 경탄과 애정을 보여주었던 피트 콘래드와의 우정을 잃어버린 것도 이 동화 속에 그대로 반영되어 있다. 팔라치는 자신이 실제로 겪은 이 일을 책 속에 포함시켜 도덕적인 이야기를 만든 다음 거기에 동화라는 이름을 붙였을 뿐이다. 누군가에게 애정을 품었다가 그 사람이 자신을 배신했다는 느낌이 들면 즉시 관계를 끊어버리는 팔라치의 성향은 그녀가 맺은 많은 인간관계에서 그대로 드러난다. 그녀는 어떤 사람에게 온 신경을 쏟다가 뭔가 불화가 생기면 그대로 돌아서곤 한다. 그리스 군사정권에 반대했다는 이유로 감옥에 수감되어 고문을 당한 알렉코스 파나고울리스의 경우에도 사정은 비슷했다. 그녀는 그의 정부가 되어 그에게 강렬한 집착을 보였다(그녀는 자신이 그에게 집착했음을 부정하고 있다). 알렉코스와의 사이에 결정적인 불화가 발생하지는 않았지만, 그것은 서로 헤어질만 한 사건이 생기기 전에 그가 세상을 떠났기 때문이었다. 그런데도 두 사람 사이에는 커다란 긴장이 존재했으며, 특히 마지막이 가까워졌을 때는 상황이 더욱 악화되어 있었다. 두 사람은 격렬하게 싸움을 벌이곤 했다. 한 번은 그와 주먹다짐을 벌이던 그녀가 배를 얻어맞기도 했다. 그 직후 그녀는 아이를 유산했다.[36]

아이를 낳는 것에 대한 회의 또한 이 책의 자전적인 성격을 더욱 강화시켜주는 요인이다. 팔라치와 책 속의 주인공은 모두 이 끔찍한 세상에 아이를 내어놓아도 되는 것인지 쉽사리 결정하지 못한다. 팔라치와 책 속의 주인공이 가장 두려워하는 것도 같다. 두 사람은 죽음이 아니라 죽음 이후를 두려워한다.

"사람이 죽는다는 것은 그 사람이 이 세상에 태어났다는 것, 그 사람이 아무 것도 없는 상태에서 생겨났다는 것을 의미한다. 아무 것도 없는 상태는 아예 존재하지 않는 상태보다 더 나쁘다."[37]

사람은 각자 존재하지 않는 상태로 되돌아가게 마련이므로, 그녀는 삶을 정당화하는 데 가장 관심을 기울이게 되었다. 무신론자를 자처하는 팔라치는 종교가 헛된 약속을 내세운다며 일찌감치 종교를 거부하고 낙천적인 생각을 유지하기 위한 방법을 찾기 시작했다.[38] 그 결과 그녀가 내린 결론은 삶을 지속하는 것이 질적이고 실질적인 현실이라는 것이었다. 죽음 이후에 존재하지 않는 상태를 맞이하게 된다 하더라도 말이다. 이런 인식만으로도 인류의 운명에 대한 긍정적인 태도를 유지해야겠다는 의욕이 조금 생겨났다. 책 속의 주인공은 마지막에 몸이 급속도로 쇠약해질 때 이런 견해를 밝힌다.

> 불이 켜졌다. 목소리들이 들린다. 누군가가 절망에 차서 울부짖으며 달리고 있다. 하지만 어딘가에서 수천, 수만 명의 아이들이 태어나고 있다. 그리고 장차 태어날 아이들의 어머니들도. 삶은 너나 나를 필요로 하지 않는다. 너는 죽었다. 어쩌면 나도 죽어가고 있는 건지 모르지. 하지만 그건 중요하지 않아. 생명은 죽지 않으니까.[39]

인간의 조건에 대해 긍정적인 시각을 유지하기 위한 영웅적인 노력에도 불구하고 팔라치는 ≪태어나지 못한 아이에게 보내는 편지≫에서 고집스럽게 비관적인 회의주의를 유지하며 자신의 소설에 대한 쉬운 해석을 거부해버린다.

"이 책이 낙태를 다루고 있다는 글을 쓰는 사람들은 빌어먹을 멍청이들이다. 이 책의 주제는 낙태가 아니라 회의이다. essere o non essere, 즉 사느냐 죽느냐 바로 그것."[40]

팔라치는 심지어 사랑이 삶에 의욕을 불러일으키는 힘이라는 견해에 대해서도 모호한 태도를 보인다. 소설 속의 주인공도 누군가 사람들을 얌전하게 만들고 살아가면서 느끼는 슬픔을 잠재우기 위해 애정이라는 개념을 만들어낸 것인지도 모른다며 작가와 똑같은 소리를 한다. 그녀는 '사랑'이라는 단어를 증오해서 그 말을 쓰지 않으려고 애쓴다. 그리고 감정적인 애정이 아니라 생명이라는 측면에서 아이를 바라본다. 그녀는 예전에 자신이 경험했던 연애관계들이 "항상 실패했던 탐색작업 속의 실망스러운 유령들"이라며 "인간이 다른 인간에게 느낄 수 있는 수수께끼 같은 열광만큼 사람의 자유를 위협하는 것은 없다"는 사실을 배운다.[41] 그녀는 비유를 이용해 감정적 복종이 환상임을 보여준다.

"물 속에서 버둥거리는 개처럼 우리는 존재하지 않는 해변으로 가려고 헛되이 애쓴다. '사랑하고 사랑받는다'는 이름의 해변을 향해 가려고."[42]

팔라치가 이런 부정적인 결론을 내리게 된 것은 그녀가 살아오면서 겪은 경험들 때문이었다. 그녀는 남자들과 사귀면서 아이를 가졌지만 그 아이를 낳지는 못했다. 또한 그 남자들과 시간의 힘을 이겨낼 수 있을 만큼 의미 있는 유대감을 형성하지도 못했다.

팔라치 자신의 개인적인 경험을 구체적으로 보여주는 세 개의 우화 속에는 남들의 시선을 의식하며 자신을 연출하려는 성향이 드러나있다. 자신의 기억을 직접 옮겨놓고서 거기에 '소설'이라는 이름을 붙일 수는 없었기 때문에 그녀는 우화라는 형식을 빌려 자신의 경험을 자세하게 이야기한다. 이 우화에는 책 속의 주인공과 팔라치가 공유하고 있는 인생의 고단함에 대한 믿음이 강조되어 있다. 첫 번째 우화에서는 한 아이가 창문 아래 정원의 목련 나무를 사랑한다. 이웃한 테라스에는 빨래줄에 걸려 있는 여러 가지 옷가지들이 보인다. 항상 그 옷들을 걸으러 오던 여자가 어느 날 걸음을 멈추고 목련 나무를 보며 감탄하다가 한 남자를 만나고, 그는 그녀를 끌어 안는다. 두 사람은 사랑을 나눈 뒤 잠이 들지만 다른 남자가 그 자리에 나타나 화를 내며 두 사람을 공격한다. 그는 처음 나타났던 남자를 쫓아버리고 여자를 잔인하게 구타하다가 마침내 그녀를 목련 나무에 집어던져 죽여버린다. 주인공은 자신이 벌써 예전에 그 교훈을 배웠음을 밝힌다. "내가 바로 그 어린 아가씨였다. 가장 강하고, 가장 잔인하고, 가장 자비롭지 못한 자가 항상 이긴다는 교훈을 네가 나와 같은 방법으로 배우지 않게 하나님께서 보호해주시기를."[43]

두 번째 우화에는 초콜릿을 좋아하는 아이가 등장한다. 그 아이는 빛이 가득 한 집에 살 때 실컷 초콜릿을 먹을 수 있었다. 어느 날 아침 그녀는 지하의 아파트에서 깨어나 작은 창문 옆을 지나가던 발자국 소리와 창살에 오줌을 싸던 개들의 모습을 기억해낸다. 햇빛이 거의 들지 않고 초콜릿은 하나도 없었던 것도 기억해낸다. 그녀의 아버지는 매일 기침을 하며 침대에 누워만 있고, 어머니의 배는 날이 갈수록 부풀어 오른다. 어머니는 돈을 벌기 위해 부자인 숙모 집에서 설거지와 청소를 한다. 어느 날 부자 숙모가 어떤 사업을 벌였다가 돈을 생각만큼 벌지 못했다고 투덜거리자 아이의 어머니는 그만한 돈만 있으면 자기는 공주가 된 것 같은 기분이 들 것이라고 대답한다. 이에 대해 부자 숙모는 모욕적인 말을 던진다.

"나한테는 택시를 타기에도 부족한 돈이야. 너하고 나를 비교하지 마!"[44]

아이는 울음을 터뜨리고, 그 와중에 금박지에 싸인 초콜릿이 가득 들어 있는 커다란 병을 발견하지만 어머니의 엄격한 시선 때문에 침묵을 지킨다. 부자 숙모는 병을 열어 아래쪽 테라스에서 놀고 있는 부잣집 아이들에게 초콜릿 사탕을 던지기 시작한다. 또한 자기도 사탕 하나를 천천히 먹으면서 아이가 말없이 지켜보는 가운데 그 맛을 음미한다. 소설 속에서 뱃속의 아이에게 이 이야기를 해주는 주인공은 그 날 이후 자기가 초콜릿을 먹을 수 없게 되었다고 말한다. 억지로 초콜릿을 먹으면 구토가 나올 지경이라는 것이다. 그녀는 뱃속의 아이에게 인생에는 부당함만이 존재한다고 가르친다.

"가진 자와 못 가진 자를 갈라놓는 부당함을 말하는 거야. 임신한 여자가 남의 집 카펫을 청소하고 있을 때 입 안에 이런 독설을 남겨놓는 부당함."[45]

세 번째 우화에는 내일이 되면 더 좋은 세상이 올 것이라고 믿는 여자아이가 등장한다. 신부, 교사, 아버지는 모두 그녀에게 미래에 대한 강한 믿음을 심어준다. 그러나 그녀는 곧 인간이 진보한다는 교육적인 비전은 물론 종교와 천국까지도 거부하며 회의주의자가 된다. 그녀의 손발이 종기로 뒤덮인 까닭이다. 그런데도 그녀는 아버지에 대한 믿음만은 버리지 않는다. 아버지는 20년 동안 검은 옷을 입은 오만한 사람들과 싸워온 인물이다. 그 오만한 사람들이 전쟁을 일으키더니 7월의 어느 날 밤 그곳을 떠났다가 독일어를 쓰는 다른 오만한 사람들과 함께 9월에 되돌아온다. 아버지는 연합군이 우리의 친구라며(그들이 이 도시에 폭격을 가했는데도) 포로들의 탈출을 돕는다. 8월의 어느 화창한 날 연합군의 잘생긴 병사들이 제복을 입은 명랑한 천사들처럼 미소를 지으며 도시에 나타나고 도시 사람들은 모두 그들에게 경의를 표한다. 그들이 여자아이의 아버지를 본부로 부르고, 아버지는 그곳에서 땅에 머리를 박은 채 어머니를 부르며 울고 있는 한 남자를 발견한다. 군대의 사령관은 아버지에게 그 남자가 음식이 든 자루를 훔쳤다고 말해준다. 여자아이는 그의 뾰족한 얼굴과 당근 색 콧수염, 그리고 그가 들고 있던 작은 채찍을 결코 잊지 못한다.

"당신들은 도둑질로 환영인사를 대신했습니다."[46]

사령관은 자기 나라에서는 도둑들이 총살형을 당한다고 말한다. 영국군이 떠난 뒤 도시 사람들은 모두 인도적인 미군이 도착하기를 기다리지만 그들도 여자를 강간하며 오만하게 군다는 사실을 곧 알게 된다. 이 우화는 내일이 와도 세상은 결코 좋아지지 않으며, 공허한 약속이 가져다주는 것은 환상뿐임을 강조한다.

앞에서 언급된 동화의 경우와 마찬가지로 이 세 편의 우화에도 팔라치의 개인적인 경험이 녹아 들어가 있다. 첫 번째 우화에서 목련 나무는 팔라치가 어린 시절 피렌체의 비아 델 피아지오네에 있는 아파트 5층에서 즐겨 바라본 바로 그 나무였다. 당시 그녀의 집에서는 너무나 아름다운 성당이 바라다보였다. 책 속의 주인공이 들려주는 어린시절 이야기는 팔라치의 자화상이라고 해도 될 정도이다.

"옛날에 목련 나무와 사랑에 빠진 작은 여자아이가 있었단다. 나무는 뜰 한 가운데에 서 있었지. 여자아이는 그 정원을 마주보고 있는 집의 맨 꼭대기 층에서 창문 밖으로 몸을 내민 채 며칠 동안 하염없이 그 나무를 바라보곤 했단다."[47]

팔라치는 항상 크고 하얀 목련꽃을 좋아했으며, 그 꽃이 너무나 쉽게 노란색으로 변해버리는 것을 싫어했다. 팔라치 일가가 비아 베르카덴테에서 살 때에도 정원에는 아름다운 목련 나무가 서 있었다. 그녀는 지금 살고 있는 비아 지오반니 프라티의 집에서도 아버지가 정원에 심어놓은 목련 나무를 바라보곤 한다.

두 번째 우화에서 지하의 끔찍한 아파트에서 깨어난 아이의 이야기 역시 팔라치의 개인적인 경험에서 따온 것이다. 비아 델 피아지오네에서 밝은 햇빛과 찬란한 피렌체의 풍경을 즐기고 초콜릿을 실컷 먹으며 행복하게 살던 그녀는 가족들과 함께 피아자 델 카르미네의 끔찍한 집으로 이사했고, 그때부터 그녀의 삶이 급격하게 바뀌었다. 그곳에는 목련 나무도 없었고, 아버지는 열과 기침 때문에 자리에 누워 있었으며, 전국 파시스트당에 입당하는 것과 그들의 신분증을 갖고 다니는 것을 거부했다는 이유로 파시스트들에게 괴롭힘을 당하고 있었다. 지하의 이 아파트는 셋집이었는데, 이탈리아인들은 전통적으로 가능한 한 높은 층의 집을 빌리고 싶어하므로 지하 셋집에서 산다는 것은 수치스러운 일이었다. 이 집에서는 하늘도 보이지 않았고, 빛도 들어오지 않았다. 소설 속의 우화는 이 불행한 시기를 다음과 같이 묘사한다.

"거의 천장에 달라붙어 있는데다 감옥 같은 창살이 달린 창문에서 보이는 것이라고는 거리를 오가는 사람들의 발뿐이었단다."

지나가던 개들이 다리를 들어올리고 창살에 오줌을 싸자 여자아이의 어머니는 울음을 터뜨린다.

"안 돼, 저건 싫어!"[48]

아버지는 기침을 하면서 하루 종일 침대에 누워 있었다. 그의 얼굴은 누렇게 변했지만, 그의 눈은 반짝였다.

세 번째 우화 역시 전쟁 중 팔라치가 직접 경험한 일을 바탕으로 하고 있다. 그녀가 가톨릭을 접하게 된 것, 회의주의가 점점 자라난 것, 레지스탕스 활동과 독일군의 점령 및 도시의 해방에 대한 구체적인 기억 등이 이 이야기 속에 포함되어 있는 것이다. 우화에 등장하는 어린 여자아이는 이탈리아의 항복과 그 후 피렌체로 돌아온 파시스트-나치 군대에 대한 팔라치의 어린시절 기억을 우리에게 그대로 들려준다.

"9월이 오자 오만한 사람들이 독일어를 쓰는 새로운 사람들과 함께 다시 돌아왔다."[49]

아이의 아버지도 팔라치의 아버지와 비슷하다. 두 사람 모두 자신들을 도와줄 사람이 오고 있다며 딸들의 두려움을 잠재운다.

"우리를 도와줄 사람들이 오고 있었다. 연합국이라고 불리는 우

호적인 사람들의 군대가."⁵⁰⁾

우화 속 화자의 이야기는 또한 영국과 미국이 피렌체를 폭격했던 일을 상기시킨다. 팔라치는 그녀의 많은 기사에서 이 일을 강조한 바 있다.

"다음 날 여자아이가 살던 도시가 연합국이라고 불리는 우호적인 사람들에게 폭격을 당했단다. 그 아이의 집 바로 앞에 폭탄이 떨어졌어."⁵¹⁾

아이의 아버지는 동맹국의 우정에 대한 그녀의 불안감을 잠재우려고 애썼다.

"아이를 납득시키려고 그는 폭탄을 떨어뜨린 사람 [연합국 병사] 두 명을 집으로 데려왔다."

그들은 독일군의 포로가 되었다가 탈출한 사람들이었다. 이 두 사람이 안전한 곳으로 도망칠 수 있도록 아버지와 딸이 도와주는 이야기는 에도아르도와 오리아나 팔라치가 은밀하게 벌였던 레지스탕스 활동과 닮은꼴이다.

"이 두 사람을 위해 총살당할 위험을 무릅쓰고 있는 아버지와 함께 그 아이는 연합군 병사들을 숨겨주고, 음식을 가져다주고, 안전한 마을까지 안내해주었단다."⁵²⁾

화자는 심지어 에도아르도 팔라치가 체포되어 고문당했던 일과 오리아나가 감옥으로 그를 찾아갔던 일을 직접 언급하기까지 한다.

"여자아이는 감옥으로 아버지를 찾아갔지만 아버지는 고문을 심하게 당해서 얼굴을 알아보기가 어려운 지경이었어."⁵³⁾

화자는 가족들의 기운을 북돋워주려고 했던 에도아르도 팔라치의 노력을 넌지시 언급함으로써 우화 속의 아버지와 에도아르도가 같은 사람임을 더욱 강조한다. 팔라치는 이때의 일을 이미 예전에 글로 쓴 적이 있었다. 마지막으로, 이 우화는 아버지가 인기 있는 사람이었음을 강조한다. 피렌체가 해방된 후 에도아르도가 커다란 신망을 얻었던 것을 분명히 연상시키는 대목이다.

"이제 자유의 몸이 된 여자아이의 아버지에게 모든 사람들이 아주 정중하게 인사를 했어. 아버지의 눈에서는 신념이 무엇인지 아는 사람만이 낼 수 있는 빛이 빛나고 있었지."[54]

이 세 편의 우화가 오리아나 팔라치의 실제 인생과 너무나 분명하게 연결되어 있기 때문에 이 책은 문학적인 기자가 풍부한 이야기를 덧붙여 소설이라는 이름을 붙인 사실상의 자서전이 되었다.

책 속의 사건들과 팔라치가 직접 겪은 사건들(책 속 주인공이 무신론자라는 점, 신문사에서 일하고 있다는 점, 유산 경험, 미심쩍은 가치와 삶의 고단함에 대한 시각, 미국인 우주비행사들에 대한 태도, 어린시절 이야기)을 보면 팔라치가 자신의 경험을 어떻게 변화시켰는지 알 수 있다. 그녀는 자전적인 이야기들을 한데 섞어 새로운 이야기를 만들고, 그 이야기를 아름답게 윤색했다. 자신의 기억과 실제 사건들을 바탕으로 현실을 재창조해내는 경향은 팔라치가 ≪태어나지 못한 아이에게 보내는 편지≫를 어떻게 썼는지를 특징적으로 보여준다. 그녀는 인생을 관찰하고, 귀를 기울이고, 염탐하고, 인생에서 이야기를 훔쳐 와서 과거의 유물을 새로운 이야기로 다시 만들어냈다. 또한 이탈리아에서 벌어졌던 낙태 논란 중 특정 순간의 사건들 역시 그녀에게 이 책을 써야겠다는 의욕을 불어넣은 또 다른 요인이었다.

이 책을 쓰기 시작했을 때, 팔라치는 이 책이 앞으로 어떤 구조를 취하게 될지 전혀 모르는 상태였다. 당시 그녀는 그녀의 삼촌이 'la scaletta'라고 불렀던 것, 즉 작품의 개요를 간단하게 요약한 글을 쓰지 않았다. 브루노는 소설을 쓰려면 가장 먼저 시놉시스가 필요하다고 생각했다. 팔라치는 그녀 특유의 빈정거리는 어조로 그가 평생 동안 책을 한 권도 만들어내지 못했음을 지적하면서 그의 가르침을 깡그리 무시해버렸다.

"작품의 개요를 완성했다면, 이미 책을 다 완성한 것이다."[55]

팔라치에 따르면, 창작 과정은 아이를 낳는 것과 같다. 오랜 기간의 잉태 끝에 새로운 생명이 나타나는 것이다. 태아는 준비가 되었을 때에야 비로소 어머니의 자궁을 떠난다. 작품의 아이디어를 품고 배양하는 기간이 때로는 5-6년이나 될 수도 있다. 따라서 팔라치는 작품이 완성된 뒤에야 비로소 그 작품을 논하기 시작한다.

"정자가 난자 속으로 들어갈 때, 신비롭고 혼란스러운 일이 일어나서 불이 붙는 데 시간이 필요하기 때문이다."

화가가 그림에 빨간색을 쓰려다가 갑자기 생각을 바꿔 다른 색을 쓸 수도 있다. 작품이 걸작인지 아닌지는 마지막 붓질이 끝난 후에야 비로소 판명된다. 전체적인 창작과정은 느리게 진행된다.

"마치 빵을 부풀게 하는 효모와도 같다."[56]

팔라치는 각 장의 내용에 대한 계획을 미리 세우지 않는다. 새로운 통찰력이 생겨나 미리 세워놓은 계획을 바꿔버리는 일이 일어날 수 있다고 믿기 때문이다. 그녀는 《태어나지 못한 아이에게 보내는 편지》가 스스로 이야기를 만들어내서 작가를 활동적인 참여자로 맞아들였다고 단언했다. 글을 쓰는 도중 한 번은 그녀가 집필을 멈추고 원고를 수정하며 손을 보다가 방향을 잃고 완전히 혼란에 빠진 적이 있었다. 그러나 나중에 뜻밖의 불꽃이 일어나 그녀의 창작 에너지에 다시 불을 붙였다. 그녀가 원래 상상했던 줄거리에서 책 속의 주인공은 정신착란을 일으킬 뿐만 아니라, 아이를 죽게 했다는 이유로 법정에까지 서는 것으로 되어 있었다. 그러나 팔라치는 집필을 완전히 멈추고 좌절감에 사로잡혀서 어느 날 저녁식사 중에 친구에게 이 불완전한 이야기를 들려주었다.

"재판 때 무슨 일이 일어나야 하지? 무슨 일이 일어나야 해? 이 재판 부분에서 내가 수렁에 빠져버렸어. 어떻게 해야 좋을지 도무지 모르겠어."

그녀는 심지어 자세한 얘기라면 뭐든지 좋아하는 어머니와 입양아인 동생 엘리자베타에게도 이 이야기를 들려주었다.

"누가 이 책 속의 여자를 비난할 수 있을지 도저히 이해가 되질 않아서 앞으로 나아갈 수가 없어요."

토스카는 강렬한 시선으로 딸을 바라보았지만 아무 말도 하지 않았다. 그때 여동생이 재빨리 입을 열었다.

"아기가 비난하겠지. 뻔하잖아. 아기가 그 여자를 비난하는 거야. 죽은 사람이 바로 그 아기니까! 아기가 자기를 태어나게 해주지 못했다고 그 여자를 비난하는 거야."

이것은 또 다른 잉태의 순간이었다.

"네 말이 맞다, 엘리자베타, 내 착한 동생! 아기가 그 여자를 비난하는 거야!"[57]

엘리자베타는 아이답게 직설적이고 단순한 어법으로 핵심을 꿰뚫으며 아기가 어머니에게 할 법한 말을 요약해주었다. 팔라치는 그날 피렌체에서 동생에게 들은 말을 발전시켜 핵심적인 장면을 마무리했다.

재판은 책 속의 주인공에게 카타르시스를 준다. 그리고 이 소설의 테마, 주장, 성격묘사를 분명하게 설명해준다. 주인공은 꿈 속에서 눈처럼 새하얀 방의 새장 안에서 깨어난다. 그리고 무정한 남자 의사, 주인공을 상냥하게 대해주었던 여자 의사, 주인공의 직장 상사, 여성주의자인 주인공의 친구, 아기의 아버지, 주인공의 부모 등 일곱 명으로 구성된 배심원들을 뚫어지게 바라본다. 각각의 배심원들이 그녀의 살인혐의에 대해 발언을 하고 다수결로 평결을 내린다.

남자 의사는 잉태되는 순간 생명이 시작되며 생명은 창조의 기적을 그대로 반영하고 있다는 고전적인 낙태 반대론을 펼친다. 여자 의사는 여성주의자의 입장에서 어머니의 안전을 가장 먼저 고려해야 한다고 주장한다. 그녀는 남자 의사가 생명의 소중함을 역설하면서도 살아있는 사람 모두를 거기에 포함시키지 않는다고 비난하며 그가 전쟁에 나가 아이들까지 죽이는 위선자와 같다고 말한다. 아기의 아버지는 겁쟁이이다. 그는 흐느껴 울면서 망설이다가 주인공이 유죄라고 말한다. 주인공의 친구는 아기의 아버지를 공격하며 그가 처음부터 낙태를 원했고, 주인공이 임신한 후 처음 두 달 동안 주인공과 거리를 두었다는 사실을 상기시킨다. 그녀는 여성주의적 시각의 대표자로서 남자가 여자의 몸을 이용하고 모성을 강요하는 남성위주의 사회를 공격한다. 주인공의 직장 상사는 범죄의 동기에 대해 주인공에게 해가 되는 증거를 제공한다. 그녀가 아기를 전혀 생각하지 않은 채 출장을 가려고 병원에서 나온 것은 라이벌 관계인 동료에게 그 출장기회를 빼앗기기 싫어서였다는 것이다. 낙심해서 기진맥진한 주인공의 부모는 개인의 선택권을 옹호하며 어느 누구도 다른 사람의 양심에 개입할 수 없다고 주장한다.

마침내 태어나지 못한 아기가 나타나 모두들 진심을 말했지만 이 문제의 핵심을 꿰뚫어볼 수 있는 것은 오로지 자신뿐이라고 단언한다.

"당신이 실제로 나를 죽이지는 않았지만 죽인 것이나 다름없다고 말할 수 있는 사람은 나뿐입니다, 어머니."[58]

주인공이 태어나지 못한 아이에게 자신의 아름다운 생각들을 전달할 길이 없기 때문에 이제는 아기를 구원할 수 없다. 아기는 어머니가 자신에게 끔찍한 삶에 대처할 수 있는 준비를 갖춰주려 했음을 이해하고 있다. 따라서 그는 처음이자 마지막으로 선택권을 발휘해 태어나기를 거부한다. 인생이 그렇게 괴로운 것이라면 그가 굳이 인생을 받아들여야 하는 이유가 없지 않은가? 어머니는 아기가 하나님의 형상을 따서 만들어졌다거나, 아기가 지상에서 낙원의 보상을 받을 자격을 갖추기 위해 준비하는 삶을 살아가게 될 것이라는 식의 거짓말로 아기를 속이지 않았다. 그녀가 삶을 옹호하며 한 발언은 탄생이 인간 존재의 지속을 확실히 해준다는 것뿐이었다. 따라서 아기는 임신기간이 끝날 때까지 자궁 속에서 계속 성장하는 것이 비합리적인 행동이라고 판단했다.

"당신들이 수정란이라고 부르는 나의 세계에는 목적이 존재했습니다. 세상에 태어나는 것이 바로 목적이었습니다. 하지만 당신들의 세계에서 유일한 목적은 죽는 것입니다. 삶은 사형선고입니다. 왜 내가 아무 것도 없는 상태로 다시 돌아가게 될 줄 알면서 굳이 아무 것도 없는 상태에서 밖으로 나와야 하는지 모르겠습니다."[59]

여동생과 나눴던 뜻밖의 대화와 흡사한 또 하나의 사건은 팔라치가 미리 만들어둔 줄거리를 더욱 불신하게 만드는 결과를 낳았다. 그녀가 이 책을 뜻밖의 결말로 마무리지은 것은 연인인 알렉코스 파나고울리스와의 심한 의견차이 때문이었다. 맨 처음 구상에서 책 속의 주인공은 유산의 합병증 때문에 세상을 떠나는 것으로 설정되어 있었다.[60] 그러나 최종적인 완성본에서 그녀는 병원 침대에 누워 결말을 모호하게 만드는 말을 중얼거린다.

> 내가 생명이 존재한다고 말하면 차가운 기운이 사라지고, 졸음도 사라지고, 나는 나 자신이 생명이 된 것 같은 기분이 든다. 불이 켜졌다. 목소리들이 들린다. 누군가가 절망에 차서 울부짖으며 달리고 있다. 하지만 어딘가에서 수천, 수만 명의 아이들이 태어나고 있다. 그리고 장차 태어날 아이들의 어머니들도. 삶은 너나 나를 필요로 하지 않는다. 너는 죽었다.

어쩌면 나도 죽어가고 있는 건지 모르지.[61]

　1973년 8월 23일 목요일에 아테네에서 알렉산드로스 파나고울리스를 처음 만난 순간부터 팔라치는 그의 집을 자신의 또 다른 집으로 생각했으며, 이탈리아식 가구들로 그 집을 장식하기까지 했다. 그녀는 피렌체에서 그와 함께 살면서 이 소설을 완성했다. 그리고 출판사에서 교정쇄를 받았을 때에는 아테네에 있는 파나고울리스의 집에서 교정작업을 하기로 했다. 파나고울리스는 그리스에 민주주의가 다시 확립된 뒤 망명생활을 끝내고 아테네에 돌아가 있었다. 당시 그는 의원으로 선출되어 활동하고 있었기 때문에 팔라치는 혼자서 원고 교정에 몰두할 수 있는 시간을 충분히 가질 수 있었다.
　팔라치는 자신의 원고에 대해 맹렬한 비밀주의를 고수하기 때문에 이때도 원고를 종이 더미 밑에 숨겨두었다. 그런데도 파나고울리스는 이 원고를 찾아내서 그녀의 허락 없이 다 읽은 다음 두 가지 의견을 내놓았다. 첫 번째 의견은 그렇지 않아도 서정적인 글을 완전한 서정시로 만들자는 것이었다.[62] 사실은 그 자신도 《그리스 감옥에서 너에게 쓴다 Vi scrivo da un carcere in Grecia》라는 시집을 펴낸 적이 있었다. 이 시집은 팔라치와 여러 친구들의 도움으로 이탈리아어로 번역되었다.[63] 그는 너무 놀라 아무 말도 못하고 있는 그녀에게 글이 시처럼 읽힌다며 모든 문장을 시 쓰듯이 써야 한다고 말했다.
　"어젯밤에는 네가 분명히 존재했었다. 아무 것도 없는 곳에서 빠져나온 생명 한 방울."(1행)
　"나는 누워 있었다. 어둠 속에서 눈을 크게 뜨고. 갑자기 네가 그곳에 존재한다는 확신이 들었다."(2행)
　팔라치는 역시 단도직입적이었다.
　"이 멍청이."[64]

그가 어찌 감히 그녀의 허락도 없이 원고를 읽는단 말인가?
그의 두 번째 의견은 그녀의 분노를 더욱 부추겼다. 그는 주인공을 살려야 한다고 했다.

"야만인, 그 불쌍한 여자를 죽이다니."
"나는 누구든 내가 죽이고 싶은 사람을 죽일 거야."[65]

그녀는 너무 화가 나서 짐을 싸가지고 근처 호텔로 가버렸다. 다음 날 아침 그가 그녀에게 전화를 걸어 그리스식 억양이 진하게 밴 이탈리아어로 화해를 시도했다.

"당신이 돌아와주면, 내가 조금 준비한 게 있어. 선물을 줄게."
"무슨 선물?"
"아주 아름다운 선물. 시 한 편을 준비했어."[66]

만약 그가 아름다운 다이아몬드를 주겠다고 했다면 그녀는 "쳇! 보석 따위 필요 없어"라고 말했을 것이다. 그러나 문학적인 선물이라면 결코 무시해버릴 수 없었다. 그래서 그녀는 그에게 돌아갔다. 그는 얼굴에 커다란 미소를 띠운 채 문간에 서서 궁극적인 해결책을 제시했다.

"만약 당신이 그 불쌍한 여자를 죽이지 않는다면, 내가 당신 책의 마지막 세 단어를 만들어줄게."

그녀는 이렇게 해서 그에게 조금씩 항복해가며 결국 그의 말에 귀를 기울이게 되었다. "생명은 죽지 않으니까"[67]라는 말에. 이 말이 너무나 마음에 들었기 때문에 그녀는 원래 "너는 죽었다. 이제 나도 죽을 거야"라고 쓰려던 마지막 부분을 "어쩌면 나도 죽어가고 있는 건지 모르지. 하지만 그건 중요하지 않아. 생명은 죽지 않으니까"로 바꿨다. 팔라치는 이 책을 처음 쓰기 시작했을 때 마지막 문장을 뭐라고 쓸지 전혀 모르고 있었다. 그저 미래를 믿으며 엄격한 지침에 따르기를 거부했을 뿐이었다.

1975년에 출간되자마자 커다란 성공을 거둔 ≪태어나지 못한 아이에게 보내는 편지≫는 사회사, 진심 어린 고백, 허구가 뒤섞인 작품이었다.[68] 독자들은 팔라치가 책 속의 주인공임을 알아보았다. 그리고 직업이 기자인 주인공이 아이를 낙태할 것인지 말 것인지 갈등하는 것에도 역시 팔라치의 개인적인 경험이 반영되어 있음을 깨달았다. 독자들은 그녀의 생각, 그녀가 제시하는 정보, 그녀가 깨끗하게 다듬어 놓은 진심을 보았다. 그녀가 낳은 적이 없는 아이의 자리를 이 책이 차지할 것이며, 그녀가 아이를 키우듯이 이 책을 엄격하게 다듬었다는 것도 본능적으로 알 수 있었다. 이 모든 이야기들이 즐겁고 대중적인 문학의 형태로 다듬어져 삶과 죽음에 대한 오리아나 팔라치의 고뇌와 회의를 전달해주고 있었다.

남자 혹은 여자
THE MAN OR THE WOMAN
IO

Oriana Fallaci

≪한 남자≫는 저널리즘, 허구, 자전적 이야기를 결합시키는 팔라치의 스타일을 ≪태어나지 못한 아이에게 보내는 편지≫보다 더 분명하게 보여주는 작품이었다. 1979년에 발표된 이 책은 또한 저자와 번역자의 사이를 더욱 더 벌려놓는 역할도 했다. 팔라치는 처음에 ≪한 남자≫를 영어로 번역하는 작업을 존 셰플리에게 맡기려고 했다. 그가 마치 델포이의 신탁 같은 알렉코스 파나고울리스의 목소리를 잘 표현해줄 것이라고 생각했기 때문이다. 그런데 얼마 후 출판사 측이 셰플리에게 전화를 걸어 사이먼&슈스터 출판사가 이 소설을 크게 홍보할 계획을 갖고 있기 때문에 유명한 사람에게 번역을 맡기고 싶어한다고 알려주었다. 그들이 선택한 번역자는 '이탈리아어 번역의 왕'이라고 불리는 윌리엄 위버William Weaver였다. 셰플리는 다소 실망하기는 했지만, 팔라치를 탓하는 대신 출판사 측의 고집 때문에 자신이 밀려나게 되었을 것이라고 생각했다. 그런데 그가 그녀와 통화를 하면서 이 일을 언급하자 ("당신이 유명한 번역자를 원하는 걸 이해합니다") 그녀는 자기 책을 팔기 위해 번역자의 이름까지 동원할 필요는 없다고 차갑게 대답했다.[1] 이 날의 대화는 셰플

리와 팔라치의 관계가 종말을 향해 나아가기 시작했음을 알리는 신호탄이었다.

이 무렵에 셰플리는 엔조 시칠리아노Enzo Siciliano가 쓴 피에르 파올로 파솔리니Pier Paolo Pasolini의 전기를 번역하기로 이미 약속한 상태였다. 팔라치는 번역자를 다른 사람으로 바꾼 것이 자기 때문이라고는 하지 않았으므로, 그가 다른 중요한 책의 번역을 맡게 된 것에 대해 축하를 해줄 수도 있었을 것이다. 그러나 그녀는 그의 새로운 작업에 대해 격렬한 반감을 드러냈다. 시칠리아노가 이탈리아에서 진지한 작가이자 비평가로 여겨지는 인물이었는데도 말이다. 셰플리의 설명에 따르면, 팔라치는 자신이 쓴 파솔리니의 인터뷰 기사를 시칠리아노가 잘못 이용했다고 생각했으므로 셰플리가 유명한 작품의 번역을 맡게 된 것에 대해서도 전혀 기뻐하지 않았다. 그녀는 시칠리아노에게 욕을 퍼부었으며, 번역자가 누구든 그의 책이 영어로 번역되는 꼴을 절대로 보고 싶지 않다고 말했다. 그래도 셰플리는 계속 일을 진행시켜 시칠리아노와의 약속을 지켰다. 파솔리니의 전기 영역본은 1982년 랜덤하우스 출판사에 의해 출간되었다.[2]

1976년에 ≪한 남자≫를 쓰기 시작했을 때, 팔라치는 여전히 저널리즘에 충실해야 한다는 생각을 갖고 있었지만 일련의 사건들로 인해 〈에우로페오〉와 공식적으로 관계를 끊게 되었다. 우선 그녀의 연인인 알렉코스 파나고울리스가 그 해 5월에 수상쩍은 죽음을 맞았다. 그리고 오랫동안 고통스럽게 암과 싸우던 그녀의 어머니 토스카가 그 싸움에서 점점 지고 있었다. 자신의 인생에서 가장 중요한 사람들을 잃은 그녀는 마흔 살이 넘은 자신의 나이를 생각하며 원래 세상과 타협하는 수단으로 발을 들여놓았던 직업에 계속 열정적으로 헌신할 필요가 있는지 생각해보았다. 이처럼 자신의 내면을 들여다보고 있던 그녀는 마침 〈에우로페오〉의 경영진이 제시한 새로운 방침들에 역겨움을 느꼈다. 예전에는 유럽에서 가장 진지한 잡지이던 〈에우로페오〉가 이제 선정적인 잡지로 변해버렸기 때문이다. 여자들의 벌거벗은 가슴과 엉덩이, 체모, 벌거벗은 몸에 수녀의 두건을 쓴 여자, 알몸으로 자동차 안에 앉아 있는 남녀의 모습이 잡지에 실렸다.

"마치 똥으로 범벅이 된 몸을 보고 있는 것 같았다. 그것은 내가 내 인생을 바친 잡지 〈에우로페오〉의 몸이었다."[3]

게다가 〈에우로페오〉는 1976년에 토마소 기글리오의 자리에 다른 사람을 앉혔다. 팔라치는 커다란 존경을 받던 이 박학다식한 편집자가 갑자기 쫓겨난 것이 부당하다고 생각했다. 그래서 이 조치에 항의하는 뜻으로 사직서를 제출하고 치안티의 그레비에 있는 시골집으로 내려가 파나고울리스에 대한 책을 쓰기 시작했다.

이미 직장을 그만두기로 결심했기 때문에 그녀는 3년 반 동안 계속된 집필 작업에 그 어느 때보다 열심히 매달렸다.

"나는 전화도 받지 않았다. 전화벨이 울리는 소리조차 내 귀에는 들리지 않았으니까. 나는 나 자신 속에 고립되어 계속 글만 썼다. 먹지도 않고, 말도 하지 않고, 글쓰기를 멈추지도 않았다."[4]

밤이 되면 그녀는 음식을 아주 조금 먹었다. 담배를 하루에 60개비나 피워대다 보니 식욕이 깡그리 사라져버렸기 때문이다. 식사를 한 후에는 텔레비전을 잠깐 보다가(그녀는 항상 훌륭한 서부영화를 좋아했다) 뉴스를 보는 것으로 하루를 끝냈다.

"마침내 잠자리에 들었을 때도 책에 대한 생각을 멈출 수가 없어서 불면증에 시달리곤 했다. 심지어 잠을 잘 때도 책에 대한 꿈을 꿀 정도였다."[5]

이런 일상은 때로 좌절감을 안겨주었다. 마오쩌둥이 죽었을 때, 미국에서 선거가 치러질 때, 베트남이 캄보디아를 침공했을 때, 그녀는 직접 현장에서 그 사건들을 목격하고 싶었다.

"내가 탄탈루스(그리스 신화에 나오는 인물. 신들의 벌을 받아 물을 마시려 하면 물이 빠지고 열매를 따려고 하면 가지가 물러났다고 한다-옮긴이)가 된 것 같았다. 난 그 어떤 일도 할 수 없었다. 책이 우선이었다."[6]

오로지 알렉코스 파나고울리스만을 위해 살면서 그녀는 책을 완성하는 데 자신의 모든 것을 바쳤다.

"매일 책이 내게서 생명을 빼앗아가고 있으므로, 그 책은 나의 죽음이다. 책이 암처럼 나를 집어삼키고 있다."[7]

팔라치는 자신의 책을 이탈리아어로 romanzo(소설)라고 불렀지만, 이 책은 저널리즘의 분위기와 저널리즘의 에너지를 발산하고 있다. 사실 그녀가 예전에 파나고울리스에 대해 썼던 기사들이 이 책의 기초가 되었다. 그녀는 이 책에서 사건들의 시간적인 순서, 이름, 장소 등을 마음대로 바꿨지만 마치 자석에 끌린 것처럼 실제로 일어났던 사건들로부터 헤어나지 못했다.

팔라치는 파나고울리스를 인터뷰하고 나서 쓴 기사의 도입부에서 그와 자신의 관계를 일목요연하게 요약해놓았다.[8] 그리스 저항운동의 영웅과 3년 동안 나눴던 은밀한 삶을 시간적인 순서대로 기록한 이 인터뷰 기사 역시 ≪한 남자≫의 바탕이 되었다. 이 기사에 의하면 그녀는 1973년 8월에 아테네에 있는 파나고울리스의 집에서 그를 만나자마자 그가 감옥에서 겪은 고통과 군사정권에 협력하지 않은 그의 강인함에 압도되었다고 한다. 그녀는 그 후로 여러 번 그리스로 그를 만나러 갔을 때의 얘기와 그가 쓴 시들에 대해 이야기하면서 그를 끊임없이 괴롭히던 정부 기관원들의 행태를 자세히 묘사했다. 그리고 자신이 파나고울리스와 연인이 되었음을 밝혔다. 이탈리아에서 망명생활을 하던 시절 파나고울리스는 정부에 대항하는 조직을 결성해 1974년 여름에 그리스에 민간 정부가 다시 세워질 때까지 활동을 계속했다. 그 후 그는 8월에 아테네로 돌아가 성공적으로 정계에 진출했다. 그는 국방장관인 에반겔로스 아베로프 토지차스Evanghelos Averoff-Tositsas가 진정한 적임을 깨달았는데, 이로써 그는 이 거짓 민주정부의 지도자들에게 가장 위험한 존재가 되었다. 그는 자존심이 엄청나게 강한 사람이었기 때문에 위험에 대비한 예방조치를 취하지 않았고, 이 때문에 결국 스스로 죽음을 재촉한 꼴이 되었다. 아베로프 토지차스는 국가안보를 명분으로 내세워 파나고울리스가 자신에게 불리한 증거를 발표하지 못하게 해달라고 사법부를 설득했다. 이제 파나고울리스에게 남은 방법은 의회 회기 중에 자신이 가진 증거들을 콘스탄티노스 카라만리스Konstantinos Karamanlis 총리에게 공개적으로 제시하는 것뿐이었다. 그는 1976년 5월 3일 월요일 아침 일찍 이 방법을 실천에 옮기려 했다. 그러나 금요일 저녁에서 토요일 새벽 사이에 두 대의 자동차가 글리파다에 있는 어머니의 집으로 가던 그를 미행하기 시작했고, 비아 불리아그멘티에서 맹렬한 속도로 그를 앞질러 달려갔다. 이 때문에 도로 밖으로 내동댕이쳐진 그는 얼마 후 세상을 떠났다.[9]

팔라치는 비록 《한 남자》가 실화를 담고 있지만, 그래도 소설이라고 주장한다.

"여기 제시된 사실들이 모두 진짜이기 때문에 이 책을 쓰기가 힘들었다. 책 속에서 내 이름을 직접 사용하지는 않았지만, 가끔 내 자신의 감정을 묘사할 때 '너'라는 단어를 사용했다."

이 책 전체의 내용은 실화이며, 그 중에서 가장 중요한 위치를 차지하고 있는 것은 바로 알렉코스의 말이다.

"나는 그가 내게 했던 말을 생생하게 기억하고 있다. 그가 자신의 정치적 신념을 어떻게 표현했는지도. 내가 이 책을 쓰기 시작했을 때 내 기억은 아직 생생했다. 게다가 그는 자신의 생각을 되풀이 말하는 경우가 많았다."

그래서 그녀는 실제 자료를 이 책의 핵심으로 삼았다. 그러나 그녀가 일부 자료를 버린 것으로 보아 아직도 '소설가' 라는 타이틀에 집착하고 있는 듯하다. 그녀는 진실을 전부 밝혔다면 믿기 어려운 이야기가 되었을 것이라고 주장한다.

"나는 로마에서 나를 살해하려던 사람들이 있었다는 이야기를 소설에 쓰지 않았다. 그 이야기를 썼다면, 아테네에서 그가 죽는 장면의 충격이 줄어들었을 것이다. 사실 그를 죽이려는 시도는 훨씬 더 많았다. 소설에서는 여백도 중요하다."[10]

역사적 사실들은 정부의 고위관료들을 범인으로 지목하고 있는 이 소설의 뼈대를 이루고 있다. 그러나 저자가 심증만 있을 뿐 절대적인 물증이 없는 상태였으므로 고위관료들에 대한 비난이 어느 정도 모호해질 수밖에 없었다. 심지어 언론과 정부의 비판자들도 아베로프 토지차스나 총리, 혹은 다른 각료들을 직접 범인으로 지목하지 못하고, 파나고울리스가 매우 수상쩍은 죽음을 맞았다고 말했을 뿐이었다. 그리스의 언론인인 조르지오스 베르초스Georgios Bertsos는 팔라치의 증거가 결정적인 것이 되지 못한다고 보고 있다. 그녀는 아베로프-토지차스가 직접 파나고울리스를 협박한 적이 있다고 주장하지만, 그에게 불리한 증거라고 해봤자 군사정부의 관계자들에게 보낸 따뜻한 어조의 편지가 고작이다. 그런데 군대의 장교들과 새로 들어선 민주정부 사이에 '다리'를 만들겠다는 것이 원래 그의 정책 중 일부를 차지하고 있었다. 베르초스는 "아베로프는 자신이 군사정부와 의견을 나눴음을 부인한 적이 없다. 팔라치의 주장은 아무 것도 증명해주지 못한다. 전에는 알려지지 않았던 새로운 사실이 거기에 포함되어 있는 것도 아니다"[11]고 말했다. 그러나 그녀가 소설 속에서 고위관료들을 너무나 진지하게 비난하고 있기 때문에 정치에 관심이 있는 독자라면 그 고위관료들이 누구인지 쉽게 알아차릴 수 있었을 것이다. 그리스의 과거 여당에 속했던 사람들 중 어느 누구도 지금까지 소설의 정확성에 문제가 있다는 지적을 하지 않았으며, 자신들에게 피해를 입힌 그녀의 빈정거림에 대해 소송을 제기한 사람도 없었다. 그들의 침묵은 그녀의 비난이 정당한 것이라는 쪽에 힘을 실어주고 있다.

그녀는 3년 동안 ≪한 남자≫를 집필하면서 글의 형태를 여러 번 바꿨다. 그녀는 프롤로그를 나중에 썼는데, 처음 완성된 초고의 분량은 최종원고보다 거의 3백 쪽이나 많았다. 그녀는 이 초고가 장식이 지나치게 많이 달린 옷 같았다면서 나중에 개정을 거쳐 완성된 성숙한 소설에 비하면 젖먹이 수준이었다고 말했다. 나중에 삭제된 초고의 내용 중에는 그녀의 마음에 드는 부분이 있었는데도, 그녀는 편집자의 반대의견을 무시하고 230쪽을 삭제해버렸다.

"당신이 지금 책 한 권을 그냥 내팽개치고 있다는 걸 압니까? 이 원고를 그냥 책으로 내놓아도 사람들이 돈을 내고 살 겁니다."

편집자가 이 말을 한 것은 어느 추운 겨울날 저녁 그녀의 시골집에서였다. 그때 그녀의 집 벽난로에서는 장작이 환하게 타오르고 있었다. 이때의 일을 회상하면서 그녀는 분노 때문에 얼굴이 하얗게 질렸다. 편집자는 다음과 같은 말을 했다고 한다.

"조만간 내가 그 부분을 책으로 출판할 겁니다."
"농담이시겠죠."
"아뇨, 농담이 아닙니다."
"당신은 이 원고에 절대 손대지 못합니다. 이건 내 책이니까요. 내가 이 부분을 책으로 만들고 싶어하지 않는다는데… 지금 내가 뭘 하는지 잘 보세요."[12]

그녀가 원고를 불 속으로 던져 넣자 편집자는 비명을 질렀다. 그녀의 이 충동적인 행동은 편집자의 오만한 태도에 대한 분노를 표현한 것이었다.

"난 뭔가가 마음에 들지 않으면 태워버립니다."[13]

그녀가 알렉코스 파나고울리스에 대한 책을 쓰자는 생각을 한 것은 그의 장례식 때였다. 그녀는 그 날 느낀 창조적 충동에서 영감을 얻어 오랫동안 힘겹게 매달려야 하는 소설을 쓰기 시작했다. 장례식에는 파나고울리스의 죽음을 슬퍼하는 그리스 국민들뿐만 아니라 전세계의 기자들도 참석했다. 팔라치는 그 자리에 모인 군중들이 마치 악몽 속에 등장하는 괴물처럼 자신에게 애정을 쏟아 부으며 영웅의 진실된 이야기를 써달라고 간청하는 것 같은 느낌을 생생하게 묘사했다. 바로 그 자리에서 그녀는 고난으로 점철된 그의 삶과 자신들 두 사람의 관계를 자세히 묘사해서 그의 기억을 영원히 간직하기로 결심했다.[14]

소설 속에서도 팔라치는 이 책이 어떻게 만들어지게 됐는지에 대해 언급했다. 파나고울리스는 키프로스에서 대주교 마카리오스 Makarios 3세가 세운 정부를 전복시키려는 시도가 있은 뒤 대주교와 개인적으로 만난 자리에서 자신이 왜 그리스 정권에 반대하는지 설명했다.

"예하, 키프로스에서의 쿠데타에 대해 알아내야 할 것이 많습니다. [디미트리오스] 이오아니디스 Dimitrios Ioannidis가 CIA와 일부 그리스 정치가들이 파놓은 함정에 빠졌다는 이야기를 들었습니다."

대주교는 증거를 찾으려다가 죽음을 맞을 수도 있다고 그에게 경고했다. 나중에 그가 호텔로 돌아온 뒤 팔라치도 그가 하려는 일이 위험하기 때문에 걱정스럽다는 얘기를 했다.

"알렉코스, 마카리오스의 생각을 좀 들어봤어?"

알렉코스의 대답은 나중에 그녀가 책을 쓰게 될 것임을 미리 암시하는 듯했다.

"책을 쓸 때 이 일을 잊지 마."
"무슨 책?"
"내가 죽은 다음에 당신이 쓸 책."
"죽긴 누가 죽어? 당신은 죽지 않을 거고, 나도 책을 쓰지 않을 거야."
"난 죽을 거고, 당신은 책을 쓸 거야."[15]

팔라치는 파나고울리스의 인생에 대한 전기적인 이야기를 훌륭한 소설로 변화시키기 위해 다양한 문학적 기법을 동원했다. 이 소설에는 그리스의 부패한 정부에 대한 그의 개인적인 조사과정이 요약되어 있으며, 그리스의 권력자들 손에 쓰러져버린 카리스마적인 인물에 대한 기억이 고스란히 보존되어 있다. 파나고울리스는 이 소설에서 권력의 도구가 되기를 거부하고, 재물이나 무력으로 사람을 굴복시키려는 자들에게 무릎 꿇지 않고, 진실과 자유를 위해 끈질기게 외로운 싸움을 계속하는 시인의 원형으로 등장한다. 그는 교활한 지도자들과 순종적인 하인들, 자발적인 고문자들과 무관심한 동포들의 희생자가 되어 목숨을 잃었다. 이 소설은 현대적인 영웅의 초상을 통해 폭정을 고발하면서 문학적이고 저널리즘적인 방식으로 진실을 만들어낸다.

이 소설의 프롤로그는 장례식 장면을 묘사하면서 지리적, 시간적 순서에 따라 장소를 옮겨가며 장면을 전환한다. 팔라치는 이 부분에서 단선적인 서술방식을 가능한 한 사용하지 않았다. 그녀는 장례식 날의 중요한 장면 다섯 가지를 설명하면서 군데군데 개인적인 심정을 솜씨 있게 버무려 1976년 5월 5일 수요일의 장례식을 파노라마처럼 묘사하고 있다. 먼저 그녀는 영웅의 시체가 안치되어 있는 성당으로 몰려온 사람들의 모습을 묘사한다. 군중들은 고통스럽고 성난 목소리로 "지, 지, 지! 그는 살아있다! 그는 살아있다, 그는 살아있다, 그는 살아있다!"고 외친다. 이 부분에서 팔라치는 성당 안으로 시선을 옮겨 두 번째 장면에 초점을 맞춘다. 관에는 유리 뚜껑이 덮여 있고 문에는 빗장이 걸린 가운데, 정부의 대표랍시고 문상을 온 위선적인 권력의 종들, 선동적인 정치가들에게 반대한다지만 사실은 사기꾼이나 다름없는 사람들, 정치적인 이익을 좇아 움직이는 사람들, 성직자들, 그리스정교의 총대주교 등이 이 성당을 찾는다. 이때 성당의 정문이 갑자기 무너지면서 세 번째 장면에 대한 묘사가 시작된다. 무개 영구차 주위로 몰려든 군중들이 관을 들고 나가려고 하는 바람에 상황은 광적이고 절망적으로 바뀐다. 구름처럼 몰려든 사람들 사이로 기어가듯 천천히 세 시간 동안 이어진 장례식 행렬은 프롤로그에서 네 번째의 핵심적인 장면이다. 다섯 번째 장면에서는 묘지에 도착한 사람들이 시신을 무덤으로 옮기는 모습이 강조된다. (수만 명의 군중이 모여 있는데도) 정체 모를 침묵이 이 날 하루의 끝을 맺는 장례식을 집어 삼키고, 군중들은 매장이 끝난 후 자발적으로 외치기 시작한다.

"알렉코스는 죽지 않았다…. 지, 지, 지! 그는 살아있다, 그는 살아있다, 그는 살아있다!"[16]

이 소설에서 팔라치의 묘사 능력을 보여주는 가장 놀라운 부분 중 하나는 바로 알렉코스가 자동차 사고로 목숨을 잃는 장면이다. 주인공의 죽음에 대한 묘사는 다른 내용들과 겨우 한 문단을 사이에 두고 떨어져 있으며, 세 부분으로 이루어져 있다. 사고 현장을 가장 먼저 발견한 택시 운전사는 두터운 먼지 구름 속을 뚫고 나아가면서 지하 차고로 내려가는 좁은 경사로에 뒤틀린 철판과 찌그러진 창틀

이 엉켜 있는 모습을 믿을 수 없다는 듯 바라본다. 두 번째 부분은 뒤틀린 잔해 속에서 희생자를 끌어내 가까운 인도로 끌고 가는 장면을 묘사하고 있다. 그리고 마지막 부분은 행인들이 그의 탈골된 팔과 잘린 다리를 붙들고 그를 살리려 헛되이 애쓰다가 그를 택시 뒷좌석에 태우고 급히 가장 가까운 병원으로 달려가는 모습을 묘사한다. 그러나 그는 병원으로 가는 도중 "오 하느님! 오 하느님!"이라는 말을 남기고 숨을 거둔다.[17] 다른 부분들로부터 독립된 이 짤막한 죽음의 묘사를 통해 팔라치는 힘겨운 집필작업을 시작했다. 그리고 오랫동안 이 작품을 붙들고 있으면서도 이 부분에는 결코 손을 대지 않았다. 대개 그녀는 원고를 꼼꼼하게 수정하는 편인데도 말이다.[18]

파나고울리스의 말을 재현하는 방법 역시 이 작품에서 중요한 자리를 차지하고 있다. 소설 속의 등장인물은 자신의 말을 통해 스스로를 드러내고, 자신의 행동과 소설의 플롯과 성격을 발전시켜 나간다. 알렉코스는 정부를 전복하려 했고, 암살을 시도했고, 폭발물을 소지했고, 조국을 버리고 도망갔다는 비난을 전혀 부정하지 않는다. 그 모든 것이 사실이기 때문이다. 그러나 판사들이 증인이 직접 서명한 진술서를 갖고 있다고 주장하자 그는 벌떡 일어서서 집게손가락으로 판사들을 가리키며 거짓말이라고 외친다. 그리고 이렇게 말한다.

"나는 당신들을 비난하고 저주한다. 고문자들, 이 고문자들!"[19]

재판 도중 그가 판사들의 주장을 비난하며 하는 말은 군사정권 하의 권력남용을 집중적으로 드러낼 뿐만 아니라, 파나고울리스가 독재에 무릎 꿇지 않았다는 사실을 보여준다. 또한 소설 속의 대화와 파나고울리스의 긴 연설은 그의 반항적인 성격을 보여준다.

팔라치는 처음부터 2인칭 대명사를 이용해 알렉코스에게 말을 걸 듯이 글을 썼으며, 한결같은 글의 리듬을 확립했다. 그녀는 오로지 그에게만 말을 걸었다. 마치 그가 활기 없는 이 대화의 상대방인 것처럼. 그녀가 살아있는 독자들 대신 죽은 남자와의 대화를 선택한 것은 그들을 결합시켜주었던 고독이 어떤 것인지를 강조해준다. 프롤로그에서 그녀는 (그에게) 그의 장례식을 설명해주고, 죽은 연인을 자신의 '유일한 대화상대'[20]라고 지칭함으로써 자신의 서술방법을 정당화한다. 그녀는 그가 정치적으로 자신과 같은 생각을 갖고 있었으므로 지금도 그녀의 생각을 받아들이고 그녀를 이해해주는 것처럼 군다. 이렇게 누군가에게 직접 말을 거는 기법은 ≪태어나지 못한 아이에게 보내는 편지≫에서도 이미 주인공이 뱃속의 아기에게 말을 거는 형태로 등장했었다. 그러나 ≪한 남자≫는 ≪태어나지 못한 아이에게 보내는 편지≫보다 더 긴 글이기 때문에, 이 기법이 훨씬 더 확고하게 자리를 잡아 권력자들에게 엄청난 비난을 퍼붓는 수단이 되어주었다.[21]

주인공에게 총살형이 선고된 후, 팔라치는 처형 직전의 인간이 느끼는 실존적인 절망을 포착해낸다. 그는 빗속에서 죽는 것을 두려워한다. 사수들이 머리가 아니라 가슴을 정통으로 겨냥해주었으면 좋겠다는 생각도 한다. 그는 사수들이 방아쇠를 당기기 전에 영웅적인 구호를 외칠 계획을 세웠지만, 여전히 속이 메스꺼워질 정도의 불안감을 떨쳐버리지 못한다. 철학적인 혐오가 그의 존재를 침범한다. 생명의 갑작스러운 종말에 비하면 평범한 형이상학적 의문들을 이해하기가 더 쉽다.

≪한 남자≫에 묘사되어 있는 것처럼, 파나고울리스의 처형이 유예되고 나서 어느 정도 세월이 흐른 후 팔라치는 이제 삶이 5분밖에 남지 않았다고 생각했을 때 무슨 생각이 들었느냐고 물었다. 이때 그가 표도르 도스토예프스키의 ≪백치≫, 알베르 카뮈Albert Camus의 ≪이방인≫, 니코스 카잔차키스Nikos Kazantzakis의 ≪그리스도 최후

의 유혹≫ 등 세 작품을 언급했다는 사실은 그의 심정을 일목요연하게 보여준다. 그는 당시 처형 직전의 뫼르소나 십자가에 못 박히기 전날 밤의 예수가 된 것 같은 기분이었다. 그러나 그는 도스토예프스키의 작품에 대해서는 그녀와 언쟁을 벌인다. 그녀는 ≪백치≫에 그의 경우와 비슷한 상황이 전혀 없다고 주장하고, 그는 그 반대라고 주장한다.[22]

"당신은 내가 틀렸다고 했지. 젊었을 때 정치범으로 사형선고를 받았다가 처형 20분 전 목숨을 건진 건 도스토예프스키 자신이라고 말이야. 하지만 소설 속에서 미쉬킨 공이 그 이야기를 하고 있어."[23]

≪백치≫의 내용 중에서 이 부분을 찾아내려고 책을 뒤져봤지만 실패한 그는 결국 자기가 잘못 생각했던 건지도 모른다는 결론을 내린다. 그러나 팔라치는 사실 그가 옳았음을 암시한다. 그가 죽은 후 그녀가 그 부분을 찾아낸 것이다. 그가 그 부분에다가 종이를 꽂아놓고는 그 사실을 잊어버린 모양이었다. 영원히 끝나지 않을 것처럼 보이기도 하고 말할 수 없이 풍요롭게 느껴지기도 하는 삶의 마지막 5분을 묘사한 부분에 밑줄이 그어져 있었다. 그 마지막 순간에 소설 속의 주인공은 마치 여러 개의 생을 경험하는 것 같았다. 그는 몇 분밖에 남지 않은 시간을 쪼개 친구들에게 작별인사를 하고, 자기 자신에 대해 생각해본 다음 마지막으로 주위를 한 번 둘러본다.

≪한 남자≫에서 가장 흥미를 끄는 점 하나는 죽음이 중요한 등장인물로 묘사되어 있다는 것이다. 죽음은 얼굴이 없는데도 미소를 짓고 있으며, 마치 서사적 비극 같은 분위기를 만들어낸다. 팔라치가 헌사에서 소크라테스의 말을 인용한 것도 우연이 아니다.

"떠날 시간이 됐다. 이제 우리는 각자 자신의 길을 갈 것이다. 나는 죽음의 길로, 당신은 삶의 길로. 어느 쪽이 좋은지는 오로지 신만이 아실 것이다."

≪한 남자≫에서 파나고울리스는 자꾸만 죽음을 이야기하며 죽음에게 바치는 찬가를 부르고, 사랑스러운 여인을 대하듯 죽음에게 구애하며 뒤를 쫓아다니다가 결국 그 품 속에 몸을 던진다. 감옥에서 풀려난 후에도 그는 여전히 죽음에 매료되어 있었다. 하마터면 자신의 처형장소가 될 뻔한 에지나로 팔라치를 데려간 그는 마지막 순간에 느꼈던 고뇌와 예상치 못한 처형 유예 결정에 대한 소회를 털어놓으며 향수를 느낀다.[24]

"사형선고를 받고 죽음을 기다리며 3일 낮, 3일 밤을 보낸 적이 있는 사람은 결코 예전의 모습으로 돌아갈 수 없기 때문이야. 그 사람은 항상 죽음을 달고 다니지. 마치 제 2의 피부처럼. 마치 충족되지 못한 욕망처럼."[25]

이 책에서는 실존주의적인 분위기 외에도 정보가 풍부하게 담겨 있는 자세한 이야기와 유머, 그리고 인물묘사 등이 독자들의 시선을 붙들어둔다. 보야티의 군인 교도소에서 심리적, 육체적으로 고문을 받으며 끝날 것 같지 않은 5년을 보내는 동안에도 주인공은 독립적인 정신을 잃지 않는다. 이 교도소의 소장인 자카라키스에 대한 묘사는 그의 신체적 특징에서부터 시작되어 신랄한 평가와 익살스러운 유머로 이어진다. 주인공이 자카라키스를 처음 만났을 때, 그는 죄수가 들어갈 감옥 앞에 서 있었다.

"쉰 살쯤으로 보이는 커다란 남자였다. 거대한 머리는 대머리였고, 코는 거대한 새의 부리 같았다…. 탐욕스러운 눈은 멍하면서도 사악했다. 두툼한 입술은 심술궂었고, 커다란 손은 덜덜 떨리고 있었다. 남에게 애원을 하는 것도, 남을 때리는 것도 똑같이 손쉽게 해치울 수 있는 손이었다."[26]

파나고울리스는 그의 아첨꾼 같은 모습을 보고 그를 경멸하게 되었다.

"난 네가 여기 왜 왔는지 알아. 나한테 잘생겼다는 말을 해주러 온 거지. 내가 좋다면서 나랑 그 짓을 하고 싶다는 말을 하려고 온 거야. 항상 있는 일이지. 군사정권의 종들이 전부 남자를 좋아하는 변태들이라는 건 모르는 사람이 없어."[27]

그가 매일 저녁 라디오로 교도소장의 성생활에 관한 소식을 퍼뜨리는 장면에는 충격적인 유머가 담겨 있다.

"이 거지같은 곳의 대장인 니콜라스 자카라키스가 간이 나빠져서 고생하고 있습니다. 풍문에 따르면, 변태들을 싫어하는 죄수를 강간하려다 실패하자 울화통이 터져 그런 병에 걸렸다는군요."

그는 빈정거리는 말투로 간수와 죄수들 모두의 관심을 끄는 이야기를 계속 쏟아놓는다.

"자카라키스는 거짓말쟁이입니다. 간이 나쁜 게 아니라 치질에 걸린 겁니다. 내가 진실을 알게 된 건 그 돼지 같은 놈이 나한테 그걸 직접 보여줬기 때문입니다. 그 놈 말로는 콘스탄티노플의 유곽에서 몸을 팔 때 터키인들 때문에 그 병에 걸렸답니다."[28]

멜로드라마 같은 정확한 사실들은 이 영웅의 이야기를 읽는 독자들의 관심을 계속 붙들어놓는다. 시간이 흐르면서 그는 이 시멘트 건물에서 탈출하려는 시도를 그만둔다. 그는 이제 더 이상 사람들과 탁 트인 공간과 푸른 하늘을 그리워하지 않는다. 그러나 그의 정신은 여기에 반항하면서 아름다운 시들을 만들어낸다.

"당신은 어렸을 때부터 항상 시를 썼지. 하지만 당신의 창의력이 폭발하듯 터져 나온 건 바로 이 무렵이야. 당신은 수십 편의 시를 썼어. 거의 매일 한 편씩."[29]

자카라키스가 종이와 펜을 몽땅 압수해버린 후에도 그는 글을 쓸 수 있는 방법을 찾아냈다. 면도칼로 왼쪽 손목을 그은 다음 펜 대신 성냥이나 이쑤시개에 그 피를 묻혀서 거즈를 채워 넣은 포장지나

빈 담뱃갑에 글을 썼던 것이다. 자카라키스가 그에게 다시 종이를 허락해주자 그는 그 동안 썼던 글을 한 마디도 빼지 않고 옮겨 적은 다음 종이를 가늘게 접어 감옥 밖으로 몰래 빼돌렸다. 그 글들은 굴복하지 않고 꿋꿋이 버티는 남자의 이야기를 세상에 알려주었다.

팔라치가 ≪한 남자≫를 소설이라고 부르면서 내세운 이유 중 가장 중요한 것은 그녀가 현실과 역사적 사건들을 바꿔놓으려 시도했다는 점이었다. 그녀는 이를 위해 상상력을 동원해서 신화적 원형을 창조해냄으로써 커다란 성공을 거뒀다. 파나고울리스는 단순히 역사 속의 영웅이 아니라 고대 우화의 주인공이나 시적인 인물처럼 그려져 있다. 그가 개인적인 이상에 대한 환멸을 드러내는 모습, 관능적인 욕구를 따르는 모습, 팔라치와 주먹다짐을 벌여 아이를 유산시키는 장면, 폭정에 맞서 저항하는 모습 등에는 그의 인간적인 특징들이 드러나 있다. 팔라치는 이어 꿈을 등장시켜 그를 어두운 잠속에서 자신의 운명이 펼쳐지는 것을 보는 신화적 영웅의 반열에 올려놓는다. 그가 가장 먼저 본 환영은 은색 깃털의 아름다운 갈매기가 잠들어 있는 도시 위를 날아가 물 속으로 뛰어들어서 빛의 샘을 잡아 올리는 모습이었다. 이 환영 속에서 도시 사람들은 모두 깨어 일어나 모두들 승리라고 생각하는 이 일을 축하한다. 그러나 작가는 여기에 파멸의 목소리를 끼워 넣는다.

"하지만 당신은 그 사람들의 생각이 틀렸다는 걸 알고 있었지. 전부 다 틀렸다는 걸. 갈매기는 패배했으니까."[30]

이제 장엄한 이미지 대신 위풍당당한 짐승을 갈기갈기 찢어버리는 물고기의 섬뜩한 환영이 이어진다. 책 속의 화자는 독자들에게 이 물고기의 꿈이 파나고울리스에게 항상 불운의 전조 역할을 했다고 얘기하면서, 그리스에서 군사 쿠데타가 일어나던 날 밤 이 이미지가 그의 머릿속을 떠나지 않았다고 넌지시 암시한다. 이런 부분 때문에 이 소설은 신비롭고, 소박하고, 상징적이고, 절망적인 분위기를 띠게 된다.

영웅이 조지 파파도풀로스George Papadopoulos를 죽이려고 시도한 다음 몰래 은신처로 도망치는 장면은 스파이가 나오는 스릴러 영화나 전쟁 영화의 한 장면과 흡사하다. 주인공을 찾으러 나선 경찰서장이 발을 헛디디는 바람에 바위에서 굴러 떨어져 우연히 주인공의 은신처를 발견하게 되는 장면에서는 서사시 같은 아이러니를 느낄 수 있다. 두 사람은 등장인물들의 실수를 통해 관객을 웃기는 코미디 영화의 주인공들처럼 눈을 휘둥그렇게 뜬 채 서로를 뚫어지게 바라본다. 경찰서장은 도망자의 총에 맞을까봐 걱정하지만 도망자는 사실 총을 가지고 있지 않다. 한편 속옷 차림으로 바위 속에 숨어있던 주인공은 자신이 실패했음을 한탄한다. 이렇게 해서 도망자는 죄수가 된다.

"꿈 속에서 갈매기를 공격하는 물고기처럼 사납게 그들이 당신에게 달려들었지."[31]

파나고울리스의 두 번째 환영은 고대 우화를 연상시키는 소설의 이미지를 더욱 강화시킨다. 그의 인생과 관련되어 있는 이 환영에서 가장 중요한 위치를 차지하고 있는 것은 바로 그의 동생의 죽음이다. 그의 동생은 정부에 항의하는 의미에서 그리스 군대를 탈영해 터키와 레바논을 거쳐 이스라엘로 도망치지만 하이파에서 이스라엘인들에게 붙잡힌다. 그들은 그를 어떤 그리스 배의 선장에게 넘겨주고, 선장은 그를 아테네의 군사정권에게 인계하려 한다. 그러나 배가 피라에우스에 도착했을 때 그를 찾으러 올라간 경찰들은 텅 빈 선실과 열린 창문을 발견한다. 알렉코스는 자신이 꿈에 그런 모습을 봤기 때문에 동생이 사라진 것은 아니라는 것을 알고 있었다.

당신은 조지와 함께 산길을 걷고 있었다. 바다를 향해 떨어져 내린 절벽 위의 길이었지. 그런데 갑자기 산이 흔들리더니 눈사태가 조지를 집어삼켰어.
"조지!"
당신은 그를 끌어안으며 소리쳤지.
"조지!"
하지만 당신은 그를 붙들지 못했어. 조지는 바닷속 물고기들 사이로 떨어져버린 거야.[32]

이 꿈은 대중적인 이야기 같은 매력과 비극적인 예언 같은 음울한 분위기를 이 소설에 부여해준다.

파나고울리스 사건이 그리스 법정에서 처음 다뤄진 것이 물리적인 힘의 자연스러운 결과로 묘사된 부분에서는 신화적 분위기가 한층 더 깊어진다.

"19일 후, 북풍과 함께 11월이 왔을 때 재판이 시작되었다."[33]

군사정권에 속한 판사들은 아이들의 이야기 속에 등장하는 우스꽝스러운 악의 세력처럼, 혹은 초현실적인 세상에서 살고 있는 사람들처럼 이해하기 어려운 행동을 하는 시적인 꼭두각시로 그려진다.

"황금 단추와 빨간색 기장이 달린 초록색 제복을 입고 병 속에 숨 막힐 듯 갇혀 있는 사람들."[34]

팔라치는 또한 똑같은 형식의 문장으로 고대 민요의 간결하고 놀라운 리듬을 되살린다.

"그들이 당신을 에지나 섬으로 데려갔고, 당신은 거기서 3일 낮, 3일 밤 동안 총살을 기다렸지."[35]

파나고울리스가 보야티의 감방에서 바퀴벌레에게 애정을 품었다는 얘기는 그의 비극을 한층 더 강조해줄 뿐만 아니라, 이야기 전체에 초현실적인 분위기를 덧붙여준다.

"녀석은 털이 난 긴 다리와 뻣뻣하게 곤두선 더듬이 두 개를 갖고 있었어. 하지만 가장 놀라운 건 녀석의 날개였지."

파나고울리스는 날개가 달린 이 짐승을 향해 우스꽝스러운 독백을 내뱉는다.

"날아봐…. 하다못해 뛰기라도 해봐! 펄쩍 뛰어보란 말이야!"

이 독백은 전설 속의 마법처럼 이야기에 활기를 불어넣는다.[36]

이 불쌍한 벌레가 병사의 발에 밟혀 죽어버리자, 주인공은 하얀 죽처럼 변해버린 녀석을 보며 연민을 느낀다. 마치 단 하나뿐인 소중한 동무를 잃어버린 사람처럼 금방이라도 이성을 잃을 듯하다.

> 당신은 그들이 밟아 죽인 게 바퀴벌레가 아니라 두 팔과 두 다리를 가진 생물인 것 같은 기분이 들었다고 했지. 그를 잃는다는 생각만으로도 피가 거꾸로 솟는 듯 했다고. 그런 생각을 하다보면 구정물이 담긴 양동이 외에 아무 것도 없는 텅 빈 감방에 당신이 혼자 있다는 것을 갑자기 깨닫게 되니까.[37]

간단히 말해서 ≪한 남자≫의 주인공이 현실 속의 인물인지, 그가 좌익 정권, 우익 정권, 중도파 정권 중 어느 편을 지지했는지, 그가 개인의 자유를 위해 권력자들에게 용감하게 저항했는지 등은 별로 중요하지 않다. 이 책을 통해 파나고울리스는 오디세우스와 롤랑 같은 영웅들의 짜릿한 결합체로 변모한다. 창으로 무장한 채 20세기의 폭군들을 뒤쫓는 마법의 전사가 된 것이다.

≪한 남자≫를 쓸 때 팔라치는 실제 사건을 소설로 재구성하는 문제, 그리고 자신의 창의력과 현실 속의 진실을 모두 살려야 한다는 문제와 부딪쳤다. 그녀는 사실주의, 스파이 스릴러, 고전 비극, 서정적 묘사 등 모든 문학적 기법을 동원했다. 알렉코스 파나고울리스

의 인생을 직접 관찰한 사람으로서 그 중 일부를 예술적인 감성으로 골라냄으로써 그녀는 현실을 더욱 깊숙하게 잡아냈을 뿐만 아니라 (그의 인생을 냉정하고 사실적으로 다룬 다큐멘터리였다면 제외되었을 이야기들이 여기에는 포함되었다), 그의 이야기를 재창조해서 저널리즘적인 문학의 고전적 모범을 따라 문학적 솜씨로 그 이야기를 구성했다. 만약 그녀가 이 책을 역사적인 기록으로 만들 생각이었다면 사건들의 시간적인 순서를 마음대로 바꿀 수도 없었을 것이고, 내용의 객관성을 해치지 않는 범위 내에서 자신의 철학적인 견해를 표현할 수도 없었을 것이다. 그러나 팔라치는 사실을 크게 윤색했으면서도 이 책의 내용이 거의 현실과 흡사하다고 당당하게 단언한다.

이 책에는 개인적인 정보가 풍부하게 포함되어 있다. 그녀가 이 책에서 자신의 개인적인 이야기를 너무나 많이 밝혀 놓았기 때문에 책 제목을 '한 여자'로 바꿔도 무리가 없을 정도이다. 토스카나 지방에 대한 서정적인 묘사는 당시 팔라치가 살고 있던 곳을 자세히 들여다볼 수 있게 해준다. 그녀는 아름다운 길을 따라 걸으며 갓 돋아난 버섯과 금작화의 향기를 들이마시고, 삼나무와 전나무가 줄지어 늘어선 산에서 바람이 불어오는 소리를 듣는다. "이끼 때문에 미끌거리는 돌멩이 위로 개울물이 흐르는 골짜기에서 장어"를 잡고 "붉은 히스 덤불 속에서 토끼와 꿩을 사냥하기도 한다." 추수기가 되면 자주색 포도송이가 두툼하게 부풀어 오르고, 잘 익은 무화과 열매들이 "되새와 종달새들 때문에 가늘게 흔들리는" 가지에 매달려 있다. 숲에서는 초록색 일색이던 여름 풍경 속에 노란색과 오렌지색이 섞이기 시작하고, 사람들은 이 모든 풍경을 바라보며 마음을 새로이 한다.

"자신에게 싫증이 나서 스스로를 재발견하고 의심을 씻어버려야 하는 사람에게 가을의 토스카나만큼 좋은 곳은 없다."[38]

언덕 위에 있는 그녀의 크고 아름다운 집은 2층 창문과 작은 탑의 총안까지 타는 듯 붉은 담쟁이덩굴로 뒤덮여 있다. 마치 즐거운 봄이 돌아온 것처럼 장미가 뜻하지 않게 꽃을 활짝 피우고, 파란색의 부드러운 등나무가 테라스 난간 위로 폭포처럼 흘러내린다. 심지어 예배당 앞의 딸기나무조차 자주색 열매를 맺어 찌르레기들이 게걸스레 달려든다. 하얀 수련은 연못 위를 당당하게 떠다닌다. 이런 풍경묘사 속에는 팔라치가 연인의 고난 많은 삶 때문에 느낀 흥분에서 뒤로 물러나 연인에게 자신의 시골집을 피난처로 제공할 때 고향의 풍경에 대해 갖고 있던 생각을 간략하게 보여준다.

피렌체에서 팔라치는 반갑지 않은 사람들의 위험한 시선으로부터 자신과 알렉코스를 보호하기 위해 외딴 곳의 아파트 한 채를 몰래 빌린 적이 있었다. 그러나 첩자들이 이 은신처를 찾아내서 두 사람의 일거수일투족을 감시하기 시작하자 그녀는 그들에게 정면으로 따지러 가겠다는 알렉코스를 필사적으로 막았다. 이 과정에서 그와 주먹다짐을 벌이다가 복부를 맞아 아이를 유산하게 된 것이다.[39]

파나고울리스가 1974년 8월 13일에 아테네로 돌아가 동포들로부터 변변찮은 환영을 받았을 때, 팔라치는 자신의 말과 행동이 그의 말과 행동보다 더 중요한 대접을 받게 만들었다. 그녀는 뉴욕에서 그에게 전화를 걸어 그리스 사람들의 반응이 신통치 않았던 이유에 대한 자기 나름의 분석결과를 이야기해주었다. 그녀는 그가 돌아온다는 사실을 신문들이 제대로 알리지 않아서 이런 결과가 나왔다며, 무심한 그리스 사람들에 대한 자신의 분노와 경멸을 분명하게 강조했다. 그녀는 파나고울리스가 동포들에게 배신당했다고 생각했다. ≪한 남자≫에서 그녀는 남이 시키는 일만 하고, 남이 시키는 대로만 생각하는 사람들을 신랄하게 비난하며 그들이 "모든 기성 권력, 모든 교리, 모든 교회, 모든 유행, 모든 이념의 희생자이며, 그런 일에는 전혀 관심도 없는 선동가들에 의해 모든 죄와 비겁함을 사면 받은 사람들"[40]이라고 썼다.

일부 그리스인 독자들은 그리스인들을 싸잡아서 비난한 그녀의 글에 분노했다. 그러나 1963년에 벌어졌던 좌파 대의원 그리고리오스 람브라키스Gregorios Lambrakis의 암살사건(이 사건은 영화 〈Z〉의 소재가 되었다)을 밝혀내는 데 커다란 역할을 한 언론인 조르지오스 베르초스는 그리스인 비평가 중에서도 팔라치를 이해하는 편에 속했다.

> 그녀는 파나고울리스도 자기처럼 그리스 사람들을 원망하기를 바랐을 것이다. 그러나 그는 그런 사람이 아니었다. 그는 특히 [의회에 나가 있는] 많은 동료들에게 실망과 원망을 느꼈지만, 결코 그리스 사람들을 싸잡아서 비난하지는 않았다.[41]

팔라치는 그 후 알렉코스에게 보낸 편지에서 자신이 그를 지지한다는 뜻을 밝혔을 뿐만 아니라, 그에게 계획을 그대로 밀고 나가라고 격려했다. ≪한 남자≫에서 그의 영적인 스승으로 묘사되고 있는 그녀는 그가 시를 통해 인간의 무심함과 이미 화해했음을 그에게 상기시킨다. 심지어 그녀는 워싱턴 어빙Washington Irving의 소설에 등장하는 립 반 윙클Rip Van Winkle의 이야기를 해주면서 무기력에 빠져 있던 알렉코스를 일으켜 세워 그에게 총선에 출마하겠다는 의욕을 불어넣는다. 나중에 아테네에서 그와 합류하는 장면에서 팔라치는 그의 수척해진 얼굴보다 흐트러진 외모에 대한 자신의 반응에 더 초점을 맞췄다. 그녀는 공항에서 차를 타고 가는 동안 그를 위로하려고 애쓰지만, 그의 사무실에 도착한 후 두 번째의 충격적인 사건과 맞닥뜨린다. 그의 명패 밑의 문짝에 그의 목숨을 위협하는 글이 쓰여 있었던 것이다. 그녀는 이 협박을 써 놓은 사람들이 총선 당일 그를 위협할 생각이었다면서 여기서도 이 사건에 대해 자기 나름의 설명을 덧붙인다.

≪한 남자≫에서는 팔라치 자신의 개인적 감정변화가 알렉코스의 감정을 압도해버리는 경우가 아주 많다. 그녀는 알렉코스와 하나가 되는 것이 자신의 운명(그녀는 하나님을 믿지 않으면서도 운명이라는 개념을 완전히 받아들였다)이었다는 신파적인 이야기를 늘어놓는다.

"숙명을 부정한다면, 삶은 잃어버린 기회들의 연속이 될 것이다. 할 수도 있었지만 결코 하지 않은 일에 대한 후회로 점철된 인생이 되는 것이다…. 그리고 현재는 낭비되고 뒤틀려서 또 다시 잃어버린 기회로 변해버린다."[42]

팔라치는 자신이 왜 알렉코스를 더 일찍 만나지 못했는지 설명하면서 회한으로 가득 찬 가슴을 안고 자신이 취재를 위해 돌아다닌 곳들을 되짚어 본다. 두 사람이 어느 특정한 날 아테네에서 처음 만난 것이 운명이었던 것처럼, 그때까지 그녀가 다른 도시들을 돌아다닌 것도 운명이었다. 그녀는 자신이 그때까지 만난 많은 저항투사들의 얼굴에서 이미 그를 만났으며, 자신의 삶이 결국 그에게로 이어진 예정된 길을 따라 왔다고 믿었다.

> 만약 운명이 존재하지 않았다면, 만약 내가 당신 운명의 도구가 될 필요가 없었다면, 내가 8월의 그 날 왜 당신에게 전보를 보냈는지, 오랫동안 기다리던 부름을 받은 사람처럼 왜 그토록 서둘러 아테네로 달려갔는지, 내가 당신의 도시에 도착한 순간 뭔가가 나를 향해 무너져 내리는 듯한 예감을 느낀 이유가 무엇인지 설명할 수가 없어.[43]

그가 그녀를 처음 만났을 때 한 인사("아, 왔어요?")가 그녀의 운명을 결정하고, 두 사람의 운명이 뒤엉키게 만들었다.[44]

팔라치는 파나고울리스를 처음 만났을 때 그와 함께 있는 것이 얼마나 행복했는지 설명하면서 계속 자기 자신에게 초점을 맞춘다. 그녀는 아름다운 빨간색 드레스를 입고 그와 함께 식당에 들어갔을 때 커다란 자부심을 느꼈다고 말한다. 모든 사람들이 그와 나란히 서 있는 그녀를 바라보았기 때문이다. 그는 그녀의 손을 잡고 자기가 가장 좋아하는 시인 '비아지오*Viaggio*'를 그녀에게 바쳤다. 글리파다 해변에서 그와 함께 보낸 일주일은 마치 유토피아 같았다. 그러나 행복한 시절이 끝난 후에는 그녀가 느낀 불행과 신체적 위협이 이야기의 중심을 차지한다. 산꼭대기에 높이 위치한 이라클리온 마을까지 올라가는 좁은 길에서 파란색 자동차를 탄 두 남자가 오리아나와 알렉코스의 자동차를 미는 바람에 두 사람이 하마터면 깊은 골짜기로 떨어질 뻔한 적도 있었다.[45]

팔라치는 파나고울리스와 함께 살면서 14개월을 보낸 후 마치 뭔가가 자신의 내부에서 부서져버린 것처럼 그에게 느끼던 매력과 열정이 사라지기 시작했다고 말한다. 이제 그녀는 더 이상 그의 사막 안으로 걸어 들어가고 싶은 생각도 없고, 그의 고독을 덜어주고 싶지도 않았다. 그녀가 사랑했던 사람이 산산이 부서져 도저히 알아볼 수 없는 낯선 사람으로 변해 있었다. 그녀는 자신의 감정적 위기를 극복하고 어떻게든 애정을 되살려 보려고 혼자서 런던, 파리, 뉴욕을 돌아다녔다. 그리고 그의 편지를 받은 후 다시 그의 곁으로 돌아왔다. 그러나 그녀는 그와 함께 침대에 누워 있을 때 역겨움을 느꼈다. 알렉코스가 복수를 위해 옛날 자기가 갇혀 있던 감옥 간수의 아내를 유혹하겠다고 말했기 때문이다. 그는 감옥에 있을 때 생각해 두었던 계획을 실행에 옮기겠다고 했다. 간수의 아내가 소변 대신

피를 쏟을 때까지 그녀를 겁탈하겠다는 계획을. 그가 그 여자에게 구애하는 데 쓸 자동차를 사달라고 팔라치에게 요구하자 팔라치는 더욱 더 커다란 분노를 느꼈다.

 팔라치는 역시나 신파적으로 연인을 버렸다. 그녀는 그가 의회에 출석하기 위해 집을 나갈 때까지 기다렸다가 서둘러 공항으로 달려갔다. 뉴욕행 비행기를 기다리면서 그녀는 그에 대한 자신의 감정을 분석해보았다. 그리고 ≪한 남자≫에서 자신이 파나고울리스의 외모에 매력을 느낀 적이 한 번도 없음을, 아니 사실은 처음부터 그가 약간 못생겼다고 생각했음을 독자들에게 분명히 밝힌다. 그의 여러 가지 버릇들이 짜증스럽게 느껴졌다는 것도. 그녀가 그에게 느낀 것은 그에 대한 영적인 매력이었다. 그녀가 갈망한 것은 그의 몸이 아니라 그의 영혼, 그의 사상, 그의 감정, 그의 시였다. 그녀는 파나고울리스에 대한 열정이 자신을 완전히 압도해 버렸다면서도 이제는 그가 혐오스럽게 느껴진다고 강조했다. 그녀의 연인은 공항에서 비행기를 기다리던 그녀 앞에 갑자기 나타나 자신에게 돌아오라면서 자기가 말할 때는 자리에서 일어나야 한다고 명령하고, 열쇠로 그녀를 쿡쿡 찌르다가 만약 그녀가 비행기를 타려 한다면 죽여 버리겠다고 위협했다. 그러자 팔라치는 자기가 이 더러운 도시 아테네에 다시 발을 들여놓는다면 신들의 저주를 받을 것이라고 주장했다. 알렉코스는 화를 내면서 그녀의 가슴을 때렸다. 그가 그녀에게 두 번째로 주먹을 날린 후 그녀는 그 자리를 떠나면서 그에게 죽어버리라고 말했다.[46]

 팔라치는 뉴욕에서 마음의 평정을 다시 발견했음을 강조한다. 그녀는 그곳에서 그의 세계가 아니라 자신의 세계에 속해 있었다. 그녀는 그가 할 줄 모르는 영어를 사용하면서 낯익은 풍경을 즐겼다. 저녁에 맨해튼의 10층짜리 아파트에 있는 집으로 돌아오면 아름다운 고층건물들, 이스트 강을 가로지르는 다리 등 반짝거리는 도시의 풍경에 흠뻑 취하곤 했다. 그녀는 자신의 직업을 고맙게 생각했으며, 그리스의 불안한 정치상황에 대해서는 조금도 생각하지 않았다. 무엇보다도 그녀는 위압적인 성격의 파나고울리스에게서 자유로웠다.[47]

이처럼 새로운 자유를 즐기고 있었으면서도 그녀는 자신을 아테네로 돌아오게 만들기 위한 알렉코스의 속임수에 일부러 속아주었다. 그러고는 그의 소망과 달리 다시 그와 언쟁을 벌이며 그의 곁을 떠나 메사추세츠의 앰허스트로 가서 유럽의 정치적 양심이 형성되는 데 신문이 어떤 역할을 담당했는지에 관한 강연을 했다. 뉴잉글랜드의 대학도시에서 보낸 시간은 마치 마취제와 같은 역할을 했다. 그녀는 그리스의 정치적 소란을 잊어버렸다. 새로 깎은 잔디밭과 초록색 나무들, 하얀 기둥과 파란색 지붕이 있는 빨간색 집들, 친절하고 상냥한 사람들의 따스한 환영이 모든 불안감을 씻어주었다.[48] 그러나 〈에우로페오〉의 동료들과 로마의 마젠지아 나지오날레 스탐파 아소시아타(ANSA)가 파나고울리스의 죽음을 확인해준 후, 팔라치는 남편을 잃은 미망인 역할을 하기 시작했다. 그녀는 택시를 불러 타고 서둘러 공항으로 향했다. 승무원들은 그녀의 상황을 고려해서 다른 승객들과 멀리 떨어진 곳에 그녀의 자리를 마련해주었다. 그리고 그녀가 혼자서 슬픔에 잠길 수 있도록 해주었다. 아테네 공항에서는 파나고울리스의 친구들이 그녀를 기다리고 있었다. 사진기자들이 플래시를 너무 많이 터뜨리는 통에 팔라치는 마치 그리스의 '국민 미망인'이 된 것 같은 기분이었다.[49]

팔라치는 사랑이 희생자를 집어삼키는 덫이며 불행한 사람들을 달래기 위해 만들어진 거짓이라고 생각했었다. 그러나 알렉코스가 비극적인 죽음을 맞은 후에는 사랑의 힘이 어떤 것인지 그녀도 느꼈던 것 같다. 그녀는 ≪한 남자≫에서 알렉코스의 말("난 곧 죽을 거야. 그리고 당신은 꼼짝도 할 수 없게 될 거야. 당신은 영원히 날 사랑할 테니까.")을 떠올리면서 그의 말이 옳았다는 결론을 내린다. 그가 자신을 정복했다는 것이다.

"그가 살아있을 때 나는 내가 가진 모든 것을 주었지만, 그에게 집착하지는 않았다. 그가 떠나버린 지금, 그는 내 머릿속의 유령이 되었다. 사랑은 분명히 존재하는 것 같다. 그리고 나는 거기에 붙들려 꼼짝할 수 없게 되었다."[50]

≪한 남자≫에서 팔라치는 산초 판자 같은 역할을 한다. 돈키호테 같은 주인에게 이성적인 목소리를 들려주는 사람으로서 그를 사랑하며 뒤따르는 것이다. 실제로도 그녀는 똑같은 역할을 했다. 그리고 그가 죽은 후에는 그녀 자신이 돈키호테가 되어 위험한 일을 했다. ≪한 남자≫를 쓴 것이다. 그리스와 이탈리아의 관리들을 모두 고발하는 책을 쓰는 것은 위험한 일이었다.

"내가 처벌을 받지 않고 무사히 넘어갔다고 생각해서는 안 된다. 정치적인 반발이 있었다."

이 책을 쓰면서 그녀는 침대 옆에 장전된 소총을 놓아둔 채 잠을 잤다. 좌익, 우익, 중도파를 막론하고 많은 정치인들이 화가 나서 불쾌감을 드러냈기 때문이다. 그녀는 정당에 소속되지 않았기 때문에 어디에서도 보호를 받을 수 없었다. 따라서 누군가가 원고를 압수해 버리거나 출판을 막을까봐 결국 비밀리에 책을 인쇄했다. 그녀는 특유의 활기 찬 태도로 자신에 대한 위협을 일축해버렸다.

"그들이 나를 박해할수록 사람들은 나를 더 사랑할 것이다."[51]

≪한 남자≫는 처음부터 논쟁의 한 가운데에 있었다. 그리스의 출판사인 파피로스는 원고 내용을 보고 열기가 식어버렸는지 그리스 국내에서의 출판권을 포기하면서 이 책은 "상처 입은 짐승의 울

부짖음"이라고 투덜거렸다.[52] 파나고울리스의 어머니인 아테나와 남동생 스타티스도 이 책을 보고 분노했다. 두 사람 모두 이 책이 파나고울리스의 정치적 신념과 사실을 왜곡했다고 주장했다. 작가가 자신의 이익을 위해 그의 이름을 이용했으며, 그리스 저항운동의 영웅에 대한 기억을 더럽혔다는 것이다. 팔라치는 자신의 집필 동기에 감히 의문을 제기한 알렉코스의 가족들에게 분노했다. 그녀는 그들의 태도가 괘씸하다면서 도저히 믿을 수 없는 일이라고 말했다. 그리고 이 책은 알렉코스의 살인사건과 그의 적들을 비난하고 있다고 되받아쳤다. 그녀는 자신이 그가 죽기 전 마지막 몇 년간을 그와 함께 보냈으며, 그의 기억을 보존하고 적들의 정체를 폭로하기 위해 이 책을 썼다면서 가족들의 비난을 물리쳤다. 그리고 파나고울리스의 어머니와 남동생에 대한 경멸을 표현했다.[53]

로버트 쉬어도 팔라치를 인터뷰하는 도중에 이 책과 관련해서 그녀의 분노를 샀다. 이 책의 어디를 봐도 알렉코스가 다른 사람들은 물론 그녀에게조차 책임을 느끼는 부분이 없다는 말이 화근이었다.

"그는 마치 자기가 다른 사람들보다 더 고귀한 목적을 지니고 있으니 그 목적을 위해 무엇이든 희생해도 된다고 생각하는 것 같다."

쉬어는 특히 알렉코스가 독재에 저항하던 시절의 삶이야말로 남자들이 마땅히 추구해야 하는 삶이라는 팔라치의 주장을 비판했다. 알렉코스는 사실 자신의 뜻을 알리기 위해 아크로폴리스에 폭탄을 던질 생각을 한 적이 있으며, 미국인 관광객을 인질로 잡자는 얘기를 한 적도 있었다. 쉬어는 목적을 위해 수단을 가리지 않는다는 식의 사고방식은 문제라며 팔라치에게 설교를 했다.

"당신은 그런 행동에 찬성하는 것 같더군요. 독재에 저항하기 위해 무고한 미국인 관광객을 납치할 생각을 하다니. 그건 테러입니다. 테러는 세상에서 중요한 문제이지요."

그녀는 쉬어의 말을 반박하려 했지만("당신들 미국인들은 저항운동이 어떤 건지 몰라요."), 쉬어는 그녀를 계속 몰아붙였다.

"당신은 자신이 더 우월한 사람인양 미국인들을 내려다보고 있어요. 그것이 책에도 드러나 있고요. 당신은 '미국이 유럽에서 거부당한 사람들로 이루어져 있다'고 썼지만, 그건 사실이 아닙니다."[54]

쉬어는 팔라치가 알렉코스의 공범도 아니고 누이도 아니었다고 주장했다. 그런데도 그녀는 알렉코스 때문에 자신이 믿지도 않는 일에서 위험을 무릅썼고, 미친 짓에 동조했다.

"당신은 그가 미쳤는지도 모른다는 생각을 했다고 썼습니다. 하지만 마치 유행이나 쫓아다니는 10대 소녀처럼 그에게 동조했죠. 유명 연예인을 쫓아다니며 이성을 잃어버린 10대 소녀들이 항상 그러는 것처럼, 당신 자신이 그를 어떻게 생각하든 상관없이 그의 계획에 동조했습니다."

쉬어는 팔라치가 파나고울리스를 독재정권에 저항하는 전세계 남자들의 모범으로 만들어버린 것을 비난했다. 그녀에게 파나고울리스는 용기, 정치, 인생에 대한 그녀의 모든 신념을 재는 잣대였다.

"당신은 개혁가가 되어서 세상을 조금이나마 낫게 만드는 것으로는 진정한 남자가 될 수 없다고 생각합니다. 부모가 되어서 아기의 기저귀를 갈아주는 것 역시 진정한 남자가 되기 위한 시련이라고 생각하지 않죠. 당신은 조금씩 노력하는 사람들을 모두 경멸하는 것 같습니다."[55]

그는 용기에 대한 그녀의 생각에 반발하면서, 테러행위는 아무리 용감한 것이라도 사람들을 소외시키며, 결국은 테러리스트를 자멸시킨다고 말했다. 팔라치는 쉬어의 맹공에 반격을 가하려 했지만 실패하자 화를 내면서 그에게 독재자가 되면 딱 맞을 사람이라고 말했다. 그가 자기에게 말할 기회를 주지 않는다며 소리를 지르기도

했고, 그와 이야기하면서 무력감을 느낀다고 인정하기도 했다.

"당신이 지금보다 더 관용적인 태도를 보여주더라도 나는 마치 완전히 딴 소리를 하고 있는 것 같은 기분이 들 거예요."[56]

쉬어의 무자비한 공격에 팔라치의 분노는 절정에 이르렀다.

"우주비행사들에 대한 기사를 썼을 때가 기억납니다. 그때 내가 지능 테스트를 받았는데, 그 사람들이 사람 진을 빠지게 해서 나중에는 머리가 아파오더군요. 지금 당신이 그 사람들과 똑같은 짓을 하고 있습니다. 망할 놈의 인터뷰를 한다면서 그런 짓을 하고 있다고요."[57]

알렉코스가 죽은 후 팔라치는 내면의 고통을 다스리면서 소설집 필이라는 마법을 통해 파나고울리스가 망각 속으로 사라지는 것을 막았다. 1976년에 서른여섯의 나이로 세상을 떠난 역사적 인물은 사람들의 기억 속에서 곧 사라져버렸지만, 팔라치가 쓴 기사 같은 소설 속의 주인공으로 살아남았다. 팔라치도 이 책에서 권력에 저항하는 연인을 지탱해주면서 스스로도 군사정권에 맞서는 여주인공으로서 자신의 감정을 터뜨렸다. 이 책은 그의 이야기이자 그녀의 이야기였다. 팔라치는 이탈리아인 기자를 그녀로 착각한 이란 혁명수비대원들의 이야기를 해주었다. 그들은 겁에 질린 그 기자를 붙잡은 후 그녀를 달래기 위해 ≪한 남자≫를 들어 보여주었다고 한다. 심지어 그녀를 억지로 대규모 집회의 연단에 세워 자신이 그 책의 저자라는 말을 하게 만들기까지 했다.[58] 만약 통계에 의미를 둔다면, 이 소설에 등장하는 오리아나와 알렉코스 두 사람이 모두 수많은 사람들의 마음 속에서 분명히 살아있다고 할 수 있을 것이다. 이탈리아의 비평가 라니에리 스키피시Ranieri Schippisi는 이 두 사람의 중요성에 대해 "파나고울리스의 캐릭터가 책을 지배하고 있을 뿐만 아니라, 저항할 수 없을 만큼 매력적이고 비극적이었던 그의 삶에서 마지막 3년을 함께 했던 여자의 불안하고 슬픔에 찬 여성성도 드러나 있다"[59]고 말했다. 팔라치의 주장에 따르면, 이 책은 20개 언어로 번역되어 3백만 명의 독자들에게 읽혔다.[60] 파나고울리스가 죽은 후 그녀가 처음 타자기 앞에 앉은 것은 슬픔과 분노 때문이었다. 그리고 토스카나에서 스스로 죄수가 되어 글을 쓰던 3년 동안 그녀를 지탱해준 것은 자신이 사랑했던 남자가 잊혀지게 해서는 안 된다는 결의였다.

"그는 패배한 것이 아니다. 내가 그 사람 대신 말할 것이다."[61]

이렇게 해서 만들어진 책은 팔라치 자신의 자서전이기도 했다.

톨스토이, 도스토예프스키, 그리고 팔라치
TOLSTOY, DOSTOYEVSKY, AND FALLACI

II

Oriana Fallaci

팔라치는 1990년에 자신의 작품 중 가장 성숙한 작품 ≪인샬라≫를 내놓으면서 작가로서 절정에 이르렀다.[1] 그녀가 아랍어로 '신의 뜻대로'라는 뜻인 인샬라를 제목으로 삼은 것을 보면, 영원한 의문의 해답을 찾기 위한 탐색과 인간의 운명에 관심을 갖고 있었음을 분명히 알 수 있다. 이 책에는 그녀의 새로운 이미지가 표현되어 있다. 팔라치는 전세계 사람들이 자신을 창작에만 전적으로 헌신하는 신비로운 작가로 봐주기를 원했다. 그녀는 사람들 앞에 내보이는 자신의 모습 중 이 신비로운 작가의 모습에 대해 이야기할 때면 마치 독자들에게 새로운 팔라치의 모습을 확실히 보여주고 싶어하는 사람 같다. 그녀는 이 책을 출간하면서 영어와 불어판의 번역자로도 자신의 이름을 올렸다. 이 때문에 그녀와 번역자 사이의 갈등이 절정에 이르러 이 책은 미국에서 논란 속에 출판되었다.

    팔라치는 책의 내용뿐만 아니라 그 내용을 전달하는 방식 또한 책을 규정한다고 주장한다. 그리고 번역을 할 때 원문과 달리 말을 빼거나 덧붙이는 것에 강력하게 반대한다. 그녀는 단순히 글을 파는 장사꾼이 아니라 진정한 작가라면 단어 하나를 쓸 때마다 피를 쏟는 노력을 기울인다고 생각한다. 따라서 원문을 바꿔버리는 번역자라면 애당초 번역을 맡지 않는 편이 낫다는 것이다. 팔라치는 자신이 이 문제에 집착하고 있음을 인정하며, 번역자들과 전쟁을 벌이고 있다는 점 역시 솔직하게 인정하고 있다. 그녀는 아담과 이브가 하나님의 벌을 받아 에덴동산에서 쫓겨난 것이 작가들에게 영향을 미치고 있다고 단언한다.

"추악한 놈들, 멍청이, 송장, 악당들 같으니! 너희들이 내 사과를 먹었어? 내가 벌을 내리겠다. 지금부터 너희는 다른 언어로 말을 할 것이며, 책을 쓰면 반드시 그 책을 번역해야 할 것이다. 당장 나가!"[2]

다양한 언어들로 이루어진 바벨탑은 작가들에게는 재앙이다. 그녀는 번역자가 필요하지 않은 미술가와 음악가를 부러워한다.

영어와 프랑스어를 어느 정도 유창하게 구사할 뿐만 아니라 스페인어도 조금 알고 있는 팔라치는 자신이 용납할 수 없을 만큼 원문을 변형시킨 번역을 잡아낼 수 있을 만큼 이들 언어를 알고 있다고 주장한다. 그녀는 《인샬라》의 번역본 세 개를 받아보고 너무나 불만스러운 나머지 세 번이나 심장발작을 겪었다고 한다. 그녀는 이 번역본들의 잘못된 부분을 고치기 위해 다음 작품을 위한 준비작업은 물론 브루노 팔라치의 일기를 편집하던 일까지 중단했다. 그녀는 《인샬라》의 첫 스페인어 번역본에 퇴짜를 놓았는데, 나중에 칠레의 어떤 교수가 그녀의 마음에 들게 다시 번역을 해주었다. 프랑스어 번역본도 역시 마음에 들지 않아서 그녀는 빅토르 프랑스Victor France라는 필명으로 자신이 직접 재번역을 했다.[3]

팔라치가 필명으로 빅토르 프랑스를 사용한 것에 대해서는 적어도 두 가지 설명이 가능하다. 첫째, 그녀는 항상 천부적인 능력을 지닌 신비로운 인물처럼 보이고 싶어했다. 또한 번역자로서 그녀의 정체가 탄로날지도 모른다는 우려도 있었다. 어쩌면 그녀가 자신의 프랑스어 실력을 그리 확신하지 못했는지도 모른다. 그녀가 나중에 자신이 빅토르 프랑스임을 밝힌 것은 프랑스의 비평가들이 이 소설에 찬사를 보냈기 때문인 것 같기도 하다.[4] 그러나 프랑스 대중매체들이 책임을 완수하지 못했다고 볼 수도 있다. 그녀가 프랑스어 번역자를 자처할 권리가 있는지 아무도 의문을 제기하지 않았으니까 말이다.

사실 팔라치의 프랑스어 번역본은 첫 번째 번역본과 완전히 달랐지만, 그녀가 두 번이나 퇴짜를 놓은 첫 번째 번역본을 기반으로 삼은 것이었다.[5] 그런데도 그녀는 첫 번째 번역자의 이름을 한 번도 언급하지 않았다. 팔라치의 모국어는 이탈리아어이기 때문에, 그녀의 예술성이 가장 두드러지게 드러나는 것도 역시 이탈리아어를 통해서이다. 그녀는 리졸리 출판사의 프랑스인 직원과 함께 파리에 여러 달 머무르면서 첫 번째 프랑스어 번역본을 손질했다.[6] 그리고 이 원고를 편집자가 더 수정한 후에야 프랑스의 갈리마르 출판사로 넘겼다.

팔라치가 프랑스어 번역본 다음으로 손을 댄 것은 영어 번역본이었다. 그녀는 이 번역본이 도저히 용납할 수 없는 수준이라고 생각했다. 나중에 그녀가 한 말에 따르면, 번역자가 너무 직역을 해놓아서 세련된 맛이 부족하고 읽기도 어려웠다고 한다. 그녀는 단어를 하나하나 그대로 옮겨놓은 수준이라서 정말 끔찍한 지경이었기 때문에 자신이 그 원고를 다시 썼으며, 아무도 자기만큼 그 원고를 고칠 수 없었을 것이라고 주장했다. 그녀는 번역자가 이탈리아어를 잘 몰랐기 때문에 그런 번역이 나왔다고 생각했다. 그래서 번역자가 문장을 다시 만들고, 말을 덧붙이고, 표현을 아예 삭제해버리는 등 문제를 복잡하게 만들었다는 것이다. 그녀는 또한 이탈리아어 원문 여기저기에 흩어져 있는 방언들을 다른 언어로 정확하게 전달할 수 없

기 때문에 영어 번역본에서는 그런 말들을 빼버릴 수밖에 없었다고 주장했다.[7]

그러나 원래 영어 번역을 맡았던 제임스 마커스James Marcus에 따르면, 팔라치가 그의 글솜씨를 정확히 알고 있었으며, 번역을 잘한다고 칭찬을 하기도 했다고 한다. 그의 번역에 무슨 잘못이 있었든, 팔라치의 주장처럼 '단어를 그대로 직역한' 수준은 아니었다는 것이다. 마커스의 주장에 따르면, 처음에는 어느 누구도 그가 너무 직역을 했다고 말한 사람이 없었으며 팔라치도 그런 이야기를 하지 않았다. 다양한 방언들(사르디니아 사투리, 시칠리아 사투리 등)을 삭제해버리자는 얘기는 마커스가 일을 시작하기 전에 이미 나온 적이 있었다. 팔라치가 재번역을 하면서 비로소 손을 댄 문제가 아니라는 얘기였다. 팔라치는 마커스가 번역을 하던 10개월 동안 그의 번역에 찬사를 보내기까지 했다. 그녀가 그의 번역에 퇴짜를 놓고 그 번역본을 기반으로 재번역을 한 뒤, 마커스는 자신의 번역과 팔라치의 번역 중 일부분을 PEN 클럽의 한 위원회에 제출했다. 어느 한쪽에 치우치지 않은 번역가들로 구성된 이 위원회는 마커스의 번역이 팔라치의 번역보다 더 낫다는 결론을 내렸다. PEN 클럽은 더블데이 출판사에게 마커스의 번역을 받아들이라고 강제할 법적인 권리를 갖고 있지 않았다. 그런데도 더블데이는 소송을 당할지도 모른다는 가능성 때문에 책에다가 '제임스 마커스의 번역을 기반으로 한 오리아나 팔라치의 번역'이라는 말을 집어넣기로 했다.[8]

팔라치의 번역에서 실질적인 문제가 된 것은 바로 그녀의 영어 실력이었다. 그녀의 영어 실력은 대화를 하기에는 충분한 수준이지만, 정교한 산문을 쓸 수 있는 정도는 아니다. 그녀가 영어로 어색한 표현을 쓰는 경우가 많다는 사실은 정식으로 영어를 배운 적이 없음을 시사한다.

"이제 이야기가 퍼져 나가 지금까지 어둠 속에 숨겨져 있던 캐릭터들, 즉 교수가 축소판 일리어드를 쓰기 위해 이용하고 있는 희비극의 다른 배우들을 우리에게 보여주고 있으므로, 눈에 맺힌 눈물보다 미소를 띤 입술이 우리에게 더 소용이 된다(Now that the story spreads out to give us characters so far kept in the shadows, other actors of the tragicomedy the Professor is using to write his miniature Iliad, a smile on the lips serves us better than a tear in the eyes)."9)

이것이 그녀가 쓴 영어 문장이다. 책 속에 등장하는 크리스마스 전투에서 물탱크가 부서지고 병사 다섯 명이 갈가리 찢기는 장면이 나온다. 그녀는 이것을 영어로 다음과 같이 표현했다.

"독수리가 그의 눈을 덮었고, 주민들의 울부짖음과 함께 지옥이 폭발하더니 색색가지 헝겊으로 기운 재킷을 입고 칼리니시코프 소총으로 어딘가를 가리키던 빌랄의 외침 소리가 그 자신을 탑의 정복에 나서게 했다(Eagle covered his eyes and hell exploded along with the cries of the inhabitants then the shout of Bilal who wearing his patched multicolored jacket and pointing his Kalashnikov hurled himself into the conquest of the Tower)."10)

소설에 등장하는 병사 니콜린은 베이루트에서 한 달을 보낸 후 신경쇠약에 걸려서 변덕스럽게 자신의 운명을 한탄한다.

"왜 하필 나일까? 왜 전쟁에 자원했다가 총에 맞은 마르첼로가 아닐까? 그는 흐느꼈다(Why me, he sobbed, why not Marcello who was a volunteer and got balls?)."

다른 사람들은 잔인하게도 그를 위로해주려 하지 않는다.

"엄마, 엄마, 내 젖병! 아기에게 젖병을 줘요(Mommy, Mommy, my bottle! Give the baby his bottle)."

루카만이 아기 같은 애정을 보이며 그의 친구가 되어준다.

"울지 마, 니콜린. 너만 이렇게 된 건 아냐(Don't cry, Nicolin. You're not the only one who fell into this hitch)."[11]

또한 병사들의 사기를 북돋우려고 파견된 여배우는 무대에서 이렇게 외친다.

"장군님, 장군님은 호색한이에요. 섹시하다고요! 오늘 밤 저랑 함께 해요!(General, you are a stud, you are a cake! Let's get together tonight!)"[12]

토머스 크닐리Thomas Keneally는 ≪인샬라≫에 대한 서평에서 팔라치의 영어 실력에 반감을 드러내며 그녀의 결점을 다음과 같이 요약했다.

"정력적인 내러티브와 함께, 그녀가 제임스 마커스의 번역본을 기반으로 번역한 대화들이 곳곳에서 삐걱거리며 사람들에게 인상을 남기기 위해 무리수를 두고 있다."

그는 팔라치의 유감스러운 문장을 하나 예로 들었다.

"뭔가 큰일이 일어나면, 기존의 체제를 바꾸거나 심지어 비극을 일으킬 수 있는 일이 일어나면, 우리는 사소하게 보이는 하찮은 일들이라는 씨실 중 무엇이 느슨해졌는지, 혹은 어떤 씨실이 그런 일을 일어나게 했는지 궁금해 하지 않는다(When something big happens, something that changes the status quo or even provokes a tragedy, we don't wonder which weft of marginal and apparently trivial episodes has eased or determined its realization)."

그는 이런 구절들이 반복적으로 나타나며 "책 속에 자주 등장하는 물리학자 볼츠만Boltzmann의 혼돈의 공식이 안젤로의 생각 속에서 이런 구절들을 뒷받침해주는 경우가 많다"고 주장했다. 그는 또한 미국 독자들이 이 책에 나오는 감탄사를 이상하게 받아들일 것이라면서, "크리스토퍼 콜럼버스와 그 어머니의 더러운 속옷 같으니!(By Christopher Columbus and his mother's dirty underpants!)"를 예로 들었다.[13]

팔라치는 1976년에 앰허스트 대학에서 강연을 하면서 자신의 영어 실력이 약하다는 말을 공식적으로 한 적이 있었다. 그때 그녀는 강연 첫머리에서 학생들의 용서를 구했다. 자신의 영어 실력이 셰익스피어 같은 수준과는 거리가 멀다는 것이었다. 그녀는 미국 대학의 교수와 학생들 앞에서 자기 식의 영어를 말하는 것이 무책임한 짓임을 인정하면서, 하지만 청중과 의사소통을 할 수 있는 수단이라고는 그 자기 식의 영어밖에 없다고 말했다. 그녀는 청중에게 자기 발음이 참을 수 없는 수준이더라도, 정확한 어휘를 구사하지 못하더라도, 터무니없는 표현을 사용하더라도 이해해달라고 요청했다. 이처럼 정직한 태도는 찬양 받아 마땅한 것이었다. 그러나 그녀가 나중에 자신이 ≪인샬라≫의 영어 번역자라고 주장한 것은 무슨 수를 써서라도 대중들에게 자신을 최고의 번역자로 각인시키기 위해서였던 것 같다.[14]

아흐다프 수아이프Ahdaf Soueif는 팔라치가 아랍어를 잘못 사용한 것에 대해 강력히 반발하며, 그녀의 번역이 거의 모두 틀렸다고 주장한다.

'타와피'는 군중이 '죽어라'라고 말하고 싶을 때 하는 말이며, '카오파 아크톨'은 (일부러 강세를 잘못 두어 발음했을 때) '그를 죽여버리겠다'는 뜻이 되는 것 같다. 그리고 "홀 타스 마와이 라임?"이라는 말은 아랍인들이 "너 내 말 듣고 있냐, 이 멍청아?"라는 뜻으로 하는 말이다. 이슬람 신자들이 하루에 다섯 번씩 반복하는 말이자 이슬람의 기본적인 신조가 포함되어 있는 기도의 말조차 우스꽝스러울 정도로 잘못 인용되어 있다. 게다가 세상 모든 사람들이 저녁 8시가 가까운 시간에 이샤(Isha) 기도를 행하는데 ≪인샬라≫에서는 왜 한밤중에 그 기도가 행해지는 걸까?[15]

팔라치가 국제적인 명성을 얻은 데에는 그녀의 글이 영어로 번역된 것이 커다란 역할을 했다. 그녀는 현대 사회에서 이탈리아어의 힘이 영어에 미치지 못한다는 것을 예전부터 알고 있었으며, 자신이 영어로 책을 쓸 만큼 실력이 없다는 것을 한탄했었다. ≪인샬라≫에 대해 비평가들이 호의적이지 않은 반응을 보인 후, 팔라치는 생각이 바뀌었는지 이탈리아어가 영어보다 더 멋진 언어라고 주장하기 시작했다. 이탈리아어로 쓴 자신의 소설을 앞에 놓고 그녀는 자기가 아니었으면 이 소설을 번역할 수 없었을 것이라고 주장했다. 영어에 멋과 어휘가 부족해서 적절한 번역이 불가능하다는 것이다. 그녀는 영어가 동사는 풍부하지만 이탈리아어만큼 다채롭지는 않다고 주장했다.[16] 그리고 노먼 메일러Norman Mailer의 말을 인용했다. 그가 영어로 헤밍웨이를 읽는 것은 눈 밭에서 스키를 타는 것과 같다고 그녀에게 직접 말했다는 것이다. 팔라치는 그의 말이 틀렸다면서, 스키를 타더라도 제대로 된 스키를 탈 수는 없을 것이라고 말했다. 머릿속으로 헤밍웨이의 작품을 이탈리아어로 번역해본 그녀는 적절한 단어들을 찾아낼 수 있었고, 결국 문자 그대로 스키를 타러 가버리고 말았다. 따라서 이탈리아어로 글을 쓸 수밖에 없다는 사실이 더 이상 한탄스럽지 않다고 했다.[17]

어쨌든 그녀의 영어 실력에 문제가 있었음에도 불구하고 그녀는 세련되고 신비한 소설가의 이미지를 전면에 내세울 수 있었다. 팔라치는 인간에 대해 말하고 싶어하며, 모든 사람들이 인정할 수 있는 보편적인 진리를 재창조하고 싶어한다.

"오랫동안 나는 그렇게 하고 싶었다. 오랫동안 나는 그럴 수 있는 기회가 오기를 기다렸다. 그리고 마침내 그 기회가 왔다."

그녀는 《인샬라》에서 등장인물인 교수의 입을 빌려 이렇게 말했다.[18]

이 서사적인 이야기 속에서 그녀는 위대한 문학작품을 만들겠다는 집착을 마침내 드러낸다.

"드디어 시작했어! 지금 쓰고 있다고! 매일 밤 나는 이 사무실에 들어앉아 일, 일, 일, 일을 해."[19]

1984년 그녀는 뉴욕에 있는 자신의 집 1층의 방 하나를 서재로 개조해 책상과 서가, 복사기, 타자기 등을 들여놓은 다음 마치 수도승처럼 그 안에 칩거했다.[20] 팔라치가 지칠 줄 모르고 자꾸 반복하는 얘기지만, 그녀가 인생의 모든 것을 책이 담당해야 할 부분으로 생각하며 이 힘든 작업을 끝마치는 데는 무려 6년이 걸렸다.[21] 그녀는 자신이 작품 전체를 세 번이나 다시 썼으며, 토요일, 일요일, 크리스마스, 부활절에도 아침 10시부터 12시간 동안 고집스럽게 일을 계속했다고 자세히 이야기하곤 한다. 기분전환을 위해 그녀가 한 일이라고는 티파니 램프의 불빛 속에서 일을 하다가 서재 창문을 통해 가끔 거리의 사람들을 흘깃 바라보거나 길모퉁이의 식품점에서 담배와 식료품을 산 것뿐이었다.[22]

자신의 책에서 그녀는 기회가 있을 때마다 자신이 스스로에게 가한 신체적, 정신적 고문에 대해 이야기한다.

지독하게 고독한 방이 점점 감옥으로, 고문실로 변해간다. 텅 빈 백지가 조롱하듯 빤히 바라보고 있는 것이 두렵다. 너는 그 고뇌의 단어를 찾아내지 못한다. 만약 찾아내는 경우에는 바로 옆의 다른 단어와 운이 맞는 단어여야 한다. 문장이 절뚝거리고, 운율은 산산이 부서지고, 글의 구조가 비틀거리고, 글의 내용은 지루하고, 이미 쓴 부분을 완전히 해체해서 단어들이 마치 탄탈루스의 굶주린 입에서 뒤로 물러나는 음식처럼 보일 정도로 다시 쓰고 또 쓰는 것은 수난이다.[23]

이 책에서 팔라치는 자신을 엄격한 작가로 그린다. 그리고 과거에 기자이자 종군 기자로서 활동했던 자신의 모습을 벗어버렸다고 주장한다. 그녀는 도스토예프스키, 톨스토이, 디킨스처럼 인정받기를 갈망한다. 〈모든 것을 고려했을 때 All Things Considered〉와의 인터뷰에서도 그녀는 공개적으로 같은 말을 한 적이 있다.

"내가 쓰고 싶은 책이 너무나 많습니다. 다른 일을 하면서 돌아다닐 여유가 없어요."[24]

팔라치는 작가로서 절정에 이르렀을 때에도 자신을 봐주는 대중을 위해 연기를 했다. 다만 이번에는 문학적 열정에 사로잡힌 세련되고 교양 있는 소설가 역할을 연기했다는 것이 다를 뿐이었다.

팔라치가 은둔 생활을 깨고 나온 것은 두 번밖에 없었다. 1986년에 미국이 리비아를 폭격했을 때와, 1988년에 피렌체의 아버지에게 전화를 걸어 건강은 괜찮으시냐고 물어봤을 때. 카다피에 대한 미국의 공격을 보면서 그녀는 유럽의 많은 동맹국들이 리비아 편에 서서 지독한 비난을 퍼붓고 있는 데 맞서, 자신이 제 2의 조국으로 삼은 미국을 옹호해야 한다고 생각했다. 이때 그녀가 쓴 기사는 그 어떤 독재자도 두려워하지 않고, 카다피가 무서워서 그에게 잘 보이려고 하는 사람들을 용기 있게 비난하는 여자 영웅의 이미지를 더욱 강조해준다. 원래 〈코리에르 델라 세라 Corriere della Sera〉에 실렸다가 나중에 영어로 번역되어 〈워싱턴 포스트〉에 실린 이 기사는 이탈리아인, 프랑스인, 스페인인, 독일인, 스웨덴인, 그리고 일부 영국인들이 리비아의 독재자가 어떤 사람인지 이해하지 못하는 척 하고 있다면서 그가 저지른 수많은 국제적 범죄들을 상기시킨다. 그리고 상대에게 계속 맹렬한 비난을 퍼부으면서, 이탈리아 정부가 테러리스트인 모하메드 압바스Mohammed Abbas를 도와 그를 체포하려던 미국 관리들의 손길을 피하게 해주었을 뿐만 아니라 그가 유고슬라비아 국적의 비행기에 오를 때 그를 보호해주기까지 했음을 다시 언급한다. 그녀는 카다피에게 "시체를 먹고 사는 하이에나이며 지중해의 새로운 무솔리니"라는 낙인을 찍는다. 그리고 용감한 말로 글을 끝내면서, 압제적인 독재자를 위에서 내려다보는 도덕적인 인물로서 자신의 이미지를 더욱 강화시킨다.

> 카다피의 추종자와 하인들은 나더러 이런 글을 쓴 대가를 치르게 될 것이라고, 나를 죽여 버릴 것이라고, 자기들은 나를 찾아내서 적절한 때를 기다릴 줄 아는 사람들이라고 말할 것이다. 나한테는 아주 친숙한 일이다. 과거에 다른 사람들도 내게 같은 말을 했었다. 나는 프랑스인, 스페인인, 독일인… 카다피를 이해하지 못하거나 이해하지 못한 척 하는 모든 사람에게 했던 권고를 그들에게도 해줄 것이다. 그를 이해하는 것을 두려워하지 말고 용감하게 이렇게 말하라고. "카다피 같은 사람을 두려워하는 사람을 경계하라. 나는 그런 사람이 두렵지 않아."[25]

1988년에 뉴욕에서 에도아르도에게 전화를 건 팔라치는 아버지의 목소리가 약해진 것을 보고 불길한 예감이 들어 즉시 피렌체로 떠났다. 암을 의심했던 그녀는 아버지에게 가슴 X 선 사진을 찍어보라고 했다. 그 결과 그녀의 예감이 현실로 드러났다. 이미 토스카의 목숨을 앗아간 그 병이 에도아르도의 몸에 퍼져 있었다. 의사들은 앞으로 남은 시간이 1-3개월이라고 했다. 팔라치는 어머니가 병석에 누웠을 때 ≪한 남자≫의 집필을 중단하고 어머니가 돌아가실 때까지 간호를 했었다. 이번에도 그녀는 마지막 순간까지 에도아르도의 곁을 떠나지 않고 간호사처럼, 어머니처럼 그를 돌보다가 다시 ≪인샬라≫를 쓰기 시작했다. 기자 시절의 동료인 움베르토 세치가 정기적으로 전화를 걸어 안부를 물으면 그녀는 항상 울먹이는 목소리로 이렇게 대답하곤 했다.

"내가 아버지의 어머니가 된 것 같아요. 아버지가 너무 작아져버렸어. 아버지가 화장실에 가실 때 내가 아버지의 몸을 일으켜드리는데, 그게 전혀 힘들지 않아요…. 아버지는 마치 아기처럼 나한테 몸을 기대요."[26]

그녀는 1988년 2월 9일에 아버지가 여든네 살의 나이로 마지막 숨을 몰아쉴 때 아버지를 품에 안고 있었다. 그리고 그날 밤을 꼬박 새웠다. 아버지의 방에 혼자 앉아서 창문을 모두 열어놓은 채 그녀는 토스카나의 차가운 겨울 날씨를 강인하게 참아냈다. 그리고 아버지를 바라보면서 장례식에서 딸인 그녀가 연설을 해주면 좋겠다던 아버지의 말을 떠올렸다. 그녀는 혼자서 아버지에게 작별을 고하는 연설문을 작성했고(그녀는 이것이 자기가 쓴 가장 아름다운 글 중 하나라고 생각한다), 다음 날 피렌체 공동묘지의 예배당에서 이 연설문을 읽었다.[27] 이 장례식에 참석했던 세치는 이 연설문이 그녀의 글 중 가장 훌륭한 작품이었다면서 "너무나 아름다운 그녀의 소설 ≪인샬라≫보다도 더 아름다웠다"[28]고 말했다.

아이를 잃은 후 ≪태어나지 못한 아이에게 보내는 편지≫를 썼던 것처럼, 그리고 파나고울리스의 죽음이 ≪한 남자≫를 낳은 것처럼, 아버지의 죽음으로 인해 생겨난 강렬한 감정이 ≪인샬라≫를 낳았다. 그녀는 이렇게 작품이 만들어지던 순간들을 역시 잉태로 비유한다.

"우리 머릿속에 들어 있는 알이 왜 아이디어라는 정자에 의해 수정되는지 우리는 결코 알지 못한다. 수십 개, 수천 개의 아이디어 중에서 어느 하나의 아이디어가 특별히 배란을 하는 이유도 우리는 알지 못한다."[29]

≪인샬라≫의 아이디어가 구체화되는 데는 두 가지 사건이 중요한 역할을 했다. 1982년에 팔라치는 팔레스타인 게릴라 부대를 분쇄하기 위해 바로 얼마 전에 군대를 이끌고 레바논을 침공한 아리엘 샤론 장군을 인터뷰했다. 그를 만나러 가기 전에 그녀는 포위당한 도시 베이루트에 가서 폭격 속에서 8일 이상을 보냈다.

"왜 갔느냐고 물어도 할 말이 없다. 나도 이유를 모르니까. 나는 나 혼자서 내 돈을 들여서 베이루트를 두세 번 방문했는데, 그때도 이유를 몰랐다. 내가 아는 것이라고는 반드시 그곳에 가 있어야 한다는 생각뿐이었다. 그리고 나중에야 그 이유를 깨달았다. 생명을 얻기 시작한 ≪인샬라≫가 나를 그렇게 만들었던 것이다."[30]

베이루트는 머리가 있는 사람이라면 절대 가고 싶어하지 않을 곳이었다. 이스라엘 군대의 맹공이 이미 시작된 상태였기 때문이다. 경마장, 박물관, 소나무 숲에서는 매일 전투가 벌어졌고, 엉망으로 부서진 주택, 병원, 신문사, 호텔, 대사관 등의 모습은 그녀의 영혼에 지워지지 않는 흔적을 남겼다. 그러나 그보다 더 잊을 수 없었던 것은 목숨을 잃거나 다친 사람들의 잔혹한 모습, 특히 팔다리가 떨어져 나간 모습으로 숨진 아이들의 시신이었다.

"베이루트에 가해진 공격을 보지 않았다면 결코 ≪인샬라≫를 쓸 수 없었을 것이다."[31]

팔라치는 베이루트에서 이스라엘, 시리아, 팔레스타인 군대의 폭격을 이기고 살아남았다. 그녀는 악명 높은 그린라인과 맞닿아 있는 알렉산드리아 호텔 6층의 구석방에 묵었다. 그러나 매일 밤 베개를 들고 2층과 3층에 빈 방이 없는지 찾아 헤매곤 했다. 빈 방이 없을 때는 호텔 안의 라운지에서 잠을 잤다. 한 번은 심한 폭격이 이루어지는 가운데 그녀가 황급히 방을 나와 계단으로 뛰어갔는데, 바로 그 직후 창을 통해 포탄이 들어와 폭발하기도 했다.

1983년에 ≪인샬라≫에 영향을 미친 두 번째 사건이 일어났다. 10월의 어느 날 밤 새벽 2시 30분, 잠을 이루지 못하던 그녀가 TV를 켜자 마침 뉴스속보가 나오고 있었다. TV 화면에서 그녀가 본 것은 대량학살의 현장이었다. 베이루트에서 트럭을 이용한 자살폭탄 테러 두 건이 발생해 미국인들과 프랑스인들이 모여 사는 지역이 완전히 파괴되었고, 400명 이상의 병사들이 죽거나 다쳤다는 뉴스였다. 그녀는 이 순간 그녀의 머릿속에서 새로운 문학적 생명이 잉태되어 오랜 임신기간을 거치게 되었다고 말한다. 당시 그녀는 새로운 소설을 시작하거나 외국 여행을 할 계획 같은 건 전혀 없이 그저 지붕이 달린 침대에서 편히 쉬고 있었다. 그런데 뉴욕에서 그 날 밤 그 뉴스를 본 후 그녀는 도저히 잠을 이루지 못했다. 그래서 아침 일찍 가방을 싼 다음 로마의 이탈리아 국방부에 전화를 걸어 베이루트에 가고 싶다고 통보했다. 다음 날 그녀는 이탈리아에 도착했고, 72시간 후에는 파괴된 도시에 발을 디뎠다. 그녀는 자신이 왜 충동적으로 다시 베이루트에 갔는지, 이 여행에서 어떤 열매를 맺게 될지 전혀 모르고 있었다. '인샬라'라는 단어가 그녀의 인생을 완전히 바꿔놓을 것이라는 것도. 찰리, 안젤로, 콘도르, 니네트, 이글 원, 크레이지 호스 같은 이름들은 그녀의 의식 속에 전혀 들어있지 않았다.

마치 중독자처럼 팔라치는 항상 짜릿한 모험에 매력을 느꼈다. 모스크바에서 쿠데타 시도가 있었을 때, 그녀는 반드시 그곳에 가야 한다고 생각했다.

"나는 사건의 힘에, 사건의 현장을 목격한다는 것에 중독되어 있다. 사람들이 모스크바에서 동상을 끌어내리고 있을 때 나는 마치 열병에 걸린 것 같은 상태였기 때문에 반드시 모스크바를 직접 내 눈으로 보아야 했다. 내 안에는 그런 열기가 있다."[32]

그녀가 테러 사건에 대한 뉴스 보도를 보고 베이루트로 간 것도 바로 이런 열기 때문이었다. 그녀의 눈에 비친 베이루트는 수년간의 유혈분쟁과 복수극, 그리고 해결할 수 없는 정치적 싸움 때문에 갈가리 찢긴 도시였다. 지속적인 폭격과 포격이 매일 밤 도시를 아수라장으로 만들었지만, 이제 그런 폭력은 일상의 일부가 되어 있었다. 그녀가 잔뜩 흥분해서 황급히 위험한 곳으로 향하는 것을 본 동료 기자들은 왜 그곳에 가느냐며 그녀가 어떤 신문사와 계약을 맺었는지 궁금해 했다. 그녀가 자비를 들여 그곳에 갔으며 기사를 쓸 생각이 없다는 것을 그들이 알았다면 말도 안 된다고 생각했을 것이다. 또한 그녀가 또 다른 정자가 또 다른 알을 수정시켰기 때문에 베이루트에 갈 수밖에 없었다고 말했다면 그들은 도대체 무슨 소리인지 모르겠다는 표정을 지었을 것이다.

TV 뉴스에서 영감을 얻은 이후 팔라치는 베이루트를 몇 번이나 방문해서 그곳의 풍경과 소리와 사람들을 관찰했다. 그리고 그것들이 머지않아 그녀의 소설 속에 포함되었다. 한 번은 그녀가 피사에서 군대 수송기를 타고 베이루트로 간 적이 있었다. 같은 비행기를 타고 있던 움베르토 세치가 그녀에게 말을 붙였다.

"왜 레바논에 가는 거죠? 특수한 임무를 맡았나요? 인터뷰를 하러 가는 거예요?"

그녀는 자세한 설명을 하지 않고 어깨를 으쓱하면서 지나치게 헐렁한 군대용 재킷을 입은 자신의 몸을 더욱 세게 끌어안았다. 그리고 간결한 말로 대화를 끝냈다.

"보러 가는 거예요. 다시 보러."[33]

그리고 나서 그녀는 눈을 감았다. 세치의 말로는 그녀가 졸린 척하는 것 같았다고 한다. 그러나 나중에 그때 일을 되돌아보며 그는 책을 쓰기 위한 탐색작업이 그때 이미 진행 중이었으며, 피사에서 베이루트로 가던 그 비행기 안에 ≪인샬라≫로 발전할 씨앗이 이미 존재하고 있었음을 알 수 있었다. 몇 년이 흐른 후 ≪인샬라≫를 읽으며 이미 죽었다고 생각했던 많은 사람들이 생생하게 살아 움직이는 모습을 다시 목격하고, 전쟁이 야기한 비극을 다시 경험하면서 그는 그녀를 베이루트로 잡아 끈 것이 무엇이었는지 쉽게 이해할 수 있었던 것이다.[34]

베이루트에 도착하고 며칠이 지난 후 밤에 세치는 에어로돔 거리에서 팔라치를 다시 만났다. 베이루트는 마치 죽어가는 짐승 같았고, 사람들의 숨찬 목소리와 욕설과 기관총의 포화소리는 그 짐승이 그르렁거리는 소리 같았다. 어떤 건물이 직격탄을 맞으면서 화재가 발생하는 바람에 이 오래 된 도시의 하늘이 오렌지색으로 물들었다. 그는 이탈리아로 돌아가기로 했지만, 팔라치는 꼬박 3주를 더 머물렀다. 그녀는 세치와 이야기를 나누던 도중 뜻하지 않게 마음을 열고 피렌체 대학에서 그와 함께 잠깐 동안 의학을 공부했던 얘기를 꺼냈다.

"그때는 우리가 젊었기 때문에 죽음에 대해서 생각하지 않았죠, 안 그래요? 해부 실습실에서 서투른 손에 메스를 들고 시체를 난도질 할 때조차도…. 하지만 지금은 항상 죽음에 대해 생각해요. 난 죽음을 항상 가지고 다녀요. 죽음을 입고 다니죠. 베트남에 갔다 온 다음부터 계속. 난 거기 8년을 있었어요. 거기에 갔다가 다시 거기로 돌아갔죠. 죽음이 좀처럼 내 머릿속을 떠나지 않아요…. 그게 얼마나 싫은지…. 이 책 안에 죽음에 대한 내 증오를 넣고 싶어요."
"무슨 책 말이에요?"
"내가 앞으로 쓸 책. 난 지금 책을 하나 임신하고 있거든요."[35]

그녀는 아직 태아 상태인 책에 대해 구체적인 얘기를 전혀 하지 않았지만, 글쓰기에 대한 개인적인 견해를 피력했다.

"그건 아이를 낳는 것과 같아요. 사람이 죽더라도 덜 죽는 것과 같아요. 아이를 남기는 사람은 남들보다 덜 죽어요. 그런데 난 아이를 낳은 적이 없어요. 한 번도 성공하지 못했죠. 날 덜 죽게 해주는 건 내 책들뿐이에요. 책을 남기는 것이 아이를 남기는 것과 같다고 생각하지 않아요?"[36]

팔라치는 언젠가 이슬람 신의 아들들(Islamic Sons of God)이 그녀의 행방을 찾아내 납치하려 한 적이 있다고 말했다. 극단적인 근본주의자들은 그녀가 아야툴라 호메이니, 무아마르 알-카다피와 인터뷰를 하면서 대담하게 대들었던 것을 결코 잊지 않고 있었다. 그들은 그녀가 불경한 행동을 했다면서 복수를 하고 싶어했다. 아침 6시나 7시쯤에, 어떤 기자가 그녀가 묵고 있는 호텔 방으로 뛰어 들어와서 위험을 알렸다. 그녀는 잠옷 바람으로 벌떡 일어나 재빨리 그 기자의 방으로 따라가서 몸을 숨겼다. 그리고 이탈리아인 장군에게 전화로 도움을 청했다. 장군은 특수부대원들을 보내주었고, 그들은 즉시 호텔을 에워싼 다음 그녀를 자기들 기지까지 호위해주었다. 그때부터 팔라치는 항상 군인들과 동행했으며, 군대의 엄격한 규율을 지켰다.[37]

베이루트를 마지막으로 방문했을 때도 그녀는 자신이 《인샬라》라는 책을 쓰게 될 것이라는 사실을 아직 모르고 있었다. 그녀는 이탈리아 군대가 이미 극비리에 레바논을 떠나기로 했으며, 동맹국인 프랑스와 미국의 병사들처럼 자살폭탄 공격의 희생자가 될 생각이 전혀 없다는 것을 알고 있었다. 키프로스에서 그녀는 이탈리아 전함인 아르디토호에 올랐다. 이 전함의 임무는 해안선 바로 바깥의 공해 상에 자리를 잡고 철수중인 군인들을 대포와 미사일로 엄호하는 것이었다. 아르디토호는 밤새 항해를 해서 그 날 아침 일찍 목적지에 도착했다. 바다가 거칠어서 해안으로 가까이 다가갈 수 없었으므로 상륙정을 이용해야 했다. 그러나 파도가 높을 때에는 상륙정이 사실상 상륙을 방해하는 역할을 했다. 해변에서 몇 미터 떨어진 곳에서 그녀는 어깨까지 올라오는 물 속으로 뛰어들어야 했다. 그리고 작은 가방을 머리 위로 치켜든 채 마른 땅이 있는 곳까지 힘겹게 나아갔다. 그곳에서 그녀를 맞이한 이탈리아 해병들은 즉시 그녀에게 군사적인 보호를 제공해주었다. 그들의 지휘관(팔라치는 나중에 소설에서 그에게 산도칸이라는 이름을 붙여주었다)은 팔짱을 낀 채 참을성 있게 기다리다가 마치 바다에서 솟아 나오는 비너스를 맞이하듯이 그녀를 맞이했다. 전함이 예정보다 늦게 도착했기 때문에 그녀는 이탈리아 군대의 철수 광경을 목격할 수 있었으며, 그 덕분에 소설에서 군인들이 철수하면서 남겨둔 식량을 아랍인들이 불태우는 마지막 장면을 쓸 수 있었다.[38]

베이루트를 마지막으로 방문한 후 팔라치는 뉴욕으로 돌아가 자신의 서재에서 곧장 소설을 쓰기 시작했다. 책 속에 나오는 자신의 또 다른 자아인 교수를 통해 그녀는 1인칭 서술을 좋아하는 자신의 선천적 기질을 마음껏 발휘했다.

> 이 이야기는 3개월에 걸쳐(10월 말 어느 일요일부터 1월 말의 어느 일요일까지) 펼쳐진다. 연대기에 가까운 우화(베이루트의 개들)가 이 이야기의 첫머리를 열 것이며, 두 번의 학살사건이 상세하게 다뤄질 것이고, [루드비히 에두아르드] 볼츠만Boltzmann의 수학 방정식 $S = K \ln W$를 따라 이야기가 진행될 것이다. 나는 율리시즈라는 시골의 지주를 통해 플롯을 풀어나갈 것이다. 그는 인생의 공식을 찾아 헤매는 자이다.[39]

팔라치는 언제나 질리지도 않고 모든 책이 각자 스스로 이야기를 써나간다는 말을 하곤 한다. 글을 쓰는 과정이 후반부에 이르렀을 때에야 이야기가 비로소 특정한 형태를 갖추거나, 가고자 하는 방향을 드러낸다는 것이다.

이야기를 앞으로 끌고 나가는 것은 네가 아니다. 이야기가 우리를 이끌고 스스로 나아가는 것이다. 책을 쓰기 전에 '나 오리아나 팔라치는 이 책을 이런 식으로 쓰고 싶다'고 말할 수는 없다. 결코! 그것은 마치 아이를 낳지 않고 계속 임신 상태를 유지하기로 결정하는 것과 같다. 태어날 아들이 파란 눈과 검은 머리를 가져야 한다고 결정하는 것과 같다. 그것은 절대 네가 결정할 일이 아니다. 눈이 파란색이 될지, 머리가 금발이 될지 흑발이 될지 결정하는 것은 아이 자신이다. 네가 결정해줄 수는 없다. 아이는 그 안에서 결정을 내리고 있다. 책도 마찬가지이다…. 나는 숨이 붙어 있는 한 이 말을 되풀이할 것이다. 책은 그 나름의 독자적인 생명을 갖고 있다.[40]

전쟁소설인 《인샬라》는 피렌체에서 매일 폭격의 위협을 느끼며 살았던 어린 시절의 경험과 어른이 된 후 유혈 분쟁을 목격했던 경험에서 자연스럽게 생겨난 작품이다.

네가 이 나라에 태어난 것은 행운이다. 너의 전쟁은 항상 해외에서 벌어지니까. 내전 이후 너는 전쟁을 본 적이 없다. 전쟁이 무엇을 의미하는지 너는 모른다…. 웽웽거리는 경보 소리, 사람들이 달려가는 소리, 폭탄이 떨어지는 소리. 너는 전혀 모른다. 내게는 공중폭격이 항상 가장 무서운 일이었다. 다른 나라 군인들에게 점령당한다는 것이 어떤 것인지 너는 모른다. 이 책 [《인샬라》]를 통해 나는 그때의 일을 다시 경험했다.[41]

팔라치는 다음 날까지 목숨을 부지할 수 있을지 알 수 없을 만큼 위험한 상황을 여러 번 겪었다. 그녀는 베트남에서 전투를 겪고도 살아남았을 때 마치 술에 취한 것 같은 기분이었다고 말한다.

"모든 것이 끝나고 난 후에는 자신이 너무나 생생하게 살아있다는 걸 느끼지. 수백 배나 더 생생하게 살아있다는 느낌. 사랑을 하면서 가끔 느낄 수 있는 행복보다 훨씬 더 깊은 행복."[42]

미국 해병들이 전투가 끝난 뒤의 심정을 설명하는 부분이 이를 분명하게 보여준다.

> 전투가 끝나거나 폭격을 마쳤을 때, 그들은 너무나 피곤해 보인다…. 그러나 그와 동시에 그들에게서 일종의 즐거움과 기쁨을 느낄 수 있다. 그들이 들떠 있는 것은 아직 살아있기 때문이다. 죽음을 물리쳤다는 느낌. 사람들은 그 느낌에 취한다. 그리고 그것을 한 번 느껴본 사람은 다시 느끼고 싶어한다.[43]

≪인샬라≫를 쓸 때 팔라치는 전략이나 군사용어를 따로 공부할 필요가 없었다. 전쟁터에서 벌어지는 살육과 전투를 이미 자세히 알고 있었으니까. 단지 아이디어를 떠올려서 적절한 수단을 통해 표현하기만 하면 되었다. 이 소설은 전투의 잔혹함보다는 인간 내면의 역동성, 병사 한 사람 한 사람이 전투에서 느끼는 감정을 그리고 있다. ≪인샬라≫에서 팔라치는 병사들이 말은 그렇게 하지 않지만 사실은 활기, 도전, 도박, 전쟁의 신비로움, 거짓말 등을 아주 좋아한다고 말한다.[44] 죽음은 항상 병사들의 주위를 어슬렁거리다가 전혀 뜻하지 않은 순간에 아가리를 벌린다. 이 무자비한 불확실성 때문에 ≪인샬라≫의 등장인물들은 정신적, 신체적으로 전신이 부르르 떨릴 것 같은 활기를 보여준다. 평화는 그런 활기를 만들어낼 수 없다.

≪인샬라≫의 등장인물 중 사령관의 이름은 콘도르이고, 폭격

전문가의 이름은 슈가이다. 크레이지 호스는 학자연하는 인물이며, 산도칸은 경비 담당자이고, 피스토이아는 전쟁을 사랑한다. 이 책에는 그 밖에도 100여 명의 인물들이 등장해 죽음의 그림자 속에서 살아간다. 그들은 모두 전쟁에 취해 있으며, 그들 중에는 훌륭한 사람도 있고 경멸스러운 사람도 있고 그냥 인간이라고밖에 표현할 수 없는 사람도 있다. 방첩 전문가인 찰리는 세 번째 자살공격을 막으려 애쓰고, 수줍음 많은 이글 윈은 프랑스 군대가 샤틸라의 중요지점을 포기할 계획임을 알아낸다. 그리고 걱정 많은 호크는 고통과 죽음에 대한 자신의 두려움을 극복하려 하고, 찰리의 보좌관이며 이탈리아 북부에서 온 스물여섯 살의 잘생긴 하사관인 안젤로는 화려하고 신비스러운 연상의 레바논 여자와 폭풍 같은 사랑을 나눈다. 이 소설에는 이들 외에도 수많은 조연급 인물들이 등장한다. 원래 농부였던 낙하산병 지노는 시를 쓰지만 폭탄 테러로 인해 손가락을 잃는다. 동성애자인 통역관 마르티노는 남성적인 사회에서 수치를 당한다. 미국 병사 존의 친구인 파비오는 사지가 떨어져나간 친구의 시체를 보고 제정신을 잃어버린다. 용감하고 과묵한 거인인 람보는 어린 여동생의 죽음에 대한 기억 때문에 괴로워한다. 열아홉 살의 페루치오는 전투의 와중에서 우정과 상실감, 그리고 깨달음을 경험한다. 여자, 아이들, 레바논인들도 오디세이의 이야기 같은 이 소설에서 한몫을 한다. 주인공들은 모두 1막과 2막에서 하나씩 차례로 행동에 돌입하고, 크리스마스 전투가 시작된 3막에서 다시 모인다.

여자가 쓴 소수의 전쟁소설 중 하나인 ≪인샬라≫는 3막과 연극의 에필로그를 연상시키는 결론 부분으로 구성되어 있다. 소설의 배경은 미국, 프랑스, 이탈리아의 평화유지군이 베이루트에 도착한 1980년대이며, 3백 명의 미국 해병과 1백 명의 프랑스 병사들이 다이너마이트를 가득 실은 트럭 두 대에 의해 학살당한 사건이 소설의 맨 앞을 장식하고 있다. 이탈리아 병사들의 막사는 왠지 테러를 당하지 않는데, 바로 이곳에서 다음 이야기의 기본적인 실마리가 제공된다. 이 소설은 기본적으로 세 번째 트럭이 언제 자살폭탄공격을 하러 나타날지 기다리는 사람들의 이야기를 그리고 있다. 그런데 이탈리아 병사들을 고국으로 데려가기 위해 배가 레바논 항구를 떠날 때 트럭대신 모터보트가 나타나 그들을 공격한다.

팔라치는 성능 좋은 카메라로 상황을 살피다가 가까이 줌인해서 들어간 다음 다시 주위의 장면들로 카메라를 주욱 돌리는 촬영기사처럼 ≪인샬라≫를 썼다. 그녀는 과거나 현재의 일들을 마치 사진처럼 나란히 늘어놓는다. 전쟁 이전의 베이루트와 현재 고통을 겪고 있는 이 도시의 모습을 묘사한 부분이 좋은 예이다. 그녀가 레바논의 수도인 이 도시가 '중동의 스위스'였음을 자꾸 떠올리며 향수를 자극하는 것은 영화의 테마음악과 같은 역할을 한다. 제2장의 앞부분은 과거 오아시스 같았던 이곳의 유토피아적인 삶을 생각나게 한다. 그리고 이 도시의 매혹적인 풍경과 과거의 찬란함을 되찾고 싶다는 욕망을 강조한다. 소설 속에 묘사된 베이루트의 현재 상황은 아름다운 과거와 날카로운 대조를 이룬다. 화려한 저택과 알렉산드리아 양식의 모자이크들은 약탈자들의 손에 파괴되었고, 웅장한 경마장은 병사들의 손에 파괴되었다. 병사들은 귀중한 순혈종 경주마들을 총으로 쏘고, 고고학 박물관을 유린했으며, 화려한 호텔들을 때려 부수고, 웅장한 시테 스포르티브를 산산조각 냈다. 교회, 이슬람 사원, 유대교 회당, 한때 믿을 수 없을 만큼 많은 돈을 벌어들였던 은행 등도 파괴해버렸다. 폭탄 때문에 군데군데 땅이 푹푹 패이면서 2차선 도로와 콘크리트 육교와 우아한 로터리가 사라져버렸다. 공항과 항구도 모두 사용할 수 없을 만큼 부서졌다.

"어디를 봐도 폐허, 폐허, 폐허뿐이었다."[45]

이 작품을 비판한 대부분의 비평가들은 지나간 시절에 대한 인간의 갈망은 물론 영화적 기법을 사용하려한 그녀의 시도도 이해하지 못했다. 그들은 베이루트에 대한 묘사가 단순한 기자의 논평에 지나지 않는다고 생각했다.

"이탈리아에서는 바보들이 대다수를 차지하고 있고, 그 중 가장 멍청한 사람들이 문학을 하기 때문에 자기들이 기자의 논평 같다는 꼬리표를 붙인 이 부분이 프루스트의 작품처럼 과거를 회고하고 있다는 것을 이해하지 못했다."[46]

팔라치는 소설 앞부분에서 1천 명의 미국 병사들과 프랑스 병사들이 막사에서 조용히 잠자는 모습을 묘사할 때 카메라 촬영기사처럼 장면을 묘사하는 기법을 사용했다. 잠시 후 자살공격에 나선 테러리스트들이 다이너마이트를 가득 실은 트럭을 몰고 이 막사에 돌진해 수많은 사상자가 발생한다. 팔라치는 첫 번째 '프레임'에서 폭발이 일어나기 전의 막사 모습을 묘사했다. 그리고 두 번째 프레임에는 구조작업에 나선 사람들의 시각이 포착되어 있다. 그들은 여기저기가 찢겨나간 시신들을 찾아내서 구조차량에 싣는다. 이 부분에서 팔라치는 마치 지옥 같이 혼란스러운 파괴의 현장으로 들어가는 영화감독처럼 여기저기 흩어진 시신 조각들을 모으고, 소수의 생존자들을 돕는 구조대의 모습을 사진에 담는다. 생존자들 중에는 팔다리를 잃은 사람도 있고, 얼굴이 없어져버린 사람도 있고, 얼굴이 진창처럼 녹아버린 사람도 있다. 별로 중상을 입지 않았는데도 구조대가 잔해를 치우는 과정에서 목숨을 잃는 사람도 많다.

크리스마스 전투를 묘사한 장면에서는 싸움이 다섯 시간 이상 계속되는데, 팔라치는 이를 전투 배경, 전투 그 자체, 전투 이후 등 세 부분으로 나눠 묘사했다. 전투는 80밀리미터 카츄샤 로켓포를 발사하는 라시드에 대한 생생한 묘사와 함께 시작된다. 포탄은 혜성처럼 오렌지색 꼬리를 매달고 밝은 빛을 내며 동에서 서로 하늘을 가로질러 아래쪽을 향해 포물선을 그리며 물탱크 위에 부드럽게 떨어진다. 그리고 물탱크는 은색의 불꽃과 황금색 파편과 검은 연기로 화해 사라져버린다. 이 폭발의 충격으로 M-16 소총을 움켜쥐고 있던 병사 한 명이 어둠 속으로 날아가 버리고, 다른 병사 다섯 명은 수천 개의 조각으로 갈가리 찢긴다. 두 번째 프레임에는 나세르 애비뉴 반대편에 빽빽이 포진한 아말(레바논의 이슬람교 시아파 무장 조직-옮긴이) 조직원들이 칼라시니코프 소총, 연발권총, 박격포, 카츄샤 로켓포 등을 발사하는 모습이 담겨 있다. 이들의 공격으로 샤틸라(팔레스타인 난민촌-옮긴이)가 커다란 피해를 입고, 나세르 애비뉴와 나란히 뻗어 있는 좁은 골목길의 주택과 허름한 집들이 산산이 부서진다. 세 번째 프레임에는 슬픔에 빠져 신음하는 아말 조직원들이 22번 초소의 작은 광장으로 돌진해서 탑으로 이어진 좁은 도로로 살그머니 진입하는 모습이 담겨 있다. 전투의 함성 속에 깃든 증오 때문에 한껏 흥분한 그들은 무질서한 파도처럼 도로를 가득 채우지만, 가산의 부하들에게 학살당한다. 엄호를 받으며 탑에서 후퇴하는 정부 당국자들의 모습은 그들의 적응력이 어느 정도인지를 보여준다. (10분 동안 1분마다 12개씩 터진) 연막탄 때문에 공중에 떠 있는 연기가 결코 희미하게 흩어지지 않는다.

청각에 대한 묘사(정보가 담긴 메시지나 우연히 엿들은 대화)는 더 넓은 시야에서 상황을 조망할 수 있게 해주며, 시각적 이미지의 충격을 한층 강화해준다. 산도칸은 본부를 향해 "6여단의 똥대가리들"이 차문 애비뉴 27번지와 28번지 사이의 도랑을 점령한 뒤, 박격포 120정을 가지고 그 안으로 들어갔다고 말한다.

"그것만이 아닙니다! 제가 이리로 오다가 6여단 행렬과 마주쳤습니다! 브라우닝 권총이 장착된 M113 열다섯 대, 106밀리미터 무

반동총이 장착된 지프 12대, 장갑차 10대였습니다! 그들은 라믈렛 엘 바이다를 따라 내려가고 있었습니다."[47]

곧 주요 장교들의 귀에 브라우닝 권총 소리와 박격포의 우레 같은 소리, 대포 소리가 들려온다. 고바이어와 탑에 대한 공격이 시작되었다고 알리는 산도칸의 다급한 목소리는 묻혀버리고 만다.

팔라치가 전투장면을 구성하는 많은 요소들을 작품 속에 집어넣을 수 있었던 것은 순전히 카메라로 영화를 촬영하는 것 같은 기법으로 여러 장면들을 연달아 배치했기 때문이다. 파비오와 마테오는 십자포화 속에서 스스로를 지키기 위해 3호 막사의 벽 뒤에 쭈그리고 앉는다. 어부 칼로게로는 겁에 질려서 28 초소의 M-113에서 뛰어나와 근처의 능선으로 몸을 던진다. 그리고 이름없는 거리로 접어들어가 (고바이어를 겨냥한) 브라우닝과 106밀리미터 소총의 총탄이 쏟아지는 곳으로 들어가지만 라믈렛 엘 바이다가 있는 바닷가를 향해 계속 움직인다. 그는 바닷가에서 자신의 고향인 작은 섬 시칠리아로 돌아가기 위해 배를 찾아 헤맨다. 산도칸은 화려한 전투를 구경하며 즐거워하지만 작은 손 하나가 모래주머니 위에 떨어지자 양심의 가책을 느낀다. 빌랄은 대부분의 부하들이 죽어서 쓰러졌는데도 함락된 탑에서 노래를 부르며 적과 싸우다가 갑자기 가족을 보러 집으로 돌아가고 싶다는 생각을 한다. 그러나 가산은 빌랄이 자신과 가까운 곳인 고바이어에 다시 들어오기를 기다릴 생각이다. 그는 지프를 몰고 나세르 애비뉴로 들어가 제22 초소 앞 30야드 지점에서 차를 멈추고 길 아래쪽을 똑바로 겨냥하며 난쟁이를 맞추려는 것처럼 총구를 아래로 내린다. 시아파 사람들에게 아버지가 살해당할 때의 기억을 떠올린 그는 아무 것도 모르는 빌랄을 시야에 확보한 다음 20인치 길이의 106밀리 미사일을 발사한다. 이 미사일이 빌랄을 완전히 분해해버리는 바람에 그가 입고 있던 재킷 한 조각조차 남지 않는다. 나탈은 파스파르투의 군모에서 장식용 깃털을 빼앗은 후 얼굴, 배, 다리에 수류탄 파편이 박힌 채 칼을 들고 파스파르투의 뒤를 쫓는다.[48]

팔라치의 영화 같은 기법은 시각적인 장면들의 구성에 영향을 미쳤을 뿐만 아니라, 독자들이 플래시백이나 의식의 흐름 기법을 통해 등장인물들의 마음 속을 자유자재로 드나들 수 있게 해주었다. 팔라치는 실제 상황에 자주 초점을 맞추곤 하는데, 실제 상황은 등장인물이 과거의 경험을 떠올리거나 개인적인 생각을 하게 만드는 자극제 역할을 한다. 젊었을 때 기자 겸 작가로서 그녀는 항상 어떤 행동의 동기와 배경을 캐곤 했다. 그녀는 마르셀 프루스트를 대단히 우러러보지만, 자신이 이런 기법을 사용한 것은 순전히 개인적인 취향 때문이라고 주장한다.

살바토레 벨레자 병장의 경우, 팔라치는 그가 이탈리아 대사관저의 지붕을 제대로 지키지 못한 것에 대한 처벌을 받기 위해 팔콘 대령의 사무실에서 대기하고 있는 모습을 의식의 흐름 기법으로 묘사했다. 먼저 벨레자의 귀에 누군가가 콘도르와 열띤 대화를 나누는 소리가 들려온다. 그 사람들이 화가 나서 내뱉는 말이 계기가 돼서 그는 여러 가지 생각을 하기 시작한다. 지아코모 푸치니Giacomo Puccini의 〈토스카Tosca〉에 나오는 카파라도시처럼 자신이 총살당하기 위해 총을 든 병사들 앞에 서 있는 낭만적인 상상도 해본다. 죽음에 대한 생각을 하며 그는 기분이 좋아진다. 자신이 죽으면 이슬람 여자인 사나안이 그에게 했던 잔인한 말들을 후회할 테니까 말이다. 그녀는 오페라에 나오는 토스카처럼 카스텔 산탄젤로에서 뛰어내려 자살할 터였다. 이때 콘도르의 고함소리가 그의 상상을 방해한다.

"대령! 일벌백계의 본보기를 삼아야 합니다!"[49]

살바토레는 이 성난 목소리를 듣고 복수에 대한 생각을 하기 시작한다. 그는 이탈리아 대사가 눈에 유리를 박아 넣은 것은 쿠바에서 〈이유없는 반항Rebel Without a Cause〉에 나오는 제임스 딘James Dean 처럼 무모한 경주를 하다가 자동차 사고를 당했기 때문이라고 모든 사람들에게 알려 복수를 하고 싶어 한다. 대사가 드루즈인들에게 납치당해 십자가에 못 박힐까봐 겁을 냈기 때문에 군대가 그의 지붕에 경비병을 두게 된 것이라는 사실을 밝혀 그에게 수치를 안겨주고 싶다는 생각도 든다. 자신이 거기에 배치되지 않았더라면 길 건너편의 아름다운 이슬람 여자를 결코 만나지 못했을 것임을 깨달은 그는 그녀를 만날 수 있게 해준 유리 눈깔 대사에게 고맙다는 생각도 해본다. 그는 그녀와의 일을 생생하게 떠올린다. 그녀가 6층 발코니에 있던 것, 그녀와 처음 나눈 대화, 그녀가 그의 데이트에 응했을 때의 일, 그가 육체적인 사랑에 경험이 없었던 것, 그녀에 대한 자신의 깊은 사랑, 그리고 그녀와 함께 여러 번 소풍을 나갔던 일.

팔콘이 성난 목소리로 살바토레에게 사무실로 들어오라고 명령한 다음, 그에게 모욕적인 말을 하고, 그가 자신의 말을 잘 듣지 않는다고 독설을 퍼부을 때도 이런 연상 기법이 계속 사용된다. 팔콘의 꾸지람에 살바토레는 속으로 반발한다. 그는 바닷가에서 보낸 그날의 기억을 도저히 떨쳐버리지 못한다. 몸에 꼭 붙는 바지와 속이 비치는 섹시한 블라우스를 입은 사나안이 그날 바닷가에서 그에게 키스를 하고, 혀로 그의 혀를 쓰다듬으며 그의 성기를 관능적으로 애무했었다. 그러다 갑자기 행동을 멈추고는 그에게 작별을 고했다. 그러나 계속 이어지는 팔콘의 질책이 살바토레의 공상을 깨뜨린다. 팔콘은 살바토레가 귓구멍을 '열고' 잘 들어야 한다면서, 그에게 '배짱도 없는' 녀석이라고 말한다. 심지어 다리 사이에 '핀 대가리처럼 쬐끄만' 물건조차 없다는 것이다. 그리고 그에게 명령불복종의 죄, 벽에 '연애편지'를 쓴 죄, 대사관의 근무위치를 이탈한 죄, 편집증 환자' 나 '정신분열증 환자' 처럼 행동한 죄에 대해 답변하라고 명령한다. 팔콘이 잠시 말을 멈추자 살바토레는 그 틈을 이용해서 머릿속으로 그의 비난에 동의한 다음 광기에 들떴던 자신의 행동을 합리화하기 시작한다. 그는 사나안에게서 다시는 키스를 받지 못했지만 매일 밤 근무위치에 서서 그녀의 사촌인 알리가 몰래 그녀의 침실로 들어가 불을 끄는 것을 지켜보았다. 한 번은 그녀의 가족들이 더러운 년이라며 그녀를 두들겨 팬 적도 있었다. 그는 근무위치를 이탈해서 그녀를 구하러 달려갔지만 멍든 눈으로 문을 열어준 그녀는 적대적인 태도를 보일 뿐이었다.

"가서 네 일이나 봐, 망할 놈의 참견꾼 같으니. 지옥에나 가버리라고."[50]

팔콘의 질책이 다시 시작되면서 살바토레의 생각을 방해한다. 그는 살바토레가 지붕에서 소리를 지르는 바람에 숙소에 있던 병사들이 모두 잠에서 깼고 카가비니에리 부대가 웃음거리가 된 것과 사나안을 매춘부라고 불렀다는 이유로 그가 분대장을 때려서 이빨 두 대를 부러뜨린 것을 꾸짖는다. 그리고 그에게 그 매춘부와 영원히 헤어지라는 명령을 내린다. 이탈리아의 감방에서 30년을 있어야 한다는 벌을 내린 것이다. 살바토레는 자신의 침상으로 돌아와서 또 다시 노 없는 배처럼 정처 없는 생각에 잠긴다. 그러나 뜻밖의 사건이 그의 생각을 갑작스레 중단시킨다. 사나안이 알리의 차를 타고 찾아와서 관능적으로 그를 애무하며 그의 아기를 임신했다고 말한 것이다. 그러고는 알리와 포옹하며 살바토레의 감정을 자극하고서 차를 타고 가버린다. 살바토레는 그 자리에서 쓰러져 기절해버린다.[51] 이 살바토레의 이야기는 등장인물들의 심리를 포착해내는 영화적 기법을 잘 보여준다. 어떤 대상이나 사건이 과거의 기억들을 불러내고, 등장인물들의 이런 내적인 생각을 통해 독자들은 각 인물들의 과거를 알게 된다. 그런데 갑자기 어떤 사건이 일어나면서 등장인물은 현재로 돌아왔다가, 역시 그 사건으로 인해 다시 과거로 돌아간다.

팔라치가 시각적이고 생생한 감각을 강조하는 것은 영화의 영향이다. 그녀는 훌륭한 서부영화를 좋아하는데, 그런 영화들이 장대한 풍경이나 액션 장면과 함께 시작되기 때문이다. 또한 서부영화에는 항상 모험심 강한 주인공이 등장하며, 불확실한 부분이 거의 없다. 사람의 얼굴, 몸 전체, 두 사람, 한 무리의 사람들, 거친 땅, 과거의 사건 등을 찍는 카메라의 움직임은 그녀가 소설을 쓸 때 사용하는 창조적인 기법과 같다.

≪인샬라≫는 영화감독 프랑코 크리스탈디Franco Cristaldi에 의해 TV 드라마로 만들어질 예정이었다. 그러나 크리스탈디는 1992년 7월에 예순일곱의 나이로 세상을 떠나고 말았다. 그의 죽음은 팔라치의 생애에서 매우 비극적인 사건 중 하나였다. 그는 그녀의 책에 담긴 시각적 특성을 이해했으며, 소설 자체가 이미 영화 대본이나 마찬가지이므로 TV 시리즈로 쉽게 만들 수 있을 것이라고 주장했었다. 문제는 자금조달과 편집뿐이었다. 소설이 700쪽 이상이나 되는 방대한 분량인데다가 등장인물도 헤아릴 수 없을 만큼 많기 때문이었다. 그런데도 크리스탈디는 이 작품이 너무나 생생한 영화 같은 책이라며 이 작업에 열정을 쏟았다.

팔라치는 미국의 영화 제작자 겸 감독인 스티븐 스필버그Steven Spielberg를 높이 평가한다. 그가 문학적 기법을 바탕으로 위대한 영화를 만들어낸다는 것이다. 그가 영화를 창작하는 과정에서 글은 필수적인 요소이다. 팔라치는 어느 날 자기도 모르게 옛날 일을 회상하면서 그가 어떤 상을 수상했을 때 한 말을 떠올렸다. 이미 그의 말을 외우고 있는 듯 했다. 그것만 봐도 그가 그녀에게 어떤 영향을 미쳤는지 알 수 있었다.

"쓰고, 고쳐 쓰고, 또 고쳐 쓰고, 또 고쳐 쓰고, 마침내 적어도 열네 번 정도 고쳐 쓰는 것이 모든 것의 시작이다. 글을 쓰고, 다시 고쳐 쓴 다음에야 영화를 생각할 수 있다."[52]

팔라치는 자신이 글을 통해 영화 제작자처럼 자신의 뜻을 전달한 반면, 스필버그는 영화를 통해 작가로서의 자신을 드러내 보인다고 말했다.

≪인샬라≫를 담당한 이탈리아의 편집자는 이 소설이 영화라기보다 콘서트처럼 느껴진다는 말로 팔라치를 깜짝 놀라게 했다. 팔라치는 소설의 도입 부분에서 소리(길 잃은 개가 베이루트의 인적 끊긴 밤거리를 헤매면서 허풍을 떨 듯 짖어대는 소리)가 강조된다는 점을 인정하면서도, 책을 쓰는 동안 내내 필사적으로 이미지들을 찾으려 애썼다고 말했다. 그녀가 영화에 매력을 느끼는 것이나, 자신이 태어난 도시를 사랑하는 것도 같은 맥락에서 해석될 수 있다. 그녀는 궁전과 교회에 흠뻑 빠져 있기 때문에 피렌체를 극장으로 비유한다. 치마부에, 지오토, 기를란다요Ghirlandajo의 예술적 작품들을 영상에 담아 쉬지 않고 보여주는 극장과 같다는 것이다. 르네상스의 메카였던 피렌체가 유혹적인 파노라마 영화 같다는 점을 생각하면, 팔라치가 ≪인샬라≫에서 시각적인 이미지를 강조한 이유를 상당부분 이해할 수 있다.

"TV와 영화가 나오기 전에도 피렌체에서는 어디를 봐도 벽에 프레스코 벽화와 이미지들이 있었다. 피렌체에 새하얀 벽은 하나도 없다. 벽에는 항상 그림이 있다. 나는 그런 풍경을 통해 사물을 바라본다."[53]

소설을 완성하기 전에 팔라치가 물리학자인 친구 두 명을 맨해튼의 집으로 초대해 함께 식사를 하면서 이 소설 이야기를 한 적이 있었다. 두 친구는 그녀가 루드비히 볼츠만의 엔트로피공식 S=K Ln W를 문학적인 용어로 옮겨놓았다고 생각했다. 이 공식은 볼츠만상수에 분포 확률의 로가리듬을 곱한 값이 엔트로피와 같다는 것을 뜻한다. 그녀는 친구들에게 자신의 생각을 거듭 설명하다가, 자신이 하고자 하는 말이 무엇인지 직관적으로 깨닫고 자신의 열정을 그대로 분출했다.

"젠장, 이건 죽음의 공식이란 말이야."[54]

그 순간 새로운 아이디어가 떠오르면서 이 소설을 다르게 쓸 수 있다는 생각과 팔라치 자신의 새로운 역할이 함께 떠올랐다. 통찰력 있는 철학자이자 수학자로서 엄청나게 중요한 방정식을 추리해낸 사람, 그것이 새로운 역할이었다.

그녀는 볼츠만의 공식이 제시하는 틀 안에서 플롯을 고치고 여기에 전에는 없었던 합리주의를 집어넣음으로써 소설 속에 묘사된 자신을 박식한 사람으로 바꿔놓았다. 안젤로의 수학적 지식도 전보다 훨씬 더 중요해져서, 자살공격이 있은 후 그는 무한히 작은 것에서부터 무한히 큰 것에 이르기까지 모든 것이 불가피하게 파괴적인 상태로 나아가는 경향이 있다는 사실과 죽음에 대해 자꾸만 생각한다. 인간이 이러한 경향을 거슬러서 무질서로부터 질서를 만들어내려는 바보 같은 시도를 한다면 우주의 혼란은 감소하는 것이 아니라 오히려 증가할 뿐이다. 혼돈은 그 혼돈을 파괴하기 위해 사용된 에너지를 흡수해버린다.

"혼돈은 에너지를 집어삼켜 최종 목적지에 더 빨리 도달하는 데 이용한다. 최종 목적지는 바로 파괴, 아니 우주의 완전한 자멸이다. 언제나 혼돈이 승리한다. 언제나."[55]

그러나 안젤로에게는 처음부터 팔라치의 욕망이 그대로 반영되어 있다. 그녀는 무신론자를 자처하지만 사후에도 삶이 있다고 믿고 싶어한다. 소설 속에서 안젤로는 혼돈의 해독제를 찾아다니며 볼츠만의 공식을 뒤엎으려고 안간힘을 쓴다.

> 오, 언젠가 그가 그 반대되는 것을 찾아 죽음이 생명의 도구이자 생명의 양식이라는 것, 죽음은 일시적인 정지이자 휴식이자 다시 태어나서 다시 살다가 다시 죽고, 또 다시 태어나 다시 살고, 살고, 살고, 영원히 살기 위한 짤막한 수면에 불과하다는 것을 증명할 수 있다면!⁵⁶⁾

니네트가 죽은 후 제3막에서 안젤로는 복수를 믿지 않으면서도 그녀를 죽인 파스파르투를 죽여 복수를 한다. 그는 언제나 복수는 맹목적인 열정에 휘둘린 조야하고 본능적인 행동이라고 생각했지만, 자신의 애인을 죽인 살인자를 죽인다는 생각에 매력을 느낀다. 그래서 그녀의 복수를 하는 것이 논리적인 권리이자 이성적인 행동이 되며, 지적이고 합법적인 행위이자 도덕적으로 명예로운 행동이 된다. 자신에게 고통을 준 사람에게 똑같이 빚을 갚아주는 것이 갑자기 너무나 합리적인 일처럼 보이기 시작하는 것이다.

"복수가 깨어진 균형을 다시 세우고, 무질서에서 질서를 만들어 내기 때문이다. 복수라는 긍정적인 행동은 너에게 피해를 입히고 너의 것을 빼앗고 너에게 고통을 준 사람의 부정적인 행위를 지워버린다."⁵⁷⁾

수학자들은 이것을 가리켜 '시스템을 초기상태로 되돌리는 것'이라고 말하며, 전에 사용했던 해법을 뒤집어서 그 결과를 무효로 돌리고 원하는 결과를 얻기 위한 작전이라고 설명한다.

안젤로는 파스파르투의 심장에 총을 겨눈 순간에도 잘못된 논리에 계속 매달린다. 그는 방아쇠를 당김으로써 질서를 다시 세우고 생명을 다시 확인할 수 있다고 생각한다. 그는 한 사람을 없애면 혼돈이 증가하며 이것이 죽음의 먹이가 된다는 사실을 이해하지 못한다. 파스파르투가 니네트를 죽였으므로 나도 그에게 똑같이 해주겠다는 그의 생각은 팔라치가 이 부분에서 볼츠만의 공식을 또 다시 이용했음을 보여준다. 볼츠만의 공식은 무질서에 질서를 강요하려 한다면 위기가 더욱 커질 뿐이라고 말한다. 질서를 강요하려는 사람들의 노력이 엔트로피의 먹이가 되기 때문이다. 볼츠만은 멸절과정을 뒤집으려 할 수록 파괴가 가속화될 뿐이라는 것을 분자에 대한 실험으로 이미 증명했다. ≪인샬라≫는 연달아 벌어지는 돌이킬 수 없는 비극적 사건들을 통해 이 이론을 긍정한다. 파스파르투의 동성애인인 라시드는 자기가 보기에 용서할 수 없는 죄를 저지른 사람들에게 벌을 내리기 위해 복수한다. 그는 폭발물을 실은 모터보트에 그대로 탄 채 베이루트 항구를 떠나 고국으로 철수하는 이탈리아군 수송선과 충돌함으로써 안젤로와 이탈리아 군대에게 치명적인 타격을 가한다.[58]

볼츠만의 이론을 뒤집는 데는 실패했지만, ≪인샬라≫는 사후에 모든 인간을 기다리고 있는 무無에 맞서 존재론적인 투쟁을 계속하며 저자의 실존적인 불안을 반영한다. 병사들을 이탈리아로 데려갈 수송선이 서서히 베이루트 항구를 떠날 때 안젤로는 갑자기 나이의 무게를 느끼며 절망으로부터 벗어날 수 있는 길은 손으로 움켜잡을 수 없는 먼 옛날의 원초적인 시간 속에만 있다는 것을 깨닫는다. 마음 속에만 흔적이 남아있는 먼 옛 시대만이 결코 사람을 실망시키지 않는 지식을 제공해준다. 직관과 본능에서 나오는 지식 말이다. 갑작스레 선착장으로 시선을 돌린 그는 그곳을 수라장으로 만들고 있는 짐승들을 지켜본다. 길 잃은 개들이 깨갱, 으르렁, 멍멍 시끄러운 소리로 '인샬라'를 외치며 인적 끊긴 거리에서 선착장으로 뛰쳐나와 배를 향해 달려오다가 이미 닫혀 버린 해치를 향해 뛰어 오른다.

녀석들의 몸은 더럽고, 여기저기 피가 묻어 있고, 상처에는 딱지가 앉았고, 부러진 곳도 있지만 녀석들은 불굴의 생기로 생동하고 있어서 상처 하나 없이 건강하고 찬란하게 보인다. 녀석들이 밤낮으로 서로를 죽이는 환경 속에서 찬란하게 살아남았다는 사실이 그것을 증명한다. 그리고 모든 것이 그 자리에서 분명해진다.

> 혼돈이 죽음이 아니라 생명이라서, 죽음이 아니라 삶이 원자에서부터 분자에 이르기까지, 행성에서부터 은하에 이르기까지, 무한히 작은 것에서부터 무한히 큰 것에 이르기까지 모든 것의 돌이킬 수 없는 성향이라서 그런 것이 아닐까? 생명이 자신의 정수와 활동에 반대하는 모든 것의 에너지를 흡수해버리기 때문에, 최종 목적지에 더 빨리 도착하기 위해 흡수한 에너지를 이용하는 것이 생명이기 때문에, 그냥 파괴가 아니라 우주의 자기파괴라는 그 목적이 사실은 건설, 아니 우주의 자기건설이기 때문에 그런 것이 아닐까?[59]

안젤로의 머릿속에서 볼츠만의 공식과 수수께끼 같은 단어 '인샬라'가 갑자기 똑같은 의미를 지니게 된다. $S = K \ln W$ = 인샬라. 이미 본능이 아니라 지성으로 죽음을 이해하려 시도했던 그는 그 때문에 눈이 멀어서 죽음을 생명의 도구이자 양식으로, 일시적인 정지로, 무한한 재탄생을 위한 짧은 수면으로 보지 못했다. 그러나 그는 마침내 직관적으로 새로운 확신을 얻는다. 그 확신을 아무도 합리적으로 증명할 수는 없겠지만.

"하지만 그랬다. 그는 그것을 느꼈다. 그것을 느꼈으므로 알 수 있었다. 몸 안의 모든 세포와 피부의 모든 모공과 신경계의 모든 조직들이 그렇다는 것을 알고 있었다. 살아있다는 것은 불멸을 의미한다는 것을."[60]

더 이상 나이의 부담을 느끼지 않고 불멸의 젊음으로 다시 젊어진 안젤로는 뱃전에 서서 생명이 영원한 것임을 이해한다. 그리고 세 번째 자살공격을 기다리자는 극적인 결론을 내린다.

긍정적인 면이 희미하게 드러나 있기는 하지만, 이 소설의 핵심적인 내용은 팔라치의 작품에 흔히 나타나는 회의와 불안을 강조하고 있다. 포괄적인 의미에서 생명이 영원하다는 낙관주의는 사실상 바탕에 깔려 있는 비관주의를 위장해주는 역할을 하며, 비극적인 시각 위에 거짓 희망이라는 장식을 덧입힌다. 따라서 긍정적인 메시지를 전달하려는 작가의 시도에는 설득력이 없고, 그 긍정적인 메시지조차 최종적으로는 진실이 아닌 것으로 드러난다.

"나는 그것을 믿어보고 싶다. 그러나 그 동안 삶이 내게 친절하지 않았기 때문에 나는 그것을 믿지 않는다."[61]

진정한 행복은 항상 그녀의 손을 피해 달아난다. 그녀는 지속적인 우정을 맺지도 못했고, 그녀가 사랑한 사람들은 대부분 세상을 떠났다. 아이를 갖고 싶다는 꿈도 이루어지지 않았다. 게다가 그녀는 사회가 행운이나 성공으로 간주하는 것이 자신에게는 거의 의미가 없다고 주장한다. 그녀는 어깨로 운명의 무게를 지탱하는 저주받은 자 같은 인상을 풍긴다.

"난 행복한 여자였던 적이 없다. 지금도 행복한 여자가 아니다. 내가 행복하지 않은 데에는 그럴만한 이유가 있다. 그리고 내 인생은 항상 비극적이었다."[62]

'인샬라'라는 무기력한 체념의 말을 되뇌이며 모든 일을 우주적인 힘의 탓으로 돌리는 것만으로는 실존적인 비애를 달랠 수 없다. 팔라치는 소설 속에서 교수의 입을 통해 이런 견해를 간략하게 요약했다.

"나도 운명이라는 말, 인샬라라는 말을 혐오한다. 대부분의 사람들은 그것을 희망이나 좋은 징조로 보고, 신의 자비심에 대한 믿음과 그것을 동일시한다. 그러나 나는 그것을 굴종으로, 자아의 포기로 본다."

사람들은 하늘의 아버지, 전능한 주님, 여호와, 알라, 브라마, 바알, 아도나이 등 갖가지 이름으로 불리는 초월적인 존재에게 자기들 대신 결정과 선택을 해달라고 요구한다. 교수는 이런 태도를 도저히 용납하지 못한다.

"천만에. 나는 나의 의지와 나의 정신을 하나님에게 위임하지 않겠다. 나는 나 자신을 포기하지도 않고, 굴복하지도 않겠다. 굴복한 사람은 죽기 전에 이미 죽은 것이나 마찬가지이다. 나는 죽기 전에 이미 죽은 사람이 되고 싶지 않다!… 나는 죽을 때 살아있는 사람이고 싶다!"[63]

팔라치는 사회의 악에 대한 현실적인 해결책을 제시하며 도덕주의자의 이미지를 드러낸다. 전통적인 도덕을 다시 만들어내고 선과 악을 분명히 정의하자는 것이 그녀의 해결책이다.

"하나님과 악마가 살아있을 때, 그리고 하나님이 낙원의 약속으로 선을 보증하고 악마가 지옥의 위협으로 악을 보증할 때는 그것이 의미가 있었다. 그때는 위대한 구원의 종교들이 우리의 행동을 결정했다."[64]

그녀는 윤리적 태도가 바뀌어야 한다고 절박하게 외친다. 그리고 전능한 존재와 하나님을 믿지 않고 내세를 믿으면서도 죄악을 하찮게 여겨서는 안 된다는 주장을 옹호한다. 그녀는 구원을 약속하거나 저주의 위협을 가하는 메시아를 지지하며, 인간의 의지를 하찮게 보는 태도를 거부하고, 물질적인 과학에 도전장을 던진다.

의약품 실험실에서 선善을 만들어낼 수 있는가? 선한 마음을 갖게 해주는 연고나 시럽이나 알약이나 좌약이나 주사약을 만들어낼 수 있는가?

강간, 남색, 살인을 막아주는 백신을 만들 수 있는가? 약국에서 살 수 있는 약으로 만들 수 있는가?[65]

팔라치는 종교적인 사람이 아니며, 선과 악 사이에 차이가 존재하지 않는다고 믿는다. 선과 악이 상황에 따라, 시기와 운명에 따라 달라질 수 있다는 것이다. 그런데도 그녀는 자신의 책에서 설교자의 역할을 하며 훌륭한 도덕가의 가면을 쓴다. 그녀의 메시지는 '거짓으로 가장할' 필요를 역설한다. 인간은 선과 악을 받아들이는 척하지 않고는 살아갈 수 없기 때문이라는 것이 그 이유이다.

그러나 그 뒤에는 혼돈, 형이상학적 재앙, 죽음의 부조리함이 끈질기게 어른거린다. 도덕을 아무리 다시 만들어내도 모든 사람의 궁극적인 운명을 바꿀 수는 없다. 따라서 팔라치는 도덕가의 이미지를 버리고 거짓으로 웃음을 터뜨린다. 오로지 희극적인 사고방식만이 희망이 있다는 환상과 운명이라는 괴물을 경멸하며 꾸짖을 수 있다는 환상을 제공해주기 때문이다. 그녀는 교수가 "입술에는 웃음을 머금고 눈에는 눈물이 고인 채" 소설을 써야한다고 말하는 부분에서 재앙과 오락이 서로 연결되어 있음을 언급한다. 눈물은 인류가 견뎌야 하는 고통에 대한 연민을 상징하고, 미소는 행복한 영혼을 암시한다. 팔라치는 이것이 없으면 어리석음과 혼돈과 피학성이 존재하는 세상을 참을 수 없을 것이라고 말한다. 그녀는 신랄하면서도 코믹한 경구를 통해 크리스마스 전투가 시작되기 전에 부대원의 3분의 1에게 휴가를 주기로 결정한 콘도르의 실수를 공격한다.

> 경찰관은 영국인, 요리사는 프랑스인, 맥주 양조업자는 독일인, 연인은 이탈리아인, 조직과 기획을 담당한 사람은 스위스인들인 곳이 낙원이다. 경찰관은 독일인, 요리사는 영국인, 맥주 양조업자는 프랑스인, 연인은 스위

스인, 조직과 기획을 담당한 사람은 이탈리아인인 곳이 지옥이다.[66]

≪인샬라≫에서 그 누구보다 웃음을 자아내는 인물은 크레이지 호스이다. 그가 크리스마스 전투를 준비하는 장면은 익살맞은 분위기를 확실하게 확립하는 역할을 한다. 그는 재킷의 먼지를 털고, 콧수염을 빗으로 빗고, 나폴레옹이 좋아했던 향수를 몇 방울 뿌리고, 외알안경을 쓰고, 고사포 부대의 재킷을 입고, 군모를 쓰고, 노란색 장갑을 끼고, 말채찍을 겨드랑이에 낀 다음 마지막으로 불룩한 바지 앞섶을 찰싹 친다. 그리고 운전병에게 뒤가 아니라 앞쪽 진입로로 가자고 명령한다. 운전병이 반발하지만 그는 그의 말을 묵살해버린다. 그래서 엉뚱한 곳에 도착한 그는 벌벌 떨기 시작한다. 그리고 자기가 왜 떠는지 분석하면서 공포를 정의하고, 말문이 막힌 운전병에게 드 튀렌 자작의 위대한 장례식 연설에 대해 강의하고, 용기를 해석하고, 바루크 스피노자 Baruch Spinoza의 사상을 자세히 설명하느라 귀중한 시간을 허비한다. 마침내 뒤쪽 진입로에 자리를 잡은 그는 행렬을 움직이게 해야 한다는 격렬한 항의를 받고 가장 앞에 있는 M-113에 올라 사수를 쫓아버린다. 그리고 모자를 벗고 군모를 쓴 다음 브라우닝 권총 앞에 상반신을 드러내고, 작전실과의 무선 연결을 끊어버리고, 장갑차 다섯 대를 이끌고 이름없는 거리로 향한다. 마치 워털루 전투를 향해 나아가는 것처럼. 총탄이 그의 몸을 스치고 지나가자 운전병이 제발 몸을 낮추라고 애원하지만 그는 무시해버린다. 대신 무선을 다시 연결하고, 몸을 한층 더 높이 곧추 세우고, 외알안경을 고쳐 쓰고, 숨을 고른 다음 마이크에 대고 즐거운 듯이 외친다.

"용기를 가져라, 내 용감한 병사들아! 레픽이 말하기를, 저건 똥이 아니라 총알이라고 했다!"[67]

이 초현실적인 실수를 더욱 완벽한 실수로 만들려는 듯이, 다른 M-113에서 "레픽이랑 같이 엿이나 먹어라"라는 말이 이구동성으로 흘러나온다.

이 소설에서 유머는 비극을 완화시키는 역할을 한다. 등장인물들이 의식하고 있는지 어떤지는 몰라도, 그들은 모진 삶을 더 견딜 만한 것으로 만들어주는 해학을 통해 활기를 퍼뜨린다.

"내가 비극적인 내용에 압도당해 휴식을 취하며 미소를 느낄 필요가 있을 때에는 특히 그렇다. 나는 공포와 비극에 넌더리가 나서 웃을 수밖에 없는 등장인물의 입장이 되었다고 생각해본다."[68]

이런 순간에 크레이지 호스 같은 코믹한 인물들이 만들어졌다. 역설적으로 뒤틀린 상황과 우스꽝스러운 상황들은 인간의 운명에 대한 해독제 역할을 하며, ≪인샬라≫를 사라지지 않는 비관주의로부터 해방시킨다.

오리아나 팔라치의 초기 작품들은 나중에 쓴 작품들과는 다르다. ≪인샬라≫에 등장하는 교수는 상상 속의 아내에게 보낸 세 통의 편지에서 자신이 의사소통의 수단으로 소설을 선택한 이유를 설명한다.

"소설은 사람이 현실과 공상, 논리와 시, 생각과 감정을 동시에 쏟아 넣을 수 있는 그릇이오."[69]

현실은 연대기 속에 그냥 복제되는 것이 아니라 사물을 변화시키는 상상력의 힘을 경험한다. 언젠가 베이루트에 있을 때 팔라치는 깨갱거리며 짖어대는 개들 때문에 잠을 설친 적이 있었다. 나중에 ≪인샬라≫에서 그녀는 이 사건을 상징으로 변화시켰다. 이 작은 일화는 상상력이 실제 경험을 문학적 의미와 비유적 의미를 지닌 의미심장한 소설적 요소로 어떻게 바꿔놓는지를 보여준다. 제멋대로 돌아다니는 개들이 베이루트의 조용한 밤거리에 출몰하는 것은 사실이다. 그러나 그들은 파괴와 죽음에도 불구하고 삶은 계속된다는 상징이기도 하다.

팔라치는 모든 등장인물이 자신의 창작이며, 실존인물에게서 영감을 얻은 경우라 해도 책 속의 인물은 순전히 그녀의 상상 속에만 존재한다고 주장한다. 책 속에서 교수는 다음과 같이 말한다.

"나는 귀를 기울이고, 염탐을 하고, 현실을 훔친다. 그리고 그것을 수없이 고치고, 다시 만들어내고, 재창조하기 때문에 나중에는 원래 누가 모델이었는지 기억나지 않을 때가 많다."[70]

자신이 죽음도 물리칠 수 있다고 생각하는 독재자 같은 인물 콘도르의 모델은 이탈리아의 베이루트 주둔군 사령관이었다. 그러나 책 속의 콘도르는 모델이 된 실제 사령관과는 닮은 구석이 거의 없는, 완전히 다른 인물이다. 소설 속에 등장하는 다른 인물들도 똑같은 과정을 겪었다. 팔라치는 교수의 입을 통해, 등장인물들 각자에게 자리를 정해주고 그들을 서술구조 속에 끼워 넣는 작업이 엄청난 일이 되었다고 말한다.

"가끔 밤이 되면 내가 손가락이 모자라서 인형을 제대로 조종할 수 없는 변변찮은 인형사가 된 것 같은 기분이 들곤 한다. 그런 생각을 하면 몸이 떨린다."[71]

삶은 수많은 목소리와 얼굴과 생물들이 만들어낸 혼돈의 환상이며, 그 생물들의 행동이 인간의 운명을 결정하는 연쇄적인 사건들을 서로 연결시킨다고 생각하는 팔라치로서는 자신의 이미지를 표현하기 위해 가능한 한 많은 인형들을 이용하는 수밖에 없다. 그녀는 자기 인생의 여러 가지 측면들을 상징하는 주인공들을 만들어낸다는 점에서 플로베르와 흡사하다. 플로베르는 자기 작품의 주인공인 엠마가 바로 자기 자신이라고 밝힌 바 있다. 팔라치 역시 ≪인샬라≫에 등장하는 사람들과 자신을 동일시한다. 책 속의 교수는 다음과 같이 설명한다.

"내 상상 속에서 태어난 모든 생물이 다 나다. 내 생각과 감정 덕분에 존재하면서 희생자의 피를 빠는 흡혈귀처럼 그 생각과 느낌을 빨아먹는 모든 생물들."72)

팔라치는 《인샬라》의 집필을 시작하면서 엄청나게 들뜬 기분을 교수의 입을 통해 다음과 같이 표현했다.

"축소판 《일리아드Iliad》가 내 주위에서 꿈틀거리고 있다."

《인샬라》의 구조와 내용에는 고대 그리스의 걸작인 《일리아드》의 여러 측면들이 반영되어 있다("현대판 《일리아드》… 나는 그 안에서 그 신성한 시의 영웅들을 거의 모두 찾아낼 수 있다."73)). 《인샬라》의 베이루트는 《일리아드》의 헬렌과 같고, 파리스와 메넬라오스는 원래 낙원이었으나 지금은 파벌, 세포조직, 증오, 투쟁이 판치는 지옥으로 변해가고 있는 이 도시의 반쪽을 각각 상징한다. 숲을 잃어버린 사자처럼 탐욕스러운 에너지를 지니고 있으며 부하들에게 분노를 분출하는 콘도르는 아가멤논과 닮았다. 아라비아의 로렌스를 흉내내고 싶어하며 거친 전쟁보다 세련된 음모를 더 좋아하는 콧수염의 거인 찰리는 율리시즈의 화신이다. 어쩔 수 없이 전투를 갈망하는 악의 없는 해적 산도칸은 아킬레스이고, 대결을 피하기 위해 부대의 기지로 쓰이던 산 위의 루비노 수녀원에 남는 온화한 팔콘 대령은 필로크테테스이다. 유쾌한 돈 후안처럼 아름다운 브리시다스와 크레시다스를 유혹하는 피스토이아는 아이아스를 상징한다. 싸움을 광적으로 좋아하는 그 때문에 이탈리아 군대는 커다란 어려움을 겪는다. 지혜도 별로 없으면서 귀족적인 학자 행세를 하지만 말솜씨만은 탁월하고, 라틴어 속담과 나폴레옹의 일화로 동료들을 괴롭히는 크레이지 호스는 네스토르를 상징한다. 나폴리 출신의 얌전한 유대인으로 전쟁을 피할 수만 있다면 베수비어스 산과

통곡의 벽도 팔아넘길 이글은 안테노르이다. 규칙을 인생의 목표로 삼고 있으며 우표수집가처럼 열심히 부비트랩을 모으는 꼼꼼한 기술자 슈가는 디오메데스이다. 칼리시니코프 소총으로 무장하고 조각 무늬 재킷을 입은 채 베이루트의 거리를 휩쓰는 위풍당당한 난쟁이 빌랄은 헥토르를 상징한다. ≪일리아드≫의 등장인물들을 닮은 팔라치의 주인공들은 모두 실존인물을 바탕으로 하고 있지만, 그리스 서사시의 영향으로 재창조되었다.

≪인샬라≫가 레바논에서 일어난 전쟁을 다루고 있는 것은 사실이지만, 소설 마지막에 나오는 이탈리아 군대의 전멸은 실화가 아니다. 크리스마스 전투 역시 많은 등장인물들과 마찬가지로 상상의 산물이다. 실존인물을 모델로 창조된 인물들도 모델과는 다른 모습을 하고 있다. 레이디 고디바가 좋은 예이다. 팔라치는 실제로 일어난 사건에서 영감을 얻어 소설의 플롯에 맞춰 그녀를 다른 사람으로 바꿔놓았다. 일단의 군인들이 에로틱한 모습의 인형과 섹스를 했다는 이야기를 들은 팔라치는 그 병사들 중 한 명을 몰아붙여 몇몇 신병들이 신문에 난 광고를 보고 그 인형을 주문한 뒤 난잡한 파티를 열었다는 사실을 알아냈다. 이 이야기는 소설의 촉매 역할을 했으며, 소설 속에서 독자적인 생명을 얻었다. 소설 속에 등장하는 백마도 원래는 회색 암말이 모델이었다. 이 암말은 이탈리아 군대가 베이루트에서 철수하던 도중 양편 군대 사이에서 풀을 뜯어 먹다가 적의 총에 맞아 부상을 입었다. 팔라치가 베이루트에 머문 마지막 날 일어난 이 사건은 그녀에게 영원히 지워지지 않는 인상을 남겼다. 암말은 목이 잘린 채 보도에 방치되었고, 철수하는 군대는 말의 머리를 치지 않으려고 반원형을 그리며 이동했다. 그러나 소설 속에서 이 사건은 크게 달라진 모습으로 등장한다. 소설 속에서 백마는 슬픔, 죽음, 공포를 가져왔을 뿐 결코 행복하지 않았던 작가의 삶을 비

유적으로 상징한다. 팔라치에 따르면, 박정한 사람들은 이 무기력한 동물을 겨냥해 총을 쏘았던 적의 사수들과 똑같이 이 말에게 무차별 총격을 가했다고 한다.[74]

거의 무無에서 태어난 니네트의 수수께끼 같은 성격은 등장인물들이 재창조됐다는 점과 팔라치가 자신을 특별한 형태로 드러내고 싶어한다는 점을 잘 보여준다. 니네트라는 인물이 태어난 것은 팔라치가 어느 날 밤에 샤틸라와 사브라에 있는 이탈리아군의 검문소를 찾아갔을 때였다. 그곳에서는 지프에 탄 병사 두 명이 앙투아네트라는 여자와 사랑에 빠진 자기 부대 하사의 이야기를 하고 있었다. 팔라치는 이 이야기를 들은 후 안젤로의 애인인 니네트를 생각해냈다. 원고를 수정하기 전에는 팔라치 자신도 니네트가 어떤 인물이 될지 전혀 몰랐다.

"그 작품은 그녀가 어떤 사람인지 아직 내게 말해주지 않았다."

그녀는 이미 소설 속의 등장인물들 중 많은 사람들(잔드라 사드르, 라시드, 마호멧, 빌랄)과 사랑에 빠져 있었지만, 니네트에 대해서는 아직 아무런 애정이 없었다.

"나는 항상 등장인물들과 사랑에 빠져야 한다. 내가 사랑에 빠지지 못하면, 그 인물은 엉망이 된다."

팔라치는 원래 니네트를 외모는 화려하지만 머리는 멍청한 여자로 생각했다. 그러나 그녀가 반드시 경험 많은 여자일 수밖에 없다는 것을 직감적으로 깨달았다.

> 그녀는 안젤로보다 나이가 많은 성숙한 여자여야 했다. 그가 모르는 것, 즉 삶의 공식을 그녀는 알고 있어야 했으니까. 그 순간 내 깨달음이 마음에 들었는지 내 책이 서서히 자신을 드러내며 니네트에 대한 이야기를 들려주기 시작했다.[75]

니네트의 개성은 크리스마스 전투 중에 분명히 드러난다. 소설의 구조가 발전해가면서 그녀의 죽음이 사실상 반드시 필요해졌다. 테러리스트인 파스파르투가 잔인하게 그녀를 죽여야만 안젤로가 그를 죽이는 것을 합리화할 수 있었으니까. 만약 안젤로가 그를 죽이지 않는다면, 라시드가 마지막 장면에서 철수하는 이탈리아군에게 복수를 할 이유도 없었다. 파스파르투가 냉혹하게 니네트를 쏘아 죽이는 장면은 그가 니네트의 목에서 벗겨낸 십자가 목걸이를 들어올리는 장면으로 이어지고, 그 목걸이가 그의 손에 들려 있는 것을 본 안젤로는 방아쇠를 당긴다. 그리고 그 다음 장면에서는 철수하던 군대가 비극적인 죽음을 맞는다. 이 사건들은 각각 수학공식처럼 정확하게 다음 사건들을 불러온다. 파스파르투가 니네트를 죽이고, 안젤로가 파스파르투를 죽이고, 라시드가 안젤로를 죽이고, 마지막에는 모든 사람이 죽는다.

그러나 니네트의 이야기는 아직 완성된 것이 아니었다. 팔라치는 더 많은 이야기들(니네트의 남편이 암살되었으며, 그녀가 심한 신경쇠약에 시달린다는 것)을 소설 속에 집어넣었지만, 슬픔 때문에 제정신을 잃어버리는 사람들의 행동을 설명해야 한다는 문제가 아직 남아 있었다. 니네트의 말에 따르면, 사랑의 종말은 연인의 죽음과 같아서 사람들은 연인이 죽었을 때와 똑같은 고통과 공허감에 시달리며 현실을 부정한다.

> 자신이 미리 예상했던 일이라 해도, 자신이 그 일을 저지른 당사자라 해도, 자신을 보호하기 위해서거나 상황에 대한 판단 때문에 그런 일이 벌어지기를 원했다 해도, 일단 그 일이 일어나면 사람들은 팔다리가 떨어져 나간 것 같은 기분이 된다. 눈, 귀, 팔, 다리, 허파가 하나씩 떨어져나가고 뇌도 절반밖에 남지 않은 것 같은 기분이 된다. 그래서 사람들은 아무 것

도 하지 않고 잃어버린 반쪽을 그리워하기만 한다. 함께 있을 때 자신에게 완전한 존재가 된 것 같은 기분을 안겨주었던 그 사람을, 그 사람의 잘못, 그 사람이 내 영혼에 가한 고통, 그 사람 때문에 내가 겪은 고생은 떠오르지도 않는다.[76]

니네트의 말은 파나고울리스를 잃은 후의 팔라치를 생각나게 한다. 니네트의 남편은 알렉코스의 복제품인 셈이다. 그녀의 슬픔은 "그 무엇으로도 대신할 수 없는 보물"이었던 사랑하는 사람의 기억 때문이지만, 연인이 죽은 후 팔라치의 슬픔이 어떠했는지도 보여준다. 결국은 강렬한 고통도 점점 흐려지게 마련이고 진실을 받아들이지 않으려는 태도도 사라진다.

"이미 죽어버린 내 사랑이 그렇게 뛰어난 사람도, 그 무엇으로도 대신할 수 없는 보물도 아니었다는 것을 결국 깨닫게 된다. 또 다른 반쪽, 혹은 반쪽이라고 생각되는 사람을 만나 그를 대신하게 되는 것이다."[77]

니네트는 안젤로를 죽은 남편 대신으로 삼았다. 팔라치는 공허한 감정을 메우기 위해 글쓰기를 선택했다. 그러나 두 사람의 영혼에는 커다란 상처가 남아 있다. 두 사람 모두 죽음에 의해 과거와는 다른 사람이 된 것이다.

"사랑이 시들어서 손을 쓸 수 없을 때에도 사람들은 사랑을 지키며 치유하려고 애쓴다. 그래서 혼수상태에서도 사랑이 마지막 숨을 내쉬는 순간을 지연시키려고 애쓰는 것이다."[78]

당시 자신의 명성을 크게 의식하고 있던 팔라치는 자신의 글을 읽는 독자들이 니네트를 교수보다 더한 자신의 또 다른 자아로 손쉽게 인식할 수 있으리라는 것을 알고 있었다. 따라서 그녀는 안젤로를 주인공으로 그림으로써 자신의 자아가 드러난 부분을 깎아내리려고 애썼다. 또한 니네트가 슬픔 때문에 정신병에 걸려 조울증 환자가 된 것으로 설정했다. 그녀가 다른 남자에게 지칠 줄 모르고 지나치게 충동적인 관심을 보이는 것, 성욕이 증가한 것, 남편을 대신할 연인을 찾으려 애쓰는 것 등에서 그녀의 상태가 분명히 드러난다. "밤새 사랑을 나눌 것"이라는 그녀의 말은 남편을 대신할 사람을 찾아 슬픔을 잊으려는 노력을 보여줄 뿐만 아니라 스트레스, 죽음, 삶에 대한 그녀의 반응을 상징하는 말이기도 하다.[79] 그 누구보다도 남편을 연상시키는 안젤로를 만났을 때 그녀는 즉시 그에게 욕망을 느끼고 그의 뒤를 쫓는다. 그리고 그를 사랑에 대한 광적인 갈망의 대상으로 삼는다. 안젤로가 이별을 고하고 그녀가 학살현장에서 살아남은 부상자들을 시아파 병원에서 만난 후, 그녀는 이슬람 신자들의 동네에서 십자가를 드러내 보이거나 파스파르투를 만나러 가는 등 무의식적으로 자살을 꾀하며 조울증을 나타낸다.

그러나 이 난해한 등장인물의 배경에 대해서는 아직 해소되지 않은 의문이 많이 남아있었다.

"나는 그녀가 누군지, 진짜 이름이 무엇인지, 그녀의 남편이 누군지, 어머니와 아버지는 누구인지 몰랐다."

당시 맨해튼에 있던 팔라치의 아파트 아래층에서 살던 사람이 니네트의 캐릭터를 발전시키는 데 중요한 역할을 했다. 괴물처럼 뚱뚱하며 상대를 꿰뚫어보는 듯한 눈을 가진 그 부인(벨라 밴덜릭스 Bella Vanderlix)이 어느 날 팔라치에게 이렇게 말했다.

"안녕하세요? 우리 서로 이웃인 것 같은데. 잘 지내시죠?"[80]

그녀는 팔라치를 저녁식사에 초대했고, 자신이 아랍 전문가이며 한때 사우디 왕자와 결혼한 적도 있다는 얘기를 했다. 팔라치에게는 유혹적인 이야기였다. 그때부터 팔라치는 자신이 쓰고 있는 소설과 관련해서 벨라에게 온갖 질문들을 퍼붓기 시작했다.[81]

"그녀의 남편은 어떤 사람이어야 할까요?"
"곧 레바논의 대통령이 될 사람이어야 해요."
"좋아요, 마음에 드네요. 그럼 아버지는요?"
"그들이 아버지를 죽였어요."
"왜요? 그녀는 책 속에서 프랑스어를 쓰기 싫어해요."
"당연하죠. 프랑스인들이 아버지를 죽였으니까요."
"이런 세상에, 왜요?"
"싸움이 있었거든요."
"아니, 프랑스인들이 왜 그녀의 아버지를 죽인 거예요?"
"나도 모르죠."[82]

프랑스가 레바논을 위임통치하는 동안 추악한 짓을 많이 저질렀다는 것을 희미하게 기억하고 있던 팔라치는 둥그런 철제 계단을 뛰어 올라와 자기 방에서 《라루스 백과사전 Encyclopedie Larousse》을 찾아보았다. 프랑스 경찰이 1947년에 많은 레바논인들을 학살했다는 얘기가 거기 적혀 있었다. 니네트의 아버지가 탄생한 것이다. 수학자이자 정치가였던 니네트의 아버지는 항의 시위대의 선두에 서 있다가 이른바 '해방군'의 총탄에 맞아 죽은 것으로 설정되었다.

"벨라, 그녀의 아버지가 어떤 사람인지 이제 알겠어요. 이 소설이 나한테 이야기를 해줬거든요…. 그가 시위대를 이끌고 있었는데 프랑스 경찰이 그를 쏘아 죽였어요."[83]

니네트 아버지의 캐릭터를 만들어내는 것보다 더 어려운 일은 그녀의 남편이 부유하고 유명한 사람이어야 하는 이유와 영국 사람들이 니네트 부부에게 대사관에서 티파티를 열어준 이유를 어떻게 설명하느냐는 것이었다. 벨라가 부유한 레바논인들 중에 남아프리카에 금광을 소유한 사람이 많다면서 니네트 부부도 그런 것이 아니겠느냐고 했을 때, 팔라치는 영국 사람들이 니네트 부부에게 잘 보이려고 티파티를 열어주었다는 설명을 떠올릴 수 있었다. 그녀는 벨라가 제시한 여러 개의 아랍 이름 중에서 조지 알 샤리프를 니네트 남편의 이름으로 선택했다. 이로써 레바논 대법원의 최고 대법관으로서 롤스로이스 자동차의 시동을 걸다가 폭탄이 터지는 바람에 죽지만 않았다면 조국을 구했을지도 모르는 인물이 탄생했다. 그때부터는 모든 이야기가 술술 풀려나갔다. 팔라치는 샤리프의 암살사건과 '인샬라'가 '신의 뜻대로'를 의미한다는 니네트의 말을 소설 속에 등장하는 신문〈르 주르날 뒤 리방〉의 기사 속에 집어넣었다.

 "니네트만큼 힘든 인물은 없었다. 다른 등장인물들은 모두 내 머릿속에 분명히 들어 있었다. 그녀가 가장 힘들었다."[84]

 파나고울리스의 죽음에 대한 팔라치의 집착과 조지 알 샤리프의 죽음에 대한 니네트의 집착이 서로 연결되어 있음에도 불구하고, 두 사람 사이에는 기본적인 차이가 있었다. 팔라치는 집착을 극복했지만, 니네트는 그것을 극복하지 못하고 자살해버린다. 또한, 팔라치는 삶을 사랑하지만 니네트는 죽음을 선호한다. 매일 정력적으로 최선을 다해 살아가는 태도가 두 사람 사이의 기본적인 차이였다. 니네트라는 인물이 만들어져서 발전해가는 과정을 살펴보면, 작은 일로 인해 등장인물의 성격이 완전히 바뀔 수도 있다는 것을 알 수 있다. 강박적으로 자신을 드러내고 싶어하는 팔라치의 성향도 여기에 반영되어 있다. 니네트의 성격이 난해해진 것과 소설 속에 남자들이 더 많이 등장하게 된 데에는 팔라치의 망설임이 어느 정도 영향을 미친 것 같다. 소설 속에 눈에 확 띄는 여자를 등장시켜 자전적인 이야기를 너무 많이 드러내서는 안 된다는 생각이 그녀의 발목을 잡았던 것이다. 니네트는 소설의 주인공이 될 수 있는 요소를 충분히 갖고 있는데도 조연으로 머물러 있다. 그리고 안젤로를 비롯한 여러 병사들의 이야기가 더 많은 부분을 차지하고 있다.

≪인샬라≫에서 팔라치는 전쟁의 혼돈과 폭력 속에서 살아가는 사람들의 모습을 그렸다. 그리고 그 어떤 기자보다도 방대한 경험을 통해서 얻은 지식을 재구성해 끔직한 전쟁 풍경 속에 쏟아 넣었다. ≪인샬라≫는 전쟁소설의 전통을 따르면서도 단순히 살육의 현장만을 그리지는 않는다. 팔라치는 문화적 차이를 초월하기 위해 최선을 다했으며, 이 소설이 시대와 장소를 초월한 상징이 되기를 바랐다. 그녀는 아주 오래 전부터 품고 있던 꿈을 실현해 마침내 문학과 인간이 처한 조건과 냉소주의의 대안과 죽음의 해독제로서의 삶에 대해 자유로이 글을 쓸 수 있었다. 그것도 전쟁 소설의 틀 안에서. 그녀는 악몽 같은 학살의 현장과 무고한 희생자들의 단말마와 고야의 그림 같은 묘사가 들어 있는 자신만의 이 ≪일리아드≫가 톨스토이의 ≪전쟁과 평화≫, 헤밍웨이의 ≪누구를 위하여 종은 울리나≫, 말로의 ≪희망 Man's Hope≫ 등과 어깨를 나란히 할 수 있기를 바랐다.

비평가인 폴 윌리엄 로버츠 Paul William Roberts는 18년 동안 비평가로 활동하면서 ≪인샬라≫처럼 훌륭한 작품은 본 적이 없었다고 말한다.

"팔라치의 소설은… 틀림없이 시대와 유행을 초월한 고전이라고 불릴 만한 소수의 작품들 중 하나이다. 이 소설을 읽고 나서 나는 완전히 탈진했지만, 전율과 흥분을 함께 느꼈다."[85]

그는 팔라치의 작품을 담당했던 출판사 편집자에게 보낸 편지에서 ≪인샬라≫를 걸작으로 분류하며, 지금까지 씌어진 최고의 소설 10편 중 하나라고 말했다. 심지어 ≪전쟁과 평화≫보다도 조금 더 뛰어난 소설이라고 했다.[86]

이런 작품이 두 번째 천년의 냉소적 황혼 속에서 등장했다는 것을 믿기 어려울 정도입니다. 문학과 인생, 인간이 처한 상황 등에 관심이 있는 사람이라면 문학과 사랑의 위대한 개가이자 냉소주의와 죽음의 해독제인 이 책을 읽지 않고는 견딜 수 없을 겁니다.[87]

비평가인 아흐다프 수아이프는 로버츠보다 덜 열광적이다. 그녀는 팔라치가 주로 문학적 명성을 얻은 분야가 소설이 아니라는 것을 독자들에게 상기시킨다. 그리고 팔라치가 군사 문제에 대해서는 많은 것을 알고 있지만 등장 인물들의 감정이나 언행에 대한 묘사는 그리 믿을만하지 않다고 주장한다. 그녀는 팔라치가 야세르 아라파트나 아흐메드 자키 야마니Ahmed Zaki Yamani와의 인터뷰 서문에서 드러냈던 아랍에 대한 경멸을 ≪인샬라≫에서도 표현했다고 생각하고 있다. 또한, '내가 모든 인류를 대변하고 있다'고 주장하는 듯한 그녀의 태도가 교활하며 책의 내용과도 모순을 이루고 있다고 생각한다. 그녀가 보기에 팔라치가 묘사한 아랍인들은 인간이 아니라 대개 히스테리컬하고 변덕스럽고 흉악한 엑스트라에 불과하다. 그들은 욕망, 슬픔, 증오, 탐욕 등이 희화화된 모습으로 그려져 있으며, 은유적으로는 박쥐, 뱀, 미친 개 등이 그들을 상징한다.

이 작품이 너무나 엄청난 실수를 저지르고 있기 때문에 이런 질문을 던지고 싶어진다. 만약 아랍인이 제노바를 배경으로 소설을 쓰면서… 평범한 이탈리아인이라면 도저히 상상할 수 없는 행동을 하는 이탈리아인들을 잔뜩 묘사한다면 어떨까? 그 이탈리아인들이 아랍 군인들의 꾀에 넘어가서 이리 밀리고 저리 밀리기만 한다면 어떨까? 아마 엄청난 항의가 있을 것이고, 인류 전체를 대변한다고 주장하는 사람들이 그 선두에 설 것이다. 우리 아랍 사람들이 그렇게 오만한 태도를 보여도 그것이 당연한 일로 여겨져서 아무 일 없이 지나갈 수 있는 날이 빨리 왔으면 좋겠다.[88]

제임스 월튼James Walton은 비판과 찬사를 동시에 보냈다. 그는 우선 주인공이 60명이 넘는다는 것은 "널따란 붓으로 붓질을 하듯이" 인물들이 만들어졌음을 의미한다고 말했다. 그러나 "그것 [붓질]에 강한 힘이 배어 있기 때문에 등장인물들이 살아 움직이며 감동을 준다"고 주장했다. 하지만 그는 팔라치가 잔소리를 늘어놓는 경향이 있다고 비판했다.

"사랑, 우정, 용기, 거리청소('고귀한 직업'), 그리고 그 밖에 소설의 내용을 통해 독자들이 충분히 이해할 수 없을 것이라고 그녀가 잘못 짐작한 부분들에 대한 잔소리가 끊임없이 소설의 흐름을 끊어 놓는다."

월튼은 또한 그녀가 문학적인 속임수를 이용했다고 비판했다.

"등장인물 중의 한 명은 '우리가 읽고 있는' 이 소설을 쓰며 시간을 보내다가 나중에야 자신도 허구적인 인물이며, 이탈리아군 막사 주위를 어른거리던 그림자 같은 여자 '사이공 기자'의 창조물임을 깨닫는다."

월튼이 보기에 이 소설에서 팔라치가 저지른 가장 커다란 실수는 그녀가 "염치도 없이" 삶의 공식이라고 부르는 공식을 해명하려고 애쓴 것이다. 그는 소설이 거의 끝나갈 무렵에는 이 소설의 제목이기도 한 아랍어 단어 '인샬라'가 아무리 봐도 "될 대로 되라"는 의미로 해석되는 것 같다며 실망감을 표시했다. 월튼의 결론에는 찬사와 비판이 모두 들어 있다.

    그렇게 커다란 결함들이 있는데도 ≪인샬라≫가 살아남았다는 사실은 이 소설이 때로 베이루트 그 자체와 비견될 만큼 난공불락의 튼튼함을 지니고 있음을 증명한다. 사실 가끔 나는 이렇게 서사적인 책이라면 실수도 서사적이어야 마땅하다는 생각을 나도 모르게 하곤 했다.[89]

팔라치의 작품 중에서 가장 훌륭하고 야심차고 비극적인 소설 ≪인샬라≫는 작가로서 그녀가 이룩한 최고의 업적이다. 이 작품에는 그녀의 개인적인 경험과 작가로서 살아가는 삶에 대한 변명이 모두 들어 있으며, 그녀가 열두 살 때 잭 런던의 작품을 읽으면서 품었던 꿈을 마침내 실현시킨 작품이다. 회의, 절망, 죽음 이후의 삶에 대한 필사적인 탐색 등은 소설에서 흔히 찾아볼 수 있는 테마이다. 그러나 팔라치는 이 테마들을 혁신적이고 신선한 방법으로 표현하려고 최선을 다했으며, 작품 속에 등장하는 교수의 입을 통해 독자들에게 다음과 같은 말을 했다.

"나는 이미 다른 사람들이 한 말을 생전 처음 듣는 얘기처럼 되풀이하는 법을 알고 있다. 그것이 내가 글을 쓰는 방식이다."[90]

지안카를로 비고렐리, 베르나르도 발리, 데이비드 마리아 투롤도 등 이탈리아의 비평가들은 이 작품에 열광적인 찬사를 보냈다. 만약 팔라치가 후손들에게 위대한 소설가로 인정받을 만한 자격을 갖고 있다면, ≪인샬라≫가 바로 그 기준이 될 것이다. 피렌체 출신의 이 이탈리아 여자는 이 전쟁 소설에서 서사적인 플롯과 역사적인 세부사항들을 아낌없이 풀어 놓았다. 그리고 생전 처음으로 소설가 팔라치가 기자 팔라치를 훨씬 능가하게 되었다. 그녀는 ≪인샬라≫에 "전쟁에서 자신의 진정한 모습을 모두 드러내는 인간들의 영원한 소설, 영원한 이야기"를 담기 위해 자신의 솜씨를 모두 동원했다.

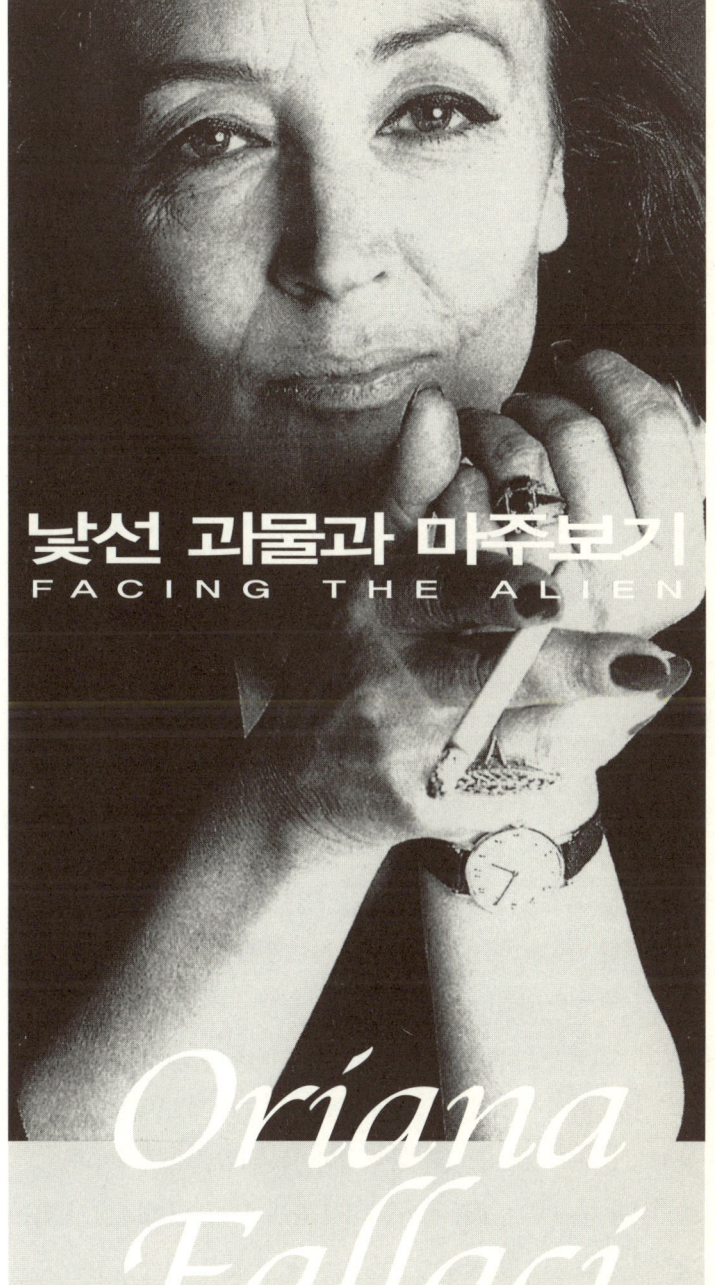

팔라치의 화려한 문학작품들은 그녀의 개인적인 경험들과 밀접하게 융합되어 대중들의 눈 앞에 그녀의 이미지를 불쑥 들이민다. 그녀가 자신을 주인공으로 삼기로 결정한 것은 우연한 일이 아니었다. 그것은 심사숙고 끝에 의도적으로 내린 결정이었다. 팔라치는 평생 동안 위엄과 힘에 굶주려 있었으며, 자신을 마법사 멀린(아서 왕 이야기의 등장인물 – 옮긴이)으로 비유했다. 중세의 이야기에 등장하는 멀린의 힘은 군사적 힘이 아니라 지적인 창의력에서 나온다. 그는 왕도 아니고 능수능란한 마법사도 아니지만, 세련되고 교양있고 대단히 지적인 인물로서 두뇌의 힘으로 자신의 행동을 결정하며 두뇌의 힘으로 명성을 얻었다. 팔라치는 어렸을 때 가난을 겪었다. 그녀에게 있어 가난은 약점, 의지박약, 굴종을 의미한다. 그러나 그녀는 항상 도덕적 품위와 지적인 능력이 출중한 인물이 되고 싶다는 욕망을 갖고 있었다(이것은 소외된 삶을 살아가는 사람들의 특징이다).

"힘을 부여하는 것은 돈이 아니라 품위이다. 그 [가난한 사람]는 자신이 세속적인 힘, 물질적인 힘, 금전적인 힘, 사회적인 힘을 가질 수 없다는 사실에 대해 잘 알고 있다. 따라서 그는 문화와 힘이라는 개념을 결합시킨다."[1]

팔라치의 아버지는 정치를 신봉했을 뿐만 아니라 그림도 그렸다. 그녀의 외가 친척들 중에도 미술가와 조각가가 있다. 에도아르도와 토스카는 작가들이 사회적으로 특별한 지위를 갖고 있다는 생각을 딸에게 주입했다. 그래서 그녀는 인생에서 가장 큰 영예이자 가장 쉽게 손에 넣을 수 있는 힘은 바로 '책'이라는 생각을 받아들였다. 그녀는 배우나 가수나 체육교사로 성공하겠다는 꿈을 꾼 적이 한 번도 없었다. 그녀가 원한 것은 글을 쓰는 것, 자신의 이야기를 도처의 독자들 손에 쥐어주는 것이었다. 작가로서의 성공을 거두면 그녀는 자신이 열망하던 것에 대해 지적인 권위를 갖게 될 터였다.

"작가가 죽더라도 그가 만들어낸 것은 계속 살아있다. 죽음에 집착하는 사람은 책과 글쓰기에 매혹된 사람이다."[2]

《인샬라》를 쓸 때도(소설가), 멕시코시티에서 벌어진 역사적 사건을 기록할 때도(억압받는 사람들을 위한 투사), 《전쟁터의 페넬로페》에서 뉴욕의 엄청난 힘을 드러낼 때도(눈을 휘둥그렇게 뜨고 미국을 바라보는 방문객), 팔라치는 모든 것을 새로운 자신을 만들어내기 위한 무대, 자신을 신화적 존재로 만들어줄 무대로 보았다. 그녀의 강렬한 행동과 문학적인 기사는, 제발 자기를 봐달라는 자기도취적인 애원이 들어있었음에도 불구하고, 독자들을 적극적으로 유혹해서 그녀의 공식적인 이미지를 받아들이게 만들었다. 팔라치는 자신을 광고하는 악명 높은 인물로 스스로를 자리매김했다. 그녀가 쓴 거의 모든 글들은 그녀의 자아 이미지를 곰곰이 들여다보면서 공공연하게 재구성한 것이다.

그녀가 세계적인 성공을 거뒀다는 증거는 1993년의 베이징 방문에서 찾아볼 수 있다. 당시 그녀는 사회과학원에서 연설을 하기 위해 베이징을 방문했었다. 그녀에 대한 열광적인 환영은 중국 사람들이 그녀의 책뿐만 아니라 그녀 자신에 대해서도 커다란 관심을 갖고 있음을 보여주었다. 정부가 학생들의 참석을 달갑지 않게 생각했음에도, 버스를 대절해서 타고 온 학생들이 강당의 복도를 가득 메웠다. 나중에 팔라치는 알베르토 시니가글리아Alberto Sinigaglia와의 인터뷰에서 다음과 같은 이야기를 했다. 연설이 끝나고 질의응답 시간이 되었을 때, 이탈리아어를 공부하는 학생이 이런 얘기를 했다는 것이다.

전 질문을 하려고 여기 온 것이 아닙니다. 처음 글자를 깨우쳤을 때부터 줄곧 당신의 책을 읽었기 때문에 대답을 이미 알고 있거든요. 저는 저와 제 동료 학생들을 대신해서 당신에게 감사하다는 말을 하려고 여기 왔습니다…. 감사합니다. 당신은 당신의 책과 덩샤오핑 인터뷰를 통해 세상에서 가장 중요한 것 두 가지를 우리에게 가르쳐주었습니다. 용기와 자유…. 제발 죽지 마세요…. 우리에게는 당신이 너무나 필요합니다.[3]

이 학생의 말은 당시의 상황을 잘 보여준다. 그들은 그녀가 독재와 도덕적 악에 대항해 목소리를 높일 뿐만 아니라 매일 신념을 실천하며 사는 사람이라도 되는 것처럼, 그녀의 책과 그녀의 삶을 한데 묶어서 생각하고 있었다. 팔라치가 보기에, 어떤 작가들은 글은 잘 쓰지만 인생은 형편없다. 그들은 자신이 쓴 글을 배신하는 행동을 한다. 그녀는 이런 작가의 대표적인 예로 장 자크 루소를 들었다. 그는 훌륭하고 교육적인 글을 썼지만, 자기 자식들을 버렸다. 그녀는 이탈리아의 파시스트 권력에 복종하는 작가들, 특히 엘리오 비토리니Elio Vittorini, 바스코 프라톨리니Vasco Pratolini, 베네데토 크로체Benedetto Croce를 비판한다.

"나는 내가 쓰는 글처럼 산다. 나는 결코 굴복하지 않았다."[4]

그녀는 전쟁 때도, 평화가 찾아왔을 때에도 항상 개인적인 원칙을 충실히 지켰으며 모든 형태의 전체주의에 대항해 자유를 위해 투쟁했다고 주장한다. 그리고 베이징의 그 중국인 학생은 그녀의 글이 그녀의 삶을 비춰주는 거울이며 새로 태어난 중국이 자유의 원칙을 받아들여야 한다는 그녀의 말이 결코 거짓이 아님을 감지했다고 주장한다. 그녀의 삶에 일관성이 있음을 그가 이해했다는 것이다.

여러 가지 면모를 지닌 팔라치는 어쩌면 서로 모순 되는 두 개의 기질을 바탕으로 자신을 바라보고 있는 것인지도 모른다. 그녀는 죽음의 위험을 무릅쓰고 독재에 저항하며 파시즘이나 공산주의가 유행할 때에도 그들의 주장에 결코 굴복하지 않는 모험가이다. 그러나 이와 동시에 사색적이고 지적이며, 예술에 관심이 많고, 책 한 권을 끝내기 위해 몇 년이고 책상에 붙어 앉아 있을 수도 있는 사람이다. 서로 상반되는 이 두 가지 기질은 항상 전쟁을 벌이는 적들과 같다. 그런데도 팔라치는 책상에 자리를 잡고 앉은 지적인 측면이 더 강하다고 주장한다. 어렸을 때 그녀는 진지하고, 생각이 깊고, 차분하고, 신중했다. 그녀는 몇 시간 동안 책을 읽거나 글을 쓰곤 했다. 그러나 모험에 대한 꿈이 그녀를 압도하기 시작하면서 그녀의 포부에 영향을 미쳤다. 마치 여러 사람들이 양쪽에서 그녀를 잡아당기는 것 같았다. 그녀는 지금도 조용히 책을 읽으며 글을 쓰는 생활을 원하지만, 사건이 벌어지는 현장에 있고 싶다는 지칠 줄 모르는 욕망에 사로잡혀 있다. 그녀는 멀리 여행을 떠날 때마다 항상 죄책감을 느낀다(헬리콥터를 타고 베트남 상공을 날 때도 그랬다). 글을 쓰는 데 써야 하는 소중한 시간을 잃어버리고 있는 것 같아서 마음이 불안하기 때문이다. 그녀는 종종 자신의 서재에 들어앉아서 짜릿한 모험을 스스로 차단해버리곤 한다. 그녀는 《인샬라》와 함께 보낸 6년이 지옥 같았다고 주장한다. 그러나 만약 그때 그녀가 톈안먼 광장이나 베를린 장벽이나 모스크바에 있었다면 죄책감을 느꼈을 것이다. 하지만 이렇게 서로 다른 두 개의 기질에서 도덕적으로 일관성이 있는 사람이 생겨났다. 그리고 팔라치는 이 사람을 향해 끊임없이 조명을 비추고 있다.

팔라치는 어쩌면 자신의 마지막 모험이 될지도 모르는 암과의 투쟁을 겪으면서 현재 생애의 가장 큰 도전에 직면하고 있다. 도저히 잊을 수 없는 어느 겨울날, 정신없이 바삐 움직이던 그녀는 왼쪽 가슴 아래 부분에서 멍울을 발견했다. 그리고 곧장 비관적인 결론을 내렸다.

"그래, 이건 암이야. 난 끝났어."[5]

즉시 치료를 받아야 하는데도 그녀는 아무 조치도 취하지 않기로 했다. 원고의 마감시한을 맞춰야 한다는 이유로 건강을 등한시한 것이다.

"나는 아무에게도 말하지 않기로 했다. 내가 말한다면 다들 '오리아나, 병원에 가봐야 해요'라고 말할 테니까. 나는 병원에 갈 수 없었다. 《인샬라》의 번역을 끝마쳐야 했기 때문이다. 그래서 소중한 6개월을 허비해버렸다."[6]

그녀는 병에 걸렸지만 임무를 취소할 수 없는 병사와 같았다.

밀라노에서 수술을 받은 후인 1992년 7월, 팔라치는 의사들이 자기 몸 속에서 잘라낸 것을 꼭 봐야겠다고 우겼다. 지금까지 그런 암 덩어리를 보자고 한 사람은 하나도 없었다고 의사들이 대답했지만, 그녀는 뜻을 굽히지 않았다.

"그건 내 거예요. 그러니까 보고 싶어요." 그래서 그들이 그것을 가져왔다. 하하. 그것은 오리아나의 커다란 일부였다. 그들이 왔을 때 내가 말했다. "그 놈을 보고 싶어요." 그 놈이 바로 길고 하얀 이 물건이었다. 나는 그 놈에게 말을 하기 시작했다. "이 나쁜 놈." 아, 그 놈이 얼마나 미웠던지. 나는 그 놈에게 모욕을 주었다. "다시 돌아올 생각은 하지도 마. 너 혹시 내 몸 속에 네 자식을 남겨놓은 건 아니지? 그랬다간 내 손에 죽을 줄 알아! 내가 널 죽일 거야! 넌 날 못 이겨!" 의사들은 도저히 믿을 수 없다는 표정이었다. 그들이 말했다. "오, 맙소사…."[7]

암은 음험하고 경솔하지만 기민하게 음모를 꾸미는 적이 되었다. 암은 이미 그녀의 어머니 토스카와 아버지 에도아르도, 그리고 여동생 니라를 죽였으며, 또 다른 여동생 파올라의 몸을 침범했었다. 그녀는 저 낯선 적이 결국 자신을 공격하리라는 것을 옛날부터 알고 있었다. 그것이 그녀의 운명이었다. 운명이 왜 자신에게 베트남이나 멕시코시티나 방글라데시에서 죽는 것을 허락하지 않았는지 그녀는 내심 잘 알고 있었다. 더 전능한 힘을 가진 어떤 존재가 그녀에게 암으로 죽어야 한다며 미리 약속을 잡아놓았던 것이다. 따라서 의사들이 그 암 덩어리를 보여주었을 때 그녀 몸 속의 모든 조직들이 그 사악하고 막강한 적에게 피해를 입히고 싶어 안달했다. 그 놈의 목을 조르고, 침을 뱉고, 저주를 퍼붓고 싶었다.

"내 안에 뭔가 다른 생물이 들어 있는 것 같다. 그래, 녀석은 지능을 갖고 있다. 그리고 녀석은 내가 뭘 생각하는지 다 안다. 따라서 나는 녀석에게 내 생각을 숨길 수가 없다. 내가 비관하고 있다는 사실을."[8]

팔라치는 1991년에 쿠웨이트에서 마주쳤던 검은 구름이 자신의 병을 촉발했다고 생각한다. 그 구름이 그녀의 허파 속에 숨어 있다가 거의 1년이 지난 후 자신의 존재를 드러냈다는 것이다. 사담 후세인은 당시 쿠웨이트의 유정 635개를 불태워버리라고 명령했었다. 이 불 때문에 매일 3백만 배럴의 원유가 불에 타 공기 중으로 흩어졌다. 팔라치가 해병대원 세 명과 함께 카프지에서 80마일 떨어진 곳을 자동차로 지나가던 그 날, 불꽃에서 날아오른 엄청난 양의 검댕은 북쪽으로 날아가고 있었다. 그런데 갑자기 바람이 방향을 바꾸더니 구름을 남쪽으로 몰았다. 팔라치가 타고 있던 트럭은 몇 분 되지도 않아 구름에 휩싸였고, 그 상태가 30분간 지속되었다. 눈에서는 눈물이 나고 목은 타는 듯했다. 가슴이 아프고 속이 메스꺼워 토할 것 같은 기분이 들었다. 당시 차를 운전하고 있던 미국인은 온 몸이 검댕으로 뒤덮인 채 차 안에 타고 있는 모든 사람들의 감정을 간단하게 요약했다.

"세상에! 바깥이 이 모양인데, 우리 허파 속은 어떻겠어?"[9]

팔라치는 자신의 몸 속에 있으면서 자신의 의지와는 완전히 동떨어진 존재가 되어버린 괴물, 암과의 투쟁을 이야기하면서 더 이상 현실과 상상을 구분하지 않는다.

> 무의식 속에서 나는 나 자신을 체념했다. 나는 그 놈이 이용하려 들 테니까 절대 포기해서는 안 된다고 나 자신에게 말하지만, 그 놈은 벌써 알고 있다. 내가 그 놈을 부숴버리겠다고 나 자신에게 말할 수도 있다. 그 놈이 날 부숴버리지는 못할 거라고. 하지만 나는 그럴 수 있을 것이라고 믿지 않는다. 그 놈도 그것을 알고 있다. 내가 알기도 전에 그 놈이 먼저 알고 있다.[10]

누구든지 암에 대해 이야기를 꺼내기만 하면 팔라치는 버럭 화를 낸다.

"난 몸이 아픈 얘기는 하고 싶지 않아요. 그건 내 문제야. 불쌍한 사람이 되고 싶지 않다고요. 동정은 원하지 않아요. 절대로 원하지 않아요."[11]

그러나 그녀는 암에 대해 이야기하고 싶다는, 거의 강박적인 충동에 시달린다. 그녀의 말에 따르면, 그녀의 여동생 파올라가 다음과 같은 말을 한 적이 있다고 한다.

"오리아나는 펼쳐놓은 책처럼 속이 보여. 그런데 그 책이 중국어나 산스크리트어로 씌어졌다는 게 문제지."[12]

팔라치는 〈워싱턴 포스트〉의 폴 헨드릭슨Paul Hendrickson이 그녀에 대해 찬사를 보낸 통찰력 있는 글 '오리아나 팔라치, 항상 전쟁 중'[13]에서 그녀의 병에 대해 너무 많은 얘기를 쓴 것에 대해 불만을 표했다. 그러나 헨드릭슨과 인터뷰를 하면서 마음껏 자유롭게 자신의 생각을 쏟아놓은 사람은 바로 그녀였다. 이탈리아에서는 암에 대한 그녀의 발언이 신문에 실린 적도 있었다. 자신이 암과 개인적으로 전쟁을 벌이고 있는 것처럼 표현한 말이었다. 담배를 피우는 것조차 그녀에게는 저항을 나타내는 행동이었다.

"조심해, 이 똥 같은 놈아. 내가 네 녀석 면전에 연기를 내뿜고 있어."[14]

그녀는 또한 이탈리아 텔레비전에 출연해서 암에 대해 거리낌 없이 얘기한 적도 있었다.[15] 그녀가 암을 싫어하는 것은 암이 그녀에게 고통을 줄 뿐만 아니라 그녀의 삶에서 가장 많은 열매를 맺어야 할 시기에 글을 쓰기 싫게 만들어버리기 때문이다. 그녀는 자신과 다른 사람에 대한 이해가 필요한 지혜와 경험을 담은 책, 즉 자신의 최신 소설을 마무리하기도 전에 그 괴물이 자신을 채갈까봐 걱정하고 있다.

"나는 철이 없었을 때에는 건강했다. 그리고 철이 든 다음에는 병에 걸렸다. 나의 괴물이 나를 비웃고 조롱한다."

그녀는 1994년에 다시 수술을 받았다. 그녀가 이 전투에서 이길 확률은 50대 50이었다.

"지금 나의 삶은 물음표이다. 내가 다음 책을 쓸 시간이 있을지 모르겠다."[16]

첫 번째 수술을 받기 전, 팔라치는 마치 자신이 불사의 존재라도 되는 것처럼 행동했다. 지금은 병에 걸렸다는 것을 잊어버리려고 안간힘을 쓰면서, 자신의 머리로 이 낯선 존재를 물리치는 방법을 찾아내려 하고 있다. 1993년 여름에 그녀는 ≪태어나지 못한 아이에게 보내는 편지≫를 테이프에 녹음했다. 질병이 그녀의 목숨을 앗아가더라도 그녀의 목소리는 살아남을 것이다. 그녀가 지금 쓰고 있는 소설이 그녀에게 기운을 불어넣어주며, 어떤 의미에서는 그녀의 목숨을 지켜주고 있다. 비록 종이로 된 것이기는 해도, 이 책은 그녀의 아이가 되어서 그녀가 사라진 후에도 계속 생명을 이어가며 그 낯선 존재를 조롱할 것이다. 암은 이 아이에 대해 아무 힘도 휘두를 수 없을 것이다. 이 아이의 존재 속으로 침투할 수 없으니까. 그래서 팔라치는 마치 마라톤을 하는 것처럼 미친 듯이 시간과 경주를 벌이고 있다.

이제 곧 나올 그녀의 새 책은 제2차 세계대전 전후前後 이탈리아의 파시즘을 다루고 있다. 이 책에서 그녀는 자신의 창조력을 또 다시 완전히 자신에게 돌린다. 그러나 이번에는 그 모든 것을 어린 오리아나의 눈을 통해 드러내고 있다. 독자들은 그녀가 사랑하는 피렌체, 그녀가 그토록 사랑했던 부모님의 내밀한 모습, 연합군의 폭격, 레지스탕스 활동, 그리고 해방을 보게 될 것이다. 그녀는 어렸을 때부터 가지고 있던 자신의 신념을 밝히고, 자신이 언제나 꿋꿋하게 그 신념에 충실했음을 설명할 것이다. 또한 단 한 번도 남에게 보여 준 적이 없는 일면, 즉 자신의 유머를 드러낼 것이다. 팔라치는 사람들을 웃기는 법을 잘 알고 있다. 아버지에게서 풍자 정신과 훌륭한 유머감각을 물려받은 그녀는 자신의 유머를 전세계 사람들에게 보여주고 싶어한다. 그것은 그녀의 소설에서 주로 비극적이고 철학적인 불안을 보았던 독자들에게 빚을 갚는 일이 될 것이다.

팔라치는 품위 있게 죽어가는 것에 의식적으로 생각을 집중하고 있다. 아버지가 돌아가시기 직전에 그녀는 그를 품에 안고 뭔가 꼭 말을 해야겠다는 생각을 했었다.

> 나는 너무나 절박했다. 분초를 다투는 일이었으니까! 아버지가 엄청나게 고통스러워하는 것을 보고 나는 무슨 말을 해야 할지 깨달았다. 그래서 이렇게 말했다. "세상에, 아버지가 얼마나 굉장한 사람인지, 얼마나 용감한 분인지 아세요?… 아버지는 위대한 사람이에요! 브라보! 브라보!" 아버지는 눈을 떠서 나를 바라보셨다. 그리고 미소를 지었다. 그리고 숨을 거두셨다. 나도 그렇게 죽었으면 좋겠다.[17]

암과 맞서는 팔라치의 투쟁은 그녀의 삶을 특징짓는 이미지의 전형을 보여준다. 그녀는 사람들 앞에 자신의 이야기를 내놓을 수밖에 없다. 그녀가 문학적 저널리즘이라는 최고의 전통 속에서 기사와 인터뷰와 책을 써낼 수 있는 것은 강렬한 열정 덕분이다. 그러나 이 글들에는 그녀가 살아오면서 경험한 현실적인 여행과 영적인 여행이 반영되어 있다. 그녀의 글들은 계속 이어지는 한 편의 긴 자서전이다.

1993년 3월 뉴욕에서 팔라치를 마지막으로 만났을 때, 그녀는 내게 자신의 삶이 가만히 기다리면서 두고 보는 단계로 옮아갔다고 말했다.[18] 내 생각은 달랐다. 그녀는 인생의 항해가 끝나가는 지금 펼쳐지고 있는 팔라치 현상을 절정에 올려놓았다. 젊은 이탈리아 경찰관이 독일군에게 처형당할 위기에 처한 고향 마을 사람들을 구하기 위해 대신 죽겠다고 나선 이야기를 떠올리면서 그녀는 그가 용감하게 죽음을 맞은 것에 찬사를 보냈다. 그리고 그 경찰관처럼 영웅적으로 몸 속의 낯선 괴물을 당당하게 노려보겠다는 결심을 다졌다. 팔라치는 지금 맹렬하게 전쟁을 치르고 있다. 이 싸움은 시간이 다할 때까지 계속될 것이다. 이것이 어쩌면 그녀의 마지막 역할이 될지도 모른다. 그녀는 죽음 앞에서도 굴하지 않겠다는 의지를 다지며 지금도 계속 글을 쓰고 이야기를 한다. 팔라치는 언제나 삶의 주도권을 쥐고 자신이 주인공인 신화의 마지막 장을 열심히 쓸 것이다.

NOTES
INDEX

Oriana Fallaci

NOTES
Oriana Fallaci: The Women and the Myth

프롤로그 _진실을 찾아서

1. Santo L. Aricò, "Oriana Fallaci's Discovery of Truth in *Niente e così sia*", *European Studies Journal* 3, no. 2 (1986): 11–23.

2. Santo L. Aricò, "Breaking the Ice: An In-Depth Look at Oriana Fallaci's Interview Techniques", *Journalism Quarterly* 63, no. 3 (1986): 587–93.

3. Santo L. Aricò, "Oriana Fallaci's Journalistic Novel: *Niente e così sia*", In *Contemporary Women Writers in Italy: A Modern Renaissance*, Santo L. Aricò 편집 (Amherst: University of Massachusetts Press, 1990), 170–82.

4. Fallaci와의 인터뷰, New York, 1993년 3월.

5. Robert Poirier는 작가를 자신을 과시하고 싶어하는 사람으로 보고 있다. 비록 팔라치의 이름을 직접 언급하지는 않았지만, 문학적 성과에 관한 그의 논평에는 글의 중심에 작가 자신을 끼워 넣는 그녀의 선천적인 특성이 자주 언급된다. *The Performing Self* (New York: Oxford University Press, 1971).

6. Lord Raglan, *The Hero: A Study in Tradition, Myth, and Drama* (London: Watts & Co., 1936), 144.

7. Vigorelli의 발언은 *Inshallah*(이탈리아어로 된 *Insciallah*의 영어 번역판 제목; 참고 문헌에 영어로 번역된 작품이 모두 포함되어 있다)의 표지에 나와 있다. 다음의 문헌들도 참조하라. Bernardo Valli, "La Piccola Iliade di Oriana", *La Repubblica*, 1990년 7월 29일자. 5. Giancarlo Vigorelli, "Guerra e amore nel 'suo' Libano", *Il Giorno*, 1990년 8

월 7일자, 5. David Maria Turoldo, "Viaggio nel vulcano 'Insciallah'", *Corriere della Sera*, 1990년 8월 2일자, 5. Wolfgango Rossani, "La Fallaci come Flaubert", *Gazzetta di Parma*, 1990년 7월 10일자, 5.

8. Fallaci와의 마지막 인터뷰, New York, 1993년 11월.

9. 이 편지의 날짜는 1994년 2월 16일자로 되어 있다.

10. Fallaci가 1986년 10월에 독일 쾰른에서 한 연설. Fallaci가 이 연설문 한 부를 내게 주었고, 그것을 내가 번역했다.

11. 같은 자료.

1. 피렌체

1. Fallaci와의 인터뷰, New York, 1991년 12월.

2. 같은 자료.

3. 같은 자료.

4. 같은 자료.

5. 같은 자료.

6. 같은 자료.

7. 같은 자료.

8. Oriana Fallaci, "Nota introduttiva", *Il richiamo della foresta*, by Jack London (Milan: Rizzoli Editore, 1953), iii. 번역은 나의 것.

9. 같은 자료, vii.

10. 같은 자료.

11. Douglas Foster, "Love, Death, and the Written Word: The Lonely Passion of Oriana Fallaci", *Los Angeles Times Magazine*, 1993년 1월 10일자, 26.

12. 같은 자료.

13. 같은 자료.

14. Fallaci와의 인터뷰, New York, 1991년 12월. 그러나 *Il richiamo della foresta*의 "Nota introduttiva"에서 Fallaci는 열두 살 때 ≪야생의 외침≫을 읽었다고 주장하고 있다 (vii).

15. Oriana Fallaci, "Nota introduttiva", viii.

16. Fallaci와의 인터뷰, New York, 1991년 12월.

17. 같은 자료.

18. 같은 자료.

19. 같은 자료.

20. 같은 자료. *maturità*에 대한 수업은 고등학교 시절이 끝나갈 무렵에 있었다.

21. Fallaci는 갈릴레오 갈릴레이 고등학교의 같은 학급 남학생들을 비웃으며, 그들이 시야가 좁은 이탈리아 교육과정에 만족하는 것처럼 보였다고 말했다. 따라서 여학생들이 그들을 능가했다는 것이다. "우리 반에는 남학생과 여학생이 혼합되어 있었다. 남학생들은 모두 아무것도 아니다. 그들은 멍청한 변호사나 멍청한 정치가가 되었다." Fallaci와의 인터뷰, New York, 1991년 12월.

22. Foster, "Love", 24.

23. 같은 자료.

24. Fallaci와의 인터뷰, New York, 1991년 12월.

25. 학자들 앞에서 Fallaci의 이름을 언급하면, 학자들은 흔히 부정적인 반응을 보인다.

26. Fallaci와의 인터뷰, New York, 1991년 12월.

27. 같은 자료.

28. 같은 자료.

29. Paola Fallaci, "Una donna chiamata Oriana", *Annabella*, no. 35 (1979년 8월 30일자): 22. 이 책에서 오리아나에 대한 Paola Fallaci의 글을 영어로 번역하는 작업은 모두 내가 맡았다.

30. 같은 자료.

31. Fallaci와의 인터뷰, New York, 1991년 12월.

32. Patrizia Carrano, *Le signore grandi firme* (Florence: Guaraldi Editore, 1978), 74. 번역은 필자의 것.

33. 같은 책.

34. 같은 책.

35. 같은 책.

36. 같은 책, 78-79.

37. Umberto Cecchi, "Una notte, cercando *Insciallah*", *Europeo*, no. 33 (1990년 8월 18일자): 59. 번역은 나의 것. 이 책에서 *Europeo*의 기사를 영어로 번역하는 작업은 모두 내가 맡았다.

38. Paola Fallaci, "Una donna", 23.

2. 키플링, 런던, 헤밍웨이

1. Oriana Fallaci, "Lettera sulla cultura", *Europeo*, no. 19 (1973년 5월 10일자): 36. 오리아나가 언급한 기사를 보려면, Fallaci, "Giovanni Leone", *Europeo*, no. 17 (1973년 4월 26일자): 42-51, "L'interrogazione", *Europeo*, no. 7/11 (1973년 3월 15일자): 54-59, "Radiografia di un uomo", *Europeo*, no. 31(1971년 8월 5일자): 36-43 참조.

2. Fallaci는 James E. Murphy가 "The New Journalism: A Critical Perspective", *Journalism Monographs*, no. 34 (1974년): 3에 요약해놓은 것을 실행하고 있다.

3. Seymour Krim, *Shake It for the World, Smart Ass* (New York: Dial Press, 1970).

4. William L. Rivers, "The New Confusion", *The Progressive*, no. 35 (1971년 12월호), 28.

5. Carrano, Signore, 78-79.

6. Fallaci와의 인터뷰, New York, 1991년 12월. Paola Fallaci, "Una donna", 25도 참조.

7. 비평가인 Umberto Cecchi는 "Una notte", 59에서 그녀가 *journalist* 대신 *reporter* 라는 단어를 사용한 것에 대해 논하고 있다.

8. Fallaci와의 인터뷰, New York, 1993년 3월.

9. Carrano, *Signore*, 79. Fallaci의 초창기 기사가 모두 범죄 기사였던 것은 아니다. 패션계의 거물인 Christian Dior, Edward Marcus, Irina Roublon 등에 대한 기사, Florence에서 영화를 찍거나 그냥 이 도시를 방문한 영화배우들(Joan Fontaine, Joseph Cotten, Danielle Darrieux, Alida Valli)에 대한 기사, 런던의 왕립 암병원 원장인 Alexander Haddow와 체코의 천재 Ales Cerny 등 유명한 학자들에 대한 기사도 있었다. 인간적인 이야기를 다룬 기사로는 아파트 꼭대기 층에 살던 용감한 1백 살 할머니에 대한 이야기에서부터 시골의 교실 하나짜리 학교에서 혁신적인 교수법을 실천하던 Maria Maltoni에 대한 이야기까지 다양했다. Fallaci는 또한 재판을 정기적으로 참관하면서 2차 대전 이후 Florence에서 벌어진 재판들을 기사로 다뤘다.

10. Fallaci와의 인터뷰, New York, 1993년 3월.

11. Oriana Fallaci, "Malinconica storia del 'Conventino' asilo di artisti e di povera gente", *Il Mattino dell'Italia Centrale*, 1949년 10월 2일자, 3. 이 책에서 *Il Mattino*를 비롯한 이탈리아 신문 기사들의 영어 번역은 모두 필자의 것이다.

12. Oriana Fallaci, "La cupola senz'ali", *Il Mattino dell'Italia Centrale*, 1951년 8월 11일자, 4.

13. Oriana Fallaci, "Ebbe fra le mani I piedi del re", *Corriere Lombardo*, 1950년 2월 15-16일자. 3. *Il Mattino dell'Italia Centrale*는 Fallaci에게 알리지도 않은 채 이 기사를 비롯한 여러 기사들을 다른 언론사에 판매했다.

14. Oriana Fallaci, "Hanno ritrovato la vita gli 'sciuscià' snidati da Tombolo", *Il Mattino dell'Italia Centrale*, 1950년 8월 12일자, 6.

15. Oriana Fallaci, "Le confessioni di Sergio Vanzini condannato a 57 anni di carcere", *Gazzetta Sera*, 1950년 12월 29일자, 3.

16. Oriana Fallaci, "Le donne dell'U.N.E.S.C.O. vanno spesso dal parrucchiere", *Corriere Lombardo*, 1950년 6월 15-16일자, 6.

17. Oriana Fallaci, "Anche a Fiesole Dio ha avuto bisogno degli uomini", *Europeo*, no. 19 (1951년 5월 6일자): 1.

18. 같은 자료.

19. Fallaci와의 인터뷰, New York, 1991년 12월. 그녀는 Paola Fallaci와의 인터뷰, "E spiccò il volo: Poi venne la tragedia", *Annabella*, no. 36 (1979년 9월 6일자): 18에서도 이때의 감정에 대해 이야기했다.

20. Oriana Fallaci, "Queste cinque malattie minacciano ancora i nostri bambini", *Europeo*, no. 25 (1951년 6월 17일자): 7.

21. Oriana Fallaci, "Ritratto della donna inglese", *Il Mattino dell'Italia Centrale*, 1953년 10월 24일자, 3.

22. Oriana Fallaci, "Si allenano molte ore al giorno per imparare l'inchino alla regina", *Il Mattino dell'Italia Centrale*, 1953년 11월 12일자, 3.

23. Oriana Fallaci, "Una tazza di tè con l'Imperatrice", *Il Popolo Nuovo*, 1954년 12월 1일자, 3. 이 기사는 *Il Popolo di Mailano*, 1954년 11월 30일자와 *Giornale del Mattino*, 1954년 11월 25일자에도 실렸다.

24. 같은 자료.

25. 같은 자료.

26. Oriana Fallaci, "Storia di una valigia persa e ritrovata a Teheran", *Corriere del Giorno*, 1954년 12월 2일자, 3. 같은 기사가 *Libertà*, 1955년 1월 4일자에도 실렸다.

27. Oriana Fallaci, "I bimbi poveri di Teheran non accettano carezze dagli stranieri", *Giornale del Mattino*, 1954년 12월 7일자, 3.

28. Oriana Fallaci, "La richissima e potentissima Soraya si annoia mortalmente nella sua torre d'avorio", *Giornale del Mattino*, 1954년 12월 10일자, 3.

29. Oriana Fallaci, "Neppure un soldato a guardia del preziosissimo trono dello Scià", *Giornale del Mattino*, 1954년 12월 15일자, 3.

30. 같은자료.

31. Oriana Fallaci, "Il petrolio è l'arbitro della Persia", *Sicilia del Popolo*, 1954년 12월 22일자, 3.

32. Carrano, *Signore*, 80.

33. Paola Fallaci, "E spiccò il volo", 19.

34. Ronald Weber, "Some Sort of Artistic Excitement", *in The Reporter as Artist: A Look at the New Journalism Controversy*, Ronald Weber 편집 (New York: Hastings House, 1974), 17.

35. Fallaci와의 인터뷰, New York, 1991년 12월. Fallaci의 문학적 성향, 1인칭 시점에 대한 고집, 참여적인 저널리즘 등이 드러난 나중의 사례를 보려면, *Corriere della Sera*에 그녀가 쓴 걸프전에 관한 기사 "A [otto] 8,000 metri sulle ali della guerra", 1991년 2월 17일자, 3, "Credevo di andare a salvare il Kuwait", 1991년 3월 9일자, 6, "La nuvola nera, Chernobyl del Golfo", 1991년 3월 26일자, 8 참조.

3. 조명, 카메라, 액션

1. Fallaci는 1953년부터 1976년까지 *Europeo*에서 일했다. 그녀의 글은 1982년과 1991년에도 *Europeo*에 실린 바 있다.

2. Fallaci와의 인터뷰, New York, 1993년 3월.

3. 같은자료.

4. 같은자료.

5. Fallaci와의 인터뷰, New York, 1991년 12월.

6. Fallaci와의 인터뷰, New York, 1993년 3월.

7. Fallaci는 기사를 더 재미있게 만들기 위한 혁신적인 방법들을 이용해서 마치 단편소설을 쓰듯이 계속 기사를 썼다. 그녀가 *Europeo*에서 일하는 동안 쓴 기사들 중 문학적 저널리즘을 보여주는 것으로는 "Il figlia nella Legione Straniera", *Europeo*, no. 47 (1953년 11월 15일자): 18-19, "Betty Cowell è in Italia con un amico e un'amica", *Europeo*, no. 14 (1954년 4월 4일자): 20, "È finito per gli orfanelli il terrore di Mamma Rosa", *Europeo*, no. 5 (1954년 1월 31일자): 14 등이 있다.

8. 1954년에는 Fallaci의 기사 30편이 *Europeo*에 실렸고, 1955년에는 44편, 1956년에는

24편이 실렸다.

9. Oriana Fallaci, "Ho odiato Marilyn come una moglie gelosa", *Europeo*, no. 5 (1956년 1월 29일자): 16.

10. Fallaci와의 인터뷰, Florence, 1992년 7월.

11. Fallaci와의 인터뷰, New York, 1993년 3월.

12. Oriana Fallaci, "Hollywood dal buco della serratura", *Europeo*, no. 33 (1957년 8월 18일자): 14.

13. Oriana Fallaci, *I sette peccati di Hollywood* (Milan: Longanesi Editore, 1958): 78. 영어 번역은 필자의 것.

14. Fallaci는 "La paura è il prezzo della loro fortuna", *Europeo*, no. 34 (1957년 8월 25일자): 14-20에서 이런 대가에 대한 이야기를 했다. *I sette peccati di Hollywood*의 내용 중 대부분은 *Europeo*에 실린 Fallaci의 기사에서 먼저 다뤄진 바 있었다.

15. Fallaci와의 인터뷰, New York, 1993년 3월.

16. 같은 자료.

17. 같은 자료.

18. 같은 자료.

19. Oriana Fallaci, "Dovetti confessargli l'orribile verità", *Europeo*, no. 35 (1957년 9월 1일자): 29.

20. 같은 자료, 35.

21. Oriana Fallaci, "Davvero non vorrei essere la moglie di Gregory Peck", *Europeo*, no. 36 (1957년 9월 8일자): 17.

22. Oriana Fallaci, "I tre grandi dalle tempie grige", *Europeo*, no. 40 (1957년 10월 6일자): 44.

23. Oriana Fallaci, "La generazione dei ribelli in blu jeans", *Europeo*, no. 41 (1957년 10월 13일자): 44-50, "Qualcuna più tardi finisce al manicomio", *Europeo*, no. 42 (1957년 10월 20일자): 15-19.

24. Oriana Fallaci, "Serata d'addio con le gemelle Pierangeli", *Europeo*, no. 44 (1957년 11월 3일자): 44-50.

25. Oriana Fallaci, "Un'ora fitta fitta col marito di Marilyn", *Europeo*, no. 48 (1957년 12월 1일자): 27.

26. 같은 자료, 29.

27. 1958, 1959, 1960년에 그녀는 영화, 왕족의 결혼, 패션 등을 집중적으로 취재해 75편

이상의 기사를 썼다.

28. Fallaci와의 인터뷰, Florence, 1992년 7월.

29. Oriana Fallaci, "L'America vista da un'italiana", *Europeo*, no. 30 (1965년 7월 25일자): 37. 같은 제목의 기사가 *Europeo*, 31, 32, 33호에 연재되었다.

30. Shirley MacLaine과 함께 한 Fallaci의 미국 횡단여행기는 *Europeo*에 5회에 걸쳐 연재되었다. "Partiamo alla conquista del West", no. 45 (1965년 11월 7일자): 49-54, "Il sentiero dei Navajo", no. 47 (1965년 11월 21일자): 74-78, "L'ultimo cow-boy", no. 48 (1965년 11월 28일자): 76-84, "Paura a Mosca", no. 49 (1965년 12월 5일자): 74-79, "Oltrarno in Alabama", no. 51 (1965년 12월 19일자): 62-67.

31. Fallaci가 10대들에 관해 *Europeo*에 쓴 두 편의 기사는 "I minorenni terribili", no. 7 (1966년 2월 10일자): 49-57, "Inchiesta fra i teenager", no. 8 (1966년 2월 17일자): 29-34이며 *Europeo*에 실린 인종차별에 대한 기사 세 편은 "I franchi tiratori sparano", no. 31 (1967년 8월 3일자): 20-23, "Che cosa volete dai bianchi", no. 32 (1967년 8월 10일자): 37-43, "Sono pronto a uccidere", no. 33 (1967년 8월 17일자): 26-29이다. 또한 그녀가 미국에 머무르는 동안 *Europeo*에 보낸 재미있는 편지 네 편은 "L'AFTRA mi protege", no. 11 (1967년 3월 16일자): 79, "La CIA starnutisce nel mio telefono", no. 12 (1967년 3월 23일자): 81, "Mi hanno chiesto un uovo", no. 14 (1967년 4월 6일자): 23, "Come si fuma una banana", no. 15 (1967년 4월 13일자): 39이다.

32. Oriana Fallaci, *The Useless Sex*, Pamela Swinglehurst 번역 (New York: Horizon Press, 1964): 7. 여기 인용된 문장은 모두 Swinglehurst의 번역이지만, *Il sesso inutile* (Milan: Rizzoli Editore, 1961)도 참조하기 바란다.

33. Carrano, Signore, 76.

34. Fallaci, *Useless Sex*, 9.

35. 같은 책, 15.

36. 같은 책, 9.

37. Oriana Fallaci, "Si risposano, non si uccidono", *Europeo*, no. 22 (1960년 5월 29일자): 48 참조. 그녀의 사진은 1면에 실렸는데, 그녀가 인력거를 탄 자이푸르 인디언 여성의 오른쪽에 서 있는 모습이다.

38. Oriana Fallaci가 쓰고 Pamela Swinglehurst가 번역한 *The Useless Sex*에 대한 비평 참조. *Economist* 213, no. 14 (1964년), 715, *New Yorker* 68 (1965년 12월 19일자): 168, *Library Journal* 90 (1965년 1월 1일자): 132(Dorothy Nyren의 글).

39. Fallaci와의 인터뷰, Florence, 1992년 7월.

40. 같은 자료.

41. 동양여성들이 처한 상황을 다룬 기사 8편은 1960년 5월 1일부터 1960년 6월 26일 사이에 *Europeo*에 실렸다(18-22호, 24-26호).

4. 중앙 무대에서

1. Oriana Fallaci, *Penelope at War*, Pamela Swinglehurst 번역(London: Michael Joseph, Ltd., 1966), 7. 여기에 인용된 문장은 모두 Swinglehurst의 번역이지만 *Penelope alla guerra* (Milano: Rizzoli Ediotre, 1962)도 참조하기 바란다.

2. 같은 책, 8.

3. Carrano, *Signore*, 76.

4. 같은 책, 76-77.

5. 같은 책, 77.

6. 같은 책, 78.

7. Fallaci, *Penelope at War*, 12.

8. 같은 책, 222.

9. 같은 책, 168.

10. 같은 책, 19.

11. 같은 책, 18.

12. 같은 책, 170.

13. Fallaci와의 인터뷰, New York, 1991년 12월.

14. Robert Scheer, "Playboy Interview: Oriana Fallaci", *Palyboy* 28, no. 11 (1981년 11월): 95.

15. Carrano와의 인터뷰에서 Fallaci는 처녀성을 잃었을 때의 이야기를 했다. *Signore*, 81.

16. Fallaci, *Penelope at War*, 23.

17. 같은 책, 137.

18. 같은 책, 148.

19. 같은 책, 20.

20. 같은 책, 21.

21. 같은 책, 152.

22. 같은 책.

23. 같은 책, 15.

24. 같은 책, 78.

25. Fallaci는 베트남전 기간 중에 자신이 미국의 개입을 강력하게 비난했지만 각각의 병사들에 대한 애정은 잃은 적이 없다고 주장한다.

26. Fallaci와의 인터뷰, Florence, 1992년 7월.

27. Oriana Fallaci, *Gli antipatici* (Milan: Rizzoli Editore, 1963), 184. 번역은 나의 것.

28. Fallaci, *Penelope at War*, 206.

29. 같은 책, 52.

30. 같은 책, 23.

31. 같은 책, 24.

32. 같은 책, 26. 사람의 성격을 나타내는 데 대화가 사용된 또 하나의 사례로는 지오가 Florence에서 리처드의 어머니를 만나는 장면이 있다. 리처드 어머니의 위압적인 성격과 섹스를 음탕한 것으로 보는 시각이 리처드를 동성애자로 만든 중요한 요인임이 분명히 드러나 있다. 61-64, 176-81쪽 참조.

33. 같은 책, 27.

34. 같은 책, 31.

35. Michele Prisco, "Introduzione, *Penelope alla guerra*, by Oriana Fallaci" (Milan: Rizzoli Editore, 1962), ii 참조. Swinglehurst의 번역본에는 Prisco의 서문이 포함되어 있지 않다. Santo L. Aricò, "Orina Fallaci's Journalistic Novel". 참조.

36. 나중에 영국의 한 출판사가 이 책을 *The Limelighters*라는 제목으로 출판했다 (London: Michael Joseph, Ltd, 1967). Pamela Swinglehurst가 번역한 이 책에는 원본에 실렸던 9편의 인터뷰 외에 Sean Connery(1965년 3월), Sammy Davis Jr.(1964년 11월), Geraldine Chaplin(1964년 11월), El Cordobés(1965년 4월), Mary Hemingway(1966년 3월), Robert Kennedy 상원의원(1964년 12월) 등과의 인터뷰가 실렸다. 이 책은 나중에 미국에서도 *The Egotists: Sixteen Surprising Interviews*라는 제목으로 출판되었다 (Chicago: Henry Regnery, 1968). Mihaly Csikszentmihalyi, Oriana Fallaci, Pamela Swinglehurst가 번역한 이 책에는 Norman Mailer(1967년 4월), Sean Connery(1965년 3월), H. Rap Brown(1967년 8월), Ingrid Bergman(1967년 8월), Nguyen Cao Ky(1968년 3월), Hugh Hefner(1966년 2월), Dean Martin(1967년 8월)과의 인터뷰가 새로 실렸다. (서문의 인용문을 포함해서) 이 책에 인용된 문장들은 달리 출전이 표시되지 않은 한, 모두 *Egotists*에서 따온 것이다.

37. Fallaci, *Egotists*, ix.

38. 같은 책, x.

39. 같은 책, xi.

40. Fallaci, *Antipatici*, 69. 번역은 나의 것.

41. 같은 책, 74.

42. 같은 책, 57.

43. Fallaci, *Egotists*, 48.

44. 같은 책, 111.

45. 같은 책, 124.

46. 같은 책, 193. *Antipatici*(84)에서는 표현이 이처럼 강렬하지 않다. "*Disgraziata. Screanzata. Ballista. Maleducata*" (비열한 사람. 무례한 사람. 거짓말쟁이. 예의 없는 사람).

47. Fallaci, *Egotists*, 192.

48. 같은 책, 209.

49. 같은 책, 76-77.

50. 같은 책, 97.

51. 같은 책, 244.

52. 같은 책, 136.

53. Fallaci, *Antipatici*, 337.

54. 같은 책, 340.

55. 같은 책, 341.

56. 같은 책, 337.

57. 같은 책, 338.

58. "Goring the Egotists", *Time* 92, no. 48 (1968년 11월 29일자): 48.

59. Fallaci와의 인터뷰, Florence, 1992년 7월.

5. 달을 향해서

1. Oriana Fallaci, *If the Sun Dies*, Pamela Swinglehurst 번역(New York: Atheneum, 1966). 출전이 달리 표시되지 않은 모든 인용문은 Swinglehurst의 번역본에서 따온 것이다. *Se il sole muore*(Milan: Rizzoli Editore, 1965) 참조. Fallaci는 1993년 3월, New York에서 나와 인터뷰를 하면서 다른 기자들이 그녀의 기사를 자기들 것이라고 우긴다는 이야기를 했다.

2. *If the Sun Dies*(Pamela Swinglehurst 번역)에 대한 비평, *Christian Science Monitor*, 1966년 11월 17일자, 14.

3. *If the Sun Dies*(Pamela Swinglehurst 번역)에 대한 비평, *Library Journal* 91(1966년 12월 15일자): 80.

4. Fallaci, *If the Sun Dies*, 6.

5. 같은 책, 7-8.

6. 같은 책, 57.

7. 같은 책, 18.

8. 같은 책, 24.

9. 같은 책, 27-31.

10. 같은 책, 37.

11. 같은 책, 38.

12. 같은 책, 75.

13. 같은 책, 76.

14. 같은 책, 76-77.

15. 같은 책, 84.

16. 같은 책, 139.

17. 같은 책, 140.

18. 같은 책.

19. 같은 책, 169-70.

20. 같은 책.

21. 이 유명한 과학자는 자신이 NASA에서 달로켓을 만들기 전에 Adolf Hitler를 위해 V-2를 만들었다는 Fallaci의 글을 보고 화를 냈다. 그러나 Fallaci는 달로 출발하는 우주선이 제2차 세계대전 중에 영국의 상당 부분을 공포로 몰아넣었던 로켓포의 자식이나 마찬가지라는 얘기를 힘들어도 반드시 해야 한다고 생각했음이 분명하다.

22. Fallaci, *If the Sun Dies*, 228.

23. 같은 책, 230.

24. 같은 책, 231.

25. 같은 책, 237.

26. Fallaci가 1986년 10월에 독일 쾰른에서 했던 연설. Fallaci는 이 연설원고 한 부를 내게 주었다. 번역은 나의 것이다.

27. 같은 자료.

28. Fallaci, *Se il sole muore*, 72-73. 번역은 나의 것.

29. Fallaci, *If the Sun Dies*, 124.

30. 같은 책, 71.

31. Fallaci, *Se il sole muore*, 118. 번역은 나의 것.

32. Fallaci, *If the Sun Dies*, 91.

33. Fallaci, *Se il sole muore*, 126. 번역은 나의 것.

34. 같은 책, 344-45.

35. Fallaci, *If the Sun Dies*, 283-84.

36. 같은 책, 289.

37. 같은 책, 293.

38. 같은 책, 298.

39. Oriana Fallaci, *Quel giorno sulla luna*, Alberto Pozzolini 편집(Milan: Rizzoli Editore, 1970), 26. 번역은 나의 것.

40. 같은 책, 36.

41. 같은 책, 305.

42. Fallaci, *If the Sun Dies*, 307-8.

43. 여기서 나중에 쓴 글이란 Fallaci의 *Letter to a Child Never Born*을 말한다. 여기 인용문은 John Shepley 번역(New York: Simon and Schuster, 1976), 79에서 따온 것이다. *Lettera a un bambino mai nato*(Milan: Rizzoli Editore, 1975).

44. Fallaci, *If the Sun Dies*, 316.

45. Conrad는 단지 달에 A&W 음료수 판매대를 만들자는 얘기를 했을 뿐이라고 기억하고 있다. 다른 이야기는 Fallaci가 덧붙인 것이라는 것이다. Conrad와의 전화 인터뷰, 1994년 9월 26일.

46. Fallaci, *If the Sun Dies*, 173.

47. 같은 책, 179.

48. 같은 책, 180.

49. Conrad와의 전화 인터뷰, 1994년 9월 26일.

50. 같은 자료.

51. Fallaci는 자신이 쓴 뉴스 기사가 정확하다고 항상 자랑스럽게 얘기하곤 했기 때문에 이 점이 매우 중요하다.

52. Conrad와의 전화 인터뷰, 1994년 9월 26일.

53. Oriana Fallaci, "Il meteorite di Papà", *Europeo*, no. 35(1965년 8월 29일자): 38.

54. 같은 자료.

55. 같은 자료.

56. 같은 자료, 39.

57. 같은 자료, 40-41.

58. 같은 자료, 41.

59. 같은 자료.

60. *If the Sun Dies* 이후에 Fallaci는 다시 정상적인 삶으로 돌아와서 노르웨이, 덴마크, 그리스의 왕족에 대한 연재기사, 연예계 유명인사들과의 인터뷰, John Kennedy의 암살에 관한 기사 등을 썼다. 또한 Kennedy 대통령의 남동생인 Robert Kennedy와 단독으로 만나기도 했다.

61. Rizzoli와 Time-Life가 체결한 협정은 달 착륙을 깊이 있게 분석하려는 그녀의 노력에 더욱 힘을 실어주었다. 이 협정 덕분에 *Europeo*는 이탈리아에서 달 정복 기사에 대한 독점권을 갖게 되었다. Oriana Fallaci, "La più grande avventura del secolo", *Europeo*, no. 28 (1969년 7월 10일자): 44-51, "I nostri inviati sulla luna", *Europeo*, no. 29 (1969년 7월 17일자): 42-58, "Il giorno dopo", *Europeo*, no. 30 (1969년 7월 24일자): 43-56 참조.

62. Jonathan Cott, "How to Unclothe an Emperor: *The Rolling Stone* Interview with Oriana Fallaci", *Rolling Stone*, no. 215 (1976년 6월 17일자): 68.

63. Fallaci, *Quel giorno*, 196. 달로켓 발사광경을 보도한 Fallaci의 기사는 "L'uomo sulla luna", *Europeo*, no. 31, (1969년 7월 31일자): 26-36와 "Di che cosa è fatta la luna", *Europeo*, no. 32, (1969년 8월 7일자): 43-49이다.

64. Fallaci, *Quel giorno*, 197.

65. 같은 책, 208-9.

66. Oriana Fallaci, "Conrad", *Europeo*, no. 47 (1969년 11월 20일자): 40.

67. 같은 자료.

68. *If the Sun Dies*의 앞머리에서 Fallaci는 이 책 속의 이야기가 모두 실화라고 주장하면서, 자신의 느낌이나 생각을 포함시켰어도 괜찮았을 것 같다고 덧붙였다.

69. Conrad와의 전화 인터뷰, 1994년 9월 26일.

70. Oriana Fallaci, "Ecco perchè ridevano come matti", *Europeo*, no. 49 (1969년 12월 4일자): 34-35.

71. Conrad와의 전화 인터뷰, 1994년 9월 26일.

72. 이 일에 대한 그녀의 논평을 보고 싶다면 Fallaci, *Se il sole muore*, 418-20 참조. Fallaci의 말과 어긋나는 Conrad의 이야기는 1994년 6월 17일 전화 인터뷰에서 나온 것이다.

73. Fallaci, "Ecco perchè ridevano", 34.

74. Conrad와의 전화 인터뷰, 1994년 9월 26일.

75. 이 대화는 Fallaci의 기사 "Ecco perchè ridevano", 36에 기록되어 있다.

76. Conrad는 그녀가 자신에게 보낸 많은 편지들을 보관해두지 않은 것을 후회하고 있다. 그러나 그는 그 중 한 통의 편지를 아주 생생히 기억하고 있다. 이 편지에서 Fallaci는 영주권을 얻고 싶으니 추천서를 써달라고 그에게 부탁했다. "나는 미국 이민국 앞으로 훌륭한 편지를 써보내야 했어." 이 편지를 보낸 후 Conrad는 장난으로 이 편지의 가짜 사본을 Fallaci에게 보냈다. "관계자분께, 열렬한 공산주의자인 Oriana Fallaci가 미국으로 와서 자본주의자가 되어 큰 돈을 벌고 싶어합니다. 그녀를 추천하게 된 것을 기쁘게 생각합니다." Fallaci는 이 가짜 사본을 받은 후 New York에서 그에게 전화를 걸었다. "피트, 당신 머리에 몇 올 남지도 않은 그 머리카락을 어떻게 뽑아버려야 할지, 지금 망할 놈의 침대에 누워서 생각해보고 있어요." Conrad와의 전화 인터뷰, 1994년 6월 17일.

6. 동남아시아를 무대로

1. 소련에 맞선 헝가리의 혁명을 다룬 그녀의 기사 세 편(모두 *Europeo*에 실렸으며, 그녀의 개인적인 이야기와 참여적인 태도가 나타나 있다)은 베트남전에 대한 그녀의 기사가 어떤 형태를 띠게 될지 미리 보여주었다. "Ho vissuto in Ungheria l'ultima notte della libertà", no. 46(1956년 11월 11일자): 30-33, "L'Ungheria è straziata come Maria Takacs", no. 47(1956년 11월 18일자): 29-31, "Questo è il racconto di uno dei deportati", no. 49 (1956년 12월 2일자): 26-29.

2. Oriana Fallaci, *Nothing and Amen*, Isabel Quigly 번역 (Garden City: Doubleday, 1972), 2. 모든 인용문은 Quigly의 번역본에서 따온 것이다. *Niente e così sia* (Milan: Rizzoli Editore, 1969)도 참조. Fallaci가 *Europeo*에 기고한 베트남전 기사들 중 첫 작품은 "Dio, non farmi morire", no. 2(1968년 1월 11일자): 25-36이었다.

3. Fallaci, *Nothing and Amen*, 1.

4. 같은 책, 3.

5. 같은 책, 11.

6. 같은 책, 14.

7. 같은 책, 56.

8. 이 두 번의 인터뷰에 대한 이야기는 Fallaci, "È un prigioniero Vietcong", *Europeo*, no. 3 (1968년 1월 18일자), 25-36에도 포함되어 있다.

9. Fallaci, *Nothing and Amen*, 142-47.

10. 같은 책, 171.

11. 같은 책, 176.

12. 같은 책, 168-69.

13. 같은 책, 112.

14. 같은 책, 232.

15. 살해당한 기자들에 대해 더 자세히 알고 싶다면, Oriana Fallaci, "Non vogliono la pace", *Europeo*, no. 21 (1968년 5월 23일자): 34-41 참조.

16. Fallaci, *Nothing and Amen*, 253.

17. 같은 책, 253-54.

18. 같은 책, 254.

19. Oriana Fallaci, "Ma come fate a bruciarvi vive", *Europeo*, no. 4 (1968년 1월 25일자): 18. 불교의 자기희생에 대한 이야기는 *Nothing and Amen*에도 나온다.

20. 이 일화는 "Le storie di Saigon", *Europeo*, no. 5 (1968년 2월 1일자): 33-39에 포함되어 있다. 다른 일화들은 "Addio Saigon", *Europeo*, no. 6 (1968년 2월 8일자): 26-31에 실려 있다.

21. Fallaci, *Nothing and Amen*, 98. Oriana Fallaci, "La rivoltella del generale Loan", no. 7 (1968년 2월 15일자): 8-11도 참조.

22. Oriana Fallaci, "Sono tornata a Saigon in fiamme", *Europeo*, no. 8 (1968년 2월 22일자): 28.

23. Fallaci, *Nothing and Amen*, 103-7. Fallaci, "Sono tornata a Saigon", 28 참조.

24. Fallaci, *Nothing and Amen*, 200-201. 그녀의 인터뷰는 처음에 "Ho intervistato il dittatore del Vietnam"이라는 제목으로 *Europeo*, no. 12 (1968년 3월 21일자): 21-27에 실렸다.

25. Fallaci, "Eccomi tra le guardie di Mao", *Europeo*, no. 12 (1968년 3월 28일자): 29-35참조; "Le storie di Hong Kong", *Europeo*, no. 14 (1968년 4월 4일자): 29-35.

26. Fallaci, "Sono stata assalita dalla folla di Atlanta", *Europeo*, no. 16 (1968년 4월 18일자): 38-41.

27. Fallaci, *Nothing and Amen*, 212.

28. 같은 책, 213.

29. 같은 책, 241.

30. Norman Sims, "The Literary Journalists", in *The Literary Journalists*, Norman Sims 편집 (New York: Ballantine, 1984), 5.

31. Sims, "Literary Journalists", 5에 인용된 Kidder의 말.

32. 독립적으로 활동하는 기자로서 Fallaci는 마르크스주의 이데올로기에 결코 고개를 숙이지 않고, 증거를 바탕으로 독자적인 판단을 내렸다. 다른 세 명의 기자들은 열성적인 마르크스주의자였다.

33. Oriana Fallaci, "Oriana Fallaci nel Vietnam del Nord", *Europeo*, no. 13 (1969년 3월 27일자), 20.

34. 같은 자료, 25. Fallaci가 15세의 게릴라 전사인 Ho Thi-thu, 가톨릭 신부 Jean-Baptiste, 하노이에서 발행되는 5개 신문 중 한 곳의 편집국장인 Luu Quy-ky를 인터뷰할 때도 '독재적인' 경찰국가의 면모가 분명히 드러났다. Fallaci, "Oriana Fallaci nel Vietman del Nord", 23-28 참조.

35. Oriana Fallaci, "Il Generale Giap mi riceve", *Europeo*, no. 14 (1969년 4월 3일자), 25-30과 *Interview with History* (John Shepley 번역, New York: Liveright, 1976, 74-87)에 실린 인터뷰 전문 참조. 이 책은 원래 *Intervista con la storia* (Milan: Rizzoli Editore, 1974)로 출판되었다.

36. Oriana Fallaci, "Prigionieri nel Vietman", *Europeo*, no. 16 (1969년 4월 17일자), 21.

37. Oriana Fallaci, "Liberato il prigioniero americano", *Europeo*, no. 34 (1969년 8월 21일자), 16-19. Oriana Fallaci, "Il prigioniero si rifiuta di vedermi", no. 41 (1969년 10월 9일자), 26-31도 참조.

38. Frishman에 대한 Fallaci의 두 번째 기사 "Il prigioniero si rifiuta"에는 항의서한이 포함되어 있다. 첫 번째 기사인 "Liberato"와 이 두 번째 기사 사이에 Fallaci는 Ho Chi Minh의 삶을 기록한 글, "Storia di Ho Chi Minh" (*Europeo*, no. 38, 1969년 9월 18일자, 31-40)을 썼다.

39. Fallaci, "Il prigioniero si rifiuta" 30.

40. 같은 자료, 31.

41. 같은 자료.

42. 같은 자료.

43. 같은 자료.

44. Frishman과의 전화 인터뷰, 1994년 6월 10일.

45. 같은 자료.

46. 같은 자료.

47. Fallaci, "Il prigioniero si rifiuta" 31.

48. Frishman과의 전화 인터뷰, 1994년 6월 10일.

49. 같은자료.

50. Frishman의 군 경력에 대한 정보는 워싱턴에 있는 Navy Office of Information, Naval Historical Center에서 얻은 것이다.

7. 발코니의 슈퍼스타

1. Tommaso Giglio와 Renzo Trionfera, "Il servizio di Oriana Fallaci", *Europeo*, no. 42 (1968년 10월 17일자): 5.

2. Oriana Fallaci, "Oriana Fallaci racconta: La notte di sangue in cui sono stata ferita", *Europeo*, no. 42 (1968년 10월 17일자): 25-46, "Ecco il servizio che avevo perduto", *Europeo*, no. 44 (1968년 10월 31일자): 30-33.

3. Fallaci, "Oriana Fallaci racconta", 25.

4. 처음 네 장의 사진은 "Oriana Fallaci racconta", 24, 27, 28, 46에 실려 있고, 검은 옷을 입은 사진은 "Diario dal Messico", *Europeo*, no. 43 (1968년 10월 24일자): 35에 실려 있다.

5. Fallaci, "Ecco il servizio", 30.

6. Falaci, "'Oriana Fallaci racconta", 28.

7. Oriana Fallaci, "The Shooting of Oriana Fallaci", *Look* 32 (1968년 11월 12일자): 20.

8. Fallaci, "Oriana Fallaci racconta", 28.

9. 같은자료, 30.

10. Fallaci, "Shooting", 20.

11. Fallaci, "Oriana Fallaci racconta", 30.

12. 같은자료, 33.

13. 같은자료, 35.

14. Fallaci, "Shooting", 20.

15. 같은자료.

16. 보그의 설명은 "Massacro voluto dal governo", *Paese Sera*, 1968년 10월 4일자, 1에 실려 있다.

17. Fallaci, "Oriana Fallaci racconta", 38.

18. 같은자료, 43.

19. 같은자료, 45.

20. 같은자료.

21. Fallaci, "Conrand", 40.

22. Conrad와의 전화 인터뷰, 1994년 6월 17일.

23. Fallaci, "Oriana Fallaci racconta", 46.

24. Fallaci, "Diario dal Messico", 30.

25. 같은자료.

26. 같은자료, 33.

27. 같은자료.

8. 일생일대의 연기

1. Fallaci가 했던 인터뷰 중 많은 것이 *Intervista con la storia*와 *Interview with History*에 실렸다.

2. Lucinda Franks, "Behind the Fallaci Image", *Saturday Review* 8 (1981년 1월호), 18-19. Gloria Emerson, "Divine Troublemaker", *Vogue* 170, no. 11 (1980년 11월호), 332-35, 385-88. Thomas Griffith, "Interviews, Soft or Savage", *Time* 117, no. 12 (1980년 3월 30일자), 47. David Sanford, "The Lady of Tapes", *Esquire* 83 (1975년 6월호), 102-5. Elizabeth Peer, "The Fallaci Papers", *Newsweek* 96, no. 22 (1980년 12월 1일자), 90, 92. Bonfante, "An Interview Is a Love Story", *Time* 106, no. 16 (1975년 10월 20일자), 69-73 참조.

3. Oriana Fallaci, "Tra i guerriglieri arabi", *Europeo*, no. 9 (1970년 2월 26일자): 44.

4. 같은자료.

5. 같은자료, 45.

6. Oriana Fallaci, "L'intervista con Arafat: L'uomo che è a capo dei guerriglieri arabi", *Europeo*, no. 11 (1970년 3월), 23.

7. 같은자료, 23. Fallaci는 Al Fatah의 창설자이자 진짜 지도자인 Abu Lotuf와도 1956년에 은밀히 만났다. 대화 도중에 Abu Lotuf는 요르단의 후세인 왕과 팔레스타인 병력 사이의 긴장관계를 언급했다. "Oriana Fallaci interroga il vero capo di Al Fatah", *Europeo*, no. 12 (1970년 3월 19일자), 23-27 참조.

8. Scheer, "Playboy Interview", 84-85.

9. 같은자료, 84.

10. 같은자료, 85.

11. 같은자료, 95.

12. 같은자료, 108.

13. 같은자료.

14. Oriana Fallaci, "Perchè mettete le bombe sugli aerei?" *Europeo*, no. 13 (1970년 3월 26일자), 27-31. Habash와의 인터뷰는 *Intervista con la storia*에도 실려 있다.

15. Fallaci의 공개서한은 *Intervista con la storia* 166-67에 인용되어 있다. Fallaci는 요르단을 떠나기 전에 Rascida Abhedo와의 인터뷰를 녹음했다. Abhedo는 예루살렘의 슈퍼마켓에서 폭탄을 터뜨려 27명의 사망자를 내고, Hebrew University의 구내식당에서도 폭탄을 터뜨린 적이 있는 여자였다. "La donna della strage", *Europeo*, no. 14 (1970년 4월 2일자), 26-33 참조.

16. Oriana Fallaci, "Ceylon: Una tragedia sconosciuta", *Europeo*, no. 32 (1971년 8월 12일자), 36-43. "I draghi di Ceylon", *Europeo*, no. 33 (1971년 8월 19일자), 36-47.

17. Oriana Fallaci, "Il vero volto della Tigre del Bengala", *Europeo*, no. 8 (1972년 2월 24일자), 26-33. "Questa è l'amara verità", *Europeo*, no. 2 (1972년 1월 13일자), 28-41도 참조.

18. Oriana Fallaci, "Sono entrata nel carcere a intervistare Debray", *Europeo*, no. 43 (1970년 10월 22일자), 41-43. 42쪽에서 재인용.

19. Scheer, "Playboy Interview", 83.

20. 같은자료.

21. Oriana Fallaci, "Hussein of Jordan", in *Interview with History*, John Shepley 번역 (New York: Liveright, 1976), 146. "A colloquio con Hussein", *Europeo*, no. 15 (1970년 4월 9일자), 20-24도 참조.

22. Fallaci, "Hussein", 145.

23. Oriana Fallaci, "Lech Walesa: The Man Who Drives the Kremlin Crazy", *Washington Post*, 1981년 3월 8일자, C1.

24. Scheer, "Playboy Interview", 88.

25. Fallaci와의 전화 인터뷰, 1993년 8월 30일.

26. 같은자료.

27. Oriana Fallaci, "La verità sul golpe", *Europeo*, no. 9-10 (1982년 3월 8일자), 75.

28. Fallaci와의 전화 인터뷰, 1993년 8월 30일.

29. 같은자료.

30. 같은 자료.

31. Oriana Fallaci, "Ali Bhutto", *in Interview with History*, John Shepley 번역 (New York: Liveright, 1976), 199-201. "Bhutto risponde a Indira Ghandi", *Europeo*, no. 17 (1972년 4월 27일자), 52-60도 참조.

32. Fallaci, "Ali Bhutto", 187-190.

33. 같은 자료, 187.

34. 같은 자료.

35. Oriana Fallaci, "An Interview with Khomeini", *New York Times Magazine*, 1979년 10월 7일자, 31.

36. 같은 자료.

37. Scheer, "Playboy Interview", 82.

38. 같은 자료.

39. Shepley와의 전화 인터뷰, 1994년 6월 22일, 1994년 7월 18일(파리).

40. Oriana Fallaci, "Rivoluzione internazionale contro l'America", *Corriere della Sera*, 1979년 12월 2일자, 2.

41. 같은 자료, 2.

42. 인터뷰 후반부에서 따온 인용문은 영어로 편집된 Oriana Fallaci의 글, "Iranians Are Our Brothers", *New York Times Magazine*, 1979년 12월 16일자, 120에 실려 있다.

43. 같은 자료.

44. 같은 자료.

45. 같은 자료.

46. Oriana Fallaci, "William Colby", in *Intervista con la storia* (Milan: Rizzoli Editore, 1974), 441. (Shepley의 번역본에는 Colby의 인터뷰가 포함되어 있지 않다.) 이 인터뷰는 원래 *Europeo*, no. 11 (1976년 3월 12일자), 30-36에 "Oriana Fallaci interroga il capo della CIA"라는 제목으로 발표되었다.

47. Fallaci, "William Colby", 443.

48. 같은 자료, 444.

49. 같은 자료, 445.

50. 같은 자료, 448.

51. 같은 자료, 452.

52. 같은 자료, 454.

53. 같은 자료, 461.

54. 같은 자료.

55. Alvaro Cunhal은 포르투갈 공산당이 총선을 일종의 게임으로 보았기 때문에 민주 제도에 대한 믿음을 증명해서 신임을 얻으려던 유럽 공산주의자들의 노력을 후퇴시켰다고 솔직하게 인정했다. Fallaci, "Alvaro Cunhal", in *Intervista con la storia* (Milan: Rizzoli Editore, 1974), 526-43.

56. Fallaci, "William Colby", 443.

57. 같은 자료.

58. 같은 자료. Fallaci는 "Perchè Panagulis è stato ucciso"(*Europeo*, no. 20, 1976년 5월 14일자, 23-28)와 "Assassinato dal 'ragno'"(*Europeo*, no. 30, 1976년 7월 23일자, 30)에서 Panagoulis의 죽음에 CIA가 개입했을 가능성을 살펴보았다.

59. Oriana Fallaci, "Oriana Fallaci intervista il General Sharon", *Europeo*, no. 36 (1982년 9월 6일자), 11-12.

60. 같은 자료, 7.

61. "Introduction to the Playboy Interview: Oriana Fallaci", *Playboy* 28, no. 11 (1981년 11월호), 81.

62. "Introduction to the Playboy Interview", 81에 인용된 Buckley의 말.

63. Peer, "Fallaci Papers", 90.

64. Oriana Fallaci, "Remembering Golda", *TV Guide* 30, no. 17 (1982년 4월 24-30일), 4. 원래 인터뷰는 "Golda Meir", *Europeo*, no. 48 (1972년 11월 30일자), 42-53에 실렸으며, 영어 번역본은 "Golda Meir"라는 제목으로 *Interview with History* (John Shepley 번역, New York: Liveright, 1976, 88-122)에 실려 있다.

65. Fallaci, "Golda Meir", *Interview with History*, 112.

66. 같은 책, 119.

67. 같은 책, 117-18.

68. Fallaci, "Remembering Golda", 5-6.

69. Fallaci, "Golda Meir", *Interview with History*, 92, 122.

70. 같은 책, 93.

71. Scheer, "Playboy Interview", 84.

72. Oriana Fallaci, "Deng: Cleaning up Mao's 'Feudal Mistakes'", *Washington Post*, 1980년 8월 31일자, D1, D4-D5. 이 인터뷰의 제2부 제목은 "Deng: A Third World War Is Inevitable"로 *Washington Post*, 1980년 9월 1일자, A1, A10-A11에 실렸다.

73. Fallaci, "Deng: Cleaning Up", D4.

74. "Ailé Selassie", in *Intervista con la storia* (Milan: Rizzoli Editore, 1974), 373 (번역은 나의 것). Shepley의 번역본에는 이 인터뷰가 실려 있지 않다.

75. 같은 책, 385-86.

76. 같은 책, 389.

77. 같은 책, 372.

78. "Henry Kissinger", in *Interview with History*, John Shepley 번역 (New York: Liveright, 1976), 20. *Europeo*, no. 46 (1972년 11월 16일자), 36-43에 실린 인터뷰 원문 "Kissinger rivela perchè non abbiamo ancora firmato l'accordo sul Vietnam",도 참조.

79. Fallaci, "Henry Kissinger", 20-21.

80. 같은 책, 24.

81. 같은 책, 32.

82. 같은 책, 33.

83. 같은 책, 32-36.

84. 같은 책, 37.

85. 같은 책, 40.

86. 같은 책, 41.

87. 같은 책, 29.

88. 같은 책.

89. Oriana Fallaci, "Lettera a Kissinger dopo il suo fallimento", *Europeo*, no. 14 (1975년 4월 3일자), 32.

90. 같은 자료, 32-33.

91. Henry Kissinger, *White House Years* (Boston: Little, Brown and Company, 1979), 1409-10.

92. 같은 책.

93. Scheer, "Playboy Interview", 105.

94. 이 편지에 대한 이야기는 Scheer가 쓴 Fallaci의 인터뷰 기사 105쪽에 언급되어 있다.

95. 같은 자료.

96. 같은 자료.

97. 같은 자료, 83.

98. Oriana Fallaci, "Mohammed Riza Pahlavi", in *Interview with History*, John Shepley 번역 (New York: Liveright, 1976), 266. "Lo Scià di Persia", *Europeo*, no. 44

(1973년 11월 1일자), 82-91도 참조.

99. Fallaci, "Iranians", 49.

100. Scheer, "Playboy Interview", 84.

101. Fallaci, "Interview with Khomeini", 29.

102. Scheer, "Playboy Interview", 100.

103. *Interview with History*에는 다음의 사람들과의 인터뷰가 포함되어 있다. Henry Kissinger, Nguyen Van Thieu, Vo Nguyen Giap 장군, Golda Meir, Yassir Arafat, Hussein 국왕, Indira Gandhi, Zulfikar Bhutto, Willy Brandt, Pietro Nenni, Mohammed Riza Pahlavi, Dom Helder Camara, Makarios 3세 대주교, Alekos Panagoulis. *Intervista con la storia*에는 위의 사람들 외에 Norodom Sihanouk, George Habash, Sirimavo Bandaranaike, Giulio Andreotti, Giorgio Amendola, Ailé Selassie, Ahmed Zaki Yamani, William Colby, Otis Pike, Mario Soares, Alvaro Cunhal, Santiago Carrillo의 인터뷰가 실려 있다.

104. Fallaci, *Interview with History*, 9-10.

105. 같은 책, 12.

106. 같은 책, 11.

9. 사느냐 죽느냐

1. Fallaci가 Shepley에게 보낸 편지의 날짜는 1975년 11월 18일로 되어 있으며, 현재 Boston 대학 도서관의 Oriana Fallaci Collection(box 19, file 2)에 이 편지가 포함되어 있다. Oriana Fallaci는 Boston 대학에서 이 Collection을 조사해보아도 좋다고 내게 허락해 주었다. 내가 그곳에서 조사해본 결과 이 편지는 도서관 사무실에 보관되어 있었다.

2. Francesca Alliata Bronner, *Un soldato di nome Oriana*, RAI Radio-televisione Italiana, 1993년 3월.

3. Fallaci와의 인터뷰, New York, 1991년 12월.

4. *Inshallah*(James Marcus의 번역을 기반으로 한 Oriana Fallaci의 번역, New York: Doubleday, 1992, 309)에 나오는 교수가 바로 이런 소설가이다.

5. Fallaci와의 인터뷰, New York, 1991년 12월.

6. 같은 자료.

7. 그러나 Fallaci는 순전히 대중소설만을 쓰는 작가로 분류되고 싶어하지 않는다. "나는 닭이 달걀을 낳듯이 책을 만들어내는 사람들을 조금도 존중하지 않는다." Fallaci와의 인터뷰,

New York, 1991년 12월.

    8. Weber, "Some", 23에 인용된 Macdonald의 말.

    9. Fallaci와의 인터뷰, New York, 1991년 12월.

    10. Lucia Chiavola Birnbaum, *Liberazione della donna: Feminism in Italy* (Middletown, Connecticut: Wesleyan University Press, 1986), 104. 1970년대 이탈리아의 낙태 논쟁을 간결하게 요약해놓은 내용을 보고 싶다면 이 책의 104–6쪽 참조.

    11. Fallaci, *Letter to a Child*, 9.

    12. Fallaci와의 인터뷰, New York, 1991년 12월.

    13. Carrano, *Signore*, 90–91.

    14. Fallaci, *Letter to a Child*, 12.

    15. 같은 책, 114.

    16. Fallaci와의 인터뷰, New York, 1991년 12월.

    17. Fallaci, *Letter to a Child*, 110.

    18. Fallaci와의 인터뷰, New York, 1991년 12월.

    19. Fallaci, *Letter to a Child*, 110.

    20. 같은 책, 68.

    21. 같은 책, 79–80.

    22. 같은 책, 80–81.

    23. 같은 책, 84.

    24. Fallaci, *Quel giorno*, 22.

    25. Fallaci, *Se il sole muore*, 126.

    26. Fallaci, *Quel giorno*, 39. Fallaci는 Aldrin이 우주에서 걸은 것에 찬사를 보냈다.

    27. Fallaci, "Conrad", 40.

    28. Fallaci, "L'uomo sulla luna", 33.

    29. Fallaci가 Conrad에게 호의적인 반응을 보였음을 자세히 알고 싶다면, *If the Sun Dies*의 제26장 참조.

    30. Fallaci, *Letter to a Child*, 80.

    31. Fallaci, "Conrad", 43 참조.

    32. Fallaci, "Ecco perchè ridevano", 34.

    33. Fallaci, *Letter to a Child*, 80.

    34. Conrad와의 전화 인터뷰, 1994년 6월 17일.

    35. 같은 자료.

36. Oriana Fallaci, *A Man*, William Weaver 번역 (New York: Simon and Schuster, 1980), 249–51. 1992년 7월에 Florence에서 Fallaci를 인터뷰하면서 나는 이렇게 물었다. "무례한 질문이 될지도 모르겠습니다만, 책 속에서 당신은 알렉코스와의 싸움 때문에 아이를 잃습니다. 기억나십니까?" Fallaci는 이렇게 대답했다. "그래요. 하지만 대답하지 않겠습니다." 그리고 이렇게 덧붙였다. "많은 사람들이 그 얘기를 읽고 분개했다는 것이 믿기지 않아요…. 내 책에 적힌 내용은 그가 아이를 죽였다는 것이 아닙니다. 여자가 아이를 잃는 건 심리적인 이유 때문입니다. 순전히 상처 때문이란 말입니다." 그녀는 Harry Stein의 글 "A Day in the Life of Oriana Fallaci"(*Esquire* 91, 1979년 6월 19일자, 21)에서 Panagoulis에 대한 집착을 부인했다.

37. Fallaci, *Letter to a Child*, 100.

38. Fallaci, *If the Sun Dies*, 20–26. Fallaci와의 인터뷰, Florence, 1992년 7월.

39. Fallaci, *Letter to a Child*, 114.

40. Fallaci와의 인터뷰, Florence, 1992년 7월.

41. Fallaci, *Letter to a Child*, 20.

42. 같은 책, 21.

43. 같은 책, 45.

44. 같은 책, 49.

45. 같은 책, 50.

46. 같은 책, 54.

47. 같은 책, 44.

48. 같은 책, 47.

49. 같은 책, 52.

50. 같은 책.

51. 같은 책.

52. 같은 책, 53.

53. 같은 책.

54. 같은 책.

55. Fallaci와의 인터뷰, New York, 1991년 12월.

56. 같은 자료.

57. 같은 자료.

58. Fallaci, *Letter to a Child*, 100.

59. 같은 책, 103.

60. Fallaci와의 인터뷰, New York, 1991년 12월.

61. Fallaci, *Letter to a Child*, 114.

62. Fallaci와의 인터뷰, New York, 1991년 12월.

63. Aléxandros Panagulis, *Vi scrivo da un carcere in Grecia* (Milan: Rizzoli Editore, 1974). *Interview with History*에서 Fallaci는 이 이름을 *Panagoulis*로 표기했다.

64. Fallaci와의 인터뷰, New York, 1991년 12월.

65. 같은 자료.

66. 같은 자료.

67. 같은 자료.

68. 이탈리아에서만도 2년 반 안에 수십만 부가 팔렸다. 이 소설은 3년이 채 안 돼서 14쇄에 돌입했다. 1997년 현재 판매부수는 150만 부에 육박하고 있다.

10. 남자 혹은 여자

1. Shepley와의 전화 인터뷰, 1994년 6월 22일.

2. 같은 자료.

3. Carrano, *Signore*, 95.

4. Stein, "Day in the Life", 21.

5. 같은 자료.

6. 같은 자료.

7. Carrano, *Signore*, 96.

8. Oriana Fallaci, "Alessandro Panagoulis", *in Intervista con la storia* (Milan: Rizzoli Editore, 1974), 612-53.

9. 같은 책, 623. 현장에 두 대의 자동차가 있었다는 사실은 사고 후의 조사에 의해 확인되었다.

10. Herbert Mitgang, "As Novelist, Miss Fallaci Still Deals in Real People", *New York Times*, 1980년 11월 3일자, C18.

11. *Time* 114, no. 12 (1979년 9월 17일자), 31 (국제판)에 실린 기사 "Monument to a Martyr"에 인용된 Georgios Bertsos의 말.

12. Fallaci와의 인터뷰, New York, 1991년 12월.

13. 같은 자료.

14. Fallaci와의 인터뷰, New York, 1991년 12월. Fallaci, *Man*, 11-17 참조.

15. Fallaci, *Man*, 323. 모든 인용문은 Weaver의 번역본에서 따온 것이다. *Un uomo: Romanzo* (Milan: Rizzoli Editore, 1979)도 참조.

16. Fallaci, *Man*, 16.

17. 같은 책, 454.

18. 책 속에서 Fallaci는 Panagoulis의 죽음 이후 암살범으로 알려진 사람 중 하나인 Michael Steffas가 과거 공산당 동조자이며 자동차 경주 전문가라는 사실을 알게 되었다. 자동차 충돌에 대한 그의 전문지식은 그 사고를 일으키는 데 헤아릴 수 없이 커다란 역할을 했을 것이다. Fallaci, *Man*, 445.

19. Fallaci, *Man*, 53-54.

20. 같은 책.

21. Fallaci는 학생 시절에 *Iliad*와 *Odyssey*에서 이 기법을 발견했다. 이 기법이 지나치게 많이 사용된 것과 관련해서 그녀는 Hemingway를 언급했다. "내가 보기에 *Farewell to Arms*가 좋은 책이 될 수 없는 이유 중의 하나가 바로 대화의 남용인 것 같다." Fallaci와의 인터뷰, New York, 1991년 12월.

22. Fallaci, *Man*, 67.

23. 같은 책.

24. 같은 책, 163-65.

25. 같은 책, 166.

26. 같은 책, 94.

27. 같은 책, 95.

28. 같은 책, 113.

29. 같은 책, 126.

30. 같은 책, 21.

31. 같은 책, 33.

32. 같은 책, 35.

33. 같은 책, 51.

34. 같은 책, 52.

35. 같은 책, 62.

36. 같은 책, 74.

37. 같은 책, 75.

38. 같은 책, 218.

39. 같은 책, 249-50.

40. 같은 책, 281.

41. "Monument", 31에 인용된 Georgios Bertsos의 말.

42. Fallaci, *Man*, 141.

43. 같은 책, 146.

44. 같은 책, 148.

45. 같은 책, 157-62, 185-90. Fallaci와의 인터뷰, Florence, 1992년 7월.

46. 같은 책, 352-59.

47. 같은 책, 361-63.

48. 같은 책, 426, 434.

49. Fallaci, "Perchè Panagulis", 24.

50. Stein, "Day in the Life", 21.

51. Genevieve Stuttaford, "Oriana Fallaci", *Publishers Weekly* 218 (1980년 11월 7일자), 7.

52. "Monument", 31.

53. Panagulis 가족들의 발언과 Fallaci의 반박은 모두 "I familiari di Panagulis polemizzano con Oriana Fallaci", *Corriere della Sera*, 1979년 7월 4일자, 1에 요약되어 있다. "Monument", 31, Kris Mancuso, "Oriana nella tempesta", *L'Ora*, 1979년 7월 6일자, 1도 참조.

54. Scheer, "Playboy Interview", 91.

55. 같은 자료, 92.

56. 같은 자료, 94.

57. 같은 자료, 108.

58. Fallaci는 이 기자의 이름이 Miriam Mafai라고 밝혔다. Fallaci와의 전화 인터뷰, 1993년 8월 30일.

59. Ranieri Schippisi, "Un uomo (e una donna)", *Libertà*, 1979년 7월 12일자, 3.

60. Stuttaford, "Oriana Fallaci", 6.

61. "Monument", 31.

11. 톨스토이, 도스토예프스키, 그리고 팔라치

1. 처음 1년 동안 이 소설은 이탈리아에서만 60만 부 이상 팔렸다. Oriana Fallaci, *Insciallah* (Milan: Rizzoli Editore, 1990) 참조.

2. 스페인의 한 신문과 서면 인터뷰를 하면서 Fallaci가 제출한 10번째 답변. 1992년 4월 6일, Fallaci의 비서인 Andrea Lorenzo Ingarao Zappata di Lasplassas가 Fallaci의 요청으로 그녀가 준비한 답변서를 내게 보내주었다. 비서는 이 답변서와 관련된 질문을 찾아내지는 못했지만, Fallaci가 이 답변서만으로도 도움이 될 것이라고 생각하고 있다고 말했다.

3. 같은 자료.

4. 프랑스의 비평가들 중 Jean-François Deniau("L'Iliade à Beyrouth", *Le Nouvel Observateur*, no. 1445, 1992년 7월 16일자, 96-97), François Giroud("Le regard sur la guerre d'une femme intrépide", *Le Journal du Dimanche*, no. 2736, 1992년 6월 28일자, 10) 등이 그녀의 소설에 찬사를 보냈다.

5. Fallaci와의 인터뷰, Florence, 1992년 7월.

6. Fallaci는 내게 Rizzoli Editore 파리 사무소의 직원과 연락해서 *Insciallah*의 프랑스어 번역본에 대해 물어보는 것이 좋을 것이라고 말했다. Fallaci와의 전화 인터뷰, 1992년 7월 3일과 1992년 7월 16일.

7. Fallaci와의 인터뷰, Florence, 1992년 7월.

8. Marcus와의 전화 인터뷰, 1994년 6월 4일. 나는 1996년 2월과 3월에도 Marcus와 이야기를 나눴으며, 편지도 보낸 적이 있다.

9. Fallaci, *Inshallah*, 156. 달리 출전이 밝혀져 있지 않은 모든 인용문은 Fallaci-Marcus의 번역본에서 따온 것이다.

10. 같은 책, 320.

11. 같은 책, 294.

12. 같은 책, 45.

13. Thomas Keneally, "Waiting for the Suicide Truck", *New York Times Book Review*, 1992년 12월 27일자, 8.

14. Fallaci가 1976년에 Amherst College에서 행한 연설의 원고 한 부가 Boston 대학 도서관, Oriana Fallaci Collection(box 21, file 2)에 보관되어 있다.

15. Ahdaf Soueif, "Lovers and Terrorists", *Washington Post Book Review*, 1992년 12월 13일자, 5.

16. Fallaci와의 인터뷰, Florence, 1992년 7월.

17. 같은 자료.

18. Fallaci, *Inshallah*, 149.

19. 같은 책, 306.

20. Fallaci와의 인터뷰, New York, 1991년 12월.

21. Fallaci와의 인터뷰, Florence, 1992년 7월.

22. Fallaci와의 인터뷰, New York, 1991년 12월.

23. Fallaci, *Inshallah*, 310.

24. National Public Radio, "Oriana Fallaci Interview", *All Things Considered*, 1992년 11월 15일.

25. Oriana Fallaci, "The Europeans' Quaddafi Cowardice", *Washington Post*, 1986년 4월 27일자, C 4.

26. Cecchi, "Una notte", 61-62.

27. 이 지역 사람들은 이 묘지를 Protestant 묘지 혹은 English 묘지라고 부른다. 공식적인 이름은 Gli Allori(월계수)이다.

28. Cecchi, "Una notte", 62. Fallaci의 연설문 "Addio a Edoardo Fallaci" 전문은 *Europeo*, no. 33 (1990년 8월 18일자), 63-64에 실렸다.

29. Nan A. Talese, "Oriana Fallaci: The D Interview", *D Magazine* 1, no. 2 (1992년 6-9월호), 9.

30. Fallaci와의 전화 인터뷰, 1993년 8월 30일.

31. 같은 자료.

32. Patricia Smith, "Oriana Fallaci", *Boston Globe*, 1993년 1월 5일자, 64.

33. Cecchi, "Una notte", 60.

34. 같은 자료, 60-61.

35. 같은 자료, 61. 그러나 이상하게도 Fallaci는 그를 기억하지 못한다고 내게 말했다. 그가 의학을 공부한 적도 없으며, 자신이 *Insciallah*와 관련해서 그와 인터뷰를 하기 전에는 그를 만난 적도 없다는 것이다. Fallaci의 자필 메모, 1993년 12월 2일자.

36. 같은 자료.

37. Fallaci와의 인터뷰, New York, 1991년 12월.

38. 같은 자료.

39. Fallaci, *Inshallah*, 306.

40. Smith, "Oriana Fallaci", 61.

41. 같은 자료.

42. Cecchi, "Una notte", 60.

43. Smith, "Oriana Fallaci", 61.

44. Fallaci, *Inshallah*, 104-5.

45. 같은 책, 38.

46. Fallaci와의 인터뷰, New York, 1991년 12월.
47. Fallaci, *Inshallah*, 330.
48. 같은 책, 338-46, 325-28, 381-82, 359.
49. 같은 책, 172.
50. 같은 책, 178-79.
51. 같은 책, 179-83.
52. Fallaci와의 인터뷰, Florence, 1992년 7월.
53. 같은 자료.
54. Fallaci와의 인터뷰, New York, 1991년 12월.
55. Fallaci, *Inshallah*, 33.
56. 같은 책.
57. 같은 책, 483.
58. 같은 책, 599.
59. 같은 책, 598.
60. 같은 책.
61. Fallaci와의 인터뷰, New York, 1991년 12월.
62. 같은 자료.
63. Fallaci, *Inshallah*, 575.
64. 같은 책, 578.
65. 같은 책, 579.
66. 같은 책, 306.
67. 같은 책, 415.
68. Fallaci와의 인터뷰, New York, 1991년 12월.
69. Fallaci, *Inshallah*, 148-49.
70. 같은 책, 306.
71. 같은 책, 307.
72. 같은 책, 308.
73. 같은 책, 149.
74. 같은 책, 265-71, 590. Fallaci와의 인터뷰, New York, 1993년 3월.
75. Fallaci와의 인터뷰, New York, 1993년 3월.
76. Fallaci, *Inshallah*, 421-22.
77. 같은 책, 422.

78. 같은 책.

79. 같은 책, 28.

80. Fallaci와의 인터뷰, New York, 1993년 3월.

81. Claudio Altarocca는 "Fallaci sola a New York col diavolo in corpo", *La Stampa*, 1991년 8월 9일자, 15에서 Bella의 성이 Vanderlip이라고 밝혔다. Fallaci는 내게 Bella가 의사였다고 말했는데, Altarocca에 따르면 그녀는 사우디아라비아 국왕의 주치의였다고 한다. Fallaci는 Bella와 정이 들어서 자신의 전기에 그녀의 이름을 넣고 싶어했다. 그녀는 벨라가 암에 걸려서 고향인 영국으로 돌아가 세상을 떠났다고 얘기해주었다. Fallaci와의 인터뷰, New York, 1993년 3월.

82. Fallaci와의 인터뷰, New York, 1993년 3월.

83. 같은 자료.

84. 같은 자료.

85. Paul William Roberts, "Fallaci's Masterpiece: A Modern day Iliad", *Toronto Star*, 1992년 12월 12일자, D14.

86. Fallaci가 내게 Roberts의 편지 사본을 제공해주었다. 그녀는 자신에게 찬사를 보낸 Roberts의 비평을 당연해 흡족해하면서, Roberts를 가리켜 "지적이고 세련된 사람"이라고 말했다. 그녀는 맨해튼에서 Roberts를 만나 차를 마시기도 했다. Fallaci와의 인터뷰, New York, 1993년 3월.

87. Roberts, "Fallaci's Masterpiece", D14.

88. Soueif, "Lovers", 5.

89. James Walton, "Firepower", *Tablet*, 1993년 3월 6일자, 5.

90. Fallaci, *Inshallah*, 150.

91. 같은 책.

에필로그 _ 낯선 괴물과 마주보기

1. Fallaci와의 인터뷰, New York, 1993년 3월.

2. 같은 자료.

3. Alberto Sinigaglia, "Oriana Fallaci a Pechino: il sogno della libertà", *La Stampa*, 1993년 10월 26일자, 15.

4. Fallaci와의 인터뷰, New York, 1993년 3월.

5. Paul Hendrickson, "Oriana Fallaci, Forever at War", *Washington Post*,

1992년 11월 24일자, E2.

　　6. 같은 자료, E1.

　　7. 같은 자료.

　　8. 같은 자료.

　　9. Oriana Fallaci, "Nuvola nera". 8. 1992년 7월에 Florence에서 나와 인터뷰를 하는 도중, 그녀는 이때의 경험에 대해 또 다시 강렬한 감정을 드러냈다.

　　10. Fallaci와의 인터뷰, New York, 1993년 3월.

　　11. Foster, "Love", 24.

　　12. 같은 자료.

　　13. Fallaci와의 인터뷰, New York, 1993년 3월.

　　14. Stefania Miretti, "Fumo contro l'alieno che è in me", La Stampa, 1993년 3월 13일자, 15.

　　15. Fallaci는 RAI와의 인터뷰에서 자신의 병에 대해 이야기했다. Bronner, "Soldato" 참조.

　　16. Fallaci와의 인터뷰, New York, 1993년 3월.

　　17. Foster, "Love" 43.

　　18. Fallaci와의 인터뷰, New York, 1993년 3월.

INDEX
Oriana Fallaci: The Women and the Myth

ㄱ

가브리엘 에스피노자 224
가스토네 판테리 55-57
가톨릭교회 (종교 항목 참조): 낙태 298
 넬로 카시니의 장례식 63-64
≪강철 군화≫ (런던) 36
게리 쿠퍼 79
≪겨울 이야기≫ (셰익스피어) 31
〈고녀와 희열〉 (영화) 76
고타 코티 146
골다 메이어 14, 264, 266-267, 279
공산주의 (공산당 항목 참조): 베트남전에 대한 팔라치의 기사 197-199
공산당 (이탈리아): 팔라치의 태도 127
 넬로 카시니의 장례식 63-64
교황 피오 12세 63
구스타브 도레 32
구스타브 플로베르 20, 37, 117, 393
귀도 살비니 79
'그는 왕의 발을 손으로 잡았다' (팔라치) 59
그레이엄 그린 79
그레타 가르보 74, 78
그리고리오스 람브라키스 343
그리어 가슨 82-83
≪그림 성경≫ (도레) 32-33
≪그리스도 최후의 유혹≫ (카잔차키스) 333-334

≪그날 달에서≫ (팔라치) 179
그레고리 펙 82, 89
글렌 포드 82
기독교 민주당 65, 258

ㄴ

나이젤 이트웰 44-45
〈나지오네 디 피렌체〉 55
나탈리아 긴즈버그 131, 133
낙태에 대한 팔라치의 생각 293-298, 316-317
내면의 독백 121
넬로 카시니 63
넬로 트라쿠안디 47
노먼 메일러 361
노마 쉬어러 82
노먼 심즈 198
노먼 로크웰 116
≪누구를 위하여 종은 울리나≫ (헤밍웨이) 402
〈뉴욕 타임스〉 80, 253-254, 263, 268
뉴저널리즘 54
니네트: ≪인샬라≫에서 367, 385-386, 396-401
닐데 이오티 126-128
닐 드 크레센조 263
닐 암스트롱 159-160, 174-175, 178-179, 302

ㄷ

다시아 마라이니 111
다제타 후작 59
닥토 전투 (베트남전 항목 참조) 184
단테 알리기에리 40
달라이 라마 196
달 로켓 발사 (미국 우주계획 항목 참조) 173-179
≪달의 계곡≫ (런던) 36
덩샤오핑 16, 268-269, 410
데브라 파젯 89
데이비드 니븐 82
데이비드 마리아 투롤도 19, 405
도덕주의와 팔라치 389-390
도널드 '데키' 슬레이튼 143-145, 154, 160, 162
≪도시로 가는 길≫ (긴즈버그) 131
≪돈키호테≫ (도레) 32
동성애에 대한 팔라치의 태도 235-239, 246-247
≪두 도시 이야기≫ (디킨스) 61
둘리오 팔로텔리 94, 98-101
디미트리오스 이오아니디스 329
드와이트 맥도널드 292

ㄹ

〈라 나시온〉 189
라니에리 스키피시 351
라시드: ≪인살라≫에서 376, 386, 396-397
라지쿠마리 암리트 카우르 99
람보: ≪인살라≫에서 374
러셀 슈바이카트 170
레반민 186-187
레오나르도 다빈치 28
레오 발리안티 47
레오 톨스토이 20, 29, 38-39, 117, 363, 402
레온 긴즈버그 133
레이디 로즈 블라이 67
레이 브래드베리 140
레지 드브레 241
레흐 바웬사 232, 245-249
렌조 트리온페라 214
로널드 라라미 189
로널드 웨버 73
로레타 영 89
로렌조 브레시 64
로버트 쉬어 111
  팔라치와의 인터뷰 236-239, 243, 246, 263, 267-268, 282, 349-351
로버트 푸아리에 421
로버트 프랜초트 프리시먼 9, 202-211
로셀리 형제 47
로저 채피 158-170
로젤리오 미란다 242
루돌프 발렌티노 90
루드야드 키플링 20, 37-38, 57, 102
루엘라 파슨즈 81, 83, 89
루치노 비스콘티 77
〈룩〉 80
르둑 토 276
리처드: ≪전쟁터의 페넬로페≫에서 110, 112-115, 118-119, 121-124
리처드 고든 158-159, 167
리처드 로즈 198
리처드 M. 닉슨: 팔라치의 키신저 인터뷰 274-275, 278, 280, 304
리카르도 몬탈반 89
릴라 슈클라 99

ㅁ

마가렛 오브라이언 89
마리사 파반 89, 91-92
마리아 루이지아 구아이타 47
마리아 몬테소리 63
마리오 카리타 46, 146
마리아 칼라스 77
마릴린 로벨 171
마릴린 먼로 79-81, 92-93
마르게리타 파솔로 47
마르티노: ≪인살라≫에서 374
마르틴: ≪전쟁터의 페넬로페≫에서 110, 118, 120-123
〈마르코 폴로〉(영화) 77
마이클 버치 189
마이클 스테파스와 파나고울리스의 죽음 448
마이크 월러스 281
마카리오스 3세 329
마틴 루터 킹 195
≪마틴 이든≫(런던) 49
마하리시 마헤시 요기 196
막시미노 가르시아 바라간 222
만리오 칸코니 85
≪말괄량이 길들이기≫(셰익스피어) 31
말론 브란도 91
'매춘부'(팔라치) 191
≪맥베스≫(셰익스피어) 41
머나 로이 62
메흐디 바자르간 253
멕시코 학생운동에 대한 팔라치의 기사 214-230
멕시코에 대한 팔라치의 기사 214-230
멩기스투 네웨이 271
〈모닝 크로니클〉 61
모하메드 압바스 364

몽고메리 클리프트 91
    176-180, 190-192, 426
무아마르 알카다피 14, 254-256, 266, 282, 283, 363-364, 370
무지부르 라흐만 241, 249-250
문학적 저널리즘 17, 198, 291
    팔라치의 문학적 저널리즘 54-65, 73, 167,
미국: 베트남전에 대한 태도 192
    팔라치의 미국에 대한 애착 114-116
'미국인 관리'(팔라치) 191
미국의 우주계획 (각각의 우주비행사 항목 참조):
    팔라치의 기사 142-146, 152-162, 165-175, 434
미국정보국(USIS) 163
미셸 프리스코 124
미셸레 세라 77, 96
미에지슬라우 라코우스키 248-249
〈미즈〉 112
미켈란젤로 28

ㅂ

바니사드르 243-244, 253
≪바람과 함께 사라지다≫(미첼) 116
≪백치≫(도스토예프스키) 39, 333-334
밴 존슨 89
버크: ≪야생의 외침≫에서 33-36
버트 랭카스터 89
번역가들과 팔라치와의 관계 253-254, 290-291, 322-323, 354-361
≪베니스의 상인≫(셰익스피어) 31
베니토 무솔리니 48, 147, 152, 170, 273, 284, 364
베로니크 파사니 89

베르나르도 발리 19, 405
베르너 폰 브라운 149-151
베이루트: ≪인샬라≫에 대한 영감 366-370
베트남전 14
베트콩 (베트남전 항목 참조): 베트콩에 대한 팔라치의 태도 185-190, 196-199
벨라 밴덜럭스 399, 453
　　벨라와 ≪인샬라≫ 399-401
　　팔라치의 기사 182-212
　　팔라치의 키신저 인터뷰 275-276
　　기자 살해 189-190
≪변신 이야기≫ (오비디우스) 40
보 웅구옌지압 장군 200-201, 273-275, 280
볼츠만의 공식: ≪인샬라≫에서 384-387
≪불타는 햇빛≫ (런던) 36
브루노 팔라치 36, 49, 72-73, 111, 294, 313, 355
브루노 페디 신부 61
브루스 피고트 189
블라디미르 일리이치 레닌 269
비나 슈로프 99
비토리오 가스만 79
비토리오 데시카 79
빅 데이몬 91, 94
빅토르 엠마누엘 3세 59
빅토르 프랑스: (오리아나 팔라치 항목 참조) 355-356
빈센테 미넬리 89
빌: ≪전쟁터의 페넬로페≫에서 110, 115, 118-121, 123

ㅅ

사담 후세인 413
사라 채코 62
사생활과 팔라치 78-79
사이공 1차 전투 (베트남전 항목 참조) 193-194
사이공 2차 전투 (베트남전 항목 참조) 188-189
'사이공의 아이들' (팔라치) 191
산도칸: ≪인샬라≫에서 371, 374, 377-378, 394
산드로 보티첼리 28
≪산문작법≫ (자미아틴) 19
〈삼손과 데릴라〉 (영화) 88
살바토레 벨레자 병장: ≪인샬라≫에서 379-381
새뮤얼 골드윈 87
〈새터데이 이브닝 포스트〉 80, 116
새턴 V (미국 우주계획 항목 참조) 149-150, 165-166, 174
샐 미네오 91
산티 바바 196
'석유가 이란의 중재인' (팔라치) 71
세실 B. 드밀 85-87, 93
셜리 맥클레인 94-95, 428
셸리 윈터스 92
소라야 왕비 69-70
소피아 로렌 90, 96, 171
소크라테스 40, 334
숀 코너리 85
슈가: ≪인샬라≫에서 374, 395
스테판 비진스키 추기경 247
스티븐 스필버그 382-383
≪슬픔이여 안녕≫ (사강) 106
≪쓸모없는 성≫ (팔라치) 95, 100-102
시몬 드 보부아르 79
시무어 크림 55
시어도어 프리먼 157, 162, 165-166
≪신곡≫ (단테) 40
심차 디니츠 266
〈십계〉 (영화) 86, 88

Index 찾아보기

≪12야≫ (셰익스피어) 31
〈심자군〉(영화) 88

ㅇ

〈아나벨라〉 22
아돌프 주커 87
아르만다 귀두치 111
아리고 베네데티 65-66
아리엘 샤론 261-262, 366
아부 로투프 439
아부 마짐 234
아부 아샴 233
아서 밀러 92-93
아야툴라 루홀라 호메이니 7, 16, 243, 252-254, 268, 283-284, 370
≪아이네이스≫ (베르길리우스) 40
아우구스토 제니나 79
아흐메드 자키 야마니 403
아흐다프 수아이프: 팔라치에 대한 비평 403
  ≪인샬라≫의 번역에 대한 비평 360-361
안자니 메호타 99
알베르토 포졸리니 179
≪악의 꽃≫ (보들레르) 117
안나 마냐니 77, 128
안나 반티 111
안나 카스토르 156
안와르 알-사다트 264, 279
안젤로: ≪인샬라≫에서 374
  볼츠만의 공식 384-387
안토니오 그람시 37
R. 월터 커닝햄 170
알레산드로 만조니 29, 117
알렉산드로스 '알렉코스' 파나고울리스 16, 22, 35, 39, 108, 261, 295, 305, 317-318
  파나고울리스의 죽음 448
  ≪한 남자≫에서 322-352
알바로 쿤헬 260, 442
알프레도 오반도 241-242
알프레드 히치콕 82, 130
앙드레 말로 19, 402
앨런 빈 160
앨런 셰퍼드 155, 302
앤 박스터 89
앤 블라이스 89
앤 밀러 89
앤서니 퍼킨스 91
앤서니 프랜시오사 92
에드몬도 드 아미치스 33
에디 피셔 94-95
에밀리오 루수 47
에바 가드너 66, 79, 90
A. J. 크로닌 49
〈에포카〉 72-73
≪야생의 외침≫ (런던) 19, 33, 36-37
야세르 아라파트 235-236, 244, 261, 403
〈약혼자〉(영화) 77
어니스트 헤밍웨이 17, 19, 57, 361, 402
에도아르도 팔라치 28-31, 41, 52, 133, 186, 409, 413
  ≪태어나지 못한 아이에게 보내는 편지≫에서의 자전적 요소 312-313
  이탈리아 레지스탕스 활동 43-46, 146-147, 149, 151
  에도아르도 팔라치의 죽음 364-365
  우주계획에 대한 반대 138-139, 162-163
에드워드 화이트 160, 170
에드윈 '버즈' 올드린 170, 302

찾아보기 Index

에밀리오 살가리 33
에반겔로스 아베로프-토지차스 326-327
《에우로페오》 23, 65-66, 101, 266, 278, 285, 293
    팔라치와의 관계 323-324
    할리우드에 대한 팔라치의 기사 76-95
    팔라치의 유명인사 인터뷰 124-134
    팔라치의 미국 우주계획 기사 142-147, 152-162, 165-170, 172-175, 180, 434
    팔라치의 베트남전 기사 182-183, 190-192
H. 랩 브라운 128
엔조 시칠리아노 323
엔조 엔리케즈 아뇰레티 47
엘 코르도베스 129
엘리자베스 테일러 95
엘리자베스 피어 263
엘비스 프레슬리 91
《엘시노어의 반란》(런던) 36
여성의 지위: 팔라치의 견해 95-102
    골다 메이어의 견해 264-265
여성주의 (여성의 지위 항목 참조): 팔라치의 여성주의 109-112
〈여자 같은 남자〉(영화) 87
《역사와의 인터뷰》(팔라치) 444
영화가 팔라치에게 미친 영향 382
예브게니 자미아틴 19
오리아나 팔라치 (각각의 작품 항목 참조) 14-25
    할리우드에 대한 기사 76-95
    미국에 대한 애착 114-116
    자전적 글쓰기 136-140, 333-350, 400-402
    팔라치의 암 412-418
    유명인사 인터뷰 125-134, 424
    자신의 글 속에 등장하는 인물로서의 팔라치 139-140, 151-154, 244, 383-384, 395-399
    팔라치의 어린시절 28-30, 40-45

멕시코 학생운동에 대한 기사 214-230
베트남전에 대한 기사 182-212
이란에 대한 초창기 기사들 67-71
노출 성향 421
공식적인 교육 48-52
지오: 《전쟁터의 페넬로페》에서의 팔라치 107-119
인터뷰 테크닉 232-233, 245-246, 262-264, 270, 273-275, 284-287
이탈리아 레지스탕스 43-48
문학적 영향 32-41
문학적 저널리즘 54-65, 73, 176-180, 426
책에 대한 애정 29-34
글을 쓰는 사람으로서의 성격 320, 342-349, 371-373, 408-412
번역가들과의 관계 253-254, 290-291, 322-323, 354-361
미국우주계획 기사 142-146, 152-162, 165-175
낭만적인 사랑에 대하여 35, 107-108, 305-308, 346-349
여성의 지위에 대하여 94-102
아랍인들에 대한 태도 403
《오디세이》(호메로스) 40
〈오만과 열정〉(영화) 90
오슨 웰스 82-85
《올리버 트위스트》(디킨스) 61
〈왕중왕〉(영화) 87
요시프 스탈린 246, 269
우고 라 말파 47
《우화집》(라퐁텐) 31
울프강 로사니 20
움베르토 세치 50, 365, 368
워렌 피셔 92

월터 '월리' 쉬라 157, 175
월터 크롱카이트 173-174
윌리엄 F. 버클리 2세 263
윌리엄 L. 리버즈 55
윌리엄 위버 322
윌리엄 콜비 232, 256-261
윌리엄 홀든 90
〈유니온 퍼시픽〉(영화) 88
UNESCO: 제5회 총회 62-63
유머 163-164
　　《인샬라》에서 390-392
유진 서넌 160, 170
응구옌 응곡 로안 장군 194
응구옌 카오 키 130, 194-195
응구옌 반 삼 185
응구옌 반 타우 259, 275-276
의식의 흐름:《인샬라》에서 379
이그나시오 에즈쿠라 189
이글 원:《인샬라》에서 367-374
이디 아민: 팔라치의 카다피 인터뷰 254-256
　　피에르 안젤리 89, 91, 93
'이란여행' (팔라치) 71
이란에 대한 팔라치의 기사 67-71
이란의 샤 (모하메드 리자 샤 팔레비) 70, 252, 254-255, 284
이탈리아 레지스탕스 43-48, 132
《이탈리아의 현대 여성 작가들》(아리코) 15
《이방인》(카뮈) 333
'이방인' (팔라치) 191
이언 보그 222-223
인디라 간디 14
　　팔라치의 줄피카르 알리 부토 인터뷰 249-251
　　마하트마 간디 99, 232
인도에 대한 팔라치의 기사 196-197

인물 형상화 121-122
　　《인샬라》에서 393-395
《인민의 전쟁, 인민의 군대》(지압) 200
〈일 마티노 델리탈리아 센트랄레〉 23, 55, 65-66, 93
《일리아드》(호메로스) 40
　　팔라치에게 미친 영향 394-395, 402
잉그리드 버그먼 77

ㅈ

자밀라 베르게즈 99
자유노조 245
자이슈리 카트주 99
잔 모로 131
잔 크레인 89
장 밥티스트 포클린 몰리에르 30, 41
장 자크 루소 410, 422
장 폴 사르트르 79, 191
장 피에르 오몽 91
잭 런던 19-20, 33-38, 43, 49, 57, 61, 405
저널리즘 (문학적 저널리즘 항목 참조) 54-55, 124
　　문학과의 비교 17, 73, 198, 291, 325-328
'저널리즘문학' 55
저널리즘 행동주의 182, 197-199
저메인 네웨이 271
《전쟁과 평화》(톨스토이) 33, 38, 402
전쟁소설로서의 《인샬라》 372-374, 402
전체주의 46-47, 214, 230, 411, 421
제럴딘 채플린 130
제로니마 펙슨 63
제시 래스키 87
제인 러셀 89
제인 맨스필드 89

제인 폰다 211
제인 크레이머 198
제임스 로벨 171
제임스 마커스 : ≪인샬라≫의 번역 9, 357, 359
제임스 맥디비트 167, 170
제임스 월튼 : 팔라치에 대한 비평 403-404
제2차 세계대전 43, 116
    미국에 대한 팔라치의 애착 114-116
    팔라치의 기억 142-147, 149-151
〈Z〉(영화) 343
조니 카슨 95
조르지오스 베르초스 327, 343
    파나고울리스의 죽음에 대하여 327
존 캔트웰 189
조 마잔디 69
조셉 커원 171
조셉 코튼 82-83, 86
조앤 디디온 198
조앤 콜린스 79
조지 파파도풀로스 259, 338
조지 하바시 239-240, 244
존 글렌 155-156, 162
존 맥피 198
존 A. 맥콘 259
존 세플리 9, 253-254, 290-291, 322-323
종교와 팔라치 389-390
≪죄와 벌≫(도스토예프스키) 33, 39
주디 갈란드 91
줄루스 캄바라지 은예레레 255
줄피카르 알리 부토 249-251
중앙정보국(CIA) 201, 256-261, 329
쥘 베른 33
지노: ≪인샬라≫에서 374
〈지상에서 영원으로〉(영화) 90

〈지상 최대의 쇼〉(영화) 88
지오: ≪전쟁터의 페넬로페≫에서 106, 119-123
    지오로서의 팔라치 107-119
지오르지오 몬다도리 73
지오르지오 파토리 96
지오반니 레오네 54
지오반니 보카치오 40
지오반니 비알레 224
지오반니 치마부에 28, 383
지오토 28, 383
지안카를로 비고렐리 19, 405
진 티어니 91
진실에 대한 팔라치의 견해 190

ㅊ

찰리: ≪인샬라≫에서 367, 374, 394
찰스 디킨스 20, 29
    팔라치와의 비교 61-62, 69, 363
찰스 '피트' 콘래드 9, 161, 165-166, 171, 175-
    179, 226, 302-305, 433, 435
'처형'(팔라치) 191
체자레 코치 66
〈초원 사람들〉(영화) 88
≪촌놈의 스케치≫(디킨스) 61

ㅍ

파비오: ≪인샬라≫에서 374, 378
파올라 모리 82
파올로 바릴레 47
파올라 팔라치 7, 17, 19, 22, 31, 413, 415
팔라치의 대화 사용법 120
팔라치의 반유대주의 267

팔레스타인 인민해방전선 239
팔레스타인 저항운동 233
팔미로 토글리아티 71, 126
≪광세≫(파스칼) 190
페데리코 펠리니 129
페루치오: ≪인샬라≫에서 374
페이 더너웨이 291
페이스 프리먼 172
페트라르카 40
≪폭풍의 언덕≫(브론테) 31
폴 브링크만 89
폴 스미스 163-165
폴 윌리엄 로버츠 402-403
폴 헨드릭슨: 팔라치와의 인터뷰 415
표도르 도스토예프스키 20, 29, 39, 117, 333-334, 363
프라 안젤리코 28
프란체스카 알리아타 브로너 290
프란체스카 포글리안티 62
프랑수아즈 사강 54, 106, 124-125
프랑코 크리스탈디 77, 382
프랭크 보먼 170
프랭크 뷰캐넌 44
프랭크 시내트라 66, 90-91
프레드 진네만 92
프루스트 스타일의 연상 121, 376, 379
프리드리히 엥겔스 269
플라톤 40
피델 카스트로 259
피에르 파올로 파솔리니 323
피에트로 네니 265
PEN 357
필리포 브루넬레스키 28

ㅌ

타이론 파워 93
테러리즘에 대한 허바시의 견해 239-241
테트 공세: (베트남전 항목 참조) 193
토스카 팔라치 21, 28-37, 43-44, 48-49
　토스카 팔라치의 죽음 323
　토스카 팔라치의 병 148
　여성의 지위에 대한 견해 97-98
트리스타노 코디뇰라 47
토마소 기글리오 214, 293-295, 324
토마스 크닐리: ≪인샬라≫의 번역에 대하여 359
톰 울프 198
트레이시 키더 198
티카칸 250

ㅋ

≪카라마조프가의 형제들≫(도스토예프스키) 93
카르멜로 프레니 59, 61
카를 마르크스 269
카를로 푸르노 47
캐리 그랜트 90
컬리: ≪야생의 외침≫에서 35
〈코리에르 델라 세라〉 65, 363
콘스탄스 애덤스 88
콘스탄티노스 카라만리스 326
콜 포터 82
〈콜리어즈〉 80, 116
크리스티아노 리도미 71-72
≪큰 집의 작은 아씨≫(런던) 36
크리스마스 전투: ≪인샬라≫에서 358, 374, 376, 390-391, 395, 397
클라크 게이블 66, 93

클레어 부스 루스 258

킴 노박 89

≪킴≫(키플링) 37

ㅎ

≪하얀 임니≫(런던) 36

하일레 셀라시에 14, 54, 270-271, 273, 284

≪한 남자≫(팔라치) 114-115

    형식 328-335, 339-344

    신화적 요소 337-340

≪할리우드의 일곱 가지 죄악≫(팔라치) 81, 84, 93-94, 102

행동당 44

허먼 멜빌 20, 37

허브 로젠 141-142

헝가리 혁명 435

헤다 호퍼 83

헨리 키신저 14, 54, 201, 232, 273-281, 421

호메로스 40

호크:≪인샬라≫에서 374

홍콩에 대한 팔라치의 기사 195

후세인 국왕 244, 264

후에 전투 (베트남전 항목 참조): 팔라치의 기사 187-189

후인 티안 186, 204

휴 헤프너 128

≪희망≫(말로) 402